MW01481926

Ihr Vater will die junge Hildegard an einen Adligen verheiraten. Doch sie liebt Erik, einen armen Troubadour. Nur ein Ausweg bleibt: sie flüchtet ins Kloster. Aber auch als Nonne ordnet Hildegard sich nur schwer unter. Wieder flüchtet sie: ihre Heilkunst wird am Hof des deutschen Kaisers verlangt. Endlich wird sie auch in der Kirche anerkannt und erhält ihren großen Auftrag. Sie soll ein Kloster gründen – in Bingen am Rhein. Und dann trifft sie wieder auf Erik, die Liebe ihres Lebens …

»Petra Welzel fügt der schillernden Biographie jener Frau eine weitere Facette hinzu, die nur bedingt in das schattenlose Bild einer Gottgeweihten passt: Hildegard liebt einen ehemaligen Ritter und glücklosen Troubadour. So nimmt die Tochter aus adeligem Haus zutiefst menschliche Züge an.«
Berliner Morgenpost

»Ebenso süffige wie lebensnahe Lektüre.« *Neue Ruhr Zeitung*

Petra Welzel wurde 1962 in Düsseldorf geboren. Nach ihrem Studium war sie als Sozialarbeiterin tätig, bis sie zum Drehbuchschreiben kam und zahlreiche Serien und TV-Movies schuf. Ihr neuer historischer Roman ›Theophanu – von Gottes Gnaden Kaiserin‹ ist im Krüger Verlag erschienen.

Unsere Adresse im Internet: www.fischerverlage.de

Petra Welzel

Hildegards Lied

Hildegard von Bingen
Der Roman ihres Lebens

Ich wünsche Dir
ganz viele neue Erfahrungen
und auch natürlich
Spaß
in Kanada

P.S. Vergiss das
Wiederkommen nicht

Fischer Taschenbuch Verlag

2. Auflage: Februar 2007

Veröffentlicht im Fischer Taschenbuch Verlag,
einem Unternehmen der S. Fischer Verlag GmbH,
Frankfurt am Main, November 2006

Lizenzausgabe mit Genehmigung des Krüger Verlags,
© S. Fischer Verlag GmbH, Frankfurt am Main 2005
Druck und Bindung: Nørhaven Paperback A/S, Viborg
Printed in Denmark
ISBN 978-3-596-16395-3

Für Christos, der verrückt genug ist,
auch heute noch Visionen zu haben.

1. BUCH

Kapitel 1

ie alte Frau war vor ihre Hütte am Waldrand getreten und lauschte in die Nacht. Irgendetwas lag in der Luft. Und plötzlich wusste sie, was sie vom Lager hatte hochfahren lassen: Es war die Stille, das Fehlen der vertrauten Nachtgeräusche. Da raschelte nichts im Unterholz, kein Nachtvogel schrie, die Wipfel der Bäume standen regungslos, hoben sich starr wie ein Scherenschnitt gegen den Nachthimmel ab. Es war, als hielte die Schöpfung gespannt den Atem an.

Die Alte legte den Kopf in den Nacken, wandte ihr runzliges Gesicht den Sternen zu. Sie bemerkte es sofort: Mars war in das Haus der Venus getreten. Sie verstand es, die Zeichen zu lesen. Etwas ganz Außergewöhnliches stand bevor. Als sich plötzlich eine Schleiereule lautlos aus dem Geäst einer uralten Eiche abstieß und ihren Gesichtskreis von rechts nach links passierte, wusste sie, dass man sie noch heute Nacht brauchen würde.

Entschlossen trat sie zurück in ihre Hütte und atmete den betörenden Duft, den die zahllosen, kopfüber an der Decke baumelnden Kräutersträuße verströmten. Sie entzündete ein Wachslicht und wandte sich den rohen Regalbrettern zu, die die Wand gegenüber Herd und Lager vom Boden bis zum niedrigen Strohdach bedeckten. Dicht an dicht reihten sich dort Krüge, Töpfe, Tiegel und Körbe merkwürdigsten Inhalts. Umsichtig wählte sie dies und jenes aus und verstaute es in einem wollenen Tragsack. Dann schürte sie das Feuer im Herd, erhitzte Wasser in einem Kessel und warf, als es sprudelnd kochte, einige metallische Instrumente hinein. Sorgfältig breitete sie ein reines

Leinentuch über den Tisch, fischte mit einem Holzlöffel die abgekochten Instrumente wieder aus dem Topf und wickelte sie in das Tuch.

Die Alte hielt jedes Mal die genaue Reihenfolge dieser Prozedur ein, fast, als ob sie ein magisches Ritual ausübe. Sie wusste nicht genau, wie es wirkte, sie wusste nur, dass es half. Von ihr entbundene Frauen hatten eine weit höhere Überlebenschance, als bei vielen anderen, teils selbst ernannten Heilern, teils ausgebildeten Ärzten. Die Alte konnte weder lesen noch schreiben, aber vielleicht hielt sie gerade deshalb Wissen in Ehren, das ihr von Generationen heilkundiger Frauen mündlich überliefert worden war.

Außerdem, da Satan, der listige Versucher, als von Staub und Schmutz besudelte Schlange zu Eva gekrochen war, um das Böse in die Welt zu bringen, erschien es der Alten nur selbstverständlich, dass bei ihrer Tätigkeit derlei Anhaftungen peinlich vermieden werden mussten. Sie war davon überzeugt, dass es die ungesunde Luft stickiger Zimmer, das faule Stroh der Lager, der Schmutz an Leibern und Gerät war, was das teuflische Fieber ins Wochenbett kriechen ließ und es für so viele Frauen und ihre Neugeborenen zur Totenbahre machte. Das Böse war in der Welt, gehörte dazu. Aber man konnte sich dagegen wappnen, wenn man die Zeichen zu deuten wusste. Darauf verstand sie sich.

So gerüstet trat sie erneut in die Nacht, stand einfach da, sammelte sich. Doch die Spannung wollte nicht von ihr abfallen. Der volle, unverschleierte Mond schien sie bedeutungsvoll, wie das magische Auge der großen Allmutter, anzuschauen. Sie fühlte sich dem Göttlichen nah, ganz hingegeben, ganz Werkzeug. Da klang unterhalb, vom Dorf her kommend, eiliger Hufschlag auf.

Sie rührte sich nicht. Doch noch bevor der Reiter den finsteren Hohlweg verlassen hatte, wusste sie, wer da zu ihr heraufkam. Ein so schnelles Pferd hatte in der Gegend nur einer:

Hiltebert von Bermersheim, Edelfreier und Herr über die paar hundert Seelen des gleichnamigen Dorfes. Dass er selbst kam und nicht einen der Hörigen geschickt hatte, erstaunte sie nicht. Längst war ihr klar, dass in dieser Nacht Besonderes eintreten würde.

Der Reiter kam über die Lichtung zügig auf sie zu. An einem Seil führte er eine ungesattelte Eselin mit sich. Seine Kleidung unterschied sich deutlich von den schlicht gewirkten Kitteln der Bauern. Sie war schmucklos, aber für die Verhältnisse kostbar. Die Füße steckten in ledernen Stiefeln und auch das Wams, das die breite Brust überspannte, war aus allerfeinstem, weichem Hirschleder gefertigt. Als einzige Waffe steckte ein langes Jagdmesser mit kunstvoll geschnitztem Horngriff im Gürtel.

Hiltebert hatte die vierzig bereits überschritten. Noch nie war das der Alten so ins Auge gefallen wie heute. Vielleicht lag es an seinen von Nervosität zeugenden fahrigen Bewegungen, mit denen er sein Pferd zur Hütte hin lenkte, vielleicht auch an dem Schweiß, der sein ganzes Gesicht bedeckte. Die Anstrengung eines schnellen Ritts hatte seine sonst so stolzen Züge verzerrt. Tief gruben sich die Falten in sein Antlitz.

Erst dicht vor der Alten zügelte er sein Pferd. Mit gerunzelten Brauen sah Hiltebert auf das Kräuterweib hinab.

»Du wusstest bereits, dass ich kommen würde, Rike?«, richtete er, mehr feststellend als fragend das Wort an sie.

Die Alte hatte das leise Grauen in seinen Augen wohl bemerkt und wich dem Blick aus, indem sie sich demütig verneigte. Sie wusste, dass sie in dem Ruf stand, über allerlei übernatürliche Gaben zu verfügen. Manch einer munkelte sogar, dass sie mit dem Fürsten der Finsternis und seinen Dämonen Umgang pflege. Ein gefährlicher Ruf. Ihresgleichen war bereits aus weit geringerem Anlass der Garaus gemacht worden. Aber noch brauchten die Menschen der Gegend sie, wenn Priester und Gebet nicht helfen konnten. Das Kommen des edlen Herren zeugte davon. Doch das Eis, auf dem sie sich bewegte, war dünn. Schon eine unerklärliche Seuche oder Missernte konnte genügen, und Schuldige mussten her. Dass sie, die außerhalb der Gemeinschaft lebte, einen hervorragenden Sündenbock abgab, war ihr nur zu bewusst. So sagte sie nichts von den Zeichen und beeilte sich, eine harmlose Erklärung für ihr Wachen zu geben.

»Es ist das Alter, gnädiger Herr. Der Schlaf meidet immer öfter mein Bett. Das ist es, was mich vom Nachtlager getrieben hat«, sagte sie demütig.

Hilteberts Brauen zogen sich noch ein wenig mehr zusammen. »Weißt du denn kein Kraut, um Abhilfe zu schaffen? Dein Ruf scheint größer als deine Kunst.« Ungeduldig zerrte er die Eselin am Seil heran. »Kannst du dir auch nicht selber helfen, so höre, Rike: Wenn du bei meinem Weib versagst, wird Gevatter Tod dich schlafen lehren. Und nun komm. Die Herrin liegt auf Tod und Leben.«

Rike konnte die Drohung nicht schrecken. Sie wusste, dass der Herr ein gottesfürchtiger Mann war. So verneigte sie sich nur erneut stumm und trat zu der Eselin.

Behutsam strich sie dem scheuenden Tier über die samtigen Nüstern, hob sanft eins der langen Ohren und flüsterte hinein. Augenblicklich legte sich das Tier, und sie stellte sich breitbeinig über dessen Rücken. Mühelos hob die Eselin die federleichte Alte an.

Rike hätte die erneute Demonstration ihrer Fähigkeiten gern vermieden, aber es ging nicht anders: Niemals hätte sie es sonst mit ihren im Lauf der Jahre immer ungelenkiger werdenden Beinen auf das Tier geschafft. Doch Bermersheim hatte sein Pferd bereits gewendet und schien nichts bemerkt zu haben. In Gedanken war er längst wieder bei seinem sich in Wehen windendem Weib. Tiefe Sorge zeichnete sein Gesicht. Ungeduldig stieß er seinem Tier die Fersen in die Weichen und schon jagten sie in fliegendem Galopp über die Lichtung. Rike schloss ergeben die Augen.

Die wilde Jagd dauerte gottlob nicht allzu lange. Nach etwas mehr als einer halben Stunde hatten sie den Stammsitz derer von Bermersheim im Nahegau, nicht weit von Alzey, erreicht, der auf der Rikes Hütte gegenüberliegenden Erhebung lag. In das sanfte, fruchtbare Tal dazwischen duckte sich das noch im Schlaf liegende Dorf.

Die Bermersheimer gehörten zwar dem Adel an, aber der Herrensitz glich eher einem großen Gutshof als einer Burg. Keine wehrhafte Mauer umschloss die Ställe, Scheuern und Wohnstätten. Im Unterschied zum Dorf waren die Gebäude aber aus solidem Stein errichtet und mit Ziegeln statt mit Stroh gedeckt. Und auf die eigene kleine Kapelle waren die Bermersheimer so stolz wie die Mainzer auf ihren Dom.

Erst als die Reittiere in Schritt verfielen, öffnete Rike wieder die Augen. Hinter dem geölten Pergament, das die holzgerahmten Fenster des zweistöckigen Haupthauses verschloss, flackerte Licht. Rike konnte immer wieder die Silhouetten geschäftig vorbeieilender Gestalten erkennen. Bermersheim zügelte sein Pferd aber nicht an der breiten Eingangspforte des Hauses, sondern hielt auf die hinten angebauten Stallungen zu. Rike wusste sofort warum und konnte sich ein leises Schmunzeln nicht verkneifen. Nicht allzu viele sollten mitbekommen, dass auch der edle, christliche Herr auf die Hilfe eines anrüchigen Kräuterweibleins zurückgriff.

An der Stalltür ließ sie sich erleichtert vom Rücken des Tieres gleiten. Bermersheim hatte kein Auge für sie und eilte durch den dunklen Stall voran, vorbei an dem friedlich vor den Raufen schlafenden Milchvieh. Erst als er die Tür zum Haupthaus aufriss, fiel wieder Licht auf sein angespanntes Gesicht. Aus Richtung der Küche erklang plötzlich unpassend grelles Lachen. Wenn sie auch nie zur Kirche ging, erkannte Rike doch deutlich darin die Stimme des Priesters, der offensichtlich bereits kräftig dem guten Wein der Gegend zugesprochen hatte.

Bermersheims Gesicht verfinsterte sich. Er verabscheute den Suff und verachtete die Säufer, insgeheim also auch den Pfaffen, was er allerdings laut nie gesagt hätte. Rike wunderte es nicht, dass er sich nicht allein auf dessen Gebet verlassen wollte.

Sie eilten die Treppe zu den Wohngemächern hinauf. Erst vor der Tür des herrschaftlichen Schlafraums schien sich Bermersheim wieder an seine Begleiterin zu erinnern. Fast flehend sah er sie an. Aus seinem Gesicht war jeder Anflug von Misstrauen und Verachtung gewichen, da war nur noch liebende Sorge um die Seinen.

»Höre, Rike«, entrang es sich ihm gepresst, »vergiss, was ich vorhin gesagt habe. Rette mein treues Weib und verhilf dem Kind zum Leben. Es soll dein Schade nicht sein.«

»Es steht alles in Gottes Hand«, erwiderte die Alte schlicht und meinte es auch so.

Wie zum Hohn erklang von unten erneut das Gegacker des fröhlichen Theologen. Bermersheim sackte in sich zusammen.

»Du sagst es«, nickte er resigniert und wandte sich ab, um gemeinsam mit dem Priester auf den unerforschlichen Lauf der Dinge zu harren.

Rike rührte die tiefe Bewegtheit des sonst so stolzen Mannes an, und so setzte sie tröstend hinzu: »Was ich dazu tun kann, werde ich tun. Es wird alles gut.«

Bermersheim drehte sich noch einmal um, und das Unglaubliche geschah: Er lächelte sie freundlich an. »Dank dir, Rike. Wie es auch kommt, wir müssen es demütig annehmen. Dir aber werd ich es nicht vergessen.«

Rike wusste, dass das ein leeres Versprechen war. Wenn sie ihre Arbeit getan hatte, wollte man sie stets schnell wieder loswerden. Sie war den Menschen unheimlich. Niemand hatte sie gern länger unter seinem Dach. So war es immer gewesen. Trotzdem freute sie sich über das freundliche Wort des edlen Herren.

Als sie den Raum betrat, setzte bei dessen kurz vor der Niederkunft stehenden Frau gerade wieder eine der Wehen ein. Das Wimmern der sich auf der zerwühlten Bettstatt Windenden steigerte sich langsam zum Schreien. Rike sah sofort, dass es höchste Zeit war. Der feuchte Fleck auf den Laken verriet, dass das Fruchtwasser bereits abgegangen war. Sie schickte die Mägde, die händeringend um ihre Herrin standen, ihr aber nicht zu helfen wussten, hinaus.

Mechtild von Bermersheim war bereits Ende zwanzig und hatte neun Kindern das Leben geschenkt. Sie war eine starke Frau, aber diesmal spürte sie, das alles anders war. Die nackte Angst stand ihr ins Gesicht geschrieben. Sie klammerte sich an Rikes Hand und sah die Alte flehentlich an

»Das Kind«, stöhnte sie, »es liegt mir quer zum Leben. Nur du kannst noch helfen.«

Rike brummte ein paar beruhigende Laute, kramte aus ihrem Tragsack eine Phiole, die eine milchige Essenz enthielt, und träufelte einige Tropfen davon in einen bereitstehenden Becher mit Wein.

»Trinkt«, sagte sie lächelnd. »Es wird Euch die Schmerzen nehmen und den Sinn heben. Glaubt mir, alles wird gut.«

Die Bermersheimerin griff dankbar zu. Während sie trank, reinigte sich Rike die Hände sorgfältig an einem Wasserbecken mit Salz und Sand, bevor sie die Untersuchung begann. Schnell stellte sie fest, dass sich das Kind in Steißlage befand. Der Muttermund hatte sich bereits weit geöffnet. Sie durfte keine Zeit mehr verlieren. Es würde ohnehin schwer werden.

Die Gebärende hatte sich sichtlich entspannt. Rike drückte ihr noch einen grün schimmernden Jaspis in die Hand. Der magische Stein würde Mutter und Kind in der Geburtsstunde vor dem Weltverderber schützen. Dann setzten erneut Wehen ein. Rike begann zu beten, griff dabei aber beherzt zu.

Der Priester wäre höchst erstaunt und mit Sicherheit empört gewesen, hätte er Rikes leise gemurmelte Gebete und Beschwörungen vernommen, denn es handelte sich um eine recht freie Interpretation der christlichen Lehre. In Rike lebte noch eine Ahnung von den alten Göttern.

Nach einer Stunde hatte das Kind dank Rikes Umsicht und

Erfahrung mit den Füßen voran heil seinen Weg durch den engen Geburtskanal genommen. Es war blau angelaufen und mit Blut und Schleim behaftet, aber Rike konnte seine kommende Schönheit sehen. Auch entging ihr nicht das kleine mandelförmige Mal unter dem linken Auge, ein so genannter Storchenbiss. Für das magische Denken der Alten ein sicheres Zeichen, dass dieser neue Mensch über ganz besondere Gaben verfügte und einmal heraustreten würde aus der Schar der Gewöhnlichen.

Geschickt nabelte sie den schreienden Säugling ab und legte ihn an die milchschwere Brust der geschwächt in den Kissen liegenden Mutter. Dann kümmerte sie sich intensiv um die Nachgeburt, las darin wie andere in einer Offenbarungsschrift und fand auch hier Zeichenhaftes, was ihre Annahmen über die besondere Rolle des Kindes bestätigte.

Die Bermersheimerin war, nachdem sie gesehen hatte, dass ihr zehntes Kind wohlauf war, glücklich in tiefen Schlaf gesunken. Rike löste den Säugling von der Mutterbrust, rieb ihn mit einem reinen Tuch ab und trat mit ihm ans Fenster. Als sie dessen Flügel mit dem Ellenbogen aufgestoßen hatte, wurden die Alte und das Baby vom gleißenden Licht der Morgensonne überstrahlt. Feierlich hob Rike das Kind hoch über ihren Kopf der Sonne entgegen und sprach ergriffen: »Mit den Füßen zuerst bist du auf diese Welt gekommen, um fest darin zu gründen, dein Haupt aber wirst du zu den Sternen heben.«

Augenblicklich setzte das Konzert der Morgenvögel ein und der Säugling fiel krähend ein. Rike klang es wie aller Jubel dieser Welt. Eine Hymne an das Sein. Und wenn sie auch noch nicht wusste, was genau dieses Kind auszeichnete – dass es mit den Musen innigste Freundschaft pflegen würde, darüber war sie sich sicher.

Der Alten traten Tränen in die Augen. Sie spürte tiefe Seelenverwandtschaft zu dem neuen Geschöpf, gleichzeitig aber auch einen schmerzlichen Stich des Verlustes. Sie, die nie geboren, nie einem Mann beigewohnt hatte, würde all ihre Erfahrung, all ihr Können mit ins Grab nehmen. Die Kette würde reißen und mit ihr wieder ein Teil uralten Wissens im Dunkel des Vergessens versinken. Dieses Kind, das sie da in den Armen hielt, wäre genau das richtige gewesen, die Fackel aufzunehmen und weiterzutragen. Zum ersten Mal verspürte sie tiefe Reue über ihre verpasste Mutterschaft.

Für einen Moment flammte Neid, ja Hass auf die Bermersheimerin auf. Warum nahm sie sich nicht einfach das Kind und verschwand mit ihm in den Wäldern? Hatte sie nicht ein Recht darauf? Sie hatte ihm schließlich ins Leben geholfen. Aber der Moment ging schnell vorüber. Liebevoll bettete sie den Säugling in die Armbeuge der noch schlafenden Mutter. Es musste zusammenbleiben, was zusammengehört. Alles andere wäre grausam gewesen und hätte nur die kosmische Ordnung gestört. Sie schwor sich aber, den Werdegang dieses Kindes zu beobachten und, wenn möglich, zu begleiten.

Es gab nichts mehr für sie zu tun. Rasch packte sie ihre Utensilien zusammen und trat vor die Tür, vor der schon die Mägde ungeduldig warteten. Sie hatten das Schreien des Säuglings bereits gehört, es aber nicht gewagt, ungefragt einzutreten.

»Geht hinein, eure Herrin braucht euch jetzt.«

Die Mägde stürzten voll Neugier an ihr vorbei. Rike ging still auf demselben Weg, den sie gekommen war. Im Untergeschoss hörte sie in einem der Räume jemanden Gebete murmeln, das war Hiltebert. Das sägende Schnarchen kam zweifellos vom Priester. Rike betrat den Raum nicht. Bei dem Säugling handelte es sich um ein Mädchen. Sie wollte sich das eigene Hochgefühl nicht durch Hilteberts Enttäuschung, der sich sicherlich einen Sohn gewünscht hatte, trüben lassen.

Fast hatte sie die Stalltür erreicht, da hörte sie eilige Schritte hinter sich. Die rundliche Köchin, die sie wohl an der offenen Küchentür hatte vorbeihuschen sehen, kam ihr nachgelaufen. Sie hielt darreichend einen großen Schinken in den Händen. Rike war einigermaßen überrascht. Hiltebert hatte also Wort gehalten und ihre Bezahlung vor dem ungewissen Ausgang der schwierigen Geburt veranlasst. Doch sie lehnte das üppige Geschenk ab.

»Behalt es für dich und die deinen, gute Frau. Eine Familie hat dafür bessere Verwendung als ein altersschwaches Weib.«

Der Köchin fehlten vor Überraschung die Worte. Dass jemand ein für einfache Leute wie sie recht kostbares Geschenk ausschlug, wollte ihr so schnell nicht in den Kopf. Sie konnte ja nicht wissen, dass die Alte kein Fleisch aß. In Rikes Vorstellung waren auch die Tiere beseelte Wesen, und sie hasste das Töten. Sie war der Überzeugung, dass beim Fleischverzehr die Angst der Kreatur beim Schlachten aufgenommen wurde. Und Angst gebar Gewalt. Von beidem gab es schon genug in der Welt.

Rike huschte durch den Stall nach draußen in den jungen Tag. Nie schien ihr ein Morgen verheißungsvoller. Sie war sich sicher, heute Zeugin eines Ereignisses geworden zu sein, das ihr Leben noch einer einschneidenden Veränderung unterwerfen würde. Tief in Gedanken wanderte sie heimwärts.

Der Säugling wurde zwei Tage später auf den Namen Hildegard getauft. Es war ein Sonntag im Jahre des Herrn 1098. Das heraufziehende zwölfte Jahrhundert würde von Hildegard noch hören.

Kapitel 2

ildegard saß reglos im hohen Gras. Ein flüchtiger Beobachter hätte die zierliche Gestalt, welche die Bienen betrachtete, die in ihre Körbe ein- und ausflogen, wohl gar nicht wahrgenommen, so sehr verschmolz sie mit ihrer Umgebung. Hildegard konnte für eine Achtjährige erstaunlich lange auf einem Fleck verharren. Andererseits liebte sie auch das Umhertollen, was ihr zerzauster Blondschopf ahnen ließ. Aber jetzt blickten ihre Augen staunend auf das Imkerhäuschen, das sich in der Nähe des Bachlaufs befand, dem Hildegard gefolgt war. Eigentlich war es mehr ein Schuppen, in dem der Müller, dem auch die Pflege der Bienenvölker anvertraut war, die zur Honiggewinnung notwendigen Gerätschaften verwahrte. Daneben standen, aufgereiht auf einem hüfthohen, roh gezimmerten Gestell, die geflochtenen Bienenkörbe.

Hildegard hatte durch aufmerksames Beobachten schon längst herausgefunden, dass die scheinbar planlos hin und her fliegenden Bienen einer genau festgelegten Choreographie folgten.

Doch heute hatte sie etwas Neues entdeckt. Hartnäckig hinderte ein Teil der Bienen die anderen daran, in den Korb zurückzukehren. Merkwürdigerweise waren die Verteidiger deutlich kleiner als die Einlass Begehrenden. Trotzdem mussten Letztere nach unzähligen gescheiterten Versuchen entkräftet aufgeben.

Hildegard wunderte sich, da sie das Zusammenleben der Bienen bis jetzt immer als harmonisch empfunden hatte. Warum waren die Kleinen so erbarmungslos? Wie konnten sie es überhaupt schaffen, sich gegen die Größeren durchzusetzen?

Hildegard ging es wie schon so oft in ihrem kurzen Leben.

Ihr brannten ungezählte Fragen auf der Seele und es war schwer, jemanden zu finden, der ihren Wissensdurst stillen konnte. Ihre Geschwister beschäftigten sich bereits mit in deren Augen viel wichtigeren Dingen. Die älteren Schwestern übten tagein, tagaus, was man zur Führung eines Haushaltes benötigte. Schließlich war es üblich, mit dreizehn oder vierzehn eine eigene Familie zu gründen. Und Hildegards Brüder, die ihr vom Alter her näher standen, interessierten sich zwar für Kampf, aber weniger für den unter Bienen als den unter Rittern.

Hildegard hatte im Laufe der Zeit gelernt, dass sie auch von ihrer Mutter nicht allzu viel Aufmerksamkeit erwarten durfte. Sie erklärte es sich damit, dass für sie als Jüngste keine Zeit übrig blieb. Trotzdem merkte sie oft, wie sich Enttäuschung in ihr breit machte, wenn sie mit ansah, wie viel Ehrgeiz ihre Mutter etwa darein setzte, der ältesten, Framhild, das Harfenspiel beizubringen.

Aber Hildegard klagte nicht, sondern tröstete sich damit, dass ihr Vater ihr mehr Zeit widmete, als es für eine Tochter üblich war. Das kleine, eigensinnige Mädchen hatte sein Herz im Sturm erobert. Aber die Sorge um Hof und Dorf nahm ihn sehr in Anspruch, sodass Hildegard ein einsames Mädchen geworden wäre, hätte nicht ein Mensch sich ihrer angenommen, wann immer es möglich war. Und auch jetzt teilten sich die Büsche, und Rike stand, wie aus dem Nichts emporgewachsen, plötzlich vor Hildegard. »Sei gegrüßt, mein Kind.«

Hildegard fiel der Alten in die weit ausgebreiteten Arme, die dem jugendlichen Ansturm kaum standhalten konnten, denn an Rike waren die Jahre seit Hildegards Geburt nicht spurlos vorübergegangen. Das harte und entbehrungsreiche Leben, das die meisten Menschen führten, war für sie noch schwerer, da sie immer allein und auf sich gestellt war. Aber Rike war zäh, trotzte dem Hunger und den Krankheiten. Die Leute munkelten, ihre seltsamen Verbindungen mit Magie und anderen dunklen Mächten seien ihr dabei behilflich.

In Wirklichkeit hatte Rikes Durchhaltevermögen einen ganz einfachen Grund. Es war Hildegard.

Rike hatte sich nie damit abgefunden, dass sie Hildegard lediglich auf die Welt geholt hatte. Sie wollte ihr die Welt erklären, mit ihr Natur und Leben neu entdecken. Sie empfand schlicht mütterliche Gefühle gegenüber dem Kind. Und sie schaffte es nicht, sie zu unterdrücken, obwohl sie wusste, dass es besser für Hildegard wäre. Denn normalerweise mieden die Leute Rike, wo immer es ging, und sie würden auch jedem, der sich länger mit ihr abgab, Misstrauen entgegenbringen.

Für Hildegard war es unausgesprochen klar, dass sie ihre Treffen geheim hielt, denn auch sie wusste, was die Leute dachten. Doch genauso klar war es für sie, dass die Leute sich irren mussten, kannte sie Rike doch als sanftmütige, ehrbare Frau, von der sicher keinerlei Gefahren ausgingen.

Rike revanchierte sich für das Glück, das das Zusammensein mit dem kleinen Mädchen ihr schenkte. Sie lehrte Hildegard Stück für Stück alles, was sie selbst wusste. Der Alten war es eine Freude, denn Hildegard war eine dankbare Schülerin, voll unstillbarer Wissbegier, voll klugen Verstehens. Rike wunderte es nicht. Sie hatte die Zeichen bei der Geburt des Kindes gesehen.

»Rike, komm schnell, sieh dir das an! Wie gemein sie zueinander sind«, rief Hildegard erregt aus, Rike mit sich noch näher zu den Körben ziehend.

Rike wuchtete die Weidenkiepe vom Rücken, die randvoll mit frisch geschnittenem Wildkraut gefüllt war, setzte sich und betrachtete ruhig die emsig umherfliegenden Bienen. »Tiere sind nie grausam, das musst du dir merken«, antwortete Rike freundlich, aber bestimmt. »Grausam ist nur der Mensch.«

»Aber es kann doch nicht recht sein, die eigenen Genossen auszustoßen. Schau, wie sie entkräftet wegfliegen müssen«, empörte sich Hildegard.

»Das sind die Bienenmännchen, die mit der Befruchtung ihre

Aufgabe erfüllt haben. Jetzt müssen sie Platz für die kommende Generation machen«, erklärte Rike.

»Wie undankbar! Warum gibt man ihnen keinen Platz zum Ausruhen?«

»Weil sie dem Nachwuchs die Nahrung rauben würden, wenn die Kriegerinnen sie hereinließen. So aber werden sie selbst zur Nahrung für andere, für die Vögel zum Beispiel.«

Hildegard erkannte die Ordnung im Ganzen und war fasziniert, wenn auch immer noch etwas befremdet von der Unerbittlichkeit der Natur. Rike erzählte alles, was sie von den Bienen wusste, dass dort, anders als bei den Menschen, die Weibchen herrschten und die Männchen dienten und dass sie sogar eine Königin hatten.

»Aber das kann doch nicht sein«, begehrte Hildegard auf. »Steht nicht geschrieben, dass der Mann das Haupt des Weibes sei?«

Rike zuckte nur mit den Achseln. Sie war nicht bibelfest und außerdem wollte sie den Glauben des Mädchens nicht erschüttern.

»Bei den Menschen ist das heute zweifellos so«, bemerkte sie deshalb zustimmend, um dann sybillinisch hinzuzufügen: »Aber gestern war es vielleicht nicht so, und wer weiß, wie es morgen sein wird.«

Rike sah die nachdenklich gekrauste Stirn der kleinen Hildegard und wünschte, sie könnte ihr das Erkennen der Welt einfacher machen.

»Nimm dir das Mühlrad als Beispiel«, sagte Rike und deutete mit dem Kopf in Richtung des stetigen Rumpelns, das vom Mühlenhaus herüberklang. »Was eben noch unten war, steigt auf, steht einen Moment im Zenit, um gleich wieder hinabzufallen, und immer so fort. Das ist das Prinzip der Welt. Alles ist in stetiger, kreisförmiger Veränderung. Nur die Mitte des Rads steht still und bleibt sich immer gleich. Und diese Mitte, das ist Gott.«

Hildegards nachdenklich gekrauste Stirn glättete sich plötzlich. Um ihren Mund zuckte es spitzbübisch. Sie war sich sicher, diesmal Rike bei einem Irrtum ertappt zu haben.

»Die Mitte vom Rad ist ein Loch, und ein Loch besteht bekanntlich aus Nichts«, wandte sie eifrig ein. »Demnach dürfte es Gott gar nicht geben.«

Rike schüttelte energisch den Kopf, freute sich aber über ihre kluge Schülerin.

»Natürlich gibt es Gott«, erklärte sie kategorisch. »Genau wie es das Nichts nicht ohne das Etwas gibt. Ein Loch ist schließlich erst da, wenn es einen Rand hat.«

Rike betrachtete fast ein wenig mitleidig das tiefe Ratlosigkeit widerspiegelnde Gesicht des Mädchens. Sie strich Hildegard liebevoll über das Haar und sagte tröstend: »Den Menschen ist es nicht gegeben, die letzten Dinge zu wissen. Wir können uns immer nur Vorstellungen machen, in Bildern denken. Du musst glauben, um zu erkennen. Trotzdem solltest du dich nicht vorschnell zufrieden geben und mit Scheuklappen durch die Welt laufen. Also lerne, was immer es nur zu lernen gibt. Und achte auf den Sonnenstand, mit dem du dich schließlich schon auskennst.«

Hildegard sah Rike fragend an, die dann fortfuhr. »Die Sonne steht tief, wahrscheinlich vermisst man dich schon.«

Hildegard fiel plötzlich ein, dass das Nachtmahl kurz bevorstehen musste. Eilig verabschiedete sie sich heimwärts, um nicht zu spät zu kommen. Doch in Wahrheit trieb sie noch etwas anderes an. In ihrem Taubenhaus würden heute wahrscheinlich ein paar Küken schlüpfen und sie wollte unbedingt dabei sein, wenn es so weit war. Hildegard begann, noch schneller zu laufen.

Hildegard hatte Glück. Noch hatte sie niemand vermisst, da das Nachtmahl zugunsten eines üppigen Festessens auf die späten Abendstunden verschoben worden war.

Nahe der Küche brannten mehrere offene Feuer, über denen

dreibeinige Kessel, bis oben mit Fleischsuppe gefüllt, hingen. Der Küchenmeister inspizierte die Vorbereitungen und befehligte die schwitzend arbeitenden Mägde.

Hiltebert von Bermersheim hatte Besuch bekommen, sehr wichtigen Besuch. Sein Nachbar, der im nicht weit entfernt liegenden Rara bei Worms residierende Gunter von Hoheneck, hatte auf dem Rückweg vom Fürstentag zu Ingelheim bei ihm Halt gemacht. Und obwohl sein Begleiter, Ruthard, Erzbischof von Mainz, der bei weitem Mächtigere von beiden war, galt Hilteberts Aufmerksamkeit hauptsächlich Gunter. Dem Erzbischof, der eine kleine und hagere Erscheinung war, fiel das unangenehm auf. Musste er es als Kind und Heranwachsender oft genug ertragen, übersehen zu werden, so hatte er durch eifriges Streben und geschicktes Intrigieren verstanden, schon früh eine einflussreiche Stellung einzunehmen. Jetzt konnte er den nötigen Respekt einfordern, wovon er oft genug Gebrauch machte.

Er konnte nicht wissen, dass Hilteberts mangelnde Ehrerbietung nichts mit ihm zu tun hatte, sondern einfach darin begründet lag, dass Hiltebert sich ganz darauf konzentrierte, die von Hohenecks und die Bermersheimer miteinander zu verbinden. Er hoffte, seine Jüngste, Hildegard, mit Gunters Sohn Anno verheiraten zu können.

Der Zwölfjährige war eine überaus gute Partie. Die Ländereien Gunters übertrafen Hilteberts bei weitem und Gunter genoss auch bei den Mächtigen hohes Ansehen, was sein Begleiter, der Erzbischof von Mainz, bewies.

Mechtild näherte sich den dreien, da sie solch eine wichtige Sache nicht ihrem Mann alleine überlassen wollte. Hiltebert sah mit Stolz auf seine festlich gekleidete Frau, deren dichtes, langes Haar mit einem golddurchwirkten Netz hochgehalten wurde, sodass ihr langer, schlanker Hals zur Geltung kam. »Schließe dich uns an, Mechtild.«

Mechtild verneigte sich vor Gunter, während sie vor dem Erzbischof auf die Knie fiel. Sie wusste sehr wohl der Macht ihren

Tribut zu zollen. Als sie sich Gunter zuwandte, wunderte sie sich, wie jedes Mal wenn sie ihn sah, wie es ihm gelang, sein bis zum Zerreißen gespanntes Wams über seinem mächtigen Bauch zu schließen. Auch sein rotes Gesicht, auf dessen fliehender Stirn unter einem spärlich werdenden Haaransatz Schweißtropfen standen, stieß sie eher ab. Trotzdem hoffte auch sie, Hildegard in vier Jahren, mit ihrem zwölften Geburtstag, in seine Familie geben zu können.

Mechtild hatte seit Hildegards Geburt kein Kind mehr zur Welt bringen können. Anstatt noch einmal einen Knaben zu gebären, wie es ihr Wunsch war, endete jede ihrer Schwangerschaften mit einer Fehlgeburt. Obwohl sie als gottesfürchtige Frau wusste, dass sie ihr Schicksal annehmen musste, hegte sie doch insgeheim einen leisen Groll gegen Hildegard. Was war bei ihrer Geburt geschehen, das sie jetzt unfähig machte, ihre Bestimmung als Frau zu erfüllen? Und wenn es schon das letzte Kind sein sollte, warum war es dann nicht wenigstens ein Knabe geworden? Und so hoffte sie auf den Zeitpunkt, wo sie Hildegard als ständige Erinnerung an ihr Unvermögen nicht mehr täglich vor Augen haben musste.

Gunter, nichts ahnend, welche Erwartungen seine Gastgeber an ihn hatten, konnte es kaum abwarten, das Neueste vom Fürstentag zu berichten. »Stellt Euch vor, der Kaiser hat abgedankt.«

Hilteberts Erstaunen hielt sich in Grenzen. Sicher, Heinrich hatte einiges in Kauf genommen, um an der Macht zu bleiben, schließlich sogar den Gang nach Canossa. Aber warum sollte er jetzt nicht den Platz zugunsten seines Sohnes räumen? Auch er würde seinen Hof schließlich beizeiten seinem Ältesten überlassen. Aber an Gunters Miene erkannte er, dass das bei einem Kaiser wohl etwas ganz Besonderes war, also heuchelte er Erstaunen. »Nein, so früh? Wir verlieren wahrlich einen großen Herrscher.«

Der Bischof schien das nicht gerne zu hören. »Vielleicht von seiner Statur. Aber nicht von seinen Taten. Er hat sich von den Juden aushalten lassen.«

»Aber dafür hat er ihnen Schutz gewährt«, erwiderte Hiltebert sofort. Ihm selber war so einiges über die Ausschreitungen gegen die Juden zu Ohren gekommen und es hatte ihm nicht gefallen. Hiltebert war ein friedliebender Mann, wenn auch hauptsächlich aus dem Grund, weil er selber in Ruhe gelassen werden wollte. »Das hat er anderen überlassen. Er selber hat nur kassiert«, entgegnete Ruthard schroff.

Jetzt hielt es Mechtild für höchste Zeit, einzugreifen. Sie wandte sich an den Erzbischof: »Nur Leute wie Ihr kennen die ganze Wahrheit. Unsereins ist auf die spärlichen Nachrichten angewiesen, die bis hierhin dringen.«

Mechtild stand die Rolle der sanften und unterwürfigen Ehefrau gut. In Wahrheit besaß sie einen scharfen Verstand, mit dem sie alles, was an Gerüchten zu ihr drang, filterte, sodass sie meistens über die Ereignisse im Reich gut informiert war. So wusste Mechtild, dass auch der Erzbischof Geld von den Juden angenommen hatte, um sie gegen die Kreuzfahrer zu schützen. Doch im Gegensatz zum Kaiser hatte er sein Versprechen nicht wahr gemacht, sondern die Juden einfach im Stich gelassen. Heinrich hatte ihn daraufhin getadelt, während Ruthard die Sache natürlich lieber vertuscht hätte. Kein Wunder, dass der Erzbischof nicht gut auf den Kaiser zu sprechen war.

Mechtild sah Hiltebert eindringlich an. Es war höchste Zeit, das Gespräch endlich auf Hildegard zu bringen, bevor ihr Gatte den ebenso mächtigen wie schmächtigen Ruthard noch vollends verärgerte.

Hildegard kam außer Atem beim väterlichen Hof an. Auch wenn es sie noch so sehr eilte, zu den Tauben zu kommen, so erschien es ihr doch klüger, ungesehen von hinten durch den großen Gemüsegarten das Anwesen zu betreten. Doch kaum war sie durch einen Spalt in der dichten Weißdornhecke geklettert, der nur ihr bekannt war, blickte sie stumm vor Erstaunen auf das bunte Treiben, das sich vor ihr auf dem Hof darbot. Mindestens ein Dutzend fremde, mit Kettenhemden bekleidete Reiter waren damit beschäftigt, ihre Pferde zu versorgen. Die Stallburschen ihres Vaters gingen ihnen dabei zur Hand.

Neugierig näherte sich Hildegard der Truppe, von der einige bereits dabei waren, Zelte für die Nacht aufzuschlagen. Besuch war angekommen! Hildegard freute sich, denn sie wusste, das bedeutete nicht nur ein Festmahl, sondern auch Neuigkeiten aus der Welt draußen.

Hildegard wollte gerade einen der Reiter fragen, woher sie kämen, als ein lautes Geräusch sie herumfahren ließ. Es klang, als wenn Metall auf Metall träfe. Und tatsächlich, ein junger Bursche hieb sein Schwert auf die Metallbänder, die den Holzstamm ihres Taubenhauses ummantelten. Hildegard zuckte erschrocken zusammen, als sie das Schwert erneut niedersausen sah. Bei jedem Schlag stoben Scharen von Tauben verschreckt in die Luft. Hildegard rannte zu dem Burschen hinüber und fiel ihm in den Arm, bevor er erneut zuschlagen konnte.

»Lass das!«

Hildegard drückte seinen Arm mit aller Kraft hinunter, was nicht einfach war, da der Junge bald zwei Köpfe größer war als sie. Mit breiten Schultern und wehenden blonden Haaren war er eine stolze Erscheinung. Verblüfft blickte er auf das junge Mädchen hinab. Hildegard trat zurück und senkte scheu den Blick, als ihr bewusst wurde, was sie getan hatte, doch dann siegte die Neugier und sie blickte dem Recken ins Gesicht. Es war ebenmäßig geschnitten, seine Nase gerade, das Kinn hervorgestreckt. Ein schönes Anlitz, doch etwas störte Hildegard. Vielleicht waren es seine schmalen Lippen, vielleicht seine eng zusammenstehenden blauen Augen. Es ging etwas Kaltes von ihm aus.

»He, junges Fräulein, ist das deine besondere Art, dich vorzustellen?«

Der Junge sah belustigt auf das ihn mit wilder Miene anstarrende Mädchen herab. Doch Hildegard dachte nicht daran, auf seinen scherzhaften Ton einzugehen. »Lass meine Tauben in Ruhe. Sie haben dir nichts getan.«

»Was interessieren mich deine Tauben? Ich muss mein Schwert schärfen.«

Er fuhr prüfend über die Klinge, die im Licht der untergehenden Sonne aufblitzte. Die Waffe, die sein Vater ihm erst seit kurzem erlaubt hatte bei sich zu tragen, war sein ganzer Stolz. In ihrem Glanz spiegelte sich für ihn seine Zukunft als kampferprobter, wagemutiger Ritter. Es gab genügend Vorbilder, denen er nacheifern konnte. Seinen Gedanken nachhängend hatte er das Mädchen, das ihn starr anblickte, schon vollkommen vergessen, während er erneut Metall auf Metall hieb, sodass Funken aufstoben. Hildegard schrie auf und stellte sich entschlossen schützend vor den Stamm. »Hast du mich nicht verstanden? Das ist mein Taubenhaus!«

Hildegard versuchte mit klarer, bestimmter Stimme zu sprechen, auch wenn sie innerlich sehr aufgewühlt war. Der Taubenschlag war ein Geschenk ihres Vaters ganz für sie alleine gewesen und sie hatte mit seiner Hilfe eine Taubenzucht begonnen. Mit zwei Tauben, einer schneeweißen und einer grau gefiederten, hatte sie angefangen und mittlerweile wurde der Schlag schon von gut drei Dutzend prächtigen und gesunden Tieren bevölkert. Hildegard hatte sie gehegt und gepflegt und Rike immer wieder um Rat bei Krankheiten befragt. Sie konnte es nicht glauben, dass jemand sich so gleichgültig ihren Schützlingen gegenüber verhielt.

Der Junge sah erstaunt, dass das Mädchen sich ihm in den Weg gestellt hatte. Langsam wurde sie lästig, auch wenn ihr Beharrungsvermögen ihm imponierte. So was hatte er bei einem Mädchen bis jetzt noch nicht erlebt.

»Schsch, schsch, ganz ruhig«, versuchte Hildegard die umherflatternden Tiere zu beruhigen. »Ich bin bei euch, keine Angst.«

»Vielleicht sollte ich dir sagen, mit wem du dich gerade anlegst, mein Täubchen. Ich bin Anno.«

Hildegard sah ihn unbeeindruckt an. »Das ist mir egal. Und wenn du der Kaiser persönlich wärst.«

Jetzt war Anno wirklich belustigt. »Damit kann ich leider nicht dienen. Noch nicht. Doch wenn ich mich weiter in der Kampfkunst übe, so wird vielleicht ein berühmter Mann aus mir.«

»Dazu gehört mehr als wildes Drauflosschlagen.«

Hildegard wandte sich von dem Jungen ab, denn in dem Moment kam Lise, die weiße Taube, mit der sie ihre Zucht begonnen hatte, zutraulich auf sie zugeflattert. Anno hob erneut sein Schwert. »Natürlich, zur Kraft gehört auch Schnelligkeit.«

Lise wollte sich gerade auf Hildegards Schulter niederlassen, doch die Waffe traf das Tier noch im Flug. Sie trennte den Kopf vom Körper. Entsetzt sah Hildegard, wie die leblose Taube schwer vor ihre Füße fiel. Sie sah hoch, in das triumphierende Gesicht Annos, dann wieder auf den Vogel, und konnte doch nicht fassen, was geschehen war. Hildegard bückte sich, nahm das tote Tier sanft auf und schmiegte ihre Wange daran. Sie hatte nicht aufgepasst, hatte das schutzlose Tier diesem seelenlosen Haudegen ausgeliefert! Hildegard schossen heiße Tränen in die Augen. Sie fuhr Anno wütend an: »Wie kannst du es wagen, dich auf meiner Eltern Hof so aufzuführen! Warte, bis mein Vater davon erfährt.«

»Hildegard, da bist du ja, mein Kind.«

Es war die Stimme ihres Vaters, die Hildegard herumfahren ließ. »Vater!«

Hildegard lief auf ihren Vater zu, der ihr wie der Erlöser aus einem Albtraum erschien. Gleich würde sie in seine Arme sinken, gleich wäre alles wieder gut.

»Wir haben Besuch. Es ist unser lieber Nachbar Gunter von Hoheneck.«

Hildegard musterte den dicken, atemlos wirkenden Mann

flüchtig. Sie hatte ihn schon früher gesehen und wusste, dass Vater ihn sehr schätzte.

»Meinen Sohn hast du anscheinend schon kennen gelernt. Ich hoffe, ihr habt euch gut amüsiert.«

Gunter warf Hiltebert einen bedeutungsvollen Seitenblick zu, der Hildegard allerdings entging. Sie war zu erstaunt darüber, dass ausgerechnet dieser gewissenlose Rüpel Gunters Sohn war. Aber sei es drum, sie konnte und wollte zu seinen Taten nicht schweigen. »Wir haben uns überhaupt nicht amüsiert.«

Sie hielt Hiltebert und Gunter die tote Taube hin. »Er hat meine Lise ermordet.«

Hiltebert sah den Kadaver in ihren Händen. Sofort riss er ihn ihr weg und schmiss das tote Tier in hohem Bogen fort. Er wollte nicht, dass seine Gäste mit irgendwelchen Albernheiten belästigt wurden, zumal jetzt auch noch Ruthard dazukam, der sich Hilteberts Hof anschauen wollte. »Es ist nur eine Taube, mein Kind, und obendrein tot.«

Hildegard starrte ihren Vater erstaunt an, bevor sie ohne nachzudenken loslief, um die Taube wieder aufzulesen. Aber Hiltebert hielt sie fest. »Wir haben Gäste, vergiss das nicht.«

Hildegard warf Anno einen feindseligen Blick zu. »Wie könnte ich das.«

Anno war sich offenbar keiner Schuld bewusst. Er zuckte mit den Achseln. »Ich habe nur das Führen des Schwertes geübt.«

Gunter nickte bestätigend. »Mein Sohn macht große Fortschritte. Er ist sehr eifrig und lässt keine Gelegenheit aus, sein Können zu vervollkommnen. Schließlich will er ein großer Ritter werden.«

Der Bischof, der näher kam, blickte Anno beifällig an. »Du wirst deine Bestimmung erfüllen, mein Sohn.«

Er musterte Annos bereits gestählten Körper und es war nicht zu übersehen, dass er ihm gefiel. Hildegard konnte nicht länger an sich halten. »Wie kann es Bestimmung sein, ein wehrloses Tier zu töten?«

Mit erstaunt gerunzelten Brauen wandte der Bischof sich Hildegard zu. Hiltebert beeilte sich, seine Tochter vorzustellen. »Das ist Hildegard, meine Jüngste.«

Ruthard versuchte das Mädchen gütig anzulächeln, was ihm aber nicht ganz gelang, da ihm ihr aufmüpfiger Ton überhaupt nicht gefiel. »Das Tier soll dem Menschen dienen, ebenso wie die Frau dem Mann. Das sind die Gesetze, in denen Gott seinen Willen kundtut.«

Hildegard war etwas verlegen, weil sie wohl wusste, dass sie eigentlich in Anwesenheit all der hohen Herren gar nicht sprechen dürfte. Andererseits war sie so empört und aufgewühlt, dass es einfach aus ihr herausplatzte. »Aber morgen kann schon alles anders sein.«

Ruthard blickte erst Hildegard, dann ihren Vater streng an. »Ich muss mich wohl verhört haben.«

Hildegard, die die leise Drohung nicht heraushörte, wurde nun deutlicher. »Es ist wie beim Mühlrad. Das, was gerade noch oben war, fällt hinab, während das, was tief unten ist, im nächsten Augenblick hoch oben am Zenit erstrahlt.«

Hildegard spürte eine tiefe Freude in sich, dass ihr das eben erst von Rike Gelernte schon so klar und einsichtig erschien. Doch des Bischofs Stimme erschallte nun eindeutig verärgert, sodass das Mädchen zusammenzuckte. »Natürlich ist sie nur ein Mädchen, Hiltebert. Aber Ihr müsst ihr trotzdem die Heilige Schrift verkünden.«

Hiltebert nickte beflissen. »Alle meine Kinder, auch Hildegard, kennen die Offenbarung. Ihr müsst verzeihen, sie ist noch ein Kind, aus dem manches unbedacht herausprudelt.«

Er wandte sich an Gunter. »Aber, keine Angst, bis sie ein Mitglied Eurer Familie wird, ist sie reif und vernünftig.«

Hildegard wusste nicht, wie ihr Vater das meinte und sah ihn fragend an, während Gunter schon lachend einfiel: »Hauptsache, Anno bekommt sie nicht erst als Greisin zur Frau.«

»Zur Frau?«

Hildegard blickte fragend von einem zum anderen. An Annos überraschter Miene las sie ab, dass er genauso wenig wusste wie sie. Doch schon sollte ihr Vater ihr Klarheit verschaffen. »Warum die frohe Botschaft länger geheim halten? Wir werden ohnehin noch vor dem Essen verkünden, dass unsere Familien sich verbinden. Du, meine liebe Hildegard, wirst Anno heiraten. Die Feier wird im Jahre des Herrn 1112 stattfinden.«

Hildegard stand wie vom Donner gerührt, während Anno sie etwas scheu ansah. Doch Hildegard nahm seinen Blick gar nicht wahr, in ihrem Inneren begann ein Sturm zu toben. Nicht, dass die Hochzeit an sich der Grund dafür war. Einen Mann, Kinder, Haus und Hof, all das erträumte sie sich. Sicher, standesgemäß war dieser Anno. Sie wusste, dass die von Hohenecks viel mehr Land besaßen als ihre Familie. Aber das konnte doch nicht wettmachen, dass der Junge ein grausamer Mensch war. Wieso schien sie die Einzige zu sein, die das merkte? Hildegard blickte zu ihrem Vater, der schon wieder mit Gunter und dem Bischof sprach. Er warf noch einen kurzen Blick zurück. »Kommt, Kinder, das Essen wartet!«

Damit ging er weiter. Doch Hildegard zögerte. Ihr Blick fiel auf Anno, der sich bei dem Wort »Essen« bereitmachte, den Männern zu folgen. Er griff ein Büschel Stroh, das unter dem Taubenschlag lag, um damit sein Schwert zu reinigen. Hildegard schnitt es ins Herz, als sie sah, wie er die Spuren des Taubenblutes abwischte, bevor er sein Schwert wieder in die Scheide führte. Sie wich erschrocken zurück, als er auf sie zukam. Er reichte ihr den Arm. »Darf ich dich hineingeleiten?«

Sie merkte, dass er es ernst meinte. Dieser kaltherzige Junge, den nicht mehr viel vom Mann trennte, hatte gar nicht begriffen, was er bei ihr angerichtet hatte. Hildegards Zorn machte einer kalten Verachtung Platz. Jemand, der weder genug Gefühl noch ausreichend Verstand besaß, für so jemanden konnte sie nur Abscheu empfinden. Hildegard machte wortlos kehrt und ließ den verblüfften Anno stehen. Sie musste zu Rike, und zwar sofort.

Kapitel 3

ildegard lief über den Hof in Richtung des Eingangstores. Immer noch herrschte rege Betriebsamkeit im Hof, wo schon der Nachschub für die Festgesellschaft vorbereitet wurde. Hildegard wich zwei Knechten aus, die ein an einem Stock hängendes Spanferkel zur Feuerstelle transportierten. Das Mädchen mied den hellen Feuerschein und schlich sich im Schutz der Dämmerung an dem geschäftig hin- und hereilenden Gesinde vorbei nach draußen. Kaum aus dem Tor hinaus, rannte Hildegard so schnell sie konnte.

Außer Atem erreichte sie schließlich die ersten Stämme der alten Eichen, sich eilig umblickend, ob irgendjemand ihre Flucht bemerkt haben könnte. Aber niemand schien sie zu suchen, zu sehr waren wohl alle von den großen Feierlichkeiten abgelenkt.

Sie fühlte sich plötzlich ausgeschlossen. Das unbeschwerte Umhertollen in den Wiesen, das staunende Beobachten der Bienen, all das schien eine Ewigkeit her zu sein. Ob es auch anderen Mädchen so ging? Wer weiß, vielleicht hatte sich auch eine ihrer älteren Schwestern schon einmal in einer solchen Lage befunden. Jetzt rächte es sich, dass Hildegard so wenig an deren Alltag teilgenommen hatte. Framhild beherrschte meisterlich die Kunst, einen Haushalt zu führen. Aber ob sie glücklich war über die Wahl ihres künftigen Gatten? Hildegard wusste es nicht. Johanna befehligte das Gesinde mit Herz und Verstand, fast wie die Mutter. Aber hatte sie gegenüber ihrem Zukünftigen etwas zu sagen? Hildegard seufzte. Wie gern hätte sie jetzt mit den Älteren gesprochen. Aber sie wagte es nicht, zurückzukehren. Zu sehr hatte sie die Gleichgültigkeit ihres Vaters, von dem sie sich sonst immer verstanden fühlte, verschreckt. Wenn er nicht merkte, dass sie einen gefühllosen und grausamen Mann wie Anno unmöglich heiraten konnte, würden es wohl auch ihre Schwestern nicht tun.

Aber Rike würde sie verstehen. Trotz der mittlerweile vollkommenen Dunkelheit wandte sich Hildegard dem Wald zu, der undurchdringlicher denn je wirkte. Sie wagte es nicht, den Weg zu nehmen, aus Furcht, entdeckt zu werden. Sie, die die Zeichen der Natur gut zu lesen verstand, wusste, wie sie sich orientieren konnte, auch wenn jeglicher Pfad fehlte. Doch diese Nacht machte es Hildegard schwer. Die Sterne, sonst gute Richtungsweiser, waren hinter dichten Wolken verborgen.

Hildegard bahnte sich ihren Weg und versuchte, die vielen Kratzer und Schrammen nicht zu beachten, die mittlerweile auf ihrer Haut brannten. Rike würde eine heilende Salbe anrühren und auf all ihre wunden Stellen auftragen. Würde sie Arnika nehmen, oder vielleicht den die Heilung beschleunigenden Löwenzahn bevorzugen? Ach, wäre Hildegard nur erst da.

Ungeduldig suchte sie nach vertrauten Wegzeichen. Wann erreichte sie endlich die große Lichtung, die die Hälfte der Strecke zu Rikes Hütte markierte? Doch seltsam, der Weg dorthin zog sich arg in die Länge. Nicht auszudenken, wenn sie einen Irrweg beschritten hätte. Tagelang konnte sie durch den Wald irren, ohne auch nur einen Menschen zu sehen. Hildegard drängte den Gedanken energisch beiseite, da sie merkte, wie Angst sich in ihr breit machte.

Plötzlich erschien ihr der Wald, in dem sie schon so viele Stunden im Spiel umhergestreift war, nicht als Freund, sondern als Feind. Die nur undeutlich zu erkennenden Äste schienen sich bedrohlich zu ihr zu neigen. Das Mädchen eilte so schnell es konnte, doch je schneller sie lief, umso schneller holte die Panik sie ein. Wieder und wieder drehte sich Hildegard um, fast sicher, einem schrecklichen Verfolger ins Gesicht zu sehen. Da! Hatte sie nicht ein Geräusch gehört? Hildegard ließ sich keine Zeit, um zu lauschen, sondern stürzte vorwärts, immer nur weiter, weg von diesem namenlosen Grauen.

Doch dann zwang etwas Hildegard, ihre wilde Flucht zu unterbrechen. Sie wollte es erst nicht wahrhaben, doch schließlich konnte sie es nicht mehr leugnen. Der Boden war nass. Nicht vom Regen durchweicht oder von einem Bachlauf durchdrungen, nein, es war die stinkende, faulige Kälte, die von den Sümpfen herüberdrang.

Jetzt hatte Hildegard die Gewissheit. Sie war vollkommen in die Irre gegangen. Rikes Hütte lag weit entfernt vom Moor. Hildegards erste Reaktion war, abrupt kehrtzumachen. Doch dabei vergaß das Mädchen, auf festen Tritt zu achten. Und plötzlich merkte Hildegard, dass sie schon viel tiefer in die Sümpfe hineingeraten sein musste, als sie gedacht hatte, denn schon steckte sie mit dem Fuß im Schlamm, kam ins Straucheln und verlor den Halt. Sie versuchte, sich wieder aufzurichten, was ihr tatsächlich gelang. Hildegard atmete auf, sicher, der Gefahr noch einmal entronnen zu sein, doch schon mit dem nächsten Schritt war sie bis zu den Hüften eingesunken. Der kalte Schlamm drang durch ihr Kleid. Jetzt erst wurde sie gewahr, wie sehr sie schon die ganze Zeit gefroren hatte. Die kalte Masse kam ihr wie die Hand des Todes vor, die sie fest umschließen wollte. In Panik wand sie sich, was zur Folge hatte, dass sie immer tiefer einsank. Sie begann um Hilfe zu rufen, sich gleichzeitig der Aussichtslosigkeit ihres Tuns bewusst. So wurde aus den Schreien bald ein Wehklagen, ein verzweifeltes Rufen nach ihrem ach so geliebten Vater. Vielleicht hatte sie ihm mit ihrer Flucht Unrecht getan, vielleicht hatte sie voreilig gehandelt. In ihrer Not hatte sie fast schon das Gefühl, die gerechte Strafe ereile sie in diesem Augenblick.

Als der Modder jedoch begann, fest ihren Brustkorb zu umschließen und ihr den Atem nahm, durchfuhr es sie, dass es vielleicht einfach ihr Schicksal sei. Vielleicht sollte sie sich fügen, aufhören, sich zur Wehr zu setzen gegen etwas, das ohnehin stärker war als sie. Hildegard fand eine Art Trost darin, sich nicht mehr aufbäumen zu müssen, sich dem heimtückischen Schlick einfach hinzugeben. Sie wollte ihre letzten Atemzüge nicht im Kampf verbringen, sondern sich der gewaltigen Kraft, die an ihr zerrte, anvertrauen. Und als sie aufhörte wild zu rudern und ganz still hielt, spürte sie plötzlich, dass der Sog nachließ. Jede Bewegung hatte sie nur noch schneller einsinken lassen, aber das entdeckte sie zu spät.

Wieder hörte Hildegard ein Geräusch, doch noch bevor sie die Richtung wahrnehmen konnte, verstopfte der Morast ihre Ohren, verschloss ihre Nase. Ihr kam die schreckliche Gewissheit, dass sie ersticken musste. Doch als sie schon die Augen schließen wollte, um zu verhindern, dass der Schlamm schließlich auch hinter ihre Lider drang, sah sie plötzlich die Umrisse einer Gestalt vor sich. Sie konnte kaum noch wahrnehmen, ob es sich um einen Menschen handelte, oder ob sie in ihren letzten Minuten auch noch ein Dämon oder ein Kobold heimsuchen wollte. Aber dann spürte sie, dass etwas an ihr zog. Zuerst dachte sie, es sei wieder der Sog des Moores, doch dann spürte sie, dass sie Luft bekam. Nach und nach kehrten ihre Sinne zurück. Die gewaltige, erdrückende Last des sumpfigen Erdreiches fiel von ihr ab und sie fühlte sich von zwei kräftigen Armen nach oben gezogen. Sie blickte in ein Antlitz, das ihr dunkel, aber keineswegs Furcht erregend, fremd, aber trotzdem Vertrauen erweckend erschien. Falls es wirklich ein Dämon war, so war es Hildegard egal, ja, sie hieß ihn sogar willkommen. Weiter konnte Hildegard nicht denken, denn erneut versank sie in völlige Dunkelheit, aber diesmal in die tröstliche Umarmung einer Ohnmacht.

*

Als Hildegard erwachte, hatte sie das Gefühl, als ob sie sich aus tiefen Schichten mühsam Elle um Elle nach oben kämpfen musste. Da kam die Erinnerung an das Moor zurück. Aber diesmal war kein Sumpf um sie, nein, ihre Umgebung fühlte sich wohlig und warm an und sie tauchte nicht aus der Erde, sondern nur aus einem tiefen und traumlosen Schlaf auf. Alles war wieder gut. Sie öffnete die Augen und wollte sich schon genüsslich recken, als sie plötzlich zwei Unbekannte wahrnahm. Auch ihre Umgebung war ihr völlig fremd. Schnell schloss sie die Augen wieder und stellte sich schlafend, vorsichtig durch die halb geschlossenen Lider blinzelnd. Sie sah, dass sie in einem geräumigen Zelt lag. Aber es war keineswegs zugig und kalt, sondern ein Feuer schuf eine mollige Wärme. Der Rauch biss nicht, wie sie es von zu Hause gewöhnt war, in ihren Augen, sondern zog sauber ab. Wohlige Gerüche lagen in der Luft. Sie schnupperte begierig, wandte dann ihre Aufmerksamkeit wieder den beiden Fremden zu.

Es waren eine Frau und ein Junge. Sie stutzte, denn Letzterer kam ihr seltsam vertraut vor. Sie sah seine leicht gebräunte Haut, sein dunkles Antlitz und plötzlich kam die Erinnerung an die Stunde ihrer größten Not hoch. Und dann wusste sie, dass er es war, dessen Arme sie aus dem Moor gezogen hatten. Hildegard betrachtete ihn aufgeregt. Die Frau war ihm sehr ähnlich, woraus Hildegard schloss, seine Mutter vor sich zu haben.

Die beiden unterhielten sich, doch so sehr sich Hildegard auch anstrengte, sie verstand kein Wort. Sie sprachen in ihr unverständlichen, kehligen Lauten, die sich auch nicht wie Latein, das sie von den Kirchenliedern her kannte, anhörten. Hildegard vergaß ihre Vorsicht und setzte sich auf, um besser hören zu können.

Die beiden bemerkten, dass sie wach war. Die Frau beugte sich sofort zu ihr hinunter. Hildegard schrak zurück, doch die Frau strich ihr sanft über die Wange. »Hab keine Angst, du bist in Sicherheit.«

Hildegard wollte es nur zu gerne glauben und ließ die Lieb-
kosung geschehen. Die Frau lächelte den Jungen an und sprach
wieder mit diesen seltsamen Lauten zu ihm. Als sie Hildegards
erstaunten Blick sah, wandte sie sich wieder ihr zu. »Entschuldige, ich vergesse immer, dass man mich hier nicht versteht. Ich
habe meinem Sohn gesagt, dass deine Temperatur wieder normal
ist. Die Kälte ist aus dir gewichen. Das Moor hat dich endgültig
losgelassen.«

»Was sprecht Ihr für eine Sprache? Und woher kommt Ihr?
Und woher wusste Euer Sohn, dass ich im Moor war?«

Die Frau lachte. »Eine Menge Fragen für ein kleines Mädchen. Du scheinst dich tatsächlich schneller zu erholen, als ich
gedacht hätte. Das ist Erik.«

Sie deutete auf ihren Sohn. »Und mein Name ist Deria. Erik
hat dich ins Moor laufen sehen, als wärst du von tausend Hunden gehetzt.«

»Nicht von tausend Hunden. Nur von einem Jungen, wenig
älter als Euer Sohn.« Hildegard wusste nicht, warum sie es tat,
vielleicht um ihr Herz zu erleichtern, vielleicht, weil sie so großes Zutrauen zu den beiden Fremden gefasst hatte. Auf jeden
Fall erzählte sie ihnen, ohne auch nur eine Pause zu machen,
ihr ganzes Elend. Beim Sprechen geriet Hildegard ganz außer
Atem, woraufhin Deria ihr beruhigend die Hand auf die Schulter legte. »Nun ist es gut, mein Kind. Trink das hier, das wird
deine Sorgen vertreiben.«

Hildegard nippte an dem süß schmeckenden Tee, den Deria
ihr reichte. Sie lehnte sich zurück und tatsächlich, nach einigen
Minuten fühlte sie eine ungewohnte Leichtigkeit.

Hildegard wusste nicht, dass diese Wirkung dem Hanf zu-
zuschreiben war, den Deria dem Getränk beigemischt hatte.
Ihr Blick glitt über die Wände des Zeltes, an denen sich bizar-
re Schatten abzeichneten und fand schließlich die wachen und
freundlichen Augen Eriks, bevor ihr die Lider zufielen. Mit
leichtem Gemüt schlief Hildegard ein.

Deria wandte sich an Erik. »Sobald das Mädchen wach ist, muss dein Vater sie zurückbringen. Ihre Eltern werden schon außer sich vor Sorge sein.«

Erik nickte.

Er ging, um seinen Vater zu suchen. Auf dem Weg durch das kleine Lager, das den Reisenden, einer Gruppe von ungefähr einem Dutzend Reiter, Schutz bot, beschloss er, seinen Vater und das Mädchen zu begleiten. Erik fühlte sich in gewisser Weise für Hildegard verantwortlich. Außerdem verband ihn mit ihr die Neugier auf alles Unbekannte. Und für Erik war jeder Schritt im Land seines Vaters, das er bisher nur aus dessen Erzählungen kannte, neu. Denn Erik war in Jerusalem geboren und seine Wurzeln reichten bis nach Ägypten, der Heimat seiner Mutter, der Fatimidenprinzessin.

*

Nachdem Hildegard beim Festmahl nicht erschienen war, hatte man sie überall suchen lassen. Erst dachte Hiltebert noch ärgerlich, dass sie mal wieder irgendwo auf dem Anwesen die Zeit vergessen hatte. Als die Knechte und Mägde schließlich jeden Winkel des Hofes auf den Kopf gestellt hatten, begannen die Eltern, sich ernsthaft zu sorgen. Aber darauf, dass Hildegard weggelaufen war, kam keiner.

Gunter brachte hingegen die Möglichkeit einer Entführung ins Spiel, da seiner Meinung nach das Gesindel auf den Straßen überhand nahm.

Hiltebert, den die Warterei ohnehin mürbe machte, zog einige Männer zusammen. Auch Gunter bestand darauf, mit seinen Männern und Anno mitzureiten, schließlich ging es um die zukünftige Frau seines Sohnes. In der Morgendämmerung hatte man schon ein gutes Stück des Weges hinter sich gebracht.

Es ging einige Zeit leicht bergauf, sodass Hiltebert und seine Männer, oben angekommen, nun einen weiten Blick in das sich vor ihnen ausbreitende Tal hatten. Gunter deutete nach vorne. »Da seht, Reiter! Bald haben wir das Pack!«

Jetzt sah auch Hiltebert die kleine Gruppe. Und wenn er die Augen fest zusammenkniff, glaubte er sogar ein kleines, blondes Mädchen bei einem der Reiter auf dem Pferd zu erkennen. »Ihr habt Recht, Gunter. Sie haben Hildegard!«

Gunter griff zu seinem Schwert und brachte sein Pferd in Position. Sein Sohn tat es ihm nach, als Hiltebert Gunter die Hand auf den Arm legte. »Wartet! Die Reiter kommen auf uns zu!«

Gunter sah ihn ungeduldig an. »Dann lasst uns keine Zeit verlieren. Je schneller wir angreifen, desto weniger sind sie darauf gefasst.«

Aber Hiltebert schüttelte den Kopf. »Ich glaube nicht, dass sie Böses im Schilde führen. Dann würden sie vor uns fliehen.«

Gunter runzelte die Stirn. Das Argument konnte er nicht einfach in den Wind schlagen, obgleich ihm die Gelegenheit, sich durch einen schnellen und erfolgreichen Kampf gegen die sich in der Minderheit befindenden Gegner hervorzutun, allzu verlockend erschien. »Gut, lasst uns hören, was es mit den Reitern auf sich hat. Aber sobald ich merke, dass es Diebesgesindel ist, das seine Beute nur gegen Geld und Gold eintauschen will, werde ich uns zu verteidigen wissen.«

Hiltebert schauderte es, als er Gunter seine Tochter als Beute bezeichnen hörte. Er konnte sich des Gefühls nicht erwehren, dass es Gunter mehr um die verletzte Ehre als um Hildegard ging. Gunter ritt entschlossen weiter, die Hand am Schwert. Hiltebert folgte ihm besorgt, denn er wollte Hildegard nicht durch unnötige Provokationen in Gefahr bringen.

Sie waren bald nahe bei den Reitern angelangt, als diese stehen blieben. Hiltebert konnte jetzt ganz deutlich seine Tochter hinter einem Jungen auf einem Pferd sitzen sehen. Als der Junge das Tier zum Stehen gebracht hatte, sprang Hildegard behände hinunter und kam auf ihn zugerannt. Hiltebert glitt ebenfalls vom Pferd und nahm seine Tochter, die sich in seine Arme warf, lachend in Empfang. Eine große Sorge fiel von ihm ab. »Hildegard, mein Mädchen! Wo hast du bloß gesteckt?«

Hildegard barg ihren Blondschopf an des Vaters Schulter. »Ich bin so froh, dich zu sehen. Ich werde nie, nie mehr weggehen. Bitte sei nur nicht böse.«

Auch die fremden Reiter stiegen nun ab und näherten sich, worauf Hiltebert seinen Männern Zeichen gab, es ihnen gleichzutun. Nur Gunter blieb oben, die Herankommenden misstrauisch musternd.

Eriks Vater trat an Hiltebert heran. Er war von hünenhafter Gestalt, mit von der Sonne dunkel gebrannter Haut und hellem Haar. Seine Kleidung war verschlissen, und als er seinen Umhang nach hinten warf, konnte Hiltebert das rote Kreuz, das Zeichen der Kreuzritter, erkennen. Der Mann musste eine lange Reise hinter sich haben.

»Ich bin Rupert von Maasfelden. Es ist mir eine Ehre, Euch Eure Tochter zurückzubringen.«

Hiltebert reichte dem Fremden die Hand. »Und es wird mir eine Ehre sein, Euch als Dank auf meinem Hof willkommen zu heißen.«

»Nicht so vorschnell«, ließ sich plötzlich Gunters Stimme vernehmen.

Alle Augen wandten sich ihm zu.

»Wie konnte das Mädchen in Eure Obhut, oder sollte ich eher sagen, in Eure Gewalt gelangen?«

Hiltebert war wenig glücklich über Gunters harte Wortwahl, aber Rupert ließ sich nicht verschrecken. Er sah Gunter gerade in die Augen. »Mein Sohn Erik hat das Mädchen aus den Sümpfen gerettet.«

Er deutete auf Erik. Hiltebert sah Hildegard erschrocken an. »Du warst in den Sümpfen? Wie um alles in der Welt bist du dahin gekommen?«

»Ich habe mich verlaufen.«

Hildegard sah zu Boden, denn sie wusste nur zu gut, wie die nächste Frage lautete. Sie würde sagen müssen, dass sie weggelaufen war. Und dann würde man wissen wollen, warum. Nicht, dass sie ihre Meinung über Anno und die Hochzeit geändert hätte. Wenn sie ihn ansah, war ihr sofort klar, dass sie nie, nie wieder etwas mit ihm zu tun haben wollte. Aber sie wusste auch, was es bedeuten würde, wenn sie das hier vor allen Leuten kundtäte. Hilteberts Stimme riss sie aus ihren Gedanken. »Aber was hast du überhaupt mitten in der Nacht draußen zu suchen?«

Hildegard hörte deutlich, dass eine gewisse Ungeduld die Sorge des Vaters verdrängte.

Sie sah zur Seite, wobei ihr Blick Erik streifte. Der blickte sie aufmunternd an. Sie war froh, nicht ganz allein zu sein, froh, dass jemand ihre Not kannte, auch, wenn dieser ihr letztendlich diesmal nicht heraushelfen konnte.

Hiltebert blickte jetzt streng auf seine Jüngste. »Du wusstest genau, dass du im Festsaal erwartet wurdest. Sag mir jetzt, warum du trotzdem den Hof verlassen hast.«

Hildegard traten Tränen in die Augen. Sie konnte unmöglich sagen, dass sie wegen Anno weggerannt war. Das würde ihren Vater vor all den Leuten noch mehr blamieren, als wenn sie einfach weiterhin auswich. »Ich weiß es wirklich nicht …«

»Lasst sie in Ruhe. Sie ist vollkommen durcheinander.«

Hildegard nahm erstaunt zur Kenntnis, dass ausgerechnet Gunter Partei für sie zu ergreifen schien. Doch dann fuhr er fort. »Und es gibt nur einen Grund, warum sie so verschüchtert ist. Jemand muss ihr gedroht haben, nichts zu sagen.«

Gunters Blick traf Rupert, womit klar war, was er andeutete. Aber diesmal blieb Rupert nicht mehr so ruhig. Drohend ging er auf Gunter zu. »Wir haben das Mädchen nicht bedroht, und ihm auch sonst nichts zuleide getan. Muss ich noch einmal sagen, dass mein Sohn ihr das Leben gerettet hat, bis es auch der Dümmste endlich versteht?«

Voller Hohn blickte Rupert zu Gunter hoch, der immer noch auf seinem Pferd thronte. Aber der dachte gar nicht daran, seine Zunge zu zähmen. »Wirklich, sehr ehrenvoll … wenn es sich tatsächlich so zugetragen hat. Vielleicht habt Ihr sie auch schlicht und einfach verschleppt und Euch erst eines Besseren besonnen, als Ihr unsere eindeutige Übermacht gesehen habt.«

Statt einer Antwort machte Rupert einen großen Schritt auf Gunter zu, der daraufhin sein Schwert zog. Erik stürzte zu seinem Vater, um ihm beizustehen, doch jemand anderer war schneller.

Hildegard machte sich vom Arm ihres Vaters frei und stellte sich zwischen Rupert und Gunter, der sie ärgerlich anblickte.

»Aus dem Weg!«

Gunter fuchtelte mit seinem Schwert in der Luft herum. Er wollte freie Bahn haben. »Geh sofort da weg!«

Doch Hildegard dachte gar nicht daran. Sie wusste genau, was sie tun musste und als sie die Entscheidung einmal getroffen hatte, wurde sie auch ganz ruhig. »Keiner wollte mich entführen oder mir sonst etwas antun.«

Sie würde nicht umhinkommen, die Wahrheit zu sagen, auch wenn das ihren Vater kompromittieren würde. »Diese lieben Menschen«, sie blickte zu Erik und Rupert, »haben mich gerettet. Ich bin schuld, dass ich im Moor gelandet bin. Ich bin weggelaufen.«

Hildegard hoffte inständig, dass ihr Vater es damit bewenden ließ und nicht weiter in sie drang. Doch schon erklang seine Stimme. »Weggelaufen? Wovor? Sprich, warum hast du das getan?«

Hildegard senkte ihren Blick zu Boden. Jetzt führte kein Weg mehr daran vorbei. »Weil ich ihn nicht heiraten will.«

Hiltebert glaubte, sich verhört zu haben. »Ich verstehe dich nicht. Sprich lauter, Kind.«

Hildegard hob ihre Stimme. »Ich will Anno von Hoheneck nicht heiraten.«

Erstauntes Gemurmel machte sich breit. Gunter lachte laut. »Das ist doch wohl ein Witz, ein alberner Scherz.«

»Nein, ich meine es ernst.«

Hildegard sah Gunter ruhig an. »Ich kann unmöglich seine Frau werden.«

Gunter wandte sich an Hiltebert. »Vielleicht könnt Ihr Eure Tochter wieder zur Vernunft bringen.«

Er drehte sich zu Anno. »Oder gibt es irgendetwas, womit dieser Unsinn zu erklären ist?«

Anno sah Hildegard mit Verachtung an. »Wie soll ich die wirren Gedanken eines dummen kleinen Mädchens lesen können?«

Erik drehte sich schnell zu Anno. »Wie sprichst du von ihr? Langsam kann ich ihren Abscheu dir gegenüber verstehen.«

Anno wollte sich auf Erik stürzen, aber Hiltebert hielt ihn zurück. »Er hat Hildegard gerettet. Dafür sollten wir alle dankbar sein.«

Aber an Annos Blick konnte man deutlich ablesen, dass er davon weit entfernt war. Ihm wäre es lieber gewesen, Hildegard wäre im Sumpf erstickt, als dass sie ihn derart demütigen konnte. Einen von Hoheneck wies man nicht zurück. Das würde auch sie noch lernen.

Hiltebert beschloss, dass es höchste Zeit sei, nach Hause zu reiten. Gunter musste endlich Frieden geben und einsehen, dass er sich geirrt hatte. Die Fremden hatten Hildegard gerettet und er würde ihnen dafür den nötigen Dank entgegenbringen müssen, ob es Gunter nun passte oder nicht. Vor allem aber wollte er mit Hildegard unter vier Augen ein ernstes Wort reden. Bis dahin würde er sich seinen Zorn und Ärger über ihr Benehmen nicht anmerken lassen. Je eher dieser peinliche Vorfall in Vergessenheit geriet, umso besser.

Kapitel 4

ildegard ließ sich in das angenehm warme Wasser gleiten. Sie schloss die Augen und sog den Duft ein, der sich verbreitete, als Deria einige getrocknete Kräuter und einen Schuss Rahm in den Badebottich gab. »Was ist das für ein Duft? Er ist viel kräftiger als der der Rose, und doch wohlriechend, wenn auch auf eine andere Art.«

Hildegard sah Deria an, die einen Kessel Wasser auf das offene Feuer im Kamin stellte. »Es ist Salbei, eine Pflanze, die viel Sonne braucht, um zu wachsen. Wenn du sie trocknest, bewahrst du gleichsam die Kraft der Sonnenstrahlen. In meiner Heimat wächst sie überall, du brauchst sie nur zu pflücken.«

»Erzähl mir von deiner Heimat«, bat Hildegard.

Und Deria erzählte von dem Palast, in dem sie, aus einer Herrscherfamilie stammend, gewohnt hatte. Von ihrer unbeschwerten Kindheit, in der sich Muße mit Lernen abwechselte. Gesegnet mit Reichtum und Liebe, da ihre Eltern gerade sie, die jüngste Tochter, verwöhnten.

Hildegard hörte die Sehnsucht aus Derias Worten. »Das hört sich an, als kämst du geradewegs aus dem Paradies. Warum hast du es verlassen?«

»Ich wurde vertrieben.«

In Derias Stimme schwang Wehmut mit. »Die Kreuzfahrer brachten Unglück über uns.«

»Die Kreuzfahrer? Aber ist nicht auch dein Mann einer von ihnen?«

Hildegard verstand ihre neue Freundin nicht.

»Er ist einer der wenigen, der seinen Glauben nicht durch Plündern, Brennen oder Schlimmeres besudelt hat.«

Hildegard sah sie erschrocken an. »Schlimmerem?«

Sie wagte nicht weiter zu fragen, doch ahnte sie, was Deria meinte. Sie hatte die Mägde von einer schlimmeren Qual als der Folter und dem Tod reden hören, die Frauen zugefügt werden konnte.

Deria fuhr fort. »Sie haben mich entehrt. Ich sah keinen Ausweg mehr als das Wasser. Doch Rupert hat es nicht zugelassen. Er hat mich davor gerettet, die große Sünde des Selbstmordes zu begehen und mich geheiratet. Ich habe nie einen besseren Menschen getroffen.«

Deria schüttete heißes Wasser nach und reichte Hildegard ein wohlriechendes Stück, das sie Seife nannte. Hildegard wusste erst nicht, was sie damit machen sollte. Doch Deria ließ ihr Kleid an sich hinabgleiten und setzte sich zu Hildegard in den Bottich. Hildegard wandte ihre Augen scheu ab, doch dann merkte sie, dass Deria es ganz normal fand, sich nackt vor ihr zu zeigen. Und nun wagte auch Hildegard, die Frau anzusehen, die sie erst seit kurzer Zeit kannte und die ihr doch so vertraut schien. Ihre leicht dunkle Haut umspannte sanft ihre Rundungen. Deria seifte sich mit kreisenden Bewegungen ein und bedeutete Hildegard, es ihr nachzutun. Hildegard verlor jede Scheu und fühlte sich sehr wohl, während sie den Körper der anderen spürte und den angenehmen Duft des Seifenschaums schnupperte. Deria erklärte ihr, dass das Badevergnügen auch der Hygiene und damit der Abwehr von Krankheiten diene. Hildegard bewunderte sie wegen ihres Wissens, aber Deria wehrte ab. »Ich weiß viel zu wenig. In meiner Heimat konnte ich jederzeit einen Medicus um Rat fragen, aber hier bin ich auf mich selbst gestellt.«

Hildegard widersprach. »Warum? Wir haben doch auch Ärzte.«

Deria lachte auf. »Ärzte? Das ist wohl das falsche Wort. Ich habe oft Kopfschmerzen während meiner Blutungen. Einer eurer ›Ärzte‹ empfahl mir, mich nicht mehr zu waschen, da die Feuchtigkeit des Wassers in den Körper eindringen und faulig werden könne.«

»Und? Was hast du getan?«

»Seinen Rat in den Wind geschlagen. Denn ansonsten hätte ich zwar vielleicht meine Kopfschmerzen vergessen, aber eine schwere Entzündung bekommen.«

Hildegard dachte nach. Normalerweise verheimlichte sie ihren Kontakt zu Rike, aber diesmal schien ihr ihre Vorsicht unbegründet. »Das heißt, du hast keine Linderung deiner Beschwerden erfahren?«

Deria schüttelte den Kopf.

»Ich kenne jemanden, der dir vielleicht helfen könnte«, kündigte Hildegard an.

»Bloß keinen Medicus mehr«, wehrte Deria ab. Hildegard schüttelte den Kopf.

»Es ist eine Frau.«

Doch in dem Moment hörten beide ein Geräusch. Hildegard öffnete den Mund, doch Deria legte ihr die Hand auf den Arm und sah sie beschwörend an. Dann sprach sie laut mit ihr. »Du musst aufpassen, dass du dich nicht erkältest. Am besten du gehst jetzt nach nebenan und ziehst deine Sachen über.«

Deria stand auf und nahm ein Leinentuch, mit dem sie sich umhüllte. Dann legte sie Hildegard, die ebenfalls aufstand, fast schützend ein anderes um die Schultern. Hildegard tat, wie Deria ihr geheißen hatte. Doch kaum war sie im Schlafgemach nebenan, wandte sie sich um und beobachtete durch den Türspalt, wie Deria sich dem Vorhang näherte, der die Badeecke vom Rest des Zimmers abtrennte, und ihn mit Schwung beiseite schob. Es war Gunter, der ihr, ertappt, fast in die Arme fiel. Offensichtlich hatte er der Versuchung nicht widerstehen können, die Fremde beim Baden zu beobachten. Immer noch, trotz der Entdeckung, konnte er seinen Blick nicht von den Formen ihrer Weiblichkeit lösen, die sich unter dem Leinentuch deutlich abzeichneten.

»Ihr habt Euch sicher in der Tür geirrt«, bot Deria ihm als Ausflucht an.

Aber Gunter dachte nicht daran, sich zurückzuziehen. »Und wenn es so wäre, so war das Schicksal mir hold und hat mich doch an genau den richtigen Ort geschickt.«

Gunter trat näher an Deria heran. »Aber ich bitte Euch, wir sind beide verheiratet«, ermahnte Deria.

Gunter sah sie fast schelmisch lächelnd an. »Das ist die beste Voraussetzung für ein paar Stunden unbeschwerten Genusses. Was wäre unser Leben ohne ein paar kleine Freuden?«

Deria lächelte, aber Hildegard sah, dass es diesmal ein künstliches Lächeln war. »Wie geschickt Ihr die Dinge zu drehen und zu wenden wisst!«

Gunter trat noch näher heran. »Aber es gibt etwas, in dem ich noch geschickter bin. Seid Ihr nicht neugierig?«

Gunter streckte seine Hände nach Deria aus und zog sie an sich. Seine Hände wanderten von ihrer Taille weiter nach oben, er berührte die Ansätze ihrer Brüste, was ihn aufstöhnen ließ.

Deria entzog sich ihm. »Wo ich herkomme, ist man auch nicht ungeschickt in diesen Dingen. Deshalb lasst Euch gesagt sein, Eure schwere Kleidung wird Euch so manche Wonne verderben.«

Gunter blickte an sich herunter. »Nichts leichter als das.«

Kurz entschlossen riss er sich das Hemd vom Leib, lockerte dann seinen Gürtel und ließ seine Hose hinabfallen. Er schleuderte seine schweren Stiefel von sich und stand nackt vor Deria. »Ist es das, was Ihr wolltet?«

»Fast. Lasst mich Euch baden. Ihr werdet sehen, das erhöht den Genuss ungemein.«

Deria zog ihr Leinentuch fester und griff mit beiden Händen den auf dem Feuer bereitstehenden Kessel heißen Wassers. Sie schüttete es in den Zuber.

Hildegard sah, wie von dem kochend heißen Wasser Dampf aufstieg. Auch Gunter bemerkte den Dampf, durch den er Derias Körper nur noch wie durch einen Schleier wahrnahm. Doch das erhöhte nur noch seine Begierde und er griff nach ihr, kaum, dass sie den Kessel weggestellt hatte. Er zog sie an sich und küsste sie. Deria wand sich in seinen Armen, aber Gunter hielt sie fest. Deria sah ihn einen Augenblick ganz ruhig an.

»Du hast das Bad vergessen.«

Deria gab Gunter einen festen Stoß. Gunter landete mit seinem Hinterteil in dem Badezuber. Augenblicklich schrie er auf. Deria hatte so viel heißes Wasser nachgefüllt, dass es ausreichte, ihm einige Schmerzen zuzufügen und ihn jeden Gedanken an Ausschweifungen irgendwelcher Art vergessen zu lassen. Gunter stützte sich mit den Armen auf den hölzernen Rand des Zubers, schwang sich heraus und rannte ohne auf seine Nacktheit zu achten nach draußen.

Bald hörte man spitze Schreie und das Gelächter des Gesindes, das Gunter auf seiner Suche nach Kühlung begleitete. Hildegard trat wieder zu Deria und gemeinsam beobachteten sie aus dem Fenster, wie Gunter seine Manneskraft in der Pferdetränke abkühlte. Und die beiden Frauen waren nicht die einzigen Zuschauer, die Gunter hatte. Knechte und Mägde kamen neugierig herbeigeeilt und lachten über das, was sie sahen. Gunter warf hasserfüllte Blicke auf Derias Fenster.

✳

Am Abend wurde alles aufgetragen, was Hilteberts Hof zu bieten hatte, denn für Hildegards Rettung wollte man Rupert angemessen danken.

Vorher hatte Hiltebert seine Tochter allerdings beiseite genommen und sie wegen ihres törichten Weglaufens gescholten. Er nannte sie ein unreifes Kind und war enttäuscht, dass sie kein Vertrauen in seine Entscheidungen hatte. Das Mädchen schwieg zu den Vorwürfen.

Hildegard verkroch sich in ihrem Zimmer. Sie sollte zur Strafe heute den Feierlichkeiten fernbleiben und Buße tun. Hildegard kniete sich auf den kalten Steinfußboden und senkte ihr Gesicht in ihre Hände. Doch war sie weit davon entfernt, ihre Tat zu bereuen. Stattdessen betete sie dafür, dass Gott ihr gnädig sei und sie von einer Heirat in diese schreckliche Familie verschonen würde. Hildegard wusste, dass sie Gott nicht täuschen konnte und so blieb sie lieber direkt bei der Wahrheit.

Gunter thronte indessen bereits an der reich gedeckten Tafel im Festsaal, und ließ es sich schmecken. Sein Appetit war plötzlich zurückgekehrt, nachdem er gemerkt hatte, dass keiner außer dem Gesinde etwas von seiner Schmach mitbekommen hatte. Seine Augen schweiften über in Essigwasser gesottene Karpfen, knusprige Spanferkel und einen mit Speckscheiben ummantelten Bratfasan, während er sich bereits eine sämige Grütze schmecken ließ, in der so viel Lammfleisch wie sonst nur zu Ostern schwamm.

Gunter vermied es, in Derias Richtung zu blicken, und auch sie legte keinen Wert auf eine Annäherung. Ohnehin unterhielten sich Männer und Frauen getrennt. Hiltebertes Frau Mechtild wollte von Deria viel über die Musik des Morgenlands wissen und inwiefern sich die Weisen und Instrumente unterschieden.

Hiltebert indessen sprach mit Rupert über den Kreuzzug, denn nicht oft bekam man jemanden zu Gesicht, der tatsächlich wiederkehrte, wenn auch nach Jahren strapaziöser Reisen und vieler Gefahren.

Anno sah, dass sich die Miene seines Vaters verfinsterte, als sich alle nach und nach Rupert zuwandten. Er wusste, dass sein Vater es gewohnt war, im Mittelpunkt einer Gesellschaft zu stehen und nicht zum Zuhörer degradiert zu sein.

Rupert schilderte, wie Papst Urban zum Kreuzzug aufgerufen hatte. Im Sommer des Jahres 1096 zog dann die gewaltige Menge von hunderttausend Leuten gen Süden, unter ihnen nicht nur Ritter, sondern ganze Familien, Handwerker, einfache Leute und Dirnen. Sie alle einte das Ziel, die Heiden aus Jerusalem zu vertreiben und dadurch eine Vergebung ihrer Sünden zu erreichen. Gunter fiel Rupert ins Wort. »Ach, deshalb seid Ihr so viele Jahre unterwegs gewesen. Euer Sündenregister war wohl besonders lang.«

Gunter lachte über seinen eigenen Witz und seine Gefolgsleute fielen ein. Rupert ließ sich allerdings nicht provozieren. »Auf jeden Fall hatte spätestens bei der Eroberung Jerusalems die Mehrzahl der Kreuzfahrer ihre Sünden vervielfacht.«

Der Erzbischof, der ebenfalls an dem Festmahl teilnahm, bevor er morgen weiter zur Visitation des Klosters Lorsch reisen wollte, hörte Rupert mit wachsendem Unwillen zu. Natürlich hatte es Ausschreitungen gegeben, aber genauso natürlich konnte Papst Urban gar nicht anders, als den Rittern eine Aufgabe zu geben, bevor sie sich in unnötige Grabenkämpfe im eigenen Reich verstrickten. Ruthard fand es an der Zeit, sich einzumischen. »Die einzige Sünde wäre es gewesen, die Heiden weiter ihr Unwesen treiben zu lassen.«

Rupert wandte sich nun dem Erzbischof zu. »Ihr meint, mit den Köpfen Enthaupteter Schindluder zu treiben oder die Feinde bei lebendigem Leibe aufzuessen?«

Gunter, gestärkt durch die Intervention des Erzbischofs, zuckte ungeduldig mit den Schultern. »So was kann nur Heiden einfallen, oder?«

»Oder Kreuzrittern. Niemand anderer als sie selbst haben solche verabscheuungswürdigen Taten vollbracht.«

Nachdem Rupert das gesagt hatte, ging ein Raunen durch den Saal. Gunter lief vor Ärger über Ruperts geschickten rhetorischen Schachzug rot an.

»Bei Nikaea wurden die Köpfe enthaupteter Türken in die Stadt geschleudert, um Schrecken zu verbreiten. In Maarat waren die Kreuzritter ärgerlich, da sie nicht genügend Beute fanden, und folterten die Muslime, deren Fleisch sie anschließend aßen.«

Hiltebert versuchte sich wieder zu fassen. »Aber was geschah in Jerusalem? In der Heiligen Stadt, endlich am Ziel, muss doch die Vernunft gesiegt haben.«

Rupert sah ihn traurig an. »Es war, als wenn die Wenigen, die die jahrelange Reise mit ihren zahlreichen Schlachten, Krankheiten und Hungersnöten überlebt hatten, für die anderen mitmordeten. Fast keiner der fünfzigtausend Bewohner Jerusalems überlebte den Einzug der Kreuzfahrer.«

»Na und? Vergesst Ihr etwa, dass es die gerechte Strafe für die Schändung unserer Kirchen war?«, empörte sich Gunter.

Rupert hob die Stimme, sodass jeder im ganzen Saal ihn gut verstehen konnte. Es war fast so, als ob es ihm ein besonderes Anliegen wäre, dass alle erfuhren, was er jetzt sagte. »Keine unserer Kirchen, auch nicht die Grabeskirche, wurden jemals von einem der Sarazenen geschändet. Es waren Lügner, die das verbreiteten. Stattdessen haben unsere eigenen Leute nun den Felsendom entweiht.«

Während alle stumm vor Schrecken über das Gesagte dasaßen, reagierte Gunter schnell. Er sah Rupert kalt an. »Wie kann ein Lügner andere der Lügen bezichtigen?«

Rupert fuhr auf. »Drückt Euch klarer aus, falls Ihr etwas zu sagen habt.«

Gunter lächelte böse. »Gerne. Beantwortet mir nur eine Frage. Ist Deria, die Fatimidenprinzessin, Eure Frau?«

Alle Blicke richteten sich auf die schöne Fremde, die dem Wortwechsel die ganze Zeit schon mit wachsendem Unbehagen zugehört hatte. Jetzt sah sie Gunter forschend an. Aber Gunter beachtete sie nicht, sondern beugte sich näher zu Rupert. Der nickte. »Ja, sie ist meine vor Gott angetraute Frau und Erik unser gemeinsamer Sohn.«

Gunter triumphierte. »Da seht Ihr selbst! Habt Ihr nicht eben noch behauptet, alle Einwohner seien ermordet worden? Wie kommt es dann, dass diese Heidin noch am Leben ist?«

Rupert blitzte Gunter an. »Nennt meine Frau nicht eine Heidin. Deria hat den christlichen Glauben angenommen, sie ist eine von uns.«

»Ah, das ist natürlich was anderes«, sagte Gunter, scheinbar einlenkend. »Sie ist Christin. Aber ehrlich gesagt, uns ist doch allen klar, dass sie die Liebe zu unserem Gott und wohl auch zu Euch nur geheuchelt hat, um zu überleben.«

Rupert sprang auf und nahm den triumphierend lachenden Gunter am Kragen. »Schweigt, oder ich werde Euch zum Schweigen bringen!«

Deria eilte zu ihrem Mann. »Lass ihn, Rupert, er ist die Aufregung nicht wert.«

Verächtlich blitzte sie Gunter an, um sich direkt wieder ihrem Gatten zuzuwenden.

»Außerdem, wie dankst du den Bermersheimern ihre Gastfreundschaft? Willst du das schöne Fest zu einem schlechten Ende bringen?«

Deria sah ihren Mann beschwörend an und hoffte, dass er die Brücke beschritt, die sie ihm gebaut hatte. Und tatsächlich, Rupert ließ Gunter los und wandte sich an Hiltebert. »Meine Frau hat Recht. Ich will das Fest nicht stören.«

Er wandte seinen Blick wieder Gunter zu. »Deshalb sollten wir unsere Auseinandersetzung vertagen. Ich fordere Euch hiermit zum Zweikampf auf.«

Rupert sah Gunter fest an. Der wurde schreckensbleich. Für einen Moment fiel seine ganze Häme von ihm ab und pure Angst machte sich breit.

*

Am nächsten Tag freute sich Anno zu sehen, dass sein Vater wieder ganz der Alte zu sein schien. Frohgemut hatte er Anno aufgefordert, mit ihm auszureiten. Scheinbar ziellos trabten sie eine ganze Weile nebeneinander her, bis eine kleine Hütte im Schutz der Bäume vor ihnen auftauchte. »Wir sind da.«

Anno verstand nicht. »Wer wohnt dort?«

»Es ist das Haus der alten Kräuterhexe, die uns vor zwei Jahren die Rattenplage vom Hals geschafft hat.«

Anno verstand immer noch nicht. »Aber was sollen wir hier? Gibt es neues Ungeziefer zu bekämpfen?«

Gunter lachte auf. »Allerdings, und ich bin sicher, das alte Weib kann uns helfen.«

»Glaubt Ihr wirklich? Ihr habt sie damals um ihren Lohn geprellt.«

»Nein, du hast Recht, mir wird sie nie wieder helfen.«

Gunter machte eine kurze Pause, bevor er fortfuhr.

»Aber dir.«

Er lachte schallend, bevor er seinem Sohn genaue Instruktionen gab, was er der Alten sagen sollte. Und Anno prägte sich alles genau ein, denn er wusste, dass sein Vater keinen Fehler dulden würde.

So schöpfte Rike keinerlei Verdacht, als der etwas unsicher wirkende Junge sie um ein Gift bat, damit er seinem Lieblingshund, der sich bei der Jagd schwere Verletzungen zugezogen hatte, einen schonenden Tod bereiten konnte. Rike war angerührt von der Liebe zur Kreatur, die der Junge zeigte und verzichtete sogar auf einen Lohn. Sie gab ihm genaue Anweisungen, wie er das hochwirksame Gift zu dosieren hatte und schickte ihn mit ihren besten Wünschen wieder nach draußen.

Als sie noch dabei war, die Utensilien, mit denen sie das Gift angemischt hatte, wieder sorgfältig zu reinigen, hörte sie ein schleifendes Geräusch vor ihrer Tür. Misstrauisch blickte sie aus ihrem kleinen Luftloch nach draußen und erspähte Gunters Gestalt. Rike erschrak. Gunter von Hoheneck, das konnte nichts Gutes bedeuten. Sie hatte genug Gelegenheit gehabt, sich von seinem niederträchtigen Wesen zu überzeugen, um zu begreifen, dass sie das Gift lieber nicht aus der Hand gegeben hätte. Und er brauchte sicher keine Mitwisserin für seine Pläne, sonst würde er jetzt nicht ihren Eingang mit der schweren Holzbank verriegeln, auf der sie sich sonst so gerne von der Mühsal des Tages vor der Hütte ausruhte.

Ohne weiter nachzudenken, zerrte Rike das Regal beiseite, auf dem sie in zahlreichen Töpfen und Tiegeln sorgfältig Hunderte von Ingredienzien aufbewahrte, um bei Bedarf eine wirksame Medizin herzustellen. Nur beiläufig nahm sie wahr, dass dabei einige der Gefäße zu Boden polterten und zerbrachen. Sie wusste, dass sie darauf jetzt nicht achten durfte.

Auf dem angestammten Platz des Regals kam eine große Steinplatte zutage, die sie unter Aufbietung aller Kräfte beiseite zu schieben versuchte. Dann roch sie das Feuer. Sie wandte sich um, und sah die Flammen vor ihrem Luftloch aufflackern und sich durch die hölzernen Wände ihrer Hütte fressen. Schon knisterten die getrockneten Kräutersträuße, die von der Decke hingen, im Feuer. Beißender Rauch stieg Rike in die Augen und hinderte sie am Atmen. Verzweifelt zog und zerrte sie an der Steinplatte.

Schon lange hatte sie geahnt, dass es eines Tages nötig sein würde, über einen geheimen Fluchtweg zu verfügen. Rike blickte sich um und sah, dass die Flammen sie schon fast umschlossen. Vielleicht war es die Todesangst, die ihr die längst erloschenen Kräfte zurückgab. Endlich konnte sie die Steinplatte bewegen, sodass diese die schmale Öffnung ins Erdreich freigab. Erschöpft ließ sich Rike in den Tunnel hinab.

Hildegard hatte indessen längst erfahren, welche Zwietracht Gunter am Abend zuvor gesät hatte. Besonders Leid tat es ihr, dass Deria dermaßen erniedrigt worden war. In ihr erstarkte der Wunsch, das wieder gutzumachen und sie hatte auch schon eine Idee, wie. Hildegard wollte Rike bitten, eine Medizin gegen Derias Kopfschmerz herzustellen.

Sie suchte eine Gelegenheit, um unbemerkt vom Hof zu verschwinden. Doch Erik war ihr den ganzen Morgen nicht von der Seite gewichen, hatte er sie doch schon am Abend beim Fest vermisst. Schließlich gab Hildegard ihre Bemühungen, ihn abzuschütteln, auf und weihte ihn einfach in ihr Vorhaben ein. Wenn er mitkäme, würde er ihr gleichzeitig einen guten Vorwand liefern, den Hof zu verlassen, um ihm die Gegend zu zeigen.

Doch als sie hinausritten, war sie noch aus einem anderen Grund froh, ihn als Begleiter zu haben. Sie mochte den Jungen mit den lebhaften Augen.

Beide hatten es nicht eilig. Hildegard versuchte, Erik arabische Wörter nachzusprechen. Der melodische Klang der fremden Sprache faszinierte sie. »*Shukran, Shukran*«, bemühte sich Hildegard.

Erik lobte sie. »Du hast ein feines Gehör. Und jetzt *Chajerti*.«

Hildegard mühte sich mit den ungewohnten Kehllauten ab. »*Chajerti*. Was heißt das eigentlich?«

»Mein Herz«, antworte ihr Lehrmeister prompt.

Hildegard sah verlegen zu Boden und Erik lächelte, als er das bemerkte. »Der Name meines Pferdes.«

Er tätschelte seinem kleinen, zähen Braunen den Hals. Hildegards Verlegenheit wich, sie lächelte ebenfalls. Doch plötzlich hielt sie inne und hob den Kopf. »Was ist das? Riechst du es auch? Feuer!«

Hildegard setzte ihr Pferd in Trab, Erik tat es ihr nach. Und schon kam Rikes Hütte in Sichtweite, von der man nur mehr eine große Wolke von Qualm sehen konnte. Flammen züngelten empor. Hildegard schrie laut auf, ließ sich vom Pferd hinabgleiten und rannte zur Tür. Sie sah die schwere Holzbank, die den Eingang versperrte. Erik kam hinzu, als sie versuchte, die Bank wegzuziehen. Er konnte Hildegard gerade noch davor bewahren, selber Feuer zu fangen.

Endlich gelang es Erik, in die Hütte einzudringen. Er konnte vor Flammen und Rauch kaum etwas erkennen, doch er spürte, dass Hildegard hinter ihm war. Er wandte sich entsetzt um. »Geh, raus mit dir! Oder willst du auch bei lebendigem Leibe verbrennen?«

»Rike ist nicht verbrannt, sie lebt. Ich spüre es ganz deutlich.«

Hildegard hustete vor lauter Rauch. Erik nahm Hildegard entschlossen in den Arm und drängte sie nach draußen.

Vor der Tür holten beide tief Luft, dann sah Erik Hildegard ernst an. »Dort drinnen kann keiner mehr am Leben sein. Wenn sie dort war, ist sie tot.«

Er fühlte mit der verzweifelten Hildegard. Das Mädchen versuchte, einen Strohhalm zu finden, an den es sich klammern konnte. »Aber vielleicht war Rike ausgegangen. Ja sicher, bestimmt war sie draußen. Rike muss irgendwo hier sein.«

Hildegard blickte sich suchend um, aber Erik nahm sie sanft bei den Schultern. »Natürlich ist es möglich. Aber eins spricht dagegen.«

Erik blickte auf die Bank. »Jemand hat sich alle Mühe gegeben, den Eingang zu versperren. Warum sollte er das tun, wenn die Hütte leer war?«

Hildegard senkte ihren Kopf tief auf ihre Brust. Sie wollte sich nicht damit abfinden, aber insgeheim wusste sie, dass Erik Recht hatte. Rike war eine Außenseiterin, die Leute mochten sie nicht. Aber sie hätte nie gedacht, dass der Hass so weit gehen würde. Wer konnte einer wehrlosen, alten Frau so etwas antun? Hildegard hob ihren Blick und stierte in die Flammen. Plötzlich weiteten sich ihre Augen, als ob sie etwas Schreckliches sähe. Sie riss ihren Mund zu einem tonlosen Schrei auf. Erik, der versuchte, zu entdecken, was sie so erschreckte, konnte nichts sehen. Er wollte Hildegard schützend in seine Arme nehmen, doch die blieb starr stehen und konnte ihren Blick nicht vom Feuer wenden. Erik bemerkte erstaunt, wie steif ihre Glieder wurden, bis sie plötzlich heftig zu zittern begann und in sich zusammensackte. Erik fing sie auf und bettete sie auf den Boden. Hildegard sah ihn verwirrt an. »Es war fürchterlich. Ich habe den Tod gesehen.«

Erik strich ihr beruhigend über den Kopf. »Da war nichts zu sehen. Die Flammen haben dich genarrt.«

Aber Hildegard schüttelte heftig den Kopf. »Jemand ist gestorben, und zwar ein Mann. Auch er ermordet, und wieder kamen wir zu spät.«

Hildegard weinte bitterlich und war kaum zu beruhigen. Zu deutlich hatte sie das Grauenhafte gesehen, als dass sie es einfach abtun konnte. Auch als Erik sie auf dem Rückweg davon überzeugen wollte, dass alles einfach zu viel für sie gewesen sei und ihr tröstlich die Hand hielt, wusste Hildegard es besser. Unheil würde über sie kommen. Und am schlimmsten empfand sie es, alles zu wissen und doch nichts tun zu können.

Rike war etwas weiter oberhalb ihrer Hütte aus dem Tunnel heraus ans Tageslicht gekrochen. Der Ausgang des Tunnels war unter dichtem Wurzelwerk verborgen, und wenn ihn einer sah, musste er ihn für den Eingang zu dem Bau eines Tieres halten. Erschöpft blieb Rike am Boden liegen und rang nach Luft. Dann sah sie zu ihrer Hütte hinüber.

Es waren nur noch klägliche Überreste. Alles, was sie jahrelang gehegt und gepflegt hatte, ihre Kräuter- und Mineraliensammlung, war dahin. Doch das war der Alten egal, sah sie doch zu ihrem Schrecken eine gebrochene Hildegard, die von einem Jungen gestützt wurde.

Rikes erste Reaktion war es, Hildegard ein Zeichen zu geben, dass sie lebte und in Sicherheit war. Ihr kleiner Schützling, den sie insgeheim auch ihre Tochter nannte, sollte keine Sekunde länger Angst um sie haben müssen. Doch dann kam ihr ein anderer Gedanke. Wenn die Zeiten so waren, dass man sie verbrennen wollte, wäre es sicher besser, den Umgang mit ihr zu meiden. Rike wusste, dass Hildegard das von sich aus nie tun würde. Vielleicht war dieser Moment vom Schicksal dazu bestimmt, sie beide zu trennen. Ihre Entscheidung stand fest. Rike wandte sich ab und kroch langsam, aber stetig weiter. Sie wusste noch nicht genau, wohin ihr Weg sie führen würde. Sie wusste nur, dass es ihr das Herz zerriss.

Kapitel 5

er nächste Tag brach mit einem bläulichen Dämmerlicht an, das die Schatten der Nacht mehr und mehr vertrieb. Die Vögel zwitscherten bereits laut, als ein roter Streifen am Himmel zu sehen war, der einen wunderbaren Sonnenaufgang versprach.

Hildegard nahm von alledem nichts wahr. Sie, die glauben musste, dass Rike tot war, konnte an nichts anderes denken. Trauer und Verzweiflung angesichts der schrecklichen Tat überfluteten ihr Innerstes. Schlaflos hatte sie die ganze Nacht dagelegen, im Versuch, durch die Macht der Phantasie das Geschehene ungeschehen zu machen. Doch so sehr sie auch hoffte, dass alles nur ein Albtraum war, musste sie doch der Wirklichkeit ins Auge sehen.

Doppelt schwer machte es für sie, dass sie sich außer Erik keinem anvertrauen konnte. Sie hatte ihren Eltern ihre Treffen mit Rike immer wohlweislich verschwiegen, weil sie wusste, dass sie ihr Tun missbilligen würden. So konnte sie sich ihnen auch jetzt, in ihrer höchsten Not, unmöglich offenbaren.

Leise stahl sie sich nach draußen, sorgfältig darauf achtend, dass keiner der Mägde und Knechte, die ihre Arbeit schon aufgenommen hatten, sie sah. Sie eilte zu der kleinen Hofkapelle, öffnete die schwere Eichentür und schlüpfte hinein. Sie war froh, die mittlerweile schon blendende Helle hinter sich lassen zu können. Hier, wo das Licht nur schwach durch das bunte, kleine Glasfenster fiel, welches das Abendmahl zeigte und ihres Vaters ganzer Stolz war, fühlte sie sich geborgen. Hildegard wollte beten. Doch anstatt auf der hölzernen Bank auf die Knie zu sinken, trat Hildegard ganz nach vorne. Sie schritt an dem kleinen Altar vorbei und trat nah an das dahinter hängende Kruzifix. Sie kauerte sich zu Füßen der Jesusfigur nieder und hob ihren Kopf. »Herr, wieso hast du zugelassen, dass so ein Unrecht geschieht? Warum Rike? Was hat sie getan?«

Flehentlich blickte sie zu Jesus auf, doch sie sah lediglich sein gequältes Antlitz, dass trotz aller Leiden Milde ausstrahlte. Hildegard erschien es heute jedoch seltsam ausdruckslos. »Herr, warum musste sie sterben? So antworte mir, warum? Ich will es doch nur verstehen!«

Hildegards Flehen blieb ungehört. Sie fand keinen Gedanken des Trostes. Dabei hatte sie so viele Male schon Gottes Nähe gespürt. Allerdings war das nie während der normalen Andacht passiert, in der der Pastor sie mit seinen Gebeten eher ablenkte. Nein, nur wenn sie alleine Zwiesprache hielt, hatte sie hier Trost gefunden. Auch das hatte sie, genau wie ihre Treffen mit Rike, geheim gehalten. Denn sie wusste, dass man auch ihre ganz eigene Art zu beten nicht gutheißen würde. Dass Hildegard es trotzdem tat, entsprang nicht etwa Ungehorsam. Sie folgte einfach ihrem Gefühl. Sie konnte sich nicht vorstellen, dass es schlecht sein sollte, mit Gott zu sprechen.

Doch diesmal bekam sie keine Antwort. Erregt stand sie auf, immer noch zum Kreuz emporblickend. »Wo warst du, als Rike Qualen litt?«

Erschrocken über ihre eigenen Worte lief Hildegard nach draußen. Sie war noch verwirrter, als sie es vorher schon war. Als sie das rege Treiben auf dem Hof sah, fiel ihr plötzlich ein, dass der Zweikampf vorbereitet wurde. Hildegard fröstelte es trotz der mittlerweile schon wärmenden Sonnenstrahlen. Sie konnte nicht glauben, dass überhaupt noch irgendetwas ein gutes Ende nehmen würde.

Auch Rupert hatte eine schlaflose Nacht hinter sich. Nicht, dass er sich wegen des für heute angesetzten Zweikampfs sorgte, nein, er wusste um seine Kraft und Geschicklichkeit. Er hatte schon einige Tjosten bestanden. Mut war schon von Kindesbeinen an eine seiner Eigenschaften gewesen, ohne ihn jedoch zu unbesonnenen Taten zu verleiten.

Es war seine Frau Deria, die ihm die ganze Nacht lang in den Ohren lag, den Kampf abzusagen. Auch sie wusste um die Fähigkeiten ihres Mannes, doch sie traute Gunter nicht über den Weg. Sie wollte Rupert davon überzeugen, dass Gunter bestimmt nicht vorhatte, aufrecht zu kämpfen. Um ihm klarzumachen, was für einen hinterhältigen Charakter Gunter hatte, erzählte sie ihrem Mann sogar von Gunters plumpen Annäherungsversuchen. Doch kaum hatte sie das getan, musste sie es auch schon bereuen. Denn Rupert schloss sich keineswegs Derias Meinung an, dass sie Gunter dafür schon genug gestraft hätte, sondern bestand nun gerade darauf, sich im Kampf mit ihm zu messen.

Hiltebert wachte nicht so guter Dinge auf wie sonst. Er, der alles dafür tat, dass sein Leben in ruhigen und geordneten Bahnen verlief, sah seinen Frieden gefährdet. Musste diese Tjost auch ausgerechnet auf seinem Hof stattfinden? Alles sah danach aus, dass Gunter der Unterlegene sein würde. Und Hiltebert wusste, dass er in seinem Zorn sehr ungerecht werden konnte. Auf jeden Fall würde das ungetrübte Verhältnis zwischen Hiltebert und den von Hohenecks empfindlich gestört. Er spürte Ärger über Rupert in sich aufsteigen, da der auf dem Zweikampf bestanden hatte. Aber Hiltebert musste sich eingestehen, dass ihm, einmal dermaßen beleidigt, kaum eine andere Wahl blieb. Außerdem wollte er nicht schlecht über jemanden denken, der seine Tochter gerettet hatte. Aber am liebsten wäre es ihm, wenn endlich alle Gäste wieder ihrer Wege gehen würden. Hiltebert machte sich seufzend an die Vorbereitungen für den Zweikampf, in der Hoffnung, dass dann wenigstens alles schnell vorbei wäre.

Es kam ihm sehr gelegen, dass der junge Anno sich anbot ihm zu helfen. Er freute sich über den Eifer von Gunters Sohn.

Da fiel sein Blick auf Ruthard, der gerade aus dem Haus trat. So schmeichelhaft er es einerseits fand, mit mächtigen Männern Bekanntschaft zu schließen, so lästig empfand er andererseits die Anwesenheit des Erzbischofs. Er wusste genau, dass es Folgen haben konnte, ihn zu verärgern. Und bereits mehrmals hatte er zu spüren bekommen, dass Ruthard sehr empfindlich war. Hiltebert wurde das Gefühl nicht los, dass ihm das Ganze langsam über den Kopf wuchs.

Hildegard hatte sich im Haus für die Tjost fertig gemacht, nachdem ihre Mutter sie dazu angehalten hatte. Das Mädchen trug ein festlich schimmerndes Überkleid in strahlendem Blau und ihre Haare leuchteten golden im hellen Sonnenlicht.

Es herrschte Trubel rund um sie herum. Der Turnierplatz war mit rohen Hölzern abgesteckt, Tribünen aufgebaut und mit bunten Wimpeln geschmückt. Jeder, der im und um den Hof wohnte, war anwesend, vom Säugling bis zum Greis. Vor allem das Gesinde ließ sich so ein Spektakel nicht entgehen, das ein wenig Abwechslung von der täglichen Mühsal versprach. Aber auch die Dorfbewohner suchten sich ihre Plätze und packten den mitgebrachten Proviant aus.

Hildegard spürte durch die Menge hindurch einen Blick auf sich ruhen und sah sich suchend um. Es war Erik, der sie betrachtete. Hildegard blickte scheu wieder nach unten, aber ein kleines Lächeln huschte über ihr Gesicht. Erik trat zu ihr heran. »Dein Lächeln ist wie die Sonne. Es stellt alles in den Schatten.«

Aber Hildegards Miene war schon wieder ernst. »Oh Erik, was soll ich bloß tun? Ich habe einen lieben Menschen verloren und darf nicht einmal darüber sprechen.«

Erik sah Hildegard fest an. »Ich möchte gerne dein Freund werden.«

Nun war es an ihm, scheu seinen Blick zu senken. Hildegard schüttelte den Kopf, was Erik sichtlich irritierte. Wieder huschte ein kleines Lächeln über ihr Gesicht. »Das bist du längst.«

Eriks Miene löste sich. »Ich weiß, wem wir alles sagen können.«

Hildegard sah ihn gespannt an, als Erik fortfuhr. »Meiner Mutter. Sie wird einen Rat wissen.«

Deria, natürlich, wieso hatte Hildegard nicht längst schon an sie gedacht! Zu sehr war sie durch ihre düsteren Überlegungen niedergedrückt, um das Naheliegende zu sehen. »Lass uns zu ihr gehen, rasch«, drängte Hildegard, Erik sanft am Arm fassend.

Aber Erik zögerte. »Nicht jetzt, Hildegard, erst nach dem Duell. Meine Mutter fürchtet den Kampf.« Er zuckte mit den Achseln. »Dabei braucht sie doch keine Angst zu haben. Mein Vater wird diese feiste kleine Tonne von einem Mann nur so vom Pferd putzen.«

Hildegard sah erschrocken aus. »Arme Deria! Wie töricht von mir, nur an meinen eigenen Kummer zu denken, obwohl sie um ihren Mann bangen muss. Ich würde auch nicht wollen, dass mein Gatte sich in unnötige Gefahr begibt.«

In diesem Moment fiel ihr Blick auf Anno, der ein Tablett mit zwei Kelchen zu Hiltebert brachte. Erik, der ihren Augen gefolgt war, schüttelte unwillig den Kopf. »Du nennst diesen kleinen Angeber schon deinen Gatten?«

Hildegard sah Erik direkt an. »Ich habe dabei nicht an Anno gedacht.«

Erschrocken über ihre eigene Offenheit drehte sie den Kopf zur Seite. Trotzdem nahm Erik wahr, wie Hildegard rot wurde. Allerdings entging ihm dafür Annos halb verschlagener, halb zufriedener Gesichtsausdruck, mit dem dieser die beiden Kelche balancierte.

Hildegard und Erik waren zu Deria hinübergegangen, die auf der Tribüne in der ersten Reihe Platz genommen hatte. Bang betrachtete Deria Rupert und Gunter, die, ihre reich geschmückten Pferde mit sich führend, von unterschiedlichen Seiten zur Platzmitte schritten, wo Hiltebert auf sie wartete. Hildegard ließ sich zur einen Seite, Erik zur anderen von Deria nieder. Hildegard legte tröstend ihre Hand auf Derias Arm, was die jedoch kaum zu bemerken schien, da ihre Blicke angstvoll ihrem Mann folgten, der die letzten Vorbereitungen für das Duell traf

Auch Erik beobachtete seinen Vater, der gerade auf Hiltebert zuging. Er kannte das Prozedere. Die beiden Kontrahenten erhoben zuerst ihren Kelch auf einen guten Kampf und nahmen dann ihre Positionen ein. Mit einer Lanze bewaffnet, ritten sie aufeinander zu und begegneten sich in der Mitte der Arena. Dann versuchte jeder, den Gegner so geschickt zu treffen, dass er das Gleichgewicht verlor. Was leicht aussah, bedeutete in Wirklichkeit eine enorme Kraftanstrengung, da das Gewicht der Rüstungen die Beweglichkeit der Reiter sehr einschränkte. Trotzdem galt es, ein hohes Tempo zu erreichen, um den Stoß mit der Lanze besonders wirkungsvoll ausführen zu können. So mancher Stoß hatte schon zum Tode geführt, vor allem, wenn, wie diesmal, die Lanzen mit scharfen Metallspitzen bestückt waren.

Hildegard spürte Derias Sorge fast körperlich, was sie wieder zu ihren eigenen dunklen Gedanken zurückkehren ließ. Wieso hatte Rike, die keinem etwas Böses getan hatte, die im Gegenteil half, wo immer man sie ließ, so ein Unglück geschehen können? Hildegard wandte sich innerlich erneut an Gott, da sie die Frage nicht losließ, wie er das hatte zulassen können. »Wo warst du, Gott?«, forschte Hildegard immer und immer wieder in ihren Gedanken.

Da schreckte sie eine plötzliche Stille auf. Der feierliche Moment war gekommen. Hiltebert ließ sich von Anno die beiden Kelche reichen, die er dann an Rupert und Gunter weitergab. Hildegard betrachtete die Trinkgefäße. Und plötzlich war es ihr, als ob Gott endlich zu ihr spräche. »Ich war in der Hütte.«

Hildegard verstand. Gott war nicht abwesend, genauso wenig, wie er bei Rikes Mördern war. Gott ist immer bei den Leidenden selbst, und was man Rike angetan hatte, das war auch mit Gott geschehen. Sie fühlte sich wie befreit, das Kreisen ihrer Gedanken hatte ein Ende. Gott hatte sie nicht vergessen.

Doch plötzlich geschah etwas Eigenartiges. Sie wusste nicht warum, aber sie konnte ihren Blick nicht mehr von den Kelchen lösen. Sie war dazu verdammt, starr geradeaus zu sehen, die Trinkgefäße im Visier.

Ein Gedanke schoss Hildegard durch den Kopf. Hatte Gott sie deshalb von ihren Zweifeln befreit? Wollte er ihr erneut etwas sagen? Hildegards Blick fiel auf den Becher, den Rupert gerade zum Munde führte.

Das Silber erstrahlte so sehr, dass Hildegard die Augen zusammenkniff. Fast schon unangenehm drang die Helligkeit in sie. Doch dann endete das Licht abrupt und machte einer großen Dunkelheit Platz. Hildegard war verwirrt von der plötzlichen Düsternis, die ihre Quelle im Kelch selber zu haben schien. Wie in Wellen ging ein magisches und Unheil verkündendes Schwarz von dem Gefäß aus. Sie sah, dass der Kelch bereits Ruperts Lippen berührte.

Hildegard kämpfte gegen eine große Starre, die ihren ganzen Körper zu befallen schien. Mit aller Macht riss sie sich vom Sitz los, sprang auf und schrie »Nein!«

Alle Gesichter drehten sich zu ihr. Hildegard nahm nichts um sich herum wahr. Sie spürte jetzt ganz deutlich, dass der Kelch Unheil barg. »Trinkt nicht! Man hat Euch verraten!«, flehte sie Rupert an.

Jetzt erst bemerkte Hildegard, dass aller Blicke auf sie gerichtet waren. Verwirrt senkte sie den Kopf, denn sie wusste sehr wohl, dass es ihr nicht geziemte, so ein Aufsehen zu erregen. Hildegard merkte zu ihrem Erschrecken, dass sie am ganzen Körper zu zittern begann. Sie versuchte, es zu unterdrücken, doch vergebens. Es war genauso, wie am Tag zuvor, als sie dem Tod in den Flammen von Rikes Hütte ins Angesicht gesehen hatte. Jetzt hatte sie die Gewissheit. Es war Rupert, der in Lebensgefahr schwebte.

Deria wandte sich ihr zu. Sie sprach so ruhig sie konnte zu dem Mädchen. »Hildegard, was willst du uns sagen? Von welchem Verrat sprichst du?«

Gunter drehte sich zur Tribüne. Ein düsterer Blick streifte Hildegard, bevor er sich Deria zuwandte. »Ich kann es Euch sagen. Sie spricht vom Verrat an Eurem Mann.«

Ein Raunen ging durch die Menge. Mit einem gehässigen Lächeln fuhr Gunter fort: »Ihr seid es, die ihn verrät. Mit billigen Tricks den Kampf verhindern wollen!«

Zu aller Verwunderung ergriff Hildegard erneut das Wort. »Ich habe Unheil gesehen.«

Hiltebert machte einen Schritt auf seine Tochter zu, um ihr das Wort zu verbieten. Es gefiel ihm nicht, wie gespannt die Zuschauer, allen voran der Erzbischof, den Aufruhr um Hildegard verfolgten.

Doch in dem Moment sprach Gunter Rupert direkt an. »Seid Ihr Manns genug, trotz dieser gar schrecklichen Weissagung den Kampf doch noch anzutreten?«

Spöttisch blickte Gunter Rupert an. Anstatt einer Antwort trank der den Kelch in einem Zug aus. Hildegard schrie erschrocken auf und barg ihr Gesicht in Derias Armen. Die meisten ignorierten sie jetzt jedoch und warteten gespannt, bis die Reiter ihre Positionen eingenommen hatten.

Gunter lächelte siegessicher ins Publikum, während Ruperts Miene ausdruckslos blieb. Dann klappten die Visiere herunter. Hiltebert sah, dass die beiden Kontrahenten bereit waren, und gab das Startzeichen.

Beide spornten ihre Pferde an, die bald in einen raschen Galopp verfielen. Die Menge sah die Reiter aufeinander zupreschen, die Lanzen fest im Griff. Und dann war der Moment gekommen, wo beide aufeinander prallten. Gunter bekam Ruperts Lanze mit voller Wucht zu spüren, während sein Stoß nicht richtig traf.

Ein Raunen ging durch die Menge, da Gunter Mühe hatte,

sich im Sattel zu halten. Er keuchte, denn er verspürte einen gewaltigen Druck auf den Rippen. Mit Mühe und Not richtete er sich wieder auf, während Rupert sein Pferd längst elegant gewendet hatte, und aufbrandenden Applaus in Empfang nahm.

Erik klatschte am lautesten, auch Deria war die Erleichterung anzusehen.

Gunter suchte beim Zurückreiten den Blick seines Sohnes und sah ihn fragend an. Der zuckte kaum merklich mit den Achseln. Auch er konnte sich Ruperts ungebrochene Kraft nicht erklären. Gunter hatte nun auch den Ausgangspunkt wieder erreicht und die beiden Gegner nahmen erneut ihre Positionen ein. Wieder ritten sie auf ein Zeichen von Hiltebert los. Die Menge verfolgte gespannt, mit welcher Geschwindigkeit die Reiter sich näherten und wie sie erneut aufeinander prallten. Wieder bekam Gunter einen seinen ganzen Körper erschütternden Stoß ab, während seine eigene Lanze Rupert nur streifte. Gunter rang nach Luft. Es war deutlich zu spüren, dass sie mit scharfen Spitzen kämpften. Zwar bot sein Brustpanzer einigen Schutz, aber dennoch hatte der Stoß eine enorme Wucht, die ihm den Atem nahm. Er wusste, noch so ein Treffer und es würde ihm nicht mehr gelingen, sich im Sattel zu halten.

Hildegard hatte langsam wieder zu sich gefunden. Das Zittern ließ nach, auch an Ruperts Kelch konnte Hildegard nichts Außergewöhnliches mehr feststellen. Vielleicht war das Ganze nur ein Trugbild gewesen. Als sie dann an Deria eine gewisse Entspannung spürte, war sie fast sicher, sich geirrt zu haben. Hildegard schwankte zwischen Scham über die von ihr verursachte Aufregung und Erleichterung, dass vielleicht doch noch alles gut ausgehen würde.

Wieder preschten die Pferde aufeinander los und alle ahnten, dass dieser Stoß Gunter aus dem Sattel fegen würde. Doch die Lanze sollte ihr Ziel nicht erreichen. Plötzlich, mitten im Galopp, ließ Rupert die Waffe sinken, als ob er ihr Gewicht nicht mehr halten könnte. Die Spitze schien ihn mit nach unten zu ziehen, er verlor seine aufrechte Haltung. Folglich streifte seine Lanze Gunter auch nur leicht. Dafür aber traf Gunter Rupert umso härter. Der ohnehin schon Vornübergebeugte verlor jeden Halt und flog aus dem Sattel. Ein Aufschrei ging durch das Publikum, vor allem, als Rupert liegen blieb, anstatt vor den Hufen des sich aufbäumenden Pferdes Schutz zu suchen. Auf Hilteberts Geheiß eilte ein Knecht hinzu, der Ruperts Pferd beiseite zog.

Deria war erschrocken aufgesprungen, Erik an ihrer Seite, während Hildegard starr auf ihrem Sitz blieb. Aber auch von dort aus konnte sie sehen, wie Rupert sich auf dem Boden wälzte. Er schien mühsam nach Luft zu ringen. Mühsam zog er an seinem Helm, bis er es schließlich schaffte, ihn abzunehmen. Er holte tief Luft, doch es schien ihm keine Linderung zu bringen. Sein Leib zuckte.

Gunter sprang von seinem Pferd und trat zu Rupert, die Lanze noch in der Hand. Er kam gleichzeitig mit Hiltebert bei ihm an. Rupert sah Hiltebert mit aus den Höhlen quellenden Augen an. »Verrat!«, röchelte er.

Ihm brach der Schweiß aus, während er sich quälte. Gunter trat näher zu ihm heran. »Gebt Ihr auf?«

Doch Rupert schien ihn gar nicht zu beachten, wandte sich mühsam erneut an Hiltebert. »Verrat!«

Gunter bückte sich zu ihm herunter und riss Rupert an der Schulter herum, sodass er ihm ins Gesicht sehen musste. »Ob du aufgibst, will ich wissen!«

Rupert nahm Gunter jetzt deutlich wahr. Er machte eine letzte Anstrengung, um hochzukommen und presste dabei, lauter als zuvor, »Verräter!« hervor.

Gunter stellte sich aufrecht vor ihn und zog entschlossen sein Schwert. Bevor Hiltebert auch nur irgendwie reagieren konnte, hatte er schon zugeschlagen. Er traf Rupert am jetzt ungeschützten Hals. Rupert fiel, tödlich getroffen, in den Staub zurück.

Die Menge schrie entsetzt. Deria stürzte nach vorne, rannte zu ihrem Mann. Erik folgte seiner Mutter, die Ruperts Kopf in ihren Schoß bettete. Tränen liefen ihr die Wangen hinunter, während Erik schluchzend Ruperts Arm umklammerte und »Vater!« schrie.

Hildegard drehte sich das Herz in der Brust herum, als sie Eriks Wehklagen hörte. Doch sie wagte nicht, zu ihm zu eilen, wie es ihr erster Impuls war. Sie fühlte sich bei der Trauer Eriks um seinen geliebten Vater ausgeschlossen. Verwirrt saß sie in der durch das unvermutete Ende der Tjost aufgescheuchten Menge.

Gunter stand inmitten des Platzes, den Leuten zugewandt und forderte seinen Beifall ein. »Wollt ihr den Sieger nicht ehren?«

Nach und nach ertönte vereinzeltes Klatschen, in das immer mehr Leute einfielen, bis es in Hildegards Ohren zu dröhnen begann. Sie sah das breite, hämische Grinsen in Gunters Gesicht und hatte das Gefühl, laut schreien zu müssen. Sie öffnete ihren Mund, doch sie brachte keinen Ton heraus.

*

Ruperts Leichnam wurde schon am Nachmittag desselben Tages auf dem kleinen Stück Acker hinter dem Hof beerdigt, wo auch schon die Vorfahren der Bermersheimer lagen. Hiltebert hatte es eilig, diesen unglückseligen Zwischenfall schnell wieder in Vergessenheit geraten zu lassen. Der Pfarrer, den man eilends herbeigeholt hatte, sprach ein paar Worte.

Es waren nur wenige Leute am frisch ausgeschaufelten Grab versammelt. Neben Deria und Erik gaben Rupert natürlich seine Gefolgsleute den letzten Abschied, genauso wie Hiltebert und seine Frau Mechtild. Auch einige der Bediensteten waren gekommen, wenn wohl auch mehr aus Neugier, denn aus Mitleid. Von Hilteberts Kindern war nur Hildegard dabei, die wie selbstverständlich mitgegangen war.

Hildegard hörte kaum auf die Worte des Pfarrers, da sie in Gedanken ganz bei Deria und Erik war. Sie spürte die Trauer der beiden fast körperlich und hätte viel darum gegeben, sie trösten zu können. Doch sie wollte sich nicht in den Mittelpunkt drängen und wartete ab, bis Deria und Erik, die jetzt gemeinsam an der Grube knieten, sich wieder erhoben. Hildegard reihte sich als Letzte ein, um ihnen ihr Beileid auszudrücken. Sie umarmte Deria wortlos, in deren Augen sie tiefe Verzweiflung sah. Dann wandte sie sich zu Erik und nahm seine Hand. »Ich weiß, dass ich dich nicht trösten kann. Aber ich werde immer für dich da sein, wenn du mich brauchst. Die Heimat deines Vaters ist nur wenige Tagereisen entfernt.«

Erik sah sie bewegt an. »Das ist mir ein Trost, glaube mir.« Dann verdüsterte sich seine Miene. »Aber ich fürchte, du müsstest viel weiter reisen. Wir gehen nicht nach Lothringen. Meine Mutter sagt, dass wir hier in den Augen der Menschen immer Ungläubige bleiben.«

Hildegard erschrak. »Heißt das, ihr geht zurück ins Morgenland?«

Das Mädchen wusste, dass Erik dann unerreichbar für sie sein würde.

»Nein, wir gehen auch nicht zurück in das Land, wo man meine Mutter als entehrt beschimpft hatte. Wir haben keine Heimat mehr.«

»Ja, aber, wo wollt ihr dann hin?« Hildegard war ganz aufgewühlt.

Erik zuckte mit den Schultern. »Dahin, wo man uns aufnimmt.«

»Dann bleibt doch einfach hier. Mein Vater hat bestimmt nichts dagegen. Und ich fände es sehr schön.«

Hildegard senkte verschämt ihren Blick. Erik sah das mit Rührung. »Auch ich würde gerne bleiben.«

Hildegard sah hoffnungsvoll auf, doch Eriks Blick hatte jetzt eine ganz neue Härte angenommen. »Jedenfalls so lange, bis ich meinen Vater gerächt habe.«

Seine Stimme war lauter geworden, was die Aufmerksamkeit

auf ihn zog. Doch er achtete nicht darauf. »Du weißt so gut wie ich, dass er nicht durch die Lanze dieses Gunter vom Pferd gestürzt wurde. Es ging nicht mit rechten Dingen zu.«

Die Leute begannen zu murmeln. Deria ging hastig auf Erik zu und nahm ihn in den Arm. »Sei ruhig, Junge. Bring uns nicht noch in größere Schwierigkeiten.«

Sie wandte sich zum Gehen, Erik mit sanftem Druck mit sich führend. Deria beachtete keinen der Anwesenden, die sie unverhohlen neugierig musterten, nur an Hildegard richtete sie ihr Wort. »Leb wohl, Hildegard. Du bist zwar noch klein, aber dein Herz ist groß. Mögest du dich über die Gewöhnlichen und Engstirnigen erheben.«

Sie küsste Hildegard auf die Wange, bevor sie weiterging. Erik machte sich aus Derias Arm frei und ging noch einmal ein paar Schritte zurück zu Hildegard. »Ich will meinen Vater rächen.«

Erik machte eine Pause, sein Blick wurde weich. »Aber ich wäre auch gerne wegen dir geblieben.«

Hildegards Blick leuchtete, als auch er sich mit einem Kuss verabschiedete.

*

Während Hildegard noch lange dastand, um den sich entfernenden Reitern nachzuschauen, ging Hiltebert in den Hof zurück, um Gunter zu suchen. Er fand ihn am Feuer, über dem ein Spanferkel gedreht wurde. Wie üblich wurde der Zweikampf mit einem großen Essen abgeschlossen. Gunter konnte es allerdings nicht abwarten, und schnitt sich, bester Laune, schon ein paar saftige Stücke ab.

Hiltebert zog ihn zur Seite, sodass keiner in der Nähe war. »Ich muss mit Euch sprechen.«

Gunter kaute mit vollen Backen. »Wollt Ihr mich zu meinem Sieg beglückwünschen?«

»Natürlich, allerdings nur, wenn alles mit rechten Dingen zugegangen ist.«

»Der Bessere triumphiert, das ist doch immer so.«

Hiltebert wurde ungeduldig. »Eben, und Ihr wisst genau, dass eigentlich Rupert der Bessere war.«

»Ihr vergesst wohl, wen Ihr vor Euch habt.«

»Nein, natürlich nicht«, lenkte Hiltebert ein. »Aber gerade weil mir so viel an Euch liegt, dass ich sogar meine Tochter in Eure Familie gebe, möchte ich jeden Verdacht ausräumen.«

Hiltebert wählte seine Worte vorsichtig. »Es ist etwas Eigenartiges vor Ruperts Stoß passiert. Er wankte im Sattel.«

»Aus Furcht vor mir, schätze ich.«

Gunter grinste Hiltebert breit an, was der ignorierte.

»Und dann hörte ich ganz deutlich, wie er ›Verrat‹ röchelte. Könnt Ihr Euch das erklären?«

Gunters Grinsen erstarb. »Natürlich. Und ich glaube, es ist Zeit, dass ich es auch Euch erkläre.«

Hiltebert konnte den drohenden Unterton in Gunters Stimme nicht überhören.

»Wenn Ihr schon alles akribisch zusammentragt, was seltsam erscheint, dann vergesst bitte nicht die Prophezeiung Eurer Tochter.«

Hiltebert erstarrte. Für ihn waren Hildegards Worte nichts weiter als die Ausgeburt ihrer höchst lebhaften Phantasie und er fand es ärgerlich genug, dass sie damit so ein Aufsehen erregt hatte. Gunters Stimme wurde leiser. »Vielleicht sollte man gar nicht von einer Prophezeiung reden.«

Hiltebert nickte erleichtert, doch Gunters Blick blieb finster. »Mich erinnert das eher …« Gunter sah sich verstohlen um, bevor er fortfuhr. »… an Hexerei.«

Hiltebert zuckte zusammen, sah sich ebenfalls um. »Wie kommt Ihr auf so eine Idee? Meine Tochter, ein kleines Mädchen …«

»… das schon in jungen Jahren mit den schwarzen Mächten im Bunde steht. Umso schlimmer.«

Hiltebert wurde kalkweiß im Gesicht. Er wusste, was so ein

Vorwurf bedeuten konnte. Seine gesamte Familie würde geächtet werden, was das Abschneiden aller Beziehungen und damit auch das Ende jeglichen Handels bedeutete. Seine ehrbare Stellung und sein bescheidenes Vermögen standen auf dem Spiel, nur weil Gunter diesen Vorwurf aus der Luft griff. Und zu allem Überfluss war auch noch der Erzbischof Zeuge von Hildegards seltsamem Verhalten geworden.

Hiltebert verstand gar nicht, wieso er sich plötzlich in dieser misslichen Lage befand. Aber dann kam ihm ein hoffnungsvoller Gedanke. Er musste Gunter nur klarmachen, dass von ihm und seiner Familie keine Gefahr ausgehen würde. »Gunter, ich kann Euch versprechen, dass Hildegard nie wieder etwas vorhersehen wird. Und Ihr könnt Euch selbst davon überzeugen, wenn sie erst auf Eurer Burg lebt.«

Gunter schüttelte leicht den Kopf. »Ich fürchte, so weit wird es nicht kommen. Unter diesen Umständen sehe ich keine andere Wahl, als die Verlobung unserer beiden Kinder zu lösen.«

Gunter sah Hiltebert mit gespieltem Bedauern an. Der spürte, dass es jetzt sehr ernst wurde. Gunter stellte sich offen gegen ihn. Aber er würde sich sein Leben nicht ruinieren lassen. Und da er gegen die Hohenecks machtlos war, blieb ihm keine andere Wahl, als zu überlegen, was mit Hildegard geschehen sollte.

Hiltebert fand seine Tochter beim Taubenschlag, wo sie die Tiere fütterte und dabei das eine oder andere Täubchen liebevoll koste. Hiltebert runzelte die Stirn. »Lass das, Hildegard.«

Hildegard sah ihren Vater erstaunt an. Sie hörte seinen Ärger heraus, konnte sich ihn aber nicht erklären.

»Ich habe mit dir über deine Zukunft zu sprechen.«

Hildegards Blick verdunkelte sich. Sie wollte nicht an ihre Zukunft denken, an ein Leben ohne Rike, dafür mit einem ungeliebten Mann, fern ihrer eigenen Familie. Was gab es darüber zu sprechen?

»Bedauerlicherweise hat Gunter Annos Verlobung mit dir ge-löst.«

Hildegard wagte nicht, ihren Ohren zu trauen. »Er hat was?«

»Du wirst Anno nicht heiraten.« Hildegard durchströmte plötzlich eine leise Hoffnung, ein unbestimmtes Gefühl, dass doch noch alles gut werden könne. Wenn sie Anno nicht heiraten musste, dann war sie frei. Unweigerlich musste sie an Erik denken. Wo er jetzt wohl war? Ihr Vater störte ihre Überlegungen. »Ich habe mir Gedanken darüber gemacht, wie dein Leben nun verlaufen soll.«

Hildegard hörte zwar, was Hiltebert sagte, erfasste aber nicht, was es bedeuten konnte. Für sie war klar, dass sie ihr Leben hier verbringen würde, bei ihrer Familie, bei den Tieren, auf dem Hof und vielleicht später einmal, falls ihr das Schicksal gnädig sein würde … Hildegard sah sich vor dem Tor, einen herannahenden Reiter erwartend. Als er näher kam, erkannte sie Eriks Gesicht. Mit Schwung zog er sie zu sich auf das Pferd und zusammen ritten sie davon, einem gemeinsamen Leben entgegen.

»Die beste Lösung wird sein, dass du ins Kloster gehst.«

Hildegard hörte zwar, was ihr Vater gesagt hatte, doch sie konnte es nicht mit sich in Verbindung bringen. Ins Kloster, weg von allen, die sie kannte und liebte? Hildegard hatte nie ein Kloster betreten. Sie kannte nur die Erzählungen ihrer Freundin Jutta von Sponheim, die bald als Inklusin auf dem Disiboden-berg leben wollte.

»Ich werde die Sponheims bitten, dich mit in die Klause auf-zunehmen. Jutta könnte dir eine Lehrerin sein.«

In Hildegards Kopf ging alles durcheinander. Sicher, alles war besser als ein Leben an Annos Seite. Und sie mochte Jutta, die Tochter ihrer Nachbarn. Aber sie konnte einfach nicht begreifen, warum sich in den letzten Tagen so viel in ihrem Leben ereignete. Um sich zu beruhigen, versuchte sie wieder das Bild des heran-reitenden Erik in sich aufsteigen zu lassen, aber es ging nicht. So sehr sie sich auch bemühte, Erik tauchte nicht wieder auf.

Kapitel 6

ir müssen Gott danken, dass du diese große Gnade erhältst. Es hätte auch ganz anders kommen können. Au!!!«

Mechtild nahm Hildegard ärgerlich den grob gezinkten Hornkamm ab, mit dem das Mädchen ihrer Mutter das lange Haar kämmte.

»Du ziehst zu feste!«

Hildegard hatte es ihrer Mutter noch nie recht machen können. Mechtilds Haare waren schwerer und dichter als Hildegards blonde Locken, dennoch würden sie nie in deren Glanz erstrahlen.

Hildegard senkte schuldbewusst den Blick. Sie hatte sich tatsächlich nicht auf die Haarpracht konzentriert, sondern dachte nur daran, wie sie ihre Mutter umstimmen konnte. Nachdem ihr Vater sich geweigert hatte, mit ihr über seine Entscheidung zu sprechen, dass sie ins Kloster gehen sollte, versuchte sie es bei der Mutter, wenn auch ohne sich allzu viele Hoffnungen zu machen. »Aber warum in die Klause? Kann ich nicht als Magd im Kloster arbeiten?«

Die Mutter sah sie verständnislos an. »Als Magd? Wieso willst du niedere Arbeiten verrichten, wenn du das Privileg haben kannst, zu lernen?«

»Ich meine nur, dass ich als Magd nicht so eingeschlossen wäre, mich frei bewegen könnte …«

Hildegard brach ab, sie ahnte, dass sie sich ihrer Mutter nicht verständlich machen konnte.

»Als Magd frei bewegen? Niedersinken wirst du auf dein hartes Lager, mit Schmerzen im Rücken, als ob er durchbräche. Es wird wirklich Zeit, dass du das Leben kennen lernst.«

»Wie kann ich das, wenn ich für immer in einer Zelle eingeschlossen sein werde?«

Mechtild sah sie erstaunt an, sie hatte nicht mit neuerlichem Protest gerechnet. »Die Inklusinnen sind hoch geachtet. Kein Mädchen, das ich kenne, würde auch nur einen Moment zaudern, mit dir zu tauschen.«

›Ich bin eben anders‹, dachte Hildegard bei sich. Sie fühlte es schon lange. Sie hatte Angst. Angst, vor dem, was sie erwartete, aber vor allem Angst vor sich selbst.

Hildegard sah, sich auf dem Pferd an ihres Vaters Rücken festhaltend, die herbstliche Landschaft an sich vorbeiziehen. Die Sonne hatte ihr Werk getan und die Blätter der Bäume bunt eingefärbt. Das Gras war gemäht und die Felder abgeerntet. Hildegard versuchte, dieses friedliche Bild tief in sich aufzunehmen, denn es waren die letzten Tage, die sie außerhalb von Mauern verbringen durfte.

Sie hatte ihren Vater gebeten, sie bei seinem Besuch der Sponheimer begleiten zu dürfen. Hiltebert wollte noch einige Dinge die Aufnahme ins Kloster betreffend mit dem Grafen Stephan und seiner Frau besprechen, bevor Hildegard mit in die Klause einziehen konnte, die sie eigens für ihre Tochter Jutta an das Mönchskloster der Benediktiner hatten anbauen lassen.

Hildegard sah die Nahe vor ihr bereits silbern glitzern.

Wie nach einem Fluchtweg suchend, blickte sie sich zu dem dunklen Wald um, der sich schier unendlich hinter den Feldern ausdehnte. Könnte sie ein Leben wie Rike führen? Alleine in der Wildnis wohnen, sich ganz auf das Heilen mit den Mitteln der Natur konzentrieren? Wäre sie doch am Leben, Hildegards Entschluss stünde fest. Sie würde Reißaus nehmen von einem Leben, das nicht mehr ihres zu sein schien. Aber ohne Rike erschien ihr das Dunkel des Waldes bedrohlich, fast feindselig.

Und wo war der, mit dem sie jeder Gefahr trotzen würde? Hatte er sie aus dem Sumpf gezogen, nur um sie nun einem Leben der Enge und Einsamkeit preiszugeben? Nein, sie tat Erik unrecht. Die Umstände waren gegen sie. Er hatte selber großes Leid erfahren und irrte nun heimatlos umher. Eine Stimme schien ihr zuzuflüstern, dass sie gemeinsam die Einsamkeit vielleicht besiegen könnten, als Hildegard merkte, dass das Pferd seine Gangart verlangsamte. Sie mussten absteigen, um den Fluss an einer seichten Furt überqueren zu können. Vom anderen Ufer aus war es nicht mehr weit bis zu der von Weinbergen umgebenen Burg der Sponheimer. Sie konnte den mit Buckelquadern verkleideten Bergfried schon deutlich erkennen.

Graf Stephan von Sponheim und seine Frau Sophie waren wie immer sehr freundlich zu der kleinen Hildegard. Sophie nahm sie an die Hand und ging mit ihr in die Küche, wo der Koch ihr ein paar Leckereien anbot. Hildegard kostete in Honig gebratene Rosenblätter, und obwohl sie fand, noch nie etwas Köstlicheres gegessen zu haben, schlug sie weitere Naschereien aus, um Jutta aufzusuchen.

Die junge Frau war dabei, eine Stickerei zu beenden und hatte es sich nicht erlaubt, die Arbeit zu unterbrechen, um den Besuch zu begrüßen. Umso mehr freute sie sich, als Hildegard in den Raum trat. »Hildegard! Wie schön, dich zu sehen.«

»Ich freue mich auch, hier zu sein, Jutta.«

»Um wie viel schöner wird es in der Klause sein, wenn wir immer beisammen sein können. Ich verspreche, dir eine gute Lehrerin zu sein.«

Jutta lächelte die Jüngere, die sie schon als Säugling im Arm getragen hatte, an. Doch da bemerkte sie, dass Hildegards Antlitz keine ungetrübte Freude widerspiegelte.

Hildegard, die ihren forschenden Blick bemerkte, versuchte, sich nichts von den Zweifeln anmerken zu lassen, die sie innerlich umtrieben, doch es gelang ihr nicht. Schließlich brach es aus ihr heraus. »Ich weiß nicht, ob ich in der Klause leben kann. Alle sagen, es sei eine große Ehre, aber vielleicht bin ich die Falsche, vielleicht sollte jemand anderes meinen Platz einnehmen.«

Jutta sah nun ihrerseits besorgt aus.

»Aber wieso hast du dich dann dazu entschlossen?«

»Es war nicht mein Entschluss.«

Jutta hatte es geahnt. »Es tut mir sehr Leid, Hildegard.«

Sie zögerte nicht länger, ihre Stickerei endgültig zur Seite zu legen und nahm Hildegard in den Arm.

Hildegard schloss die Augen. Sie fühlte sich geborgen, gab sich ganz dem Gefühl der Wärme hin. Plötzlich spürte sie, wie Tränen ihre Wangen hinunterrannen. Es wurden mehr und immer mehr.

Jutta hielt die Freundin fest, bis der Tränenstrom langsam versiegte. Hildegard hob ihr Gesicht von Juttas Brust und schaute sie etwas verlegen an. Aber in Juttas Miene war keine Spur von Ungeduld oder Ärger zu sehen, sie strahlte nur grenzenloses Mitleid aus. Hildegard war so froh, dass sie plötzlich lächeln musste. Endlich jemand, der sie verstand, endlich jemand, dem sie sich anvertrauen konnte. Hildegard blickte zwar mit Angst in die Zukunft, aber sie betrachtete es als Geschenk Gottes, dass Jutta sie auf ihrem schwierigen Weg begleiten würde.

*

Der Tag des Einzugs in die Klause auf dem Disibodenberg war schneller gekommen, als sie dachte. Das Kloster war auf einer Höhe im Pfälzer Bergland erbaut, von der man einen herrlichen Ausblick auf den Zusammenfluss von Glan und Nahe hatte.

Aber Hildegard hielt ihre Augen auf den Erdboden gerichtet, während sie langsam voranschritt. Und wenn sie ihren Blick hob, sah sie lediglich den dunklen, rauen Stoff von Juttas Gewand vor sich. Hildegard trug denselben Überwurf, der den Mönchsgewändern ähnelte. Seitlich flankierten je drei Mönche den kleinen Zug, der von dem Abt Kuno angeführt wurde. Obwohl sie ihn jetzt nicht sehen konnte, hatte sich sein Äußeres bei der kurzen Begrüßung tief in Hildegards Gedächtnis eingegraben. Er war ein großer Mann, kräftig und etwas jünger als ihr Vater. Auch wenn sie es nicht wahrhaben wollte, Kuno erinnerte sie ein wenig an Gunter von Hoheneck, obwohl der eher klein und gedrungen wirkte. Es musste an den Augen liegen.

Sie lauschte den Gesängen der Mönche, die der Abt anführte. Er war nicht Gunter, er war ein Mann Gottes. Die lateinischen Verse übten eine beruhigende Wirkung auf sie aus, immer wieder fiel sie in das mehr gemurmelte denn gesungene »Amen« ein. Sie rief sich auch in Erinnerung, dass in einigem Abstand ihre Eltern und die Sponheimer folgten. Die beiden Väter trugen jeweils eine stattliche Kerze. Hildegard drängte den Gedanken, welcher Art die Kerzen waren, energisch beiseite.

Stattdessen ließ sie ihren Blick über die großen Gebäude zu beiden Seiten schweifen, die alle über den Kreuzgang erreichbar waren. Sie beherbergten das Refektorium, den Mönchschor, die Schreibstube und den Kapitelsaal. Die Wirtschaftskammern, hinter denen sich der Garten erstreckte, schlossen sich an. Hildegard erblickte auch den Friedhof, der neben dem größten, prachtvollsten Bau, der Kirche der Benediktinerabtei, lag. Nachdem die Prozession einen Kreis auf dem Klostergelände beschrieben hatte, steuerte der Abt nun geradewegs auf das Gotteshaus zu. Aus dem prachtvollen Inneren der Kirche, das mit zahlreichen, kunstvoll gemalten Szenen aus dem Leben Jesu geschmückt war, war der kleine Zug nach der Messe losgegangen. Hildegard ging die Darstellung der Mutter Gottes nicht aus dem Kopf. Sie sah die Gestalt der sterbenden Maria, in der Mitte der Jünger geborgen und die Sterbekerze haltend, noch lange vor sich. Doch jetzt zogen sie nicht erneut in die Kirche ein, sondern umrundeten sie, bis sie zu einem kleinen, an die Kirche angelehnten Neubau kamen, der Klause, in die Jutta und Hildegard nun einziehen sollten.

Hildegard betrachtete die Freundin, die bereits den Schleier genommen hatte, was ihr selber aufgrund ihres jungen Alters noch verwehrt war. Sie sah den golden glänzenden Ring an deren Finger und konnte nicht umhin, sie darum zu beneiden. Jutta hatte keine Angst vor dem, was ihr bevorstand. Sie war nicht länger alleine, sie war die Braut des Herrn. Hildegard hob ihr Haupt und stellte sich vor, wie es wäre, wenn sie den Schleier trüge. Sie spürte förmlich, wie jemand zärtlich ihre Hand nahm und ihr den Ring auf den Finger steckte, dann ihr Gesicht zu sich drehte, den Schleier hob und ihrem Mund ganz nahe kam. Hildegard sah plötzlich Eriks Anlitz ganz nahe vor sich. Glück durchströmte sie, als sie das Einsetzen der Glocke aus ihren Träumen riss. Es war nicht der satte, runde Ton, der sie zur Messe gerufen hatte. Sie hörte ein dünnes, aber umso eindringlicheres Bimmeln. Es war die Totenglocke, die Hildegard zu kommen befahl.

Vor ihr stand nun an Eriks Stelle ein Mönch, der ein Büßergewand vor ihr ausbreitete. Auch vor Jutta wurde ein ebensolches auf den Boden gelegt, während sich der Abt mit bedächtigen Schritten näherte. Er streute Asche über die Gewänder, bekreuzigte sich, um sich dann sogleich wieder abzuwenden. Jutta fiel auf die Knie und Hildegard tat es ihr nach, sodass die Mönche das Gewand über sie legen konnten. Jetzt trat ihr Vater an sie heran, und ohne dass sie ihren Blick heben durfte, nahm sie die Sterbekerze von ihm in Empfang. Als einer der Mönche sie angezündet hatte, durfte Hildegard sich wieder aufrichten, die Flamme dicht vor sich hertragend. Sie wusste, dass auch Jutta, drei Schritte vor ihr, ihre Sterbekerze in Empfang genommen hatte. Gemeinsam schritten sie voran, auf den schmalen Eingang der Klause zu. Zuerst trat Jutta durch die Tür, an deren Seite der Abt sie erwartete. Er benetzte ihre Stirn mit Weihwasser, um sie reinzuwaschen, woraufhin ihr das Büßergewand wieder abgenommen wurde. Jutta ging in die Klause hinein, den Abt und die anderen hinter sich lassend.

Jetzt war die Reihe an Hildegard, die nach vorne trat, um sich reinwaschen zu lassen. Sie versuchte, dem Abt dabei in die Augen zu sehen, in der Hoffnung, dass ihr erster Eindruck sie getrogen hatte. Aber es gelang ihr nicht, seinen Blick aufzufangen. Hastig, fast mechanisch sprach er das Vaterunser und gab ihr das Zeichen, dass sie nach vorne treten konnte. Hildegard spürte, wie das Büßergewand von ihr abfiel. Leicht und frei schritt sie durch die Türe, nur um dort sofort neben Jutta auf ihrem Leichentuch niederzuknien. Sie stellte die Kerze vor sich ab und versank ins Gebet, wie auch draußen die Versammelten ins Gebet einfielen. Sie gedachten der Seelen der beiden Frauen, die soeben mit Christus begraben worden waren.

»Ich danke Euch, dass Ihr es möglich gemacht habt, Hildegard in so kurzer Zeit aufzunehmen.«

Kuno sah irritiert von dem Säckchen mit den Goldstücken auf. »Hildegard?«

Ärgerlich registrierte er, dass er sich durch die Störung verzählt hatte. Doch als er der Bermersheimerin antwortete, tat er es schon wieder mit einem verbindlichen Lächeln. »Hildegard, natürlich. Die Entscheidung fiel uns nicht schwer, da Graf Stephan sich für sie eingesetzt hat.«

Und uns ausgedehnten Grundbesitz geschenkt hat, hätte er noch hinzufügen müssen, denn das war der Grund, warum er den Anbau der Frauenklause überhaupt erlaubt hatte. Ansonsten sah er keinerlei Gewinn darin, Frauen ins Kloster aufzunehmen. Doch da fiel sein Blick wieder auf die Goldstücke und er besann sich eines Besseren. Sicher, die Mitgift, die diese Hildegard einbrachte, war nicht mit den Schenkungen der Sponheimer zu vergleichen, aber sie mehrte den Besitz. Und das war ihm wichtig, seitdem er das neu errichtete Kloster übernommen hatte. Er hielt nichts von diesen Ketzern, die sich Erneuerer nannten und allen Reichtum dem Teufel zuschrieben. Besitz bedeutete Macht, das war schon immer so und würde sich wohl auch nicht ändern. Und er war ein Statthalter des Reiches Gottes auf Erden und wollte dessen Macht erhalten. Es war also sogar seine Pflicht, die Güter des Klosters zu mehren, so weit es in seinen Kräften stand.

Er sah die Frau an, die unschlüssig in der Bibliothek stand, deren Regale sich unter der Last der schweren Bände in der Mitte durchbogen. Auch diese kostbaren Handschriften mit ihren goldverzierten Buchrücken verdankte das Kloster nur Kunos Sinn für das Merkantile. Er wusste natürlich auch von dem ideellen Schatz, der sich an den Wänden stapelte, was ihn nicht davon abhielt, hinter den Büchern den schnöden Mammon zu verstecken. Ungeduldig wartete er darauf, dass die Bermersheimerin ihrem Mann nach draußen folgte. Der hatte sich bereits mit dem Versprechen verabschiedet, nach der Ernte den zehnten Teil von Gerste, Weizen und Hafer im Kloster als einmalige Gabe abzuliefern. Stattdessen sprach sie ihn erneut an. »Ihr wisst, dass Hildegard gerade acht Jahre zählt.«

Er wusste es nicht und eigentlich interessierte es ihn nicht sonderlich. »Natürlich, und ich bin froh darüber. Abgründe und Irrwege lauern überall und der Kampf gegen das Böse in der Welt kann nie früh genug beginnen.«

»Hildegard ist nicht böse. Vielleicht etwas altklug, sagt manches Ungewöhnliche, aber es ist bestimmt noch nicht zu spät für ihre Seele.«

Aha, ein vorlautes Ding. Kuno seufzte innerlich und nahm sich vor, Hildegard im Auge zu behalten.

Hildegard blickte auf den schier endlosen blauen Himmel, auf dem sich die wohl geordnete Formation der weißen Tauben deutlich abhob. Sie musste an ihre Tauben zu Hause denken und dass sie sie nie wiedersehen würde. Dunkle Wolken schienen sich vor das strahlende Blau zu schieben.

Doch es waren keine Naturgewalten, die den Himmel verdunkelten. Es war eine Mauer, von Gesellen Stein für Stein aufeinandergeschichtet, die Hildegard den Blick versperrte. Die

Männer arbeiteten sorgfältig, denn diese Mauer sollte lange halten, Hildegards ganzes Leben überdauern.

Der Taubenschwarm war verschwunden und so sehr Hildegard sich auch reckte, konnte sie keinen Blick mehr auf ihn erhaschen. Mit jedem Stein wurde auch das Blau des Himmels weniger und Hildegard trat instinktiv näher, als sich ihr eine Hand auf die Schulter legte.

Es war Jutta, deren leicht tadelnder Blick Hildegard die Röte ins Gesicht trieb.

»Lass uns beten«, forderte sie Hildegard mit ihrer sanften Stimme auf. Hildegard ließ sich sofort neben Jutta auf die Knie sinken. Sie spürte den kalten Steinboden, hart, kantig und rau. Ihr Blick glitt an den Wänden ihres neuen Heimes entlang, bis ihre Augen erneut das letzte sichtbare Himmelsblau fanden. Doch immer weiter drängten sich die grauen Steine vor. Hildegard betrachtete das mit einer Mischung aus Faszination und Qual. Endlich gelang es ihr, sich von dem Schauspiel loszureißen. Sie versuchte, es Jutta gleichzutun und sich ins Gebet zu versenken. Hildegard richtete den Blick auf ihre gefalteten Hände. Damit ersparte sie sich zu sehen, wie der letzte Stein eingefügt wurde und der Himmel dahinter verschwand.

2. BUCH

Kapitel 7

ildegard ging federnden Schrittes über das Moos. Sie spürte die kühle Nässe unter ihren nackten Fußsohlen, genoss das Gefühl des leicht nachgebenden Bodens. Doch plötzlich sank ihr rechter Fuß tiefer ein. Sie bemühte sich nach Leibeskräften, ihn herauszuziehen, doch ohne Erfolg. Jetzt sank auch der andere Fuß ein. Und als sie sich verzweifelt nach vorne wandte, um aus dem Nichts Hilfe zu erflehen, sah sie am Horizont ein Feuer. Sie erschrak, als sie erkannte, dass es eine brennende Hütte war. Voller Angst schrie sie Rikes Namen, worauf sie zwei starke Hände umschlangen und aus der Tiefe heraufzogen. Voller Hoffnung wandte sie ihr Gesicht nach oben. Gleich würde sie das geliebte Gesicht wiedersehen, in Eriks Armen ruhen.

Doch als sie die Augen öffnete, erblickte sie eine Frau, die sie ruhig ansprach. »Aufstehen, Hildegard. Zeit für die Laudes.«

Hildegard setzte sich auf. Mit einem Schlag war ihr klar, wo sie sich befand. Sie war in der Klause, in die sie vor zehn Jahren eingezogen war. Man schrieb das Jahr 1116.

Juttas Züge waren im Laufe der Jahre klarer, aber auch härter geworden. Hildegard selber hatte mit ihren achtzehn Jahren noch immer etwas Weiches, Verspieltes.

Sie erhob sich zitternd von ihrem karg gepolsterten Lager. Ihre Glieder waren steif gefroren. Trotzdem war die Kälte ihr Freund. Die Schneedecke, die der Winter jedes Jahr mit sich brachte, reichte bis unter ihr kleines Fenster, sodass Hildegard nur die Hand durch die Gitter strecken musste, um die Eiskristalle zu berühren. Es erschien ihr wie ein Ausflug ins Leben.

Hildegard kniete neben Jutta nieder und begann die Gebete herzusagen, die sie ungezählte Male von den Mönchen gehört hatte, an deren Gottesdiensten sie durch das kleine, ebenfalls vergitterte Fenster zur Kirche teilhaben konnte.

Nachdem die beiden Freundinnen so eine Stunde nebeneinander kniend im Gebet verbracht hatten, erhoben sie sich, um jede stumm ihre Dienste zu verrichten. Hildegard machte ein Feuer und bereitete eine Grütze darauf zu. Während der Brei beim Köcheln Blasen schlug, räumte sie beider Schlaflager ordentlich zur Seite. Dabei versuchte sie immer wieder, einen Blick auf die Utensilien zu erhaschen, die Jutta für den täglichen Unterricht vorbereitete.

Doch erst nahmen beide schweigend ihre Morgenmahlzeit an dem roh gezimmerten Tisch ein. Danach schöpfte Hildegard aus einem Fass Wasser und reinigte alles gebrauchte Geschirr sorgfältig. Sie bemerkte, dass sowohl das Wasser als auch der Sack mit geschroteter Gerste bald zur Neige ging und nahm sich vor, Bruder Volmar, der später Gemüse zum Putzen bringen würde, das mitzuteilen.

Dann setzte sich Hildegard zu Jutta an den Tisch, auf dem zwei Bogen Pergament ausgebreitet waren, einer bereits beschrieben, einer leer. Hildegard versuchte ihre Enttäuschung zu verbergen, dass sie immer noch nicht aus einem Buch lesen durfte. Sie beherrschte die Kunst des Lesens und Schreibens fast so gut wie ihre Lehrmeisterin, dennoch durfte sie sich weiterhin nur an von Jutta abgeschriebenen Texten üben. Es war ihr nicht erlaubt, die kostbare Abschrift des *Codex Epternacense*, des Goldenen Evangelienbuchs aus Echternach, in die Hände zu nehmen, die knisternden Seiten umzublättern und die bunten Illuminationen zu betrachten.

Nach dem ersten Jahr ihres Unterrichts, kurz nach dem Einzug in die Klause, hatte Hildegard, während Jutta noch damit beschäftigt war, ihr Haar unter dem Schleier festzustecken, den

Macer floridus von dem zierlichen Schreibpult zum Esstisch getragen. Gerade als sie ihn vorsichtig ablegte, wurde Jutta auf sie aufmerksam. »Hildegard, was fällt dir ein?! Wer hat dir erlaubt das Buch zu berühren?«

Ärgerlich beeilte sich Jutta, Hildegard das umfangreichste Werk, das es bisher über die Klostermedizin gab, abzunehmen und es zurückzulegen.

»Aber ich bin doch vorsichtig! Ich wollte dir nur einen Gefallen tun.«

»Nie wieder fasst du eins der Bücher ohne meine ausdrückliche Erlaubnis an, hast du das verstanden, Hildegard?«

Hildegard nickte. So streng hatte sie Jutta noch nie erlebt. Der Freundin tat ihre schroffe Reaktion schon bald Leid, und so erklärte sie Hildegard, dass sie selber nur durch eiserne Disziplin und absoluten Gehorsam ihrer Mutter und ihrer späteren Lehrerin gegenüber, der Witwe Uda von Göllheim, ihr Wissen erworben habe. »Ich gebe zu, auch ich hatte manchmal anderes im Kopf. Als Gott mich von meiner schweren Krankheit hat genesen lassen, schwor ich, ihm mein Leben zu schenken.«

»Du hast den Entschluss gefasst, ins Kloster zu gehen?«

»Nein.«

Jutta schüttelte, sehr zu Hildegards Verwunderung, den Kopf. »Ich wollte meinen Dank in die Welt hinausrufen, alle sollten es hören. Ich wollte eine Pilgerreise unternehmen.«

Hildegard staunte. So kannte sie die Freundin nicht. Die ruhige, in sich gekehrte Jutta wollte eine Wallfahrt machen! Das Reisen war nicht nur beschwerlich, sondern auch voller Gefahren, sodass nur wenige Frauen solch ein Unterfangen auf sich nahmen. »Hattest du keine Angst?«

Jutta schüttelte stürmisch den Kopf und plötzlich konnte Hildegard diese andere unerschrockene und wagemutige Frau erkennen, die sich hinter der nach außen hin fast abgeklärten Inklusin verbarg. »Gott hatte mich vor dem Tod bewahrt, er hätte mich auch weiterhin beschützt.«

»Und wieso bist du nun hier und nicht im Morgenland, in Jerusalem?«

Hildegards Wangen glühten, so sehr versetzte sie schon der Gedanke in Aufruhr. Doch es war nicht nur die aufregende Fremde, sondern auch der Gedanke, dass es Eriks Heimat war, von der sie sprachen. Hildegard hing ihren Gedanken nach und auch Jutta dachte an ihre vergangenen Träume, bevor sie die Stille zerriss. »Mein Bruder drängte mich, nicht die Ehre der Familie zu gefährden. Gerade für Frauen birgt das Reisen besondere Fallstricke ...«

Jutta sprach nicht weiter, doch das brauchte sie auch gar nicht. Hildegard wusste, was Frauen in der Welt passieren konnte. Trotzdem spürte sie die Verlockung, die auch Jutta gespürt haben musste und vielleicht noch immer spürte, denn Jutta beendete das Gespräch abrupt, als ob sie sich selber zur Ordnung rufen müsste. »Gott hat die Klause für mich erwählt, wie er alle unsere Geschicke lenkt.«

Hildegard wollte widersprechen, doch dann hielt sie inne. Sie spürte, dass die nie angetretene Wallfahrt ein wunder Punkt in Juttas Leben war und schätzte es sehr wohl, dass Jutta sich ihr anvertraut hatte. Sie wollte es ihr nicht dadurch danken, dass sie sie aus Neugier bedrängte. Trotzdem hätte sie gerne mit jemandem darüber gesprochen, ob es wirklich immer Gottes Wille war, der die Entscheidungen fällte. Und wer sagte, dass Juttas Bruder Gottes Willen kannte? Konnte nicht Jutta viel besser erspüren, was sie tun sollte? Hildegard seufzte leise. Nur eine hätte solche Gedanken verstanden. Sie vermisste Rike sehr.

Die Jahre änderten nichts an dem Gefühl des Verlustes, das Hildegard empfand. Sie erinnerte sich an die Gespräche über Gott, in denen es ihr erlaubt war, alles zu sagen und noch mehr zu fragen. Die Rückschau gab ihr Kraft und Ruhe.

Aber es gab noch einen anderen Grund, warum sie Rikes Worte immer wieder in sich aufsteigen ließ. Sie wollte sie nicht dem

Vergessen preisgeben, sondern sie gleichsam in ihren Gedanken festschreiben. Genauso verfuhr sie mit dem, was Rike sie über die Medizin der Natur gelehrt hatte. Jede einzelne Pflanze, ihre Wirkung und ihre Zubereitung als Heilmittel rief sie sich wieder und wieder ins Gedächtnis.

Unterbrochen wurde sie dabei nur vom Unterricht. Wenn sie die zarten Linien der Buchstaben möglichst genau nachzeichnete, brauchte Hildegard anfangs ihre volle Konzentration. Aber jetzt, da ihre Handschrift längst flüssig geworden war, konnte sie auch beim Schreiben ihre Gedanken schweifen lassen. Und immer öfter fragte sie sich nach dem Sinn ihrer Übungen.

Jutta war es erlaubt, Bücher zu kopieren. Sie verbrachte die Nachmittage am Schreibpult, in dessen Vertiefung ein Rinderhorn eingelassen war, um Tinte einzufüllen. Jutta tauchte die Feder in das Horn, um sie sodann über das Pergament gleiten zu lassen. Sie war die Einzige im Kloster, die außerhalb der beaufsichtigten Schreibstube Abschriften machen durfte. Umso sorgfältiger verfuhr Jutta, um das in sie gesetzte Vertrauen nicht zu enttäuschen. Hildegard hoffte Jahr um Jahr, dass Jutta sie an dieser Aufgabe teilhaben ließ, aber nichts passierte.

Eines Tages, als sie während der Schreibübungen Rikes Heilkünste memorierte, stellte sie erschrocken fest, dass sie sich nicht mehr an alles erinnerte. Regte ein kalter Breiumschlag mit Spitzwegerich die Magensäfte an oder wirkte er beruhigend? So sehr sie sich auch anstrengte, ihr wollte es nicht einfallen. Doch dafür wurde ihr plötzlich etwas anderes klar. Sie wusste jetzt, wofür sie sich Tag für Tag im Schreiben übte. Sie wollte all das festhalten, was die Freundin sie gelehrt hatte. Rikes Wissen durfte nicht verloren gehen. Hildegard würde Rikes Chronistin sein.

Hildegard war so von ihrer Idee gefangen genommen, dass sie prompt einen Fehler beim Schreiben machte. Als sie das ungelenke H auf dem Pergament sah, erschrak sie sehr und versuchte es zu korrigieren, wodurch sie in ihrer Hast nur dicke Tintenkleckse hinterließ. Jutta wurde aufmerksam und tadelte Hildegards Ungeschicklichkeit. »Sammle deine Gedanken. Tinte und Pergament sind zu kostbar, um sie zu vergeuden.«

Hildegard wurde rot. Sie wusste nicht, wie Jutta über ihre Idee denken würde. Vielleicht fände sie es unerhört und bar jeder Bescheidenheit, selber einen Text zu formulieren. So schwer es ihr fiel, wollte Hildegard nicht gleich mit ihrem Vorschlag herausplatzen, sondern sich langsam vortasten.

Ihr fiel ein, dass Rike ihr von alten Schriftrollen erzählt hatte, die es in fernen Ländern geben sollte und die gesammeltes Wissen über die Medizin enthielten. Rikes Blick war dabei schwärmerisch geworden. Hildegard konnte erahnen, wie gerne Rike wenigstens einmal vorsichtig mit der Hand über den Papyrus gefahren wäre, auch wenn sie nicht der Kunst des Lesens, schon gar nicht in einer anderen Sprache, mächtig war.

»Ich war abgelenkt. Mir kam beim Schreiben der Gedanke an etwas, was ich vor langer Zeit gehört habe. Vielleicht ist es eine Mär, vielleicht stimmt nichts davon. Darf ich dir davon erzählen?«

»Sprich, Hildegard.«

»Ich habe von Handschriften gehört. Nicht auf Pergament, sondern auf Papyrus. Nicht als Buch gebunden, sondern gerollt. Aber angefüllt mit Wissen über die menschliche Natur, über den Körper und über all die Unbill, die ihn befallen kann.«

Hildegard sah Jutta gespannt an. Juttas freundlich-aufmerksame Miene wurde starr. Sie schüttelte unwillig den Kopf, bevor sie antwortete.

»Gott hat durch den Menschen eine Auswahl treffen lassen. Alles, was bewahrenswert ist, hat er in Buchform fassen lassen. Das andere, das Heidnische, der Aberglauben, den Menschen sich anmaßten, schriftlich festzuhalten, wurde für immer von der Erde getilgt.«

Hildegard wusste, dass sie dazu eigentlich schweigen sollte, aber sie konnte nicht an sich halten. »Ich rede nicht von Aberglauben. Ich rede vom Wissen über Krankheiten, von vielen

Generationen gesammelt und weitergegeben. Was kann daran schlimm sein es niederzuschreiben?«

»Letztendlich liegt es in Gottes Hand, uns Krankheiten zu schicken oder sie von uns fern zu halten. Das Einzige, was wir dazu beitragen können, ist, ein rechtes Leben zu führen.«

Hildegard schüttelte heftig den Kopf. »Rosmarin, Arnika, Brennnessel, all das hat eine Wirkung. Ob belebend, wundheilend oder Brände lindernd, wenn wir um die Wirkung wissen, können wir eine Menge tun. Wir können Gott helfen.«

Jutta starrte Hildegard fassungslos an. »Gott helfen? Weißt du, was du da sagst?«

»Es sind nicht nur Kräuter und Pflanzen, die heilsam sein können. Auch Mineralien, Waschungen und ein Weglassen oder Hinzufügen von bestimmten Dingen, die wir essen, entscheidet über Gesundheit oder Krankheit.«

»Du hast eine rege Phantasie.«

»Es ist alles überliefert. Eine heilkundige Frau hat es mich gelehrt, so wie andere Frauen es ihr weitergegeben haben.«

Jutta sah Hildegard forschend an.

»Du hast es nicht erfunden?«

»Nie würde ich mir das anmaßen. Es ist die Erfahrung vieler weiser Frauen. Das Einzige, was ich dazu beitragen kann, ist es niederzuschreiben.«

»Und die ...« Jutta stockte, bevor sie fortfuhr.

»... die Heilkundige, wo ist sie jetzt?«

Hildegard senkte den Blick. »Rike ist gestorben. Man hat sie grausam umgebracht.«

Jutta atmete fast erleichtert auf. »Dann bist nur du es, die gestraft werden muss.«

Hildegard sah ungläubig auf. »Gestraft? Wofür?«

Jutta sah Hildegard erschüttert an. »Du weißt es wirklich nicht. Ich sehe, es ist noch viel Arbeit nötig.«

Jutta wandte sich ab und versenkte sich ins Gebet. Hildegard war verwirrt.

»Bitte sprich zu mir. Was habe ich Schlimmes getan?«

Doch Jutta gab keine Antwort. Stunde um Stunde verging, aber Jutta rührte sich nicht vom Fleck. Hildegard harrte bang einer Antwort, verzehrte sich nach einem Gespräch, das ihre Verwirrung lichten würde. Aber es wurde dunkel in der Klause, und Jutta rührte sich immer noch nicht. Hildegard wagte nicht, sich zu bewegen. Auch eine Kerze anzuzünden, kam ihr wie eine Verfehlung vor. Die Klause, die ihr in all den Jahren fast zur Heimat geworden war, erschien ihr plötzlich fremd und unheimlich. Mehr als wegen der winterlichen Kälte fror es sie wegen der Einsamkeit, die sie umgab.

Endlich, als Hildegard schon jede Hoffnung aufgegeben hatte, erhob sich Jutta und drehte sich zu Hildegard, die wie ein verschrecktes Tier auf dem Boden kauerte. Jutta streckte den Arm nach ihr aus. »Komm zu mir, Hildegard.«

Hildegard stand auf. Sie hatte plötzlich eine leise Hoffnung, dass sich doch noch alles zum Guten wenden würde, dass vielleicht alles nur ein Missverständnis war, dass sie Jutta nur falsch verstanden hatte. Sie wollte die Freundin umarmen, aber Jutta wehrte die Berührung ab. »Ich habe darüber nachgedacht, ob ich dir wirklich eine gute Lehrerin bin oder ob ich versagt habe.«

Hildegard erschrak. Was immer sie auch getan haben mochte, sie würde es ehrlich bereuen, wenn Jutta sie nur nicht verließe. Jutta, die Einzige, die ihr geblieben war, und der sie so vertraute, dass sie ihr sogar von Rike erzählt hatte.

»Doch der Herr gab mir Kraft. Ich soll dir gerade angesichts der Frevel, die du begangen hast oder die du im Begriff bist, zu tun, den rechten Weg weisen. Um dich von heidnischen Gedanken zu befreien, sollst du deinen Körper durch das Fasten reinigen.«

Hildegard atmete auf. Fasten, das hatte sie in der Klause schon gelernt. Das würde sie durchhalten, ohne Jutta erneut zu enttäuschen.

»Und um dich von deinem unrechtmäßigem Streben nach

Wissen zu heilen, setzen wir deinen Unterricht aus. Stattdessen wirst du die Zeit im Gebet verbringen.«

Hildegard erstarrte. Das war eine wirkliche Strafe. Ihre größte Freude wurde ihr genommen. Die neue Welt, die sich ihr durch das Lesen und Schreiben eröffnet hatte, sollte sich wieder schließen. Hildegard sank verzweifelt zu Boden. Jetzt war sie es, die auf den kalten Steinplatten kniete. Sie hatte die Hände zum Gebet gefaltet, doch wollten keine Worte über ihre Lippen kommen. Ihre Verzweiflung war zu groß. Sie fühlte sich nun auch von Gott verlassen.

*

Hildegard hatte zwei Wochen gefastet. Hunger verspürte sie schon längst nicht mehr. Es fiel ihr auch nicht schwer, für Jutta die Mahlzeiten zuzubereiten. Was ihr zu schaffen machte, war, dass Jutta sich von ihr zurückgezogen hatte. Jutta erwartete, dass Hildegard ihren Geist reinigte. Sie sollte nicht mehr an Rike, an die Medizin der Natur und schon gar nicht an die vielen Seiten Pergament, die man damit füllen könnte, denken.

Sie hatte keinen Buchstaben mehr geschrieben, kein Wort mehr gelesen, seitdem Jutta mit dem Unterrichten aufgehört hatte. Jutta hatte sogar Hildegards Schreibfeder zerbrochen. »Ich hätte dir nie erlauben dürfen mit links zu schreiben. Links steht für die Unordnung, das Falsche, das Unrechte. Wenn du wieder mit dem Schreiben beginnst, lasse ich dir eine Feder aus dem rechten Flügel holen.«

Hildegard ahnte, dass das noch lange dauern konnte. Denn je mehr sie versuchte, den Wunsch nach Schreiben zu unterdrücken, desto mehr Raum nahm er ein. Hildegard war verzweifelt. Das Fasten schien ihr nicht zu helfen, sondern brachte sie erst recht auf den in Juttas Augen falschen Weg. Immer klarer sah Hildegard das Buch vor Augen, in dem Rikes Lebenswerk und das Wissen vieler anderer Frauen weitergetragen wurde. Und immer weniger sah sie ein, was daran schlecht sein sollte. Hildegard versuchte, in Juttas Haut zu schlüpfen und ihre Argumente zu verstehen, aber es gelang ihr nicht.

So hörte sie auf damit, ihr Ansinnen in Frage zu stellen. Sie begann es als ihre Pflicht zu sehen, Rikes Wissen niederzuschreiben. Das war es, was sie Gott schuldete. Aber ihr war auch klar, dass sie Jutta nicht von der Richtigkeit ihres Tuns überzeugen konnte. Sie zermarterte sich das Hirn, um einen Ausweg zu finden. Nur in den Zeiten, die dem Gebet vorbehalten waren, fand Hildegard Ruhe. Und es war dann auch nach der Morgenandacht, als Hildegard Klarheit gewann. Sie würde das Buch heimlich schreiben.

Nachdem Hildegard ihre Ängste und Zweifel abgeschüttelt hatte, interessierte sie nur noch eins: Wie konnte sie ihr Vorhaben verwirklichen? Sie brauchte Pergament, sie brauchte eine Feder und Tinte. Und sie musste von Jutta unbeobachtet schreiben. Es blieben nur die wenigen Stunden zwischen dem Nachtgebet und den morgendlichen Laudes, in denen Jutta schlief. Wenn Hildegard sich mit äußerster Vorsicht bewegte, würde sie von ihrem Lager aufstehen können und sich an den Tisch setzen, um zu schreiben, ohne dass Jutta aufwachte. Einen Moment lang dachte Hildegard sogar daran, Juttas Schreibpult zu benutzen. Sie hätte so gerne einmal daran gesessen, aber sie verwarf den Gedanken gleich wieder. Sie wollte das Schicksal nicht herausfordern. Es ging nicht um ihre Wünsche, sondern um die Aufgabe, die sie zu erfüllen hatte.

Das Schwierigste war, das Pergament zu beschaffen. Sie würde Jutta Seiten stehlen müssen, daran führte kein Weg vorbei. Hildegard war sehr unwohl bei diesem Gedanken. Sie wusste zwar, dass es rechtens war das Buch zu schreiben, doch sie wusste nicht, ob das anderes Unrecht aufwog. Aber der Drang ihren Plan durchzuführen, war zu groß. Hildegard war fest entschlossen, sich nicht abhalten zu lassen, trotz oder vielleicht gerade weil sie schon so lange auf Nahrung verzichten musste. Das Einzige, was sie zu sich nahm, war klares Wasser. Mit jedem Schluck hatte sie das Gefühl, mehr und mehr an Stärke zu gewinnen.

Und dann erkannte Hildegard plötzlich ihre Chance. Bruder Volmar, der die Schreibstube überwachte, kam diesmal früher als sonst, um Juttas Kopien abzuholen. Jutta hatte ihre Schreibarbeit noch nicht beendet. »Wartet, ich sortiere schnell, was bereits fertig ist.«

Jutta brach das Schreiben mitten im Wort ab und stand vom Schreibpult auf, um einige mit ihrer schönen Handschrift angefüllten Seiten vorsichtig zu bündeln. Sie trat an das kleine Fenster zum Hof, dessen Gitter Volmar gerade aufschloss. Jutta drehte Hildegard dabei den Rücken zu und versperrte gleichzeitig den Blick durch das Fenster nach innen. Auch Volmar konnte Hildegard nicht sehen. Hildegard handelte ohne viel nachzudenken, als hätte alles in ihr nur auf den Augenblick gewartet. Sie trat an das Pult und nahm mit zitternden Fingern einen der leeren Bögen, die auf einem Stapel lagen. Schnell verbarg sie ihn unter ihrer Decke, gerade rechtzeitig, bevor Jutta sich wieder zu ihr drehte.

Des Nachts lag Hildegard unruhig auf ihrer Bettstatt. Trotz der fortgeschrittenen Stunde, die Komplet war bereits vorüber, war sie hellwach. Sie lauschte in die Dunkelheit, horchte so lange, bis sie an Juttas regelmäßigen Atemzügen bemerkte, dass diese fest schlief. Dann erst stand Hildegard auf, bemüht, möglichst kein Geräusch zu machen. Sie ertastete die Kerze in dem silbernen Halter, die auf dem Tisch stand und trug sie zum ewigen Licht. Dort entzündete sie sie und wartete einen Moment ab, ob Jutta von dem Lichtschein erwachte. Aber sie rührte sich nicht. Hildegard stellte die Kerze daraufhin wieder auf den Tisch und nahm Juttas Schreibfeder, das Federmesser und die Tinte von deren Schreibpult. Immer ein Auge auf Jutta geworfen, zog sie den Bogen Pergament ganz vorsichtig unter ihrer dünnen Matratze hervor. Sorgsam breitete sie ihn vor sich auf dem Tisch aus und setzte sich dann nieder. Seit sie sich entschlossen hatte, Rikes Wissen aufzuschreiben, hatte sie sich bereits viele Male vorgestellt, wie sie den Inhalt am besten verständlich machen konnte. Sie wollte mit den allgemein bekannten Pflanzen anfangen und deren Wirkungsweise notieren. Anschließen würde sie die Zubereitung als Pulver, Wickel oder Tee. Sie begann in alphabetischer Reihenfolge mit der Arnika. Die ersten Lettern malte sie sehr zögerlich und mit unsicherer Hand, doch dann wurde ihre Schrift immer flüssiger. Hildegard kam gut voran. Ihre Arbeit nahm sie so gefangen, dass sie sogar die große Kälte, die in der Klause herrschte, erst dann wieder bemerkte, als das Zittern ihr ein Weiterschreiben unmöglich machte. Hildegard sah erschrocken zu Jutta. Hatte sie etwas bemerkt? Aber die Ältere lag noch immer in tiefem Schlaf. Hildegard wollte trotzdem für diese Nacht aufhören, da sie den Bogen Pergament auch schon fast gefüllt hatte. Hildegard räumte ihre Utensilien lautlos weg und legte sich dann nieder. Doch an Schlaf war gar nicht zu denken, zu sehr durchflutete eine fast euphorische Stimmung die junge Frau.

Schon bald, noch lange vor dem ersten Morgengrauen, erhob sich Jutta zum ersten Gebet. Hildegard sprang fast von ihrem Bett auf, um ihr Gesellschaft zu leisten.

Während des Tages gelang es ihr, einen neuen Bogen Pergament zu entwenden, als Jutta sich über einen Berg Wäsche bückte, um Hildegards Näh- und Stopfarbeiten zu überprüfen. Als sie wieder aufsah, lobte sie Hildegard sogar für ihren Fleiß. Hildegard wurde verlegen, weil sie sehr wohl verstand, dass Jutta eine Brücke bauen wollte. Doch anstatt Hildegard damit zu erfreuen, verstärkte sie nur deren schlechtes Gewissen.

Doch in der Nacht konzentrierte Hildegard sich ganz auf die vor ihr liegende Aufgabe. Sie hatte die Kerze bereits aufgestellt und wollte gerade wieder Feder, Federmesser und Tinte zum Tisch tragen, als sie ein Gedanke durchfuhr. Warum setzte sie sich nicht gleich an Juttas Schreibpult? Warum sollte sie unnötigen Lärm riskieren, indem sie alle Utensilien hin- und hertrug? Hildegard nahm das Pergament und die Kerze und platzierte beides vorsichtig auf dem Schreibpult. Dann setzte sie sich auf den kunstvoll gedrechselten Stuhl, der das Pult ergänzte. Sie fuhr mit der Hand über die glatte Tischoberfläche und ein Glücksgefühl überkam sie. Was gab es Schöneres, als die edle Kunst des Schreibens ausüben zu dürfen?

Anfangs zögernd, dann schneller werdend, setzte Hildegard ihre Aufzählung der Heilpflanzen fort. Sie war noch nicht weit gekommen, als etwas sie innehalten ließ. Sie wusste nicht was es war, sah aber sicherheitshalber zu Juttas Bett. Hildegard erstarrte. Das Bett war leer. Sie fuhr herum und sah Jutta direkt vor sich stehen. Vor Schreck stieß Hildegard gegen das Rinderhorn, doch nahm sie nicht wahr, wie die Tinte sich über ihr Geschriebenes ergoss. Sie sah wie gebannt in Juttas Augen, in denen sich eine Mischung aus Enttäuschung und Anklage spiegelte.

»Wie lange tust du das schon?«

Juttas Stimme war vollkommen ausdruckslos. Hildegard senkte den Kopf. »Es ist die zweite Nacht. Ich konnte nicht anders ...«

Jutta unterbrach sie unwillig. »Und ich habe heute wach gelegen, weil mich der Gedanke plagte, ob ich dich zu hart gestraft habe.«

Hildegard fiel vor ihr auf die Knie. »Bitte, lass mich erklären ...«

Doch Jutta wandte sich ab. In Hildegard kroch die Angst hoch, dass Jutta sich jetzt wieder stundenlang im Gebet versenken würde, bis sie entschied, was mit Hildegard zu geschehen habe. Hildegard fürchtete nichts mehr, als diese sich endlos dehnende Ungewissheit. Der fehlende Schlaf, die lange Zeit ohne Nahrung, all das tat sein Übriges, Hildegard immer unruhiger werden zu lassen. Sie hatte das Gefühl, es schier nicht aushalten zu können, bis Jutta ihr die Strafe mitteilen würde.

Doch Jutta brauchte diesmal keine Bedenkzeit. Nachdem sie beim letzten Mal den Unterricht ausgesetzt und Fasten angeordnet hatte, blieb jetzt nur noch eins, um das Mädchen zu maßregeln. »Du wirst von Stund ab nicht nur fasten, sondern es soll dir auch verboten sein, Wasser zu dir zu nehmen.«

Jetzt wünschte Hildegard, Jutta hätte sie doch erst noch etwas im Ungewissen gelassen. Alles war besser als nicht trinken zu dürfen. Doch Hildegard wusste, dass es ihre letzte Chance war, bevor Jutta sich an den Abt wenden würde.

Es war Hildegards zweiter Tag ohne Wasser, ihre vierte Nacht ohne Schlaf und die dritte Woche ohne Essen. Während sie die Nahrung immer noch nicht vermisste, machte ihr trotz der Kälte der Durst zu schaffen. Manchmal sah sie sehnsüchtig auf den Schnee, der zum Greifen nah bis unter das Fenster der Klause reichte. Aber Hildegard dachte nicht daran ungehorsam zu sein. Sie würde tun, was Jutta gesagt hatte, auch wenn sie es nie würde bereuen können, heimlich geschrieben zu haben.

Sie fühlte sich schwach und sehnte sich nach dem erfrischenden Wasser. Der Durst ließ sie nicht zur Ruhe kommen, sodass sie auch ohne ihr nächtliches Schreiben keinen Schlaf mehr fand. Sie lag wach, horchte auf Juttas Atemzüge und starrte in das ewige Licht, nicht wissend, wie sie sich aus ihrer misslichen Lage wieder befreien konnte. Würde Jutta je akzeptieren, dass Hildegard die Pflicht hatte, Rikes Wissen zu überliefern? Es gab keinerlei Anzeichen dafür, dass Jutta auch nur darüber nachdachte, ob Hildegard vielleicht doch nicht nur Böses getan hatte. Hildegard war froh, in der Frühe aufstehen zu können, um sich durch die täglichen Verrichtungen ein wenig ablenken zu können.

In der nächsten Nacht kehrten ihre Gedanken zurück, genauso, wie sie erneut Juttas regelmäßigen Atemzügen lauschen musste. Sie konnte nicht umhin, ihr den ungestörten Schlaf zu neiden, so sehr sehnte auch sie sich nach Ruhe. In ihrem Kopf wurde das leise Atemgeräusch unerträglich laut, bis es ihr Denken vollkommen ausfüllte. Hildegard hielt sich die Ohren zu. Nur dadurch, so schien es ihr, überstand sie die Zeit bis zum Aufstehen.

Tagsüber konnte es Hildegard nicht vermeiden, dass sie Jutta mit einem gewissen Groll betrachtete. Worauf wartete sie? Sollte Hildegard tatsächlich zur Verräterin an Rike werden, der einzigen Person, die rückhaltlos zu ihr gehalten hatte? Die junge Frau wusste, dass solche Gedanken Unrecht waren und versuchte, sich auf ihre nachmittäglichen Näharbeiten zu konzentrieren.

Schon vor dem Zubettgehen fürchtete Hildegard sich vor Juttas alles beherrschenden Atemzügen. Als Jutta sich niedergelegt hatte, begann Hildegard Zwiesprache mit Gott zu halten. Sie wusste, dass auch das eigentlich nicht erlaubt war. Dazu gab es die festgelegten Zeiten der Gebete mit ihrer strengen Abfolge der Worte. Aber Hildegard sah keinen anderen Ausweg mehr, als sich auf ihre Art an Gott zu wenden. Sie kniete nahe beim ewigen Licht nieder und versuchte, ihre Gedanken zu sammeln. Doch sie merkte, dass sie verwirrt war. Die Zunge klebte ihr am Gaumen, ihre Gedanken ließen sich nicht fassen und über allem lag bereits wieder dieses, wenn auch noch leise Geräusch des Ein- und Ausatmens. Hildegard war sich sicher, dass es wieder lauter werden würde, sobald sie mit ihrer Zwiesprache aufhörte. Verbissen bat sie Gott, ihr zu helfen, doch es kam weder eine Antwort noch spürte sie Ruhe. Stattdessen nahm Juttas Atem immer mehr Raum ein, bis er die ganze Klause zu erfüllen schien. Hildegard hielt sich wieder die Ohren zu, doch diesmal ohne Erfolg. Das Geräusch schien bereits in ihrem Kopf zu sein, sich dort auszubreiten, bis sie das Gefühl hatte, ihr Schädel würde gleich platzen. In ihrer Not wandte sich Hildegard zu der Quelle all ihrer Pein.

Sie erhob sich und ging Schritt um Schritt auf die auf ihrem Lager ruhende Jutta zu. Es kostete Hildegard viel Kraft, da der immer lauter werdende Atem schmerzhaft von innen an ihre Stirn zu hämmern schien. Sie versuchte sich ganz auf Jutta zu konzentrieren, auf den Anblick, wie sie dalag, unschuldig fast, ahnungslos. Und doch ging von ihr Schreckliches aus. Hildegard wurde plötzlich von einem Gedanken ergriffen. Sie musste Jutta von dem Übel erlösen. Sie würde diesen unerträglichen Atem, den Hauch des Bösen vernichten. Hildegard sah sich um und griff nach dem Kissen, das auf ihrer Bettstatt lag. Sie fühlte die Kühle des rauen Stoffs, was ihr wie eine Verheißung für Ruhe und Frieden erschien. Sie packte das Kissen fester. Jetzt stand sie genau vor Jutta, die ruhig auf der Seite lag. Hildegard hob das Kissen hoch, in dem Wissen, die Freundin gleich von allem Bösen zu befreien. Das war die Lösung, die sie so lange vergeblich gesucht hatte. Entschlossen drückte Hildegard das Kissen auf Juttas Gesicht. Sie bedeckte damit deren Mund und Nase. Sofort begann Jutta sich zu regen. Überraschend heftig spürte Hildegard deren Widerstand. Doch sie reagierte schnell. Ungeahnte Kräfte schienen sie zu durchfließen. Ihre Arme hielten Jutta, die sich immer stärker wand, auf ihrer Bettstatt. Ruhig blickte Hildegard in die vor Schreck und Entsetzen geweiteten Augen Juttas. Jetzt würde alles wieder gut.

Kapitel 8

ike scheuerte die klebrigen Reste des vorangegangenen Mahls vom Tisch. Das Saubermachen nach dem Essen kostete sie jeden Tag fast mehr Zeit als die Zubereitung. Die Todbringerin, wie sie die fettleibige Johanna, in deren Hütte sie wohnte, heimlich nannte, scherte sich keinen Deut um Ordnung und Sauberkeit. Rike dachte sich ihren Teil, aber sie behielt ihre Gedanken für sich. Nicht aus Höflichkeit, sondern weil ihr die Todbringerin schlichtweg egal war. Sie empfand am ehesten noch so etwas wie Verachtung für die Frau, die nichts anderes als Raffgier und den eigenen Vorteil kannte.

Trotzdem blieb Rike. Sie nahm es als vom Schicksal bestimmt an, dass sie ihre letzten Jahre in dieser elenden Hütte zubringen sollte. Sie hoffte nur, dass es nicht mehr allzu viele würden.

In dem unglücklichen Sommer vor vielen Jahren, als sie auf die verkohlten Reste ihrer Hütte zurücksah, blieb ihr nichts anderes übrig als loszulaufen, ohne Nahrung und ohne Ziel. Das Einzige, was sie wusste, war, dass sie nicht auffallen durfte, um Gunter in dem Glauben zu lassen, sie sei tot. So vermied Rike es, tagsüber in die Nähe von Siedlungen zu kommen. Erst in der Dämmerung strich sie auf der Suche nach essbaren Abfällen um Gehöfte oder durch kleine Dörfer. Gierig schlang sie dann halb faule Äpfel, angeschimmelte Brotkanten und, als es ganz schlimm kam, selbst stinkende Fleischreste hinunter, all das, was man selbst den Schweinen nicht mehr zum Fraß vorgeworfen hatte. Rike tat das wider besseren Wissens. Zwar bewahrten sie die Essensreste vor dem Verhungern, aber Rike wartete fast täglich auf die Zeichen einer Vergiftung.

Und dann war es so weit. Rike fühlte sich matter und kraftloser, als in den ganzen Wochen zuvor. Erst schob sie es auf das natürliche Nachlassen ihrer Kräfte, aber schon am Mittag verschlimmerte sich ihr Zustand. Bald schon steigerte sich ihre Pein zu kolikartigen Bauchkrämpfen.

Rike wusste genau, was zu tun war. Sie müsste Brechnuss finden, sie so fein wie möglich mahlen und in ganz kleinen Dosen zu sich nehmen. Aber schon für die Suche war sie längst zu schwach. Mühsam richtete sie sich auf. Ihr Blick glitt über das Gesträuch und traf geradewegs auf eine näher kommende Gestalt. Sie wollte sich schnell wieder ducken, aber es war zu spät.

»Wer lauert mir so heimtückisch auf? Zeigt euch, Ihr Lumpenpack!«

Bevor Rike erklären konnte, dass sie in friedlicher Absicht unterwegs war, bekam sie auch schon einen festen Fußtritt. Ein stechender Schmerz ging durch ihre Seite. Als sie sich mühsam wieder aufrichtete, sah sie eine Frau in den mittleren Jahren vor sich, dickleibig, ungepflegt, das aufgedunsene Gesicht von roten Äderchen durchzogen, was auf zu viel Wein- und Biergenuss schließen ließ. «Bitte helft«, bat Rike leise.

Sie konnte die Worte nur mühsam formen, aber die Frau dachte nicht daran, näher zu kommen.

»Bitte helft mir«, versuchte es Rike mit aller Kraft noch einmal, nun lauter.

»Warum sollte ich mir an dir die Finger schmutzig machen?« Immerhin hatte die Fremde verstanden.

»Du siehst nicht aus, als wenn du mich entlohnen könntest. Reich scheinst du nur an Läusen und Krätze zu sein.«

Sie lachte schallend über ihren eigenen Witz, wobei sie mit dem linken Auge eigentümlich blinzelte. Und dann erkannte Rike die Ursache dafür. Eine große Warze wuchs geradewegs in das Auge hinein. Sie musste jetzt schon sehr stören, da sie ständig an dem empfindlichen Gewebe scheuerte. Wenn sie auch nur noch ein wenig größer wurde, würde sie unendliche Pein verursachen. »Ich kann Euch helfen.«

Rikes Stimme war plötzlich fest und klar, was sie selbst erstaunte.

»Du mir helfen?«

Die Frau spuckte verächtlich aus, so knapp neben Rikes Gesicht, dass sie die feinen Spritzer auf ihrer Haut verspürte.

»Ihr werdet blind werden.«

»Dann muss ich deinen Anblick wenigstens nicht mehr ertragen.«

Die Frau wollte sich schon angewidert wegdrehen, als Rike fortfuhr. »Ich kann Eure Warze zum Verschwinden bringen.«

Die Fremde hielt in der Bewegung inne und blinzelte Rike an. »Was redest du da?«

»Ich kenne mich damit aus. Helft mir, damit ich Euch helfen kann.«

»Du elende Kreatur! Weißt du, mit wem du sprichst? Ich bin Johanna, die Heilerin. Und wenn *ich* kein Mittel gegen Warzen habe, dann hast du es erst recht nicht.«

»Lasst es mich ausprobieren, ehrwürdige Heilerin.«

»Ehrwürdige Heilerin.« Die Frau kicherte in sich hinein. »So hat mich wahrlich noch niemand genannt.« Sie kicherte erneut. »Na gut, ich nehme dich mit.«

Johanna bückte sich und packte Rike unter beiden Achseln. Dann begann sie, sie unsanft den Weg entlangzuschleifen. Rike stöhnte vor Schmerz auf. Und ihr wurde langsam klar, warum ›ehrwürdige Heilerin‹ wirklich nicht zu der Fremden passte.

»Wehe du krepierst, bevor meine Warze weg ist.«

Johanna betrachtete Rikes Schürfwunden, die der unsanfte Transport zu der kleinen, windschiefen Hütte mit sich gebracht hatte. Sie nahm einen Schluck Wein aus einer Flasche, während

Rike, die vor ihr auf dem Boden kauerte, mühsam zu sprechen versuchte. »Wasser! Bitte gebt mir Wasser!«

»Erst die Arbeit.«

Johanna hielt ihr krankes Auge ganz nahe vor Rikes Gesicht. Die versuchte sich zu konzentrieren, all ihre Kräfte zu sammeln. Sie wusste, dass sie jetzt nicht versagen durfte. Rike betrachtete das Auge genauer. Sie zog Johannas Lid herunter. Der Lidrand war verwundet worden, vermutlich durch einen scharfen Gegenstand. »Ihr habt eine schlimme Verletzung erlitten.«

»Ach was! Ich habe nur versucht das verdammte Ding wegzuschneiden.« Johanna deutete auf ihre Warze. »Aber nach zwei Wochen war es wieder da, größer denn je.«

Rike enthielt sich jeder Bemerkung zu Johannas Art der Behandlung. »Ich werde die Warze jetzt besprechen. Dann brauche ich ein bisschen Wismut, um es fein zerstäubt unter eine Salbe zu rühren.«

»Salbe!« Johanna schnaufte verächtlich. »Die habe ich selber.«

Sie deutete auf ein paar unsaubere Gefäße ranzigen Inhalts.

»Wie alt sind die Pasten?«

»Ein paar Jährchen bestimmt. Habe sie getauscht gegen ein paar Hühner, zäh wie Leder.«

Sie lachte in Erinnerung an das gute Geschäft.

»Das war in dem Winter, in dem ich mich entschlossen habe, Heilerin zu werden.«

»War Eure Mutter auch eine Kundige?«

»Meine Mutter? Die habe ich nie kennen gelernt. Man sagt, sie hat sich im Dorfweiher ersäuft. Nein, mein Mann hat mich auf die Idee gebracht.«

»Ihr seid verheiratet?«

»Zum Glück nicht mehr. Er war ein elender Trunkenbold, von dem ich außer Schlägen nicht viel bekommen habe. Sein Pech war seine Gefräßigkeit.«

Johanna sah Rike grinsend an. »Er hat so schnell geschlungen, dass er von dem Gift der Tollkirsche gar nichts gemerkt hat. Wochenlang eine kleine Dosis, bei jeder Mahlzeit ein bisschen mehr. Und dann endlich war er tot.«

Johanna lachte schallend bei der Erinnerung. »Und weil mein Meisterstück so gut gelungen war, beschloss ich mit Pulvern und Mixturen mein Geld zu verdienen. Zum Wohle der Menschheit.«

Rike sagte nichts mehr. Das, was sie gehört hatte, reichte ihr um zu erkennen, dass Johanna alles andere, nur keine Heilerin war. Sie ist eine Todbringerin, musste Rike immer und immer wieder denken. Selbst wenn einer ihrer Patienten genas oder wenigstens am Leben blieb, so war es nicht Johannas Künsten, sondern der Güte des Schicksals zu verdanken. Und jetzt wusste Rike, warum ebendieses Schicksal sie in diese Hütte geführt hatte. Sie musste verhindern, dass die Todbringerin allzu großes Unheil stiften konnte. Rike schloss die Augen. Johanna würde denken, dass sie sich auf den Spruch für die Warzenbehandlung konzentrierte. Doch in Wirklichkeit war sie zu erschüttert von dem eben Gehörten.

Jetzt war Rike schon seit zehn Jahren im Haus der Todbringerin. Sie hatte begonnen eine Apotheke nach dem Muster ihrer alten aufzubauen. Sie sammelte Kräuter, mischte Tinkturen an und gab Johanna genaue Anweisungen, wie sie zu verwenden seien. Johanna erzielte daraufhin nie gekannte Erfolge bei der Behandlung der Menschen in den umliegenden Dörfern. Das sprach sich herum, sodass sie in den Zeiten, in denen sie sich nicht im Rausch befand, viel zu tun hatte. Die Entlohnung war dementsprechend reichlich. Natürlich verlor Johanna kein Sterbenswörtchen darüber, woher ihre plötzliche Weisheit rührte. Im Gegenteil, ihr machte es besonderen Spaß, Rike als Dank auch noch zu demütigen. »Eins verstehe ich nicht. Du bist das, was man gemeinhin weise nennt, erkennst Krankheiten, weißt über die Behandlung Bescheid. Wie kann so eine Person so dumm sein, bei mir zu bleiben? Ich an deiner Stelle wäre längst über alle Berge.«

Rike schwieg dazu. Es war ihr gleichgültig, was die Todbringerin von ihr dachte. Sie wusste, dass sie Leben retten konnte und diese Aufgabe hielt sie aufrecht.

Rike bückte sich zu dem Haufen Gehölz, nahm Ast für Ast auf, um handliche Stücke abzutrennen und sie auf einen Haufen zu schichten. Sie befand sich auf einer kleinen Lichtung nahe bei der Hütte. Obwohl sie sich ein paar Lumpen um Arme und Beine gewickelt hatte, war fast jedes Gefühl in ihren Extremitäten abgestorben. Der Winter war mit großer Kälte hereingebrochen. Aber der Zutritt in die wenigstens etwas wärmere Hütte war ihr heute verwehrt.

Eine Patientin war in Begleitung ihres Mannes bereits vor der Morgendämmerung eingetroffen, was darauf hindeutete, dass sie nicht gesehen werden wollte. Wahrscheinlich gehörte sie zu den besseren Leuten, die sich normalerweise von einem ausgebildeten Medicus behandeln ließen.

Rike hatte sie nicht zu Gesicht bekommen, da Johanna sie sofort nach draußen scheuchte. Schließlich wollte Johanna die Lorbeeren allein ernten, selbst, wenn sie gar nichts zu der Heilung beitrug. Normalerweise verließ sie ihre Patienten nach einer ersten Untersuchung unter einem Vorwand, um Rike dann auf der Lichtung den Fall vorzutragen und ihre Ratschläge zu hören. Rike war nie ganz wohl dabei. Nicht, weil ihr Wissen ausgenutzt wurde, nein, das war ihr vollkommen gleichgültig. Aber sie stellte ungern eine Diagnose, ohne den Patienten gesehen zu haben und dankte jedes Mal bei sich all den weisen Frauen, die ihr Wissen an sie weitergegeben hatten, wenn sie trotzdem das Richtige sagen konnte.

Aber diesmal ließ Johanna auf sich warten. Rike wurde unruhig, da sie an den gestrigen Abend denken musste, an dem Johanna mal wieder zu viel getrunken hatte. Rike hatte nicht an sich halten können und ihr ins Gewissen geredet. Jetzt fürchtete sie, dass Johanna beleidigt war und Rike eins auswischen wollte, indem sie diesmal selbst über die Behandlung entschied.

Johanna betrachtete die Frau, die vor ihr auf dem Bett lag. Die Beine waren gespreizt, das Kleid hochgeschoben, während sie sich ergeben behandeln ließ.

Den Mann hatte Johanna hinter ein Regal gesetzt, das ein wenig den Blick auf die Bettstatt versperrte. Auch wenn Johanna sich sicher war, schon lange so gut wie diese alte Kräuterhexe heilen zu können, so machten Zuschauer sie doch nervös. Anders konnte sie sich das leichte Zittern ihrer Hände nicht erklären, auch wenn sie genau wusste, was Rike dazu sagen würde. Es war höchste Zeit, die Alte in ihre Schranken zu verweisen.

Das leichte Schnarchen hinter dem Regal zeigte ihr an, dass der feine Herr sich von dem langen Ritt erholte, während seine Frau sie mit bangem Blick anstarrte. Sah sie da etwa eine Spur von Misstrauen aufblitzen? Gab es Zweifel an ihrem Können? Diese feine Dame sollte sich lieber schämen, in ihrem Alter noch Kinder kriegen zu wollen. Sie musste die Vierzig längst überschritten haben und doch ließ es ihr keine Ruhe, dass ihr letztes Kind ein Mädchen gewesen war. Aber bitte, wenn sie unbedingt wollte, Johanna stand ihr nicht im Wege, jedenfalls nicht, solange sie gut entlohnt wurde.

Johanna nahm ein Bündel frische Petersilie aus einer Kanne, band sie an den Stielenden zusammen und wandte sich der Frau zu. »Das werde ich jetzt einführen, auf dass es Eure Säfte anrege«, in Gedanken schnell noch ein ›vertrocknete alte Schachtel‹ hinzufügend. Dann machte sie sich ans Werk, allerdings so unsanft, dass die Frau sich augenblicklich verkrampfte. Ungeduldig hielt Johanna einen Moment inne. »Gleich sitzt es richtig. Nur noch ein Stückchen tiefer.«

Dann war es vollbracht und Johanna lehnte sich zufrieden zurück. Jetzt mussten die Kräuter nur noch ein wenig einwirken.

Zufrieden mit der von ihr geleisteten Arbeit fielen der Todbringerin bald die Augen zu.

Sie wurde durch laute Schmerzensschreie geweckt. Unwillig öffnete sie die Augen. Als sie sah, wie ihre Patientin sich auf dem Bett wand, sprang sie hoch. Doch sie entdeckte, dass schon jemand ihre Aufgabe übernommen hatte. »Rike! Was machst du denn hier?«

»Ich rette, was zu retten ist. Was habt Ihr mit der Bermersheimerin gemacht?«

»Du kennst sie?«

Rike nickte. Sie blickte auf die sich krümmende Frau. Es war niemand anders als Hildegards Mutter. Ihr Begleiter näherte sich jetzt ebenfalls dem Bett. Rike erkannte in ihm Hiltebert von Bermersheim, obwohl sie ihn noch nie so von Angst besessen gesehen hatte. »Edler Herr, seid beruhigt. Ich werde alles für Eure Frau tun, was in meiner Macht steht.«

Hiltebert nahm Rike erst jetzt wahr. »Rike?«

Er blickte sie ungläubig an. »Ich dachte, du bist tot. Verbrannt.«

Rike winkte ab. »Später. Jetzt muss ich mich um Eure Frau kümmern.«

Sie wandte ihre ganze Aufmerksamkeit Mechtild zu, der sie schon einmal aus großer Not geholfen hatte. Damals hatte das Schicksal ihr und der ganzen Welt Hildegard als Lohn geschenkt. Sie wandte sich an Johanna. »Was habt Ihr mit ihr gemacht?«

»Nichts. Diese Krämpfe hat sie erst, seid du hier bist.«

Rike versuchte ruhig zu bleiben. »Bitte sagt mir, weshalb sie Euch aufgesucht hat.«

Da Johanna es offensichtlich vorzog zu schweigen, antwortete Hiltebert an ihrer Stelle.

»Wir sind gekommen, weil meine Frau nicht mehr schwanger werden konnte.«

Jetzt bequemte sich auch Johanna zu sprechen. »Sie ist nicht mehr die Jüngste, sie ist zu trocken. Die Petersilie wird die Bildung der Säfte wieder anregen.«

»Petersilie«, wiederholte Rike.

Sie ließ sich ihre Beunruhigung nicht anmerken. Petersilie wirkte tatsächlich anregend. Allerdings weniger in heilender Weise. Sie konnte als Mittel gegen unerwünschte Schwangerschaften die Leibesfrucht austreiben. Doch war es schwierig die richtige Dosis zu treffen, da jede Frau anders reagierte. Zu viel konnte den ganzen Leib vergiften.

»Ich muss die Petersilie wieder entfernen.«

Rike wusste, dass sich das bei dem völlig verkrampften Unterleib der Frau nicht einfach gestaltete. Mechtild würde große Schmerzen leiden. Rike wollte Hiltebert den Anblick ersparen. »Bringt den edlen Herrn nach draußen, Johanna.«

Johanna machte den Mund auf, um Rike zu widersprechen. Sie war so einen Befehlston nicht gewohnt. Aber als sie spürte, welche große Autorität die kleine, alte Frau ausstrahlte, die all ihre Kräfte für die schwierige Behandlung sammelte, gehorchte sie.

Hiltebert und Johanna mussten lange vor der Hütte warten, ehe die Tür aufging. Rike stand vor ihnen, über und über mit Blut bespritzt. Hiltebert sah sie erschrocken an, doch Rike legte beruhigend ihre Hand auf seinen Arm. »Sie lebt.«

Hiltebert atmete auf. Auch Johanna ging es nach dieser Nachricht wesentlich besser, allerdings nur, bis Rike fortfuhr.

»Ihr Kind aber ist gestorben.«

Hiltebert sah Rike verständnislos an. »Ihr Kind?«

Rike blickte Hiltebert jetzt fest in die Augen. »Sie war schwanger. Ich konnte die Zeichen sehen.«

Erschüttert wandte Hiltebert sich ab. Rike sah, dass Johannas rotes Gesicht kalkweiß geworden war. Sie fürchtete eine Bestrafung für ihre fatale Behandlung. Doch der Bermersheimer beachtete sie gar nicht, sondern wandte sich an Rike. »Das

Schicksal hat es so gewollt. Vielleicht wäre sie mir sonst bei der Geburt genommen worden. Ich danke Gott, dass sie lebt. Und ich danke dir.«

Rike machte eine abwehrende Geste, aber Hiltebert, in einer leicht rührseligen Stimmung wie sonst nur nach dem Genuss von zu viel Wein, fuhr fort. »Du hast ihr heute das Leben gerettet und du hast es vor vielen Jahren getan.«

»Es war mir eine Freude, Hildegard auf die Welt zu holen.«

Rike wurde es warm ums Herz, als sie das erste Mal seit langer Zeit den geliebten Namen aussprach. Doch dann sah sie, dass Hilteberts Miene sich verdunkelte.

»Was ist mit Hildegard? Wie ist ihr Befinden?«

»So, dass ich wünschte, sie hätte nie das Licht der Welt erblickt.«

Rike war starr vor Schreck. »Ist sie krank? Hat sie ein Gebrechen? So sprecht, Herr!«

»Wenn es nur das wäre. Aber für ihr Leiden gibt es keine Heilung. Sie ist vom guten Geist verlassen. Hildegard ist irr geworden.«

Hiltebert sah durch Rike hindurch. Selbst die Rettung seiner Frau konnte diesen Kummer nicht lindern.

Kapitel 9

ildegard lauschte den Tönen, die bis in die höchsten Oktaven reichten. Sie vernahm den engelsgleichen Chor, als ob auch sie in dem hohen Kirchenschiff knien dürfte. Dabei trennte sie eine dicke Mauer von den Lobpreisungen, die nur durch das kleine Fenster dringen konnten. Hildegard fühlte sich Gott nahe, im Gesang die höchste Stufe des Menschseins anstrebend. Erst als der letzte Ton schon lange verhallt war, spürte Hildegard wieder, wie einsam sie ohne Jutta war. Hildegard schlug in Erinnerung an die schrecklichen Ereignisse die Hände vor das Gesicht. Nicht nur, dass sie ihrer Lehrerin Jutta den Gehorsam verweigert hatte, war die Freundin fast Opfer ihres verwirrten Geistes geworden. Hildegard konnte es sich trotz wochenlanger Grübelei nicht erklären, wieso sie Jutta hatte umbringen wollen. Sie dankte Gott, dass Abt Kuno Schlimmeres verhindert hatte.

Er hatte mit Jutta die Abschrift eines Werkes über den Weinanbau besprechen wollen, als er sah, wie Hildegard auf Jutta kniete und wie sie das Kissen auf deren Gesicht presste. So schnell er konnte, sperrte er das Gitter des Fensters auf und konnte Hildegard im letzten Moment von Jutta wegziehen.

Hildegard hatte Jutta reglos am Boden liegen sehen. Da erst wurde ihr bewusst, was sie getan hatte. Erschrocken und angewidert schleuderte sie das Kissen von sich, als ob sie damit ihre Tat ungeschehen machen könnte. Kuno, der bei Jutta kniete, wandte sich mit Grauen in den Augen an sie und machte ihr schwerste Vorwürfe.

Dann brach Hildegard zusammen. Sie spürte, wie sie auf dem harten Steinboden aufschlug, aber sie empfand keinerlei Schmerz. Sie versuchte zu Jutta zu kriechen. Sie wollte sich um die Freundin kümmern, sie behutsam betten, bei ihr sein, wenn sie erwachte. Sie hatte nur noch einen Gedanken: ihre unfassbare Schuld wieder gutzumachen.

Doch dazu sollte sie keine Gelegenheit erhalten. Kuno hatte beschlossen, sie von Jutta fern zu halten und wenn er sich etwas vornahm, dann führte er es auch durch. Er ließ eine Mauer quer durch die Klause ziehen. Der Wohnraum wurde geteilt. Jede der beiden Frauen erhielt ein eigenes Fenster zur Kirche und eins nach draußen. Als die Umbauarbeiten beendet waren, blickte Kuno zufrieden auf sein Werk. Er fand, das sei die beste Lösung.

Auch Hildegard verstand, dass man sie nicht mehr mit Jutta allein lassen wollte. Aber sie hätte der Freundin so gerne gesagt, wie Leid es ihr tat. Sie hatte versucht, Kontakt aufzunehmen, an die Mauer geklopft, schließlich laut nach Jutta gerufen. Sie wusste, dass die Freundin sie hören konnte, vernahm sie doch auch Geräusche aus dem anderen Teil der Klause. Aber es kam keine Antwort. Jutta war wohl nicht bereit ihr zu vergeben.

Der einzige Mensch, den Hildegard zu sehen bekam, war der Mönch Volmar, von dem Hildegard nicht mehr wusste, als dass Kuno ihm die Leitung der Schreibstube übertragen hatte und dass er sein engster Vertrauter war. Volmar brachte ihr Essen und Trinken. Doch sie erhielt keinerlei Arbeiten mehr, weder Nähsachen noch Gemüse zum Putzen, dabei hätte Hildegard es sich sehr gewünscht, ihre sich endlos dehnenden Tage mit sinnvoller Tätigkeit zu füllen. Aber als noch schlimmer empfand sie, dass auch Volmar nicht mit ihr sprach. Hildegard versuchte sich mit der Einsamkeit abzufinden. Sie war es gewohnt verlassen zu werden. Rike war aus ihrem Leben verschwunden, Vater und Mutter hatten sie allein gelassen, von den Geschwistern musste sie sich trennen. Und dann der Abschied von dem, mit dem sie mehr verband, als mit allen anderen. Sie musste Eriks Bild mit Macht aus ihrem Inneren verbannen, weil sie Angst hatte, sonst vor Sehnsucht und Kummer vollends verrückt zu werden.

Aber ihre Gefühle brachen sich Bahn, wenn auch auf ungewöhnliche Weise.

So sehr Hildegard es liebte, während der Messe in den Gesang der Mönche einzufallen, so sehr fürchtete sie sich vor dem Moment, wenn die Liturgie zu Ende ging und die Einsamkeit wiederkam. Hildegards Angst wurde immer größer, sodass sie sich nicht mehr anders zu helfen wusste, als den Gottesdienst weiterzufeiern. Wenn die Mönche verstummten, setzte Hildegard den Gesang fort.

Anfangs wiederholte Hildegard nur die letzte Hymne, um sich zu beruhigen. Doch dann sang sie immer weiter, Sequenzen, Antiphone und wieder Hymnen. Die Worte strömten aus ihrem Mund, und bald merkte sie, dass es eigene Worte waren. Sie verließ den gewohnten Text und sang von Liebe und Schmerz, Sehnsucht und Erfüllung. Bald waren ihr auch die Melodien zu eng. Um ihre Gefühle ausdrücken zu können, erweiterte sie die Tonhöhe, sprang in den Oktaven und verband die verschiedenen Liedformen zu großen Harmonien.

Hildegard war des Schreibens der Neumen nicht kundig, und so musste sie sich Texte und Melodien immer wieder ins Gedächtnis rufen. Ihr Tag bekam plötzlich wieder einen Sinn. Sie widmete so viel Zeit sie konnte der Musik.

So blieb es nicht aus, dass Volmar, als er ihr das Essen brachte, Zeuge ihrer Gesänge wurde. Er lauschte versunken, bevor er sich zu erkennen gab. Hildegard unterbrach sich abrupt. Es war ihr unangenehm, dass jemand anders mithörte und sie fürchtete, dass Volmar ihr Tun als verboten ansehen würde. Schließlich hielt sie sich weder im Text noch in der Melodie an die vorgegebenen gregorianischen Gesänge.

»Hört nicht auf, Schwester Hildegard. Ich habe so etwas nie zuvor gehört.«

Hildegard konnte es kaum fassen, Volmar hatte mit ihr gesprochen. Sie war so glücklich, dass jemand das Wort an sie gerichtet hatte. Doch gleichzeitig stieg die Furcht in ihr auf, dass es ein Versehen war, ein ärgerlicher Ausrutscher. Und so fuhr sie hastig fort weiterzusingen, um Volmar zum Bleiben zu bewegen. Hildegards Bemühen hatte Erfolg. Volmar blieb und richtete, nachdem sie ihr Lied beendet hatte, noch einmal das Wort an sie. Seine Stimme zitterte. Er sah Hildegard durch das kleine Fenster hindurch an. »Es ist schön, viel schöner als alles, was ich bisher gehört habe. Es rührt mich an, tief in meinem Innersten.«

Volmar unterbrach sich und senkte seinen Blick. Hildegard spürte seine Verlegenheit. Er sammelte sich um fortzufahren. »Ich weiß gar nicht, wie ich es beschreiben soll. Es erinnert mich an etwas, das ich nie selber erlebt habe. Es ist die Liebe, aber nicht die Liebe zu Gott.«

Jetzt war es Hildegard, die verwirrt den Kopf senkte. Wovon sprach Volmar? Was hatte ihre Stimme mit ihm gemacht?

»Es ist, als sähe ich Euch zum ersten Mal. Ihr seid ebenso schön wie Euer Gesang. Ich möchte Euch berühren.«

Volmar kam näher zum Fenster, stellte die Schüssel mit dem Brei auf dem Sims ab und streckte seine Hand durch das Gitter nach Hildegard aus. Hildegard machte unwillkürlich einen Schritt auf Volmar zu. Wie sehr sehnte sie sich nach Wärme. Und so ließ sie es zu, dass Volmars Hand sanft über ihre Wange strich.

»Was hat Gott mit mir gemacht?«, fragte Volmar mit Verwunderung in der Stimme. Er zog sie zu sich heran, sodass beide nur noch durch das Gitter getrennt waren.

Hildegard zuckte zusammen. Sie trat hastig wieder zurück. »Es war nicht Gott. Ich war es. Ich habe etwas mit Euch gemacht, was nicht sein darf. Geht, in Gottes Namen, geht!«

Volmar sah sie verwirrt an, dann drehte er sich um und eilte davon, sodass er nicht mehr sah, wie Hildegard zusammensank. Ihre neuerliche Schuld drückte sie nieder. Sie wusste, dass Volmar richtig gehört hatte. Sie sang nicht von der Liebe zu Gott, sie sang von einer Leidenschaft, die sie nicht empfinden durfte. Von einer Liebe, die keinen Platz hatte. Von Erik, den sie aus ihren Gedanken verbannt hatte, aber nicht aus ihren Gefühlen. Hildegards Liebe war so stark, dass sie sogar Volmar damit ansteckte. Sie empfand das als doppelten Frevel. Sie führte ihn in Versuchung, ohne seine Gefühle erwidern zu können.

Hildegard war erschüttert über sich selbst. Nie wieder würde sie singen, nie wieder würde auch nur ein Ton eines Liedes über ihre Lippen kommen.

Nicht nur, dass Hildegard von da an ihre eigenen Lieder nicht mehr sang, sie gestattete sich auch nicht mehr, während den Gottesdiensten in die Hymnen einzustimmen. Und wenn sie spürte, dass ihre Sehnsucht allein vom Zuhören zu groß wurde, dann verschloss sie ihre Ohren mit den Händen.

So konnte Hildegard zwar ihre Gefühle unterdrücken, aber sie wurde innerlich stumpf und leer. Sie versuchte im Gebet den rechten Weg zu finden, aber sie hatte längst jegliche Orientierung verloren. Wofür lebte sie? Wozu war sie nutze? Jedes noch so kleine Lebewesen hatte seinen Platz in der Welt, das wusste sie aus den Jahren ihrer Kindheit, als sie die Natur beobachtet hatte. Nur für sie schien es keine Aufgabe zu geben. Hildegard fühlte sich wie tot. Und so erschien es ihr nur folgerichtig, dass sie keinerlei Bedürfnisse mehr spürte. Weder nach Essen und Trinken, und erst recht nicht nach Ansprache und Berührung.

Der Abt hatte den Marktplatz fast erreicht, als er die große Menschenmenge, die den Stand des Klosters belagerte, sah. Seine beiden Mönche würden heute mit dem Verkauf des Weines kaum nachkommen. Er war hocherfreut über die reichlichen Einnahmen, die zu erwarten waren, aber auch abgestoßen von der Sauflust des gemeinen Volkes, das sich neben der Arbeit nur aufs Feiern verstand.

Als er näher kam, richteten sich alle Blicke auf ihn. Doch statt der üblichen Ehrerbietung hörte er wüste Beschimpfungen, die ihm zu gelten schienen. Und seine beiden Mönche, Bruder Thomas und Bruder Adalbert, starrten statt einer Erklärung nur unverwandt auf ein Bündel, das am Boden lag. Kuno betrachtete es neugierig, bis er erkannte, dass es sich um einen Menschen handelte, genauer gesagt, um eine junge Frau. Ihr ehemals rosiges Gesicht war bläulich verfärbt, ihre Lippen farblos. Die Tochter des Dorfmeiers war eindeutig tot.

Ihr Vater trat aus der Menge und machte einen Schritt auf Kuno zu. »Luzia ist von uns gegangen.«

»In nomini patri, et filii, et spiritus sancti, amen.«

Kuno bekreuzigte sich, bis ihm auffiel, dass keiner der Dorfbewohner es ihm nachtat.

»Ihr seid schuld. Ihr mit Eurem Teufelsgebräu!«

Der Meier ballte die Fäuste. Jetzt fand wenigstens Bruder Thomas seine Sprache wieder, um zu erklären, was passiert war. »Sie hat unseren Wein getrunken. Kurz danach fiel sie in Krämpfen zu Boden und bekam keine Luft mehr.«

Der Vater sah Kuno angriffslustig an. »Der Wein ist verdorben!«

Eine dicke, ungepflegt wirkende Frau ereiferte sich: »Es hätte jeden von uns treffen können! Ich darf gar nicht daran denken …«

Andere fielen in ihre Klage ein.

Kuno verstand das nicht. Er hatte gerade erst die neue Ernte abgefüllt, der Wein war vorzüglich. Doch für die erregte Menge um ihn schien der Fall klar zu sein und so ließ auch er das Nachgrübeln, sondern trat langsam den Rückzug an. Da versperrte ihm der Schmied, ein großer, kräftiger Mann mit riesigen Händen, den Weg. Kuno drehte sich nach allen Seiten, aber wohin er auch blickte, sah er nur noch eine Mauer aus Leibern.

Doch plötzlich gab die Menge einen Spalt frei. Aber nicht, um ihn hindurchzulassen, sondern um einer dürren, alten Frau Platz zu machen. Es war eine Fremde, die plötzlich mitten auf dem Marktplatz stand.

Rike erkannte die gefährliche Lage. Die Menge war aufgebracht. Sie glaubten, jeder von ihnen hätte anstelle der Meierstochter am Boden liegen können. Aber Rike wusste, dass das falsch war. Sie hatte in dem allgemeinen Aufruhr unbemerkt eine Probe aus einem der Weinfässer abzapfen können und sorgfältig Geruch, Farbe und Beschaffenheit untersucht, schließlich sogar einen Schluck getrunken. Bis auf einen besonders starken Schwefelgeruch war ihr nichts aufgefallen.

Es war diesmal nicht so sehr der Drang Leben zu retten, der sie antrieb, als die gute Gelegenheit, mit dem Abt des hiesigen Klosters bekannt zu werden.

»Lasst mich die Tote ansehen.« Rike sprach mit leiser, aber fester Stimme. »Ich kann Euch Gewissheit geben, ob der Wein schuld an ihrem Tode ist.«

Sie ging auf die Leiche zu. Der Meier wollte sich ihr in den Weg stellen, aber seine Frau hielt ihn auf. »Es wird niemandes Schaden sein.«

Rike beugte sich zu der Toten hinunter und schlug das Leinentuch, in dem man sie getragen hatte, zurück. Sie sah deutlich die Spuren der Verkrampfungen im Brustbereich. Das zerrissene Mieder deutete darauf hin, dass das Mädchen in seinem Todeskampf versucht hatte, sich Luft zu verschaffen. Vergeblich, das Asthma, diese tückische Krankheit, die Heilkundige schon seit langer Zeit beobachteten, hatte sie besiegt.

Rike wusste, dass Luzia daran litt. Ihre Mutter hatte, als das Mädchen noch klein war, immer wieder bei der Todbringerin um Hilfe gesucht, die sie aber lange auf eine schwache Leber behandelt hatte. Erst Rike ordnete die Gabe des Malachitpulvers an. Aber sie hatte schon bei der Behandlung gewusst, dass es zu spät für eine wirkliche Heilung war. Rike konnte nur noch lindern, der frühe Tod war unausweichlich.

Sie schlug das Leinentuch wieder über dem Brustkorb zusammen, erhob sich und blickte Luzias Mutter an. »Es war ihre Krankheit, die ihr die Luft nahm. Keiner konnte etwas dafür.«

›Außer der Todbringerin‹, hätte sie eigentlich hinzufügen müssen. Aber sie wollte der Mutter das Wissen ersparen, dass ihr Kind hätte gerettet werden können.

Der Dorfmeier beäugte Rike misstrauisch.

»Und was ist mit dem Wein?«

»Der Wein ist vollkommen in Ordnung.«

»Vielleicht steckt Ihr mit dem Abt unter einer Decke. Woher soll ich wissen, dass Ihr die Wahrheit sprecht?«

Rike sah ihn ruhig an. »Der Abt wird es Euch selbst beweisen.«

Sie schritt zu einem der Fässer und füllte etwas Wein in eine Schale. Sie hielt Kuno den Wein auffordernd hin. »Trinkt!«

Rike sah den zweifelnden Blick des Abts, dem es bestimmt gegen den Strich ging, dass er einer merkwürdigen Alten wie ihr vertrauen musste. Sicher hatte er mittlerweile schon selbst Zweifel an der Güte des Weines bekommen. Aber er gab sich einen Ruck, schließlich erwartete ihn die Rachsucht der Dörfler, wenn er jetzt kniff. »Zum Wohl!«

Kuno hielt die Schale für alle gut sichtbar hoch und nahm einen Schluck. Nur Rike, die ihm am nächsten stand, konnte die Angst in seinen Augen sehen. Als Kuno getrunken hatte, ging ein Raunen durch die Menge. Und als sich nach einiger Zeit des Wartens keine Anzeichen auch nur des geringsten Unwohlseins beim Abt zeigten, verlief sich die Menge. Der Meier nahm seine Tochter auf den Arm und trug sie fort, gefolgt von seiner von Gram gebeugten Frau.

Kuno kramte ein paar kleinere Silbermünzen aus seiner Kutte und hielt sie der Alten hin. »Für dich.«

Doch Rike machte eine abwehrende Geste. An Kunos Blick,

der Unverständnis ausdrückte, konnte sie ablesen, wie viel ihm Geld bedeutete. »Ich möchte Eure Erlaubnis, die Inklusin auf dem Disibodenberg zu besuchen.«

»Ihr wollt zu Jutta?«

»Nein, zu Hildegard.«

»Das ist vollkommen unmöglich. Hildegard ist krank.«

»Gerade deshalb muss ich sie sehen. Ich kann ihr helfen.«

»Hildegard zu heilen vermag nur unser Herr.«

»Lasst es mich versuchen.«

»Es geht nicht. Hildegards Krankheit ist von ganz besonderer Art.«

Rike merkte, wie Kuno drum herumredete. Eine wahnsinnige Inklusin war nicht gut für den Ruf des Klosters. Wahrscheinlich hoffte er auf einen frühen Tod Hildegards.

»Es wäre nicht nur zu Hildegards Bestem, wenn ich zu ihr könnte.«

Kuno blickte sie misstrauisch an.

»Euer Wein ist zwar nicht vergiftet, aber er ist auch nicht ganz rein.«

Kuno zuckte mit den Schultern. »Jeder hat gesehen, wie ich ihn getrunken habe.«

»Ihr leidet auch nicht an Asthma. Aber jeder, der Probleme mit der Luft hat, wird an dem hohen Schwefelgehalt ersticken.«

Kuno wurde bleich. Rike wusste jetzt, dass ihre Vermutung richtig war. Der Abt hatte den Wein mehr geschwefelt als üblich, damit er ihn länger lagern konnte. »Ich nehme den Leuten die Krankheiten. Es ist meine Pflicht, sie über die Gefahr, die in Eurem Wein lauert, aufzuklären.«

Kuno starrte sie fassungslos an. Er konnte es kaum glauben von einer alten Frau wie Rike erpresst zu werden. Dann ließ er seiner Wut freien Lauf. »Du spielst mit deinem Leben.«

»Wenn es hilft ein anderes zu retten …«

Sie sah ihm in die Augen. »Lasst mich zu Hildegard.«

Der Abt zauderte, aber dann bedeutete er ihr kaum merklich ihm zu folgen. Rike atmete auf. Es hatte geklappt. Und sie musste nur ein klein wenig schummeln. Sicher, sie wusste, dass Asthmatiker Schwefel nicht gut vertrugen, aber sie hatte noch nie gehört, dass daran jemand gestorben war.

Rike folgte Volmar über den Hof. Er schritt ruhig und bedächtig aus. Überhaupt schien der Mönch ein achtsamer Mensch zu sein, aber jetzt wäre Rike ein bisschen Tempo ganz lieb gewesen. Sie wollte Hildegard nicht länger leiden lassen. Aber Rike hatte auch Angst, was sie erwarten würde. Sie kannte Hildegard nur als wissbegieriges, lebhaftes Kind, fröhlich und offen. Was hatten diese Mönche in den letzten zehn Jahren wohl aus ihr gemacht?

Rikes schlimmste Befürchtungen wurden wahr, als sie durch das kleine Fenster in die Klause hinab sah. Hildegard lag neben ihrer Bettstatt auf dem Boden. Sie hatte die Augen halb geschlossen, ihr Blick war nach innen gerichtet. Hildegard war immer ein zartes Kind gewesen, doch jetzt war sie erschreckend mager. Sie war gewachsen und wirkte viel älter als achtzehn. Die ausgemergelten Wangen und tief in den Höhlen liegenden Augen erinnerten fast schon an eine Greisin. Hildegards Haut war von einem ungesunden, gelblichen Weiß. »Wie lange hat sie nicht gegessen?«, fragte Rike, sich mühsam beherrschend, um nicht in lautes Wehklagen auszubrechen.

»Seit einigen Wochen. Auch Wasser hat sie nur wenig zu sich genommen. Ich habe versucht ihr gut zuzureden, aber …«

»Du hast strengstes Verbot mit ihr zu sprechen«, unterbrach Kuno, der hinzukam.

Volmar senkte seinen Blick. »Ich hatte Angst, dass sie von uns geht.«

»Hast du kein Gottvertrauen? Die Dinge geschehen, wie der Herr es will.«

In Rike kam Zorn hoch. »Dann hätte ich wohl auch besser zugesehen, wie die Dörfler sich an Euch gerächt hätten?«

Kuno war anzusehen, dass er mit sich rang, wie er sich Rike gegenüber verhalten sollte, aber Rike fuhr schon fort. »Öffnet das Gitter, sofort!«

Kuno wollte sie nicht weiter reizen und schloss das Gitter auf, worauf Rike durch das Fenster in die Klause hineinkletterte.

Sie kniete neben Hildegard am Boden nieder. Vorsichtig nahm sie sie in die Arme. Es war das erste Mal, dass Rike sie auf diese Art, die sonst der Mutter vorbehalten war, liebkoste. Sie hielt die abgemagerte junge Frau an sich gedrückt. Rike traten Tränen in die Augen. Sie hätte nie gedacht, dass sie Hildegard wieder sehen würde, auch wenn es gleichzeitig ihr geheimster und größter Wunsch gewesen war. Aber es tat auch unsäglich weh, weil sie wusste, dass die Trennung dem Wiedersehen wie der Schatten der Sonne folgen würde.

Rike hatte Hildegard auf das Bett gelegt und in die Decke eingeschlagen, um den völlig ausgekühlten Körper zu wärmen. Volmar hatte ihr in Tüchern eingeschlagene Kohle, die noch erhitzt war, gegeben, mit der sie zusätzliche Wärme von außen zuführen konnte. Der Versuch, Hildegard Kräutertee einzuflößen, war gescheitert. Das Mädchen nahm nichts an. Rike musste ihre Lebensgeister mit Bibernell wecken. Wenigstens Hildegards Augen zeigten nun leichte Bewegung, wenn sie auch niemanden zu erkennen schien. Rike bangte, ob Hildegards Kräfte ausreichten, um wieder zu gesunden, oder ob sie sie nur so weit geweckt hatte, dass sie in Frieden sterben konnte.

Es dauerte zwei Tage und zwei Nächte, bis Rike merkte, dass sie es geschafft hatte. Hildegard nahm endlich ein paar Löffel Brei zu sich. Volmar war die ganze Zeit nicht von Rikes Seite gewichen, hatte ihr schnell und leise alles besorgt, was sie benötigte und sogar an Rikes leibliches Wohl gedacht. Rike spürte, dass ihm Hildegard besonders am Herzen lag. Es war ihr ein Trost. Wenn sie gehen musste, würde sie Hildegard wenigstens in guten Händen zurücklassen.

Obwohl Hildegard zu Kräften kam, blieb sie teilnahmslos und schien niemanden wahrzunehmen. Rike war ihr Zustand unerklärlich. Sie war nicht verwirrt oder erregt, sondern wirkte so, als ob sie sich ganz in sich zurückgezogen hatte. Rike vermutete, dass Hildegard vor sich selber auf der Flucht war. Sie konnte es nicht aushalten, dass sie eine Mitschwester hatte töten wollen. Rike selber hatte lange und oft darüber nachgedacht, wie es so weit gekommen war. Hatte tatsächlich der Wahnsinn von Hildegard Besitz ergriffen? Darüber konnte nur eine etwas sagen, und das war Jutta.

Rike hatte das Ende der Messe abgewartet und war dann, sobald die letzten Mönche die Kirche verlassen hatten, hineingeschlüpft. Sie trat zu dem Fenster, das Juttas Raum mit dem Gotteshaus verband und sah geradewegs in Juttas Augen. Es war, als wenn die Nonne auf Rike gewartet hätte. Rike richtete das Wort an sie.

»Ich bin hier, um mit Euch über Hildegard zu sprechen.«

»Ich bin froh, dass Ihr sie gerettet habt.«

»Ich habe ihren Körper wieder ins Leben geholt. Aber ihren Geist könnt nur Ihr heilen.«

Jutta sah sie verständnislos an.

»Ich muss wissen, wie es zu dem Angriff auf Euch kam. Darin muss das Geheimnis liegen, warum Hildegard nicht leben will.«

»Hildegard hatte sich versündigt. Sie wollte heidnische Gedanken aufschreiben, das angebliche Wissen einer Ungläubigen, einer Heilerin …«

Jutta unterbrach sich, als ihr klar wurde, dass sie genau dieser Ungläubigen gegenüberstehen musste. »Ihr seid es! Sie wollte Euer Vermächtnis festhalten.«

Rike rang um Fassung. »Meine Hildegard! Sie war meine Schülerin, besonders gelehrig und sehr aufmerksam … Sie wollte doch nur die Tradition fortsetzen.«

Es rührte Rike, dass Hildegard sie nicht vergessen hatte. Aber es war genauso, wie sie es vorhergesehen hatte. Sie brachte Hildegard nur Schwierigkeiten ein.

»Ich dachte, Ihr seid tot«, unterbrach Jutta ihre Gedanken.

»Ich habe es Hildegard glauben lassen um sie zu schützen.« Rike schüttelte angesichts des vergeblichen Versuchs den Kopf, doch dann konzentrierte sie sich auf das, was Jutta berichtete.

»Hildegard musste fasten, um auf den rechten Weg zurückzufinden. Doch es half nichts. Schließlich verbot ich ihr auch das Trinken.«

Rike horchte auf. »Wie lange hat Hildegard nicht getrunken?«

Jutta zuckte mit den Schultern. »Es waren einige Tage. Ich wartete täglich auf ein Zeichen von ihr, aber nichts geschah.«

Rike atmete auf. Einerseits erschütterte sie das Gehörte, denn ihr wurde klar, was Hildegard hatte durchstehen müssen. Andererseits konnte sie nun mit ziemlicher Sicherheit eine Geisteskrankheit ausschließen. »Hildegards Gedanken waren verwirrt, weil sie zu wenig getrunken hatte. Nur deshalb hat sie Euch angegriffen. Es gibt keinen bösen Geist in ihr.«

»Ihr meint, Hildegard ist gesund?«

»Ja. Sie muss sich nur entscheiden zu leben. Doch sie fühlt sich schuldig und sie kann sich ihr Tun nicht verzeihen!«

»Aber ich habe ihr doch längst verziehen! Es ist meine Pflicht vor Gott zu vergeben.«

»Tut es nicht aus Pflicht, tut es aus Eurem Herzen.«

Jutta dachte nach. »Ich hätte nie zulassen sollen, dass man sie von mir trennt. Die Mauer wird wieder eingerissen.«

Rike nickte. »Das wird Hildegard sehr helfen.«

»Auch Euch habe ich unrecht getan. Ihr seid wahrlich eine Wissende. Hildegard hatte Recht. Euer Erbe darf nicht untergehen.«

Die beiden Frauen sahen sich an, bevor Rike sich umdrehte.

Sie wusste, dass jetzt die Zeit gekommen war zu gehen. Hildegard durfte sie auf keinen Fall sehen. Ihrem Schützling würde es das Herz zerreißen, wenn sie sich wieder trennen mussten. Und Rike wollte alles vermeiden, was Hildegard unnötig schwächte.

Rike ging schnellen Schrittes aus der Kirche, über den Hof und verließ das Klostergelände. Sie drehte sich nicht einmal um.

*

Eine wohlige Wärme durchströmte Hildegard, sie spürte Sonnenstrahlen auf ihrer Haut. Als sie die Augen aufschlug, blickte sie geradezu in das helle, lichtdurchflutete Grün der noch zarten Blätter einer großen, alten Kastanie.

Wieder bin ich in einem Traum gefangen, dachte Hildegard enttäuscht. Gleich wache ich im kalten Dunkel der Klause auf.

Doch sie träumte nicht. Jutta trat an ihre Seite und fasste sie liebevoll am Arm.

»Hildegard, endlich! Wie habe ich auf diesen Moment gewartet!«

Jutta lächelte vor Freude. Hildegard sah sich verwundert um. Wo war die enge Klause? Wieso durfte sie diesen wunderschönen Frühling genießen? Jutta sah ihr die Verwirrung an.

»Ich habe uns ein Gärtlein umzäunen lassen. Es gehört zu unserer Klause. Du kannst es anlegen und mir all dein Wissen über Pflanzen zeigen. Ab jetzt sind wir beide Lehrerinnen und Schülerinnen zugleich.«

Hildegard staunte. Hatte sie nicht der Freundin Schreckliches angetan? Die Erinnerung an den Moment, in dem sie Jutta das Kissen auf das Gesicht drückte, kam in ihr hoch. Ungläubig sah sie die Ältere an. Sie schien ihr alles verziehen zu haben. Dankbar fiel sie vor ihr auf die Knie, umschlang ihre Beine. Sie hoffte, dass auch sie einmal so viel Großmut würde zeigen können.

Hildegard erhob sich langsam und machte vorsichtig ein paar Schritte in den Garten, in dem sie bald pflanzen und ernten würde wie einst Rike. Sie verspürte Sehnsucht nach der Freundin. In Gedanken war sie ihr ganz nah, so, als wäre Rike nicht seit zehn Jahren tot, sondern noch einmal bei ihr gewesen. Aber sie schüttelte den Gedanken ab. Es konnte nicht sein, es war einzig ihre Sehnsucht, die sie trog. Hildegard wandte sich wieder Jutta zu.

Die schaute prüfend in Hildegards Gesicht. War ihre Erinnerung wiedergekehrt? Wusste sie, dass Rike sie gepflegt hatte? Jutta konnte keinerlei Anzeichen dafür feststellen, also beschloss sie, es ihr auch nicht mitzuteilen. Hildegard musste nicht alles wissen. Es war ohnehin schon schwer genug, ein nach Leben dürstendes junges Mädchen in die richtigen Bahnen zu lenken. Sie spürte es am eigenen Leib, in jeder Sekunde und bei jeder Bewegung. Jutta trug einen schweren Eisengürtel eng um die Hüften, der sie immer daran erinnerte, dass sie sich im Zaum halten musste.

Kapitel 10

ildegard ging vorsichtig auf dem schmalen, mit Reisig bestreuten Weg zwischen dem Rosmarin und den Brennnesseln entlang. Ein Kräuterauszug aus beiden konnte als Umschlag Gelenkschmerzen lindern. Sie bückte sich, um etwas Rosmarin zu schneiden. Es war noch früh am Morgen. Wenn die Blätter und Blüten sich erst der Sonne entgegenstreckten, verströmten sie ihren Duft verschwenderisch. Hildegard hatte im Laufe der Jahre gelernt, ihnen zuvorzukommen, um die volle Kraft der Pflanzen einzufangen.

In Gedanken nahm Hildegard sich vor, in ihrem nächsten Kapitel auf die richtige Ernte der Heilpflanzen einzugehen. Ihr Gesicht, das das Ungestüme der Kindheit und Jugend verloren hatte, spiegelte die Konzentration und die Ernsthaftigkeit ihres Tuns wider. Hildegard wirkte mit ihren vierundzwanzig Jahren reif und ausgeglichen. Sie war nicht im eigentlichen Sinne schön, aber ihre Züge zeigten Regelmäßigkeit. Die Inklusin strahlte Ruhe aus. Es war Hildegard nicht anzusehen, dass sie seit einiger Zeit Außergewöhnliches erlebte.

Jutta hatte ihr nach ihrer Genesung erlaubt, das Gärtlein anzulegen und zu pflegen. Darüber hinaus durfte Hildegard ihre Erkenntnisse über die Heilpflanzen protokollieren. Bruder Volmar teilte ihr Pergament und Tinte zu, die sie ehrfürchtig in Empfang nahm. Es war immer noch jedes Mal etwas Besonderes, wenn sie sich niedersetzte, die Feder in die Tinte tauchte und dann die vorher sorgfältig im Kopf zurechtgelegten Sätze zu schreiben begann. Schon nach den ersten Zeilen wurden Denken und

Schreiben eins. Die Worte schienen direkt aus ihrem Kopf durch ihren Arm bis in die Feder zu fließen. Hildegard vergaß darüber Zeit und Raum und hörte erst auf, wenn Jutta sie aus ihrem Schaffen riss.

Die Freundin sah das Geschriebene immer noch auf die rechte Form durch, obwohl es kaum Grund zu Beanstandungen gab. Jutta war stolz auf die Fortschritte ihrer Schülerin und geizte nicht mit Lob. Hildegard konnte sich darüber nicht mit ganzem Herzen freuen, da sie der Älteren etwas verheimlichte. Doch eines Tages musste die Wahrheit ans Licht.

»Kamille übt eine beruhigende Wirkung aus«, las Jutta mit Interesse, als sie Hildegards Text auf Fehler durchsah.

»Pflanzt man sie neben Zwiebeln, so blühen beide und gedeihen, setzt man sie auseinander, so kümmern sie vor sich hin, anfällig für Ungeziefer. Es ist wie bei Frau und Mann, die sich zusammen wunderbar ergänzen, allein aber fehlerhaft sind.«

Jutta sah erstaunt auf. »Du schreibst über Frau und Mann, als wären sie auf der gleichen Stufe. Hast du die Schwäche der Frau vergessen?«

Hildegard wurde etwas verlegen, versuchte aber, so gut sie konnte zu antworten. »Gott erwählt die Schwachen, um die Starken zu beschämen.«

»*Du* solltest beschämt sein. Dir wurde erlaubt über Kräuter zu schreiben, nicht über Gottes Tun nachzusinnen.«

Jutta bebte vor Aufregung, konnte es aber dennoch nicht lassen, ihren Blick nochmals auf das Geschriebene zu senken und las weiter vor. »Auf den ersten Blick steht die Schwäche der Frau gegen ein Miteinander der beiden Geschlechter.«

Jutta blickte Hildegard leicht besänftigt an. »Wenigstens erkennst du hier die Wahrheit an.«

Sie fuhr fort zu lesen. »Doch die Frau kann durch die größere Gottesfurcht zur Sapientia gelangen.«

Juttas Augen funkelten zornig. »Die Frau ist dem Manne untertan, seit sie aus seiner Rippe geschaffen wurde. Sapientia! Zur

Weisheit gelangen! Mit deinem Hochmut bist du davon weit entfernt!«

»Aber Jutta, Schwester! Ich bin nicht hochmütig, es sind nicht meine Gedanken, die ich niederschreibe.«

Jutta versuchte ihren Unmut zu bezähmen.

»Das musst du mir näher erklären.«

»Die Worte kommen über mich. Ich zeichne das auf, was ich bei den Pflanzen sehe, und plötzlich verstehe ich die ganze Welt, wie alles zusammenhängt, der große Kosmos und die kleinsten Dinge.«

Hildegard verschwieg, dass ihr Körper dabei von Wärme durchströmt wurde. Sie erwähnte auch nicht, dass sich ein strahlendes Licht über sie ergoss und sie plötzlich Antworten auf alle ihre Fragen erhielt. Es war, als wenn ihr jemand die Worte eingab. Aber sie brauchte Jutta keine Einzelheiten zu berichten, die ahnte auch so, was Hildegard sagen wollte. »Visionen! Du willst doch nicht ernsthaft behaupten, du hättest Visionen?«

Jutta schwankte zwischen ungläubigem Staunen und schnell anwachsendem Ärger. »Eine Vision ist die Stimme Gottes, die Verkündung der ewigen Wahrheit. Eine Vision ist eine große Gnade, die nur wenigen zuteil wird.«

Jutta wusste, wovon sie sprach. Sie fühlte ihren Glauben oft so fest und stark, dass sie inständig hoffte, von Gott als Sprachrohr auserkoren zu werden. Konnte man Gott mehr lieben und ehren, als sie es tat? Als Zeichen ihres Glaubens zog sie von Zeit zu Zeit den Eisengürtel, der fest um ihre Hüften lag, noch fester, so stramm, bis sie fast von Sinnen war. Doch obwohl ihr Kopf dann frei und leer von Gedanken war, wie eine Schale, die darauf wartete gefüllt zu werden, geschah nichts dergleichen. Sie blickte Hildegard an. »Wir sind ausersehen.«

Hildegard hoffte, dass Jutta sie doch verstand.

Doch dann fuhr die Ältere fort. »Ausersehen zu einem Leben in Demut und Bescheidenheit. Ab sofort möchte ich nichts mehr lesen, was nicht mit den Heilkräutern zu tun hat.«

Hildegard sackte zusammen. Sie fühlte sich um Jahre zurückversetzt, als Jutta ihr das Schreiben verbot. Sie wollte aufbegehren, fühlte Zorn in sich aufsteigen über die erneute Beschneidung. Aber dann hielt sie inne. Wie konnte sie Zorn empfinden? Hatte ihr Glauben an die Visionen bereits so weit geführt, dass sie sich über die anderen erheben wollte? Hildegard hatte um Rikes willen angefangen zu schreiben, um ihr Wissen zu bewahren. Aber um wen ging es jetzt? Einzig und allein um sie. Jutta hatte Recht. Sie musste ihren Weg in Demut gehen.

*

Anno saß auf der schmalen Bank des Karrens und trieb das Pferd an. Aber so sehr er auch fluchte, es ging auf dem holprigen Weg nur langsam voran. Der Ärger verzerrte Annos schöne Gesichtszüge. Er wurde seinem Vater immer ähnlicher.

Anno versuchte, das Stöhnen hinter ihm, das ab und zu von einem verrückten Lachen unterbrochen wurde, zu überhören und nach der Hütte der Heilerin Ausschau zu halten. Er hoffte, dass sie seinem Vater helfen konnte, bei dem bis jetzt alle Ärzte versagt hatten, sowohl die hochgebildeten als auch die Quacksalber auf den Märkten.

»Anhalten! Anhalten! Der Herr wünscht zu speisen.«

Anno hörte es hinter ihm poltern. Als er sich umdrehte sah er, dass sein Vater auf den Boden des Karrens gefallen war. Anno zog seufzend die Zügel an. Das Pferd kam zum Stehen und Anno kletterte nach hinten. Neben seinem Vater lag der fest verschnürte Korb mit den Vorräten, den er offensichtlich zu öffnen versucht hatte.

»Vater, es ist nicht mehr weit. Lass uns lieber weiterfahren, damit wir im Hellen ankommen.«

»Wer seid Ihr, dass Ihr mir zu widersprechen wagt? Ein Mann muss essen, sonst verlässt ihn die Kraft im Kampf und im Bett.«

Gunter kicherte vor sich hin, während Anno ihn mit Abscheu betrachtete. Seine Wangen waren hohl und eingefallen, wie auch sein ganzer Körper nicht mehr stattlich, sondern elendig krank aussah. Ständig stand ihm kalter Schweiß auf der Stirn. Seine Haut war mit roten Pusteln übersät, die er sich immer wieder aufkratzte. Der Tripper war ihm schon von weitem anzusehen. So war auch die Dirne gewarnt gewesen, mit der er sich ungeachtet seiner Erkrankung hatte vergnügen wollen. Aber sie hatte sich zu helfen gewusst und ihm seinen eigenen Geldsack voller Münzen über den Schädel gehauen. Sie traf ihn am Ohr und setzte ein zweites Mal nach, was ein hässlich klaffendes Loch in der Schädeldecke zur Folge hatte.

Fortan war sein Vater auf dem einen Ohr taub. Weit schlimmer jedoch war, dass ihn auch nach und nach sein Verstand verließ, als ob er durch die schlecht heilende Wunde nach außen entschwände. Er wurde immer wunderlicher, bis schließlich kaum noch ein klares Wort mit ihm zu wechseln war. Anno wusste wohl, dass die Leute sagten, Gunter hätte dieses Unglück als Strafe für seine Lüsternheit ereilt. Und manchmal dachte er sogar, dass es ihm recht geschehe. Das hatte ihn natürlich nicht davon abgehalten, die aufsässige Dirne vom Leben zum Tode zu befördern.

Die Todbringerin betrachtete den alten, einen üblen Geruch verbreitenden Mann, den sein Sohn direkt auf ihrem Bett platziert hatte. Die Haut war entzündet, ebenso wie die Gelenke, was Johanna an den steifen Bewegungen des Alten erkennen konnte. Und dann noch diese böse Kopfverletzung, die in einem hässlichen Wulst vernarbt war.

Sie dachte bei sich, dass es besser wäre, man hätte ihm den Schädel gleich richtig eingeschlagen. Johanna hatte zwar von Wundärzten gehört, die Operationen machten, aber sie selber verstand sich nicht darauf. Allein die Narkose mit Schlafschwämmen getränkt in Alraune oder Bilsenkraut erschien ihr ein Wagnis. Ein bisschen zu viel und schon hätte sie den jungen Herrn auf dem Hals. Er hatte keinen Hehl daraus gemacht, was mit ihr im Falle eines Misserfolgs geschehen würde.

Der Kranke wollte sich aufsetzen. Anscheinend ließ die Wirkung des Weins nach, mit dem sie ihn hatte ruhig stellen können. Anno drückte ihn wieder auf das Bett zurück. »Bleib liegen, Vater. Dir wird bald geholfen.«

Sie wusste, dass der von Hoheneck das mehr zu ihr als zu dem fast tauben Mann sagte. Der Alte stöhnte auf und gab erst Ruhe, als sie ihm noch ein Glas einschenkte, was er so gierig trank, dass kleine Rinnsale aus seinen Mundwinkeln herabrannen. Ärgerlich betrachtete sie die fast leere Flasche. Sie würde keinen Tropfen abbekommen. Plötzlich sah sie Rike vor sich, der das bestimmt gefallen hätte. Die Alte hatte ihr Trinken immer missbilligt. Da kam ihr ein Gedanke. Sie wandte sich an Anno. »Ich will ehrlich sein. Eurem Vater kann sogar ich nicht helfen.«

Annos Brauen zogen sich drohend zusammen. »Ihr müsst es aber, schon zu Eurem eigenen Besten.«

Anno kam auf sie zu und Johanna nahm sich zusammen, um nicht zurückzuweichen. »Aber ich kenne eine Heilerin, die alle anderen in ihrer Kunst weit übertrifft.«

Anno blieb stehen. »Noch so ein altes Kräuterweib?«

»Ihr sollt sie ja nicht mit ins Bett nehmen. Ein Mann wie Ihr hat dafür doch genug junge und hübsche Dinger.«

Anno verzog ärgerlich seine Miene. Die Alte hatte einen wunden Punkt getroffen. Da Anno seinen ehemals kräftigen Vater zu einem Bündel Elend zerfallen sah, hatte keine Frau ihm je beiwohnen dürfen. Lust war der Anfang vom Ende, daran wurde er jeden Tag in aller Deutlichkeit erinnert. Und die Angst vor Krankheit war stärker als sein Trieb. »Rede nicht drum herum, von wem sprichst du?«

»Sie heißt Rike und manche sagen, sie könne geradezu Wunder vollbringen.«

»Das hört sich ganz so an.«

Anno verzog seine Mundwinkel zu einem spöttischen Grinsen. »Oder wie soll eine Tote sonst hier auf der Erde wirken?«

»Aber sie ist nicht tot. Ich habe ihr bis vor wenigen Jahren Obdach gewährt. Das Letzte, was ich von ihr weiß, ist, dass sie zum Kloster auf dem Disibodenberg gewandert ist. Sie wollte dort einer Inklusin namens Hildegard beistehen, die schwer erkrankt war.«

Anno sah sie einen Moment lang nachdenklich an. »Dann ist es vielleicht wirklich das Beste, wenn auch ich dieses Kloster aufsuche. Genauer gesagt, es wird höchste Zeit.«

Johanna wusste nicht, warum Anno jetzt schon wieder so unverschämt grinste, aber ihr war es auch egal. Erleichtert sah sie, dass er es plötzlich sehr eilig hatte. Sie konnte ihm gerade noch den Weg erklären, dann rumpelten er und sein Vater in dem Karren davon.

*

Anno schritt gut gelaunt über das weitläufige Klostergelände. Er hatte seinen siechen Vater in einem Gasthaus untergebracht. Aber das war es nicht, was ihn so tatkräftig ausschreiten ließ. Vielmehr hatte er das Gefühl, einige offene Rechnungen begleichen zu können. Als Erstes würde er sich die Frau vornehmen, die es gewagt hatte, sich ihm zu verweigern. In dem Moment fiel ihm der kleine, an die Kirche gelehnte Bau ins Auge und ohne lange zu zögern lenkte er seine Schritte in Richtung Klause.

Er trat ganz nahe an die hohe Hecke heran, die das kleine Gärtchen umschloss und spähte durch die Verästelungen. Anno sah eine Frau, die über einem Beet kniete. Ihre Haltung war anmutig. Als sie sich leicht drehte, um eine Hacke zur Hand zu nehmen, sah er ihr klares, ebenmäßiges Gesicht. Ihre Züge hatten im Laufe der Jahre an Weiblichkeit gewonnen. Ihr Körper blieb unter dem weiten Gewand versteckt, doch Anno konnte ahnen, dass aus dem zierlichen Mädchen eine reife Frau geworden war. Und trotzdem hatte noch nie eine Männerhand ihre weiche Haut berühren, noch nie ihre Brüste anfassen dürfen. Hildegard war rein und unbefleckt. Er konnte sich sicher sein, dass von ihr kein Übel ausging, das ihn zugrunde richten würde wie seinen Vater. Hildegard war gesund. Sie hatte sich aufgehoben, wenn sie auch noch nicht wusste, für wen.

Hildegard sah sich um. Sie meinte, ein Geräusch gehört zu haben, doch weder Volmar noch der Abt gaben sich zu erkennen. Aber als sie durch die Hecke lugte, sah sie deutlich, wie ein Mann sich entfernte. Es war keiner der Mönche, von denen ihn nicht nur seine vornehmen Gewänder unterschieden. Groß, breitschultrig und mit stolzer Haltung beeindruckte seine äußere Gestalt. Auch Hildegard konnte sich von einer gewissen Bewunderung nicht freimachen. Trotzdem spürte sie ein leises Unbehagen.

Anno nahm auf einen Wink hin Kuno gegenüber Platz. »Weinberge, Feldwirtschaft und die große Bibliothek, das Kloster floriert, seit Ihr hier das Sagen habt«, schmeichelte er dem Abt.

»Ihr könnt gerne unserem Orden beitreten.«

Kuno lachte über seinen nicht ganz ernst gemeinten Vorschlag, wusste er doch, dass die Hohenecks nicht allzu viel mit der Kirche am Hut hatten. Der Alte hatte ab und an durch großzügige Spenden seine Seele zu retten versucht. Doch Kuno glaubte nicht, dass er damit Erfolg hatte.

Anno ging auf Kunos Scherz ein. »Ihr wollt doch nur meinen Grundbesitz.«

Dann wurde er ernst. »Dafür gibt es noch einen anderen Weg.«

Kuno sah ihn fragend an. »Ich verstehe Euch nicht.«

»Ich schlage Euch einen Tausch vor«, erläuterte Anno. »Ich gebe Euch einen Teil meiner Ländereien, die an die Euren grenzen und Ihr gebt mir dafür Eure Inklusin Hildegard.«

Kuno blickte Anno erstaunt an.

»Ich soll Euch Hildegard geben? Das ist wahrlich ein eigenartiges Ansinnen.«

»Nicht, wenn ich Euch sage, dass sie mir eigentlich versprochen war. Nur durch unglückliche Umstände kam es nicht zu einer Heirat.«

»Das bedaure ich sehr.«

Es war Kunos Ernst. Er wünschte nichts mehr, als dass Hildegard nie sein Kloster betreten hätte, vor allem, seit er durch Jutta von ihren angeblichen Visionen gehört hatte. In seinen Augen waren das lediglich die Ausgeburten ihrer übersteigerten Phantasie. Wenn er nicht aufpasste, konnte sie das Kloster damit in große Schwierigkeiten bringen. Einer Frau, die ihre Lehrerin fast erstickt hätte, traute man auch Einflüsterungen des Teufels zu.

Die Gelegenheit war verlockend Hildegard loszuwerden, bevor sie den Schleier genommen hatte. Aber er konnte nicht so ohne weiteres zustimmen. »Trotzdem ist Euer Anliegen ungewöhnlich.«

»Ein ausgetretener Pfad führt nie zu einem Schloss.«

»Ihr wisst, dass ich ihre Mitgift einbehalten muss.«

Anno nickte. »Ich will nur Hildegard.«

Das konnte Kuno nun gar nicht verstehen, aber er ließ sich nicht mehr lange bitten. Am Ende überlegte der junge Hoheneck es sich noch anders.

Man verständigte sich darauf, dass der Abt alles für den Auszug Hildegards aus dem Kloster vorbereiten wollte und auch Hildegards Familie in Kenntnis setzen würde. Anno war es nur recht, wenn er noch etwas Zeit hatte. Er musste ohnehin noch etwas Dringendes erledigen, bevor er sich den Hochzeitsvorbereitungen widmen konnte.

Volmar blickte dem Davonreitenden durch das Fenster der Schreibstube nach. Er war gerade dabei, Quecksilber und Auripigment, das er in ein hohles Ei gefüllt einer Henne zum Wärmen untergeschoben hatte, mit Wasser zu verrühren. Nachdenklich sah Volmar zu, wie daraus goldene Farbe entstand, mit der die Initialen kunstvoll ausgemalt werden würden. Aber diesmal nahm ihn dieser Prozess nicht so sehr gefangen wie sonst. Er hatte nicht umhin gekonnt, das Gespräch des Abtes im Nebenraum mitzuverfolgen. Ihm war klar, dass es eigentlich nicht für seine Ohren bestimmt war. Aber als Hildegards Beichtvater fühlte er sich dafür verantwortlich, dass sie schnellstens davon erfuhr.

»Ich verstehe das nicht. Ich soll weg? Hinaus aus dem Kloster?«

Hildegard war vollkommen durcheinander. Sie hatte im Laufe der Jahre großes Vertrauen zu dem Mönch gefasst, und doch konnte sie jetzt kaum glauben, was Volmar sagte. Sie schüttelte den Kopf. »Mein Platz ist hier. Ich habe nichts und niemanden sonst auf dieser Welt.«

»Ein Mann hat um Euch angehalten.«

Hildegards Herzschlag setzte für einen Moment aus. Das konnte nicht sein! Jemand wollte sie heiraten? Es gab nur einen, der das sein konnte. Sie hatte sich kaum je erlaubt, auch nur an ihn zu denken. Und sie hatte auch schon jede Hoffnung aufgegeben, Erik wiederzusehen. Verwirrt spürte sie die Aufregung, die sie erfasst hatte und die sich langsam in Freude verwandelte.

»Es ist Anno von Hoheneck, der Euch begehrt. Er hat dem Abt große Ländereien im Tausch angeboten.«

Hildegard hatte das Gefühl tief zu fallen. Jetzt wusste sie, wen sie vor ihrer Klause gesehen hatte. Bilder aus längst vergangenen Tagen kamen in ihr hoch. Die zerfetzte Taube, der vergiftete Kelch und schließlich Rikes brennende Hütte. Warum ließ dieser Mann sie nicht in Frieden? Kraftlos schüttelte sie den Kopf. »Ich gehe nicht mit ihm. Niemals.«

Hildegard sank auf die Knie. Sie schlug die Hände vor die Augen, als ob die Dunkelheit ihr Trost spenden könnte. Und wirklich stieg ein Bild vor ihr auf. Es war Rike, die sie sah. Doch bevor sie sich darüber freuen konnte, wurde die Ansicht deutlicher. Es war nicht die Rike, die sie kannte. Ihre Miene war von Schmerz verzerrt, die Pupillen unnatürlich geweitet. Rike befand sich im Todeskampf. Hildegard schrie laut auf.

»Hildegard? Was ist mit Euch?«

Hildegard sah Volmars sorgenvolle Miene. Sie umklammerte die Gitterstäbe des Fensters, die sie von dem Mönch trennten, mit beiden Händen. »Rike! Ich habe Rike gesehen!«

Fassungslos schüttelte sie den Kopf. »Es war, als stände sie direkt vor mir. Wenn ich nicht wüsste, dass sie tot ist … Meine Phantasie muss mich genarrt haben.«

Volmar legte seine Hände beruhigend auf ihre. »Was habt Ihr genau gesehen? Sprecht!«

»Sie war in Lebensgefahr. Jemand wollte sie töten.«

Volmar rang mit sich. »Ich weiß nicht, ob es richtig ist, aber ich muss es Euch sagen. Rike ist nicht tot.«

»Was? Was sagt Ihr da?«

»Sie lebt und sie war hier. Rike hat Euch gepflegt, als Ihr dem Tode so nahe wart.«

»Aber warum weiß ich nichts davon? Warum hat Jutta mir nichts gesagt?«

Volmar zuckte mit den Schulten. »Sie hielt es wohl für besser, Euch nicht aufzuregen.«

Hildegard konnte es nicht fassen. »Das hätte sie nicht tun dürfen. Dazu hatte sie kein Recht.«

»Vielleicht hatte sie Angst, dass Ihr sie verlasst und zu Rike geht.«

»Sie hätte mir vertrauen müssen! Vielleicht wäre alles anders gekommen. Aber jetzt bleibt mir keine Wahl.«

Volmar sah die aufgeregt hin- und hergehende Frau an.

»Ich werde die Klause verlassen.«

»Das könnt Ihr nicht tun!«

»Ich muss zu Rike.«

»Aber Ihr seid eine Inklusin.«

»Habt Ihr vergessen, dass der Abt mich ohnehin loswerden will? Nein, hier liegt keinem wirklich etwas an mir.«

Hildegards Lachen klang bitter. Volmar nahm all seinen Mut zusammen. »Doch, ich bin Euch aufrichtig zugetan. Ihr seid mir in all den Jahren sehr ans Herz gewachsen.«

Volmar blickte zu Boden, weshalb er nicht sah, dass Hildegard Tränen vor Rührung in den Augen hatte.

»Dann müsst Ihr mir helfen, Bruder Volmar!«

Als Volmar aufsah, war Hildegards Rührung einer fast kämpferischen Entschlossenheit gewichen. Er wusste, dass er sich ihrem Wunsch nicht widersetzen konnte. Er würde ihr zur Flucht verhelfen. Volmar überlegte, wann der günstigste Zeitpunkt gekommen wäre. Das Nachdenken lenkte ihn ab. Er musste sich noch nicht vorstellen, wie leer das Kloster ohne Hildegard sein würde.

Kapitel 11

s war noch fast Nacht und Anno war der Einzige, der so früh schon auf den Beinen war. Er hatte sein Pferd aus dem zum Gasthaus gehörenden Stall geführt und mit allem bepackt, was er brauchen würde. Den Karren ließ er drin. Das Gefährt würde ihn nur unnötig aufhalten.

Sein Vater hatte sich die ganze Nacht in Krämpfen und mit schmerzverzerrtem Gesicht auf seinem Lager gewunden. Er brauchte Hilfe, und zwar schnell, sonst würde er vielleicht schon den nächsten Tag nicht mehr erleben. Nicht, dass Anno besonders an ihm hing. Doch weigerte sich Gunter trotz seiner Krankheit standhaft sein Testament zu machen. Anno hatte ihn schon unzählige Male gedrängt das Dokument zu unterschreiben. Doch entweder schien Gunter seinen Namenszug, das Einzige, was er an Schrift beherrschte, vergessen zu haben, oder er verstand erst gar nicht, was sein Sohn von ihm wollte. Doch insgeheim hatte Anno den Verdacht, dass Gunter gerade in dieser Angelegenheit seinen Irrsinn nur vorschob. Aber wie es auch sei, ihm blieb nichts anderes übrig, als Gunter so lange am Leben zu halten, bis er endlich unterschrieb. Zu viele Kinder hatte Gunter in die Welt gesetzt, als dass Anno sich darauf verlassen konnte, dass keiner ihm sein Erbe streitig machen würde.

Anno beugte sich zu Gunter herab, der, an die Tränke gelehnt, schon wieder eingeschlafen war. Mit einem Griff packte er den Alten um die Hüften und nahm ihn über die Schulter. So unsanft geweckt, fing Gunter sofort an, vor sich hin zu brabbeln. »Lasst mich los, Ihr Schergen des Kaisers!«

Anno hievte seinen Vater aufs Pferd, um sich dann selber hinaufzuschwingen. Er band ihn an seinem Gürtel fest, sodass Gunter mehr schlecht als recht hinter ihm saß. Als Letztes hängte Anno sich noch den frisch gefetteten Bogen aus dem rötlichen Holz der Eibe um. Der Köcher mit den Pfeilen war bereits sorgsam festgezurrt.

Sie kamen gut voran. Gegen Mittag wusste er, dass sie auf dem richtigen Weg waren. Anno hatte keinerlei Zweifel daran, dass die Alte dorthin zurückgekehrt war, wo ihre Hütte gestanden hatte. Er erinnerte sich noch genau an die Unmengen von Gefäßen, gefüllt mit Heilkräutern jeder Art, die zum Trocknen aufgehängten Sträuße und die abgesessene Bank, auf der die Frau nach getaner Arbeit auszuruhen pflegte. Alles war gut in Schuss gehalten. Sie hatte ihre armselige Behausung gepflegt, als wenn sie ein Schloss ihr Eigen genannt hätte. Er war sich sicher, sie dort zu finden.

»Durst! Gebt mir Wein! Warum lässt man mich dursten?«

Sein Vater lallte ihm, wieder ohne ihn zu erkennen, ins Ohr. »Später, gedulde dich, Alter.«

Anno hoffte, dass der Laut seiner Worte ihn beruhigen würde, auch wenn Gunter wegen seiner Taubheit nicht viel verstand. Doch dem war nicht so. »Ich will Wein, süßer noch als die Milch, die aus der Brust der Amme fließt.«

Plötzlich richtete Gunter sich hinter ihm auf. »Schaut!«

Anno musste erst das durch den plötzlichen Ruck ins Wanken gekommene Gleichgewicht wieder herstellen, bevor er sich umwenden konnte. Sein Vater starrte in die vorbeiziehenden Bäume. Anno konnte dort nichts entdecken.

»Dort, zwischen den Ästen! Was für eine liebliche, junge Frau! Drall und doch zart.«

Anno ärgerte sich, dass er überhaupt auf das verblödete Gestammel seines Vaters gehört hatte.

»Schaut, wie sie ihre Brüste entblößt. Wartet, ich komme!«

Gunter streckte die Arme in Richtung der Zweige. Anno griff

ärgerlich die Zügel kürzer, um anzuhalten und seinen Vater fester zu binden. Doch in dem Moment hatten die dürren Arme seines Vaters schon die Spitzen der Zweige erreicht und klammerten sich daran fest. Es gab einen festen Ruck und Gunter flog vom Pferd, seinen an ihn gebundenen Sohn mit sich reißend.

Um Anno wirbelten die Blätter, der Himmel und die Erde, bevor er hart auf dem Boden aufschlug. Er wollte sich zur Seite rollen und auf die Füße springen, aber bleischwer hielt ihn das Gewicht seines Vaters unten. Anno sah seinen treuen Braunen nervös nach oben steigen und wusste, dass er und sein Vater jeden Moment von den weit ausholenden Hufen zertrampelt werden würden. Er starrte in die rollenden Augen des Pferdes, als es plötzlich seinen schweren Körper herumriss. Der Braune strauchelte, stolperte über einen auf dem Weg liegenden Ast und fiel krachend zu Boden.

Anno zog sein Messer aus dem Gürtel und schnitt den Strick durch, der ihn an seinen Vater fesselte. Er sprang auf und blickte auf das verzweifelt strampelnde Pferd. Er erkannte, dass es nie mehr nach oben kommen würde. Das treue Tier hatte seinen Herrn nicht verletzten wollen und lag nun selber mit gebrochenen Läufen am Boden.

»Wo ist sie hin, die kleine Dirne? Warte, ich komme!«

Anno sah, dass sein Vater auf allen vieren kniete und mit seinen Augen den dichten Wald absuchte. Zorn stieg in ihm auf. Wegen Gunters Dummheit würde er sein Pferd töten müssen. Und nicht genug damit, sie würden auch noch zu Fuß ihren Weg fortsetzen müssen. Er stieß den Alten ärgerlich zur Seite. »Bleib sitzen und rühr dich nicht. Du hast schon genug angerichtet.«

Der Alte blickte für einen Moment seltsam wach an ihm hoch. »Ihr habt Recht. Lasst uns das Weib vergessen. Bringt mir lieber meine goldenen Pantoffeln. Mich friert es.«

Anno wandte sich ab. Natürlich hatte Gunter auch nicht den Deut davon mitbekommen, was passiert war. Anno trat zu seinem Pferd. Er stellte fest, dass der Köcher mit den Pfeilen unter dem Braunen eingequetscht war. Er zerrte daran. Es war ihm nicht möglich, den massigen Körper auch nur wenig anzuheben, und sein Vater fiel als Hilfe vollkommen aus. So blieb ihm nichts anderes übrig, als fester zu ziehen. Er sah wohl, dass die aus dem Köcher herausragenden Pfeile dabei im Fell des Tieres eine blutige Spur hinterließen, aber er konnte nichts tun außer sich zu beeilen, um die Qual zu verkürzen. »Gleich ist es gut. Gleich ist alles wieder gut«, flüsterte er mit sanfter Stimme in das Ohr des Tieres.

Mit einem Ruck hatte er den Köcher in der Hand. Er entnahm einen Pfeil und hob den Bogen, den er beim Sturz verloren hatte, auf. Konzentriert spannte er den Pfeil ein. Er wollte genau treffen, um dem Tier weiteren Schmerz zu ersparen. Doch als er den Braunen anvisierte, sah er das nervöse Rollen der Augen. Das Pferd unternahm einen erneuten vergeblichen Versuch, auf alle viere zu kommen.

»Macht schon, zieht ihm die Haut ab. Das wird einen feinen Mantel für mich geben!«

Gunter kicherte. Anno wandte sich dem irren Alten zu. Seine Wut auf ihn überrollte ihn mit unvermuteter Heftigkeit. Sein Vater war an allem schuld. Wegen ihm musste er das Pferd töten, wegen ihm hatte er Menschen getötet. Für einen kurzen Moment hielt er den Bogen auf seinen Vater gerichtet. Er stellte sich vor, wie sich der Pfeil in das faule Fleisch seines Vaters bohren würde, doch dann riss er die Waffe zu dem Braunen herum. Ohne weiter zu zögern schoss er den Pfeil ab. Er traf genau ins Herz. Ein letztes Aufbäumen und das Tier war tot. Anno trat an das Pferd heran und begann geschäftig, alles das, was er gebrauchen, und vor allem, was er tragen konnte, vom Sattel zu lösen.

Jutta stand in der Klause und sah aus dem Fenster, dessen Gitter weit auf stand und den Blick auf den symmetrisch von den Gebäuden umrahmten Klosterhof freigab. Bänke luden zum Verweilen ein, um ungestört das schöne Bild in sich aufnehmen zu können, doch die Mönche hatten sich zur Mittagsruhe zurückgezogen.

Keiner hatte beobachtet, wie Volmar das Gitter zum Klausenfenster aufsperrte und wie Hildegard mit seiner Hilfe hindurchkletterte. Keiner außer Jutta. Reglos sah sie ihre Schülerin und Gefährtin an, die noch zögerte den Hof zu verlassen. Sie wusste, dass Hildegard auf ein Zeichen von ihr wartete, auf die Erlaubnis gehen zu dürfen oder wenigstens auf eine Spur des Verstehens. Aber Jutta verweigerte es ihr. Stattdessen fiel sie auf die Knie um zu beten. Doch anstatt zur Ruhe zu kommen, geriet ihr Innerstes immer mehr in Aufruhr. Erst dachte sie den starken Willen der Jüngeren zu spüren, der als unbändige Kraft auf sie übergriff. Doch dann wusste Jutta, dass es etwas anderes war, das sie umtrieb. Es war die Neugier auf die Welt, die Entdeckungslust und Rastlosigkeit, die sie von klein auf begleitet hatte. Und plötzlich konnte sie nicht anders, als Hildegard alles Gute für ihre Reise zu wünschen. Sie sah auf, um ihr zuzuwinken. Doch der Hof war leer. Hildegard war gegangen. Jutta begann zu klagen. Sie weinte um den verpassten Abschied. Sie trauerte um das ungestüme Kind, das sie selber einmal gewesen war.

Hildegard schritt schnell aus. Sie wollte so weit wie möglich kommen, bevor die Dunkelheit hereinbrach. Außerdem hatte sie Angst, dass der Abt sie zurückholen würde. Auch wenn sie im Kloster nicht mehr erwünscht war, hieß das noch lange nicht, dass sie von sich aus gehen konnte. Hildegard wusste selbst, dass sie sich ins Unrecht setzte. Aber sie hatte keine Wahl.

Sie musste an Jutta denken, die Lehrerin und Freundin, die sie so enttäuscht hatte. Ihr Bild, einsam in der Klause zurückgeblieben, stand Hildegard noch genau vor Augen. Sie wünschte fast, sie hätte Volmars Angebot, sie zu begleiten, angenommen. Wie sehr hätte es sie erleichtert, mit jemandem sprechen zu können. Sie war entschlossen, Rike beizustehen, doch sie fürchtete sich auch vor den Gefahren, denen sie begegnen würde. Und selbst wenn sie rechtzeitig käme und das Schlimmste verhindern konnte, so hatte sie keine Ahnung, wohin sie sich danach wenden sollte.

Wenigstens leitete sie jetzt ihr Gefühl. Sie spürte ganz deutlich, dass sie Rike bei ihrer alten Hütte finden würde. Aber vielleicht war es auch nur ihre Phantasie, die sie narrte. Denn wenn sie ehrlich war, konnte es genauso gut sein, dass sie sich nur etwas vormachte, weil sie gar keine Ahnung hatte, wo sie sonst suchen sollte.

Hildegard beschloss, die Nacht über weiterzulaufen. Alles erschien ihr besser, als Ruhe zum Nachdenken zu finden.

Rike sah gedankenverloren in die Glut. Sie trank die heiße Brühe aus ihrem alten Silberbecher, der zu den wenigen Dingen gehörte, die nicht vom Feuer zerstört worden waren. Alles andere war zu Asche geworden, die zusammen mit dem Waldboden eine wunderbare Nahrung für allerlei Grünzeug bildete. Ihre frühere Behausung war fast ganz von Kräutern und kleinen Büschen überwachsen. Rike freute sich an dem Anblick, der andere schier zum Verzweifeln gebracht hätte.

Am Anfang, als sie hierher zurückgekehrt war, hatte sie versucht, ihre Hütte wieder aufzubauen. Doch musste sie schnell einsehen, dass ihre Kräfte dazu nicht ausreichten. Ihre Sammlung von Heilpflanzen, Mineralien und medizinischen Utensilien war ohnehin verloren. Nur ihr Wissen gab es noch und ein großer Teil davon lebte in Hildegard weiter. Das machte sie ruhig und zufrieden.

Sie beschied sich damit, im Freien zu leben. Auch das war für sie kein Grund zum Klagen, wurde sie doch damit den Tieren, denen sie sich ohnehin oft näher als den Menschen fühlte, nur noch ähnlicher. Im Laufe der Zeit vermied sie es geradezu Menschen zu treffen.

Als sie die Geräusche hörte, wusste sie, dass ihr Frieden ein

Ende hatte. Da brach kein Wild durch das Unterholz. So laut und unbeholfen bewegten sich nur Menschen durch den Wald. Gleich würden sie vor ihr stehen.

Als sie den jungen Recken sah, der einen elenden, zu schnell gealterten Mann auf dem Rücken trug, wusste sie Bescheid. Es war kein anderer als der junge von Hoheneck, der ihr damals so schamlos ins Gesicht gelogen hatte. Schwerer fiel es ihr, in dem Alten den kraftstrotzenden und vitalen Gunter wieder zu erkennen.

»Ich brauche Eure Hilfe.«

Rike nickte. In der großen Not, die Krankheit mit sich brachte, und der weder mit Schwert noch mit guten Beziehungen beizukommen war, kamen sie alle zu ihr, selbst ihre ärgsten Feinde. Sie hätte ihn fragen können, warum er annahm, dass sie einem Mann helfen sollte, der sie hatte umbringen wollen, aber sie unterließ es. Ein Blick auf den Alten hatte ihr gereicht.

»Ich kann nichts für ihn tun. Betet für seinen baldigen Tod, der ihn von seinen Qualen erlöst.«

Rike scheute sich nicht, diese Worte offen auszusprechen. Sie sah, dass Anno nahe daran war, die Beherrschung zu verlieren, doch er nahm sich zusammen. »Ihr müsst es versuchen. Ich will Euch fürstlich entlohnen.«

Er hatte sich nicht geändert. Wieder log er sie an. Selbst wenn ein Wunder geschähe und sie Gunter heilen könnte, würde Anno sie töten. Noch einmal würde er sie nicht entkommen lassen.

»Na gut, ich werde es versuchen. Gebt mir etwas Zeit.«

Anno beobachtete argwöhnisch, wie Rike tätig wurde. Sie nahm einige getrocknete Beeren aus ihrer Tasche, die sie zwischen zwei Steinen zerdrückte und in ihrem Silberbecher mit Wasser vermischte. Es erstaunte ihn, dass die Alte so prompt gehorchte. Er hatte nicht gedacht, dass Geld sie besonders reizen würde. Aber das war es nicht allein, was ein ungutes Gefühl in ihm auslöste. Er konnte seinen Blick nicht von dem Silberbecher nehmen und plötzlich wusste er auch, warum. Er fühlte sich Jahre zurückversetzt, als er so einen Becher in der Hand hielt, einen Becher, in den er vorher Gift gefüllt hatte.

»Ihr wollt ihn vergiften! Ihr wollt meinen Vater vergiften.«

Plötzlich wusste er, warum Rike so bereitwillig eingelenkt hatte. Sie wollte keine Entlohnung. Ihr würde es reichen, sich an seinem Vater zu rächen. Aber Rike blieb ruhig.

»Warum sollte ich das tun? Aus Rache, weil er mich töten wollte? Um andere vor ihm zu schützen? Schaut ihn Euch an. Ist er nicht genug gestraft?«

Gunter, der sich matt auf einem vom Blitz getroffenen Baum niedergelassen hatte, blickte herüber. Obwohl er keinen der beiden erkannte, merkte er doch, dass etwas vor sich ging. Er erhob sich schwankend und ging auf sie zu.

Rike blickte Anno an. »Wenn ich jemanden töten müsste, dann Euch.«

Sie genoss seine Verblüffung angesichts ihrer fast schon dreisten Offenheit, bevor sie fortfuhr. »Aber ich habe noch nie Leben zerstört. Ich will in Frieden leben. Und in Frieden sterben.«

Anno blickte von Rike zum Becher. »Ihr wollt es selber trinken!«

»Euch dürfte es doch egal sein, wie ich aus dem Leben scheide. Hauptsache, ich kann nicht mehr reden.«

Anno war sprachlos. Natürlich war es das Wichtigste, dass sie starb. Aber er ließ sich nur ungern das Kommando aus der Hand nehmen. Er sah, wie sie im Begriff war, den Becher zum Munde zu führen und wusste nicht, ob er dazwischengehen sollte. Doch ein anderer kam ihm zuvor.

»Her damit!«

Gunter war so weit an die beiden herangewankt, dass er mit einem Griff den Becher an sich reißen konnte. »Ein edler Tropfen für einen edlen Schlund!«

»Vater, nein, nicht!«

Aber Gunter stürzte das Gift hinunter, bevor ihn jemand hindern konnte. Anno entriss ihm nur noch den leeren Becher.

Gunter hatte ihn, wie es seine Angewohnheit war, mit einem Schluck geleert. Es dauerte nicht lange, als er von Krämpfen geschüttelt auf dem Boden lag.

»So tut doch was!«

Anno versuchte hilflos, den Kopf seines Vaters in seinen Schoß zu betten. Der Alte konnte vor Schmerzen nicht still liegen.

»Ich kann nicht. Es gibt kein Gegenmittel.«

Anno blickte die Alte an. Sein Ausdruck verwandelte sich von Panik in Wut. Er ließ Gunter auf den Boden rollen, wo der sich weiter im Todeskampf wand. Anno hingegen ging eilig zu seinem Pferd und riss den Bogen herunter. Er nahm einen Pfeil aus dem Köcher und wandte sich Rike zu. »Ein Gutes hat das Ganze. Ihr sterbt nun doch durch meine Hand.«

Anno hob den Bogen und legte den Pfeil an. Auch das letzte Aufstöhnen seines Vaters, bevor er aus dem Leben glitt, konnte ihn nicht ablenken. Er zielte sorgfältig.

»Nein!«

Ein gellender Schrei ließ seinen Kopf herumfahren. Es war niemand anderes als Hildegard, die auf ihn zueilte.

»Halt!«

Hildegard sah erleichtert, dass Anno innehielt.

»Hildegard, mein Kind! Geh, lauf weg!«

In Rikes Stimme klang Liebe und Besorgnis zugleich und Hildegard hätte sich der Freundin am liebsten in die Arme geworfen. Doch so ging sie nur vorsichtig ein paar Schritte in Rikes Richtung, Anno im Auge behaltend. Sie hatte bis zu diesem Moment gehofft, dass nicht er es sein würde, der Rike bedrohte. Doch ihre Ahnung hatte sie nicht getrogen. Anno von Hoheneck, mit dessen Erscheinen ihre unbeschwerte Kindheit ein jähes Ende genommen hatte, stand ihr erneut gegenüber.

»Hildegard! Ich freue mich Euch zu sehen.«

Anno lächelte, doch seine Augen blieben kalt.

»Bitte, Hildegard, geh endlich. Du kannst nichts für mich tun.«

Rike sah Hildegard flehentlich an.

»Das würde ich nicht sagen.«

Anno lächelte noch immer, was ihn nicht davon abhielt auf Rike zu zielen. »Ich könnte Eure Freundin leben lassen, wenn Ihr mir etwas gebt, was ich mir sehnlichst wünsche.«

»Hör nicht auf ihn, Hildegard.«

Aber Hildegard musste auf ihn eingehen. »Ich besitze nichts. Alles, was ich hatte, gehört der Kirche. Was kann es sein, was Ihr so sehr begehrt?«

»Euch!«

Hildegard schloss die Augen. Auch wenn sie gewusst hatte, was kommen würde, erschütterte sie seine Antwort. Sie die Frau dieses grausamen, herzlosen Mannes? Nie und nimmer. Rike, tot, für immer von ihr getrennt, auch das undenkbar. Nun, wenn sie wählen musste, dann wusste sie, was sie zu sagen hatte. Doch noch bevor sie ein »Ja« herausbringen konnte, hörte sie Rike sprechen. »Ist das deine Art, die Liebe einer Frau zu gewinnen?«

Sie ging langsam auf Anno zu.

»Bleib stehen, oder du bist tot!«

Anno spannte den Bogen fester, aber Rike ging unbeeindruckt weiter.

»Bleib stehen!«

Hildegard wusste, dass Rike sich lieber opfern würde, als Hildegard diesem Menschen auszuliefern. Sie musste sofort etwas tun. Sie wollte Rike festhalten, aber die entwand sich ihr und ging so nahe auf Anno zu, dass er nicht mehr lange überlegte. Anno schoss den Pfeil ab, der sich sofort durch Rike hindurchbohrte. Hildegard, die hinter ihr stand, fing die alte Frau auf. Sie kam ihr unwirklich leicht vor, fast, als wäre sie nicht aus Fleisch und Blut. Ihr Gesicht drückte keinerlei Schmerz aus.

Annos Stimme drang an Hildegards Ohr. »Hildegard, kommt mit mir! Ihr könnt nichts mehr für sie tun.«

Er hatte Recht. Es war sinnlos, den Pfeil herauszuziehen. Das würde Rike nur unnötige Schmerzen verursachen. Hass wallte in Hildegard auf. Aber dann blickte sie auf die Freundin. Sie wollte ihre letzten, gemeinsamen Augenblicke nicht durch dieses unfruchtbare Gefühl zerstören. Sie bemühte sich, Anno aus ihrem Fühlen und Denken zu verbannen.

»Wie Ihr wollt.«

Seine Stimme drang nur noch wie aus weiter Entfernung zu ihr.

»Ich bekomme Euch sowieso. Eines Tages gehört Ihr mir!«

Hildegard ließ seine Drohung an sich abprallen. Sie nahm nur am Rande wahr, wie er seinen toten Vater schulterte und verschwand.

Hildegard setzte sich, Rike in den Armen haltend, auf das weiche Moos und drückte die Freundin an sich. Es gab noch so vieles, was Hildegard mit Rike besprechen wollte. Es durfte nicht zu Ende sein. Die alte Frau schien ihre Not zu spüren.

»Sag mir, was du auf dem Herzen hast. Nur dann kann ich in Frieden gehen.«

Ihre Worte waren leise, aber klar. Und plötzlich sprudelte es aus Hildegard heraus. »Wieso straft Gott mich mit schrecklichen Bildern, mit Visionen, wenn ich doch nichts tun kann?«

»Dass du hier bist, ist mir mehr wert als alles andere.«

Hildegard lächelte, aber Rike konnte ihr ansehen, dass sie immer noch mit sich rang. Rike fuhr fort: »Diese Bilder, bist du dir ganz sicher, dass Gott sie dir eingibt?«

Auf Hildegards Gesicht spiegelte sich Verwirrung. Sie wusste, dass Jutta und der Abt die Visionen für eine Ausgeburt ihrer Phantasie hielten, aber sie war sich sicher gewesen, dass wenigstens Rike ihr glauben würde. »Auch du zweifelst an mir?«

Rike schüttelte den Kopf. »Nein. Ich will nur hören, ob du an dich glaubst. Höre nicht auf andere, sondern nur auf dein Herz. Lass es nicht zu, dass der Zweifel deine Seele zerfrisst.«

»Aber wie kann ich an mich glauben, so unbedeutend wie ich bin?«

»Gott hat dich ausersehen. Deine Visionen sind sein Finger-
zeig. Er will, dass du deine Bestimmung erkennst.«

Hildegard fühlte plötzlich eine große Erleichterung. Rike
lächelte, als sie die Klarheit auf Hildegards Gesicht sah. Und
dann konnte Hildegard fast zusehen, wie jegliches Leben aus
der Freundin wich.

»Wir müssen uns gleich trennen, mein Kind. Es tut weh. Es
tut sehr weh, meine Tochter.«

Damit schloss Rike ihre Augen für immer. Hildegard beugte
sich über den leblosen Körper und weinte.

*

Hildegard stand in ihrem Unterkleid vor dem Loch, das sie
mühselig mit ihren bloßen Händen geschaufelt hatte. Um die
großen Steine, die immer wieder ein Weitergraben unmöglich
machten, aus dem Weg zu schaffen, hatte sie Äste und Stöcke
zur Hilfe genommen. Ihr war klar, dass die Öffnung eigentlich
nicht tief genug war. Aber sie wusste auch, dass es Rike nichts
ausmachen würde, wenn wilde Tiere sie ausgruben. Sie war ein
Teil der Natur, schon im Leben und erst recht im Tod. Hildegard hatte Rike sorgsam in ihr eigenes dreifach gezwirntes Kleid
gewickelt. Sie hob die leichte Gestalt mit beiden Armen hoch,
beugte sich über sie und küsste sie, bevor sie sie behutsam in das
Erdloch legte. Hildegard kniete neben dem Grab nieder und tat
Fürbitte. Sie bediente sich nicht eines Gebetes, sondern bat Gott
mit ihren eigenen Worten, sich Rikes anzunehmen.

Als sie dann begann, den leblosen Körper mit Erde zu bede-
cken, spürte sie, dass sie eins war mit der Welt. Sie hatte es Rike
zu verdanken, dass sie das Vertrauen in die Dinge wiedergefun-
den hatte.

Die Grube war fast mit Erde gefüllt. Als Letztes ließ Hildegard
Erde über Rikes Gesicht rieseln. Sie spürte keine Trauer mehr,
nur noch das große Glück, dass sie dieser Frau begegnet war.

Hildegard war so in ihre Zeremonie versunken, dass sie das Nahen der Reiter nicht hörte. Erst als sie auf der Lichtung anhielten, auf der Rikes Hütte gestanden hatte, wurde Hildegard aufmerksam. Sie warf eine letzte Hand voll Erde ins Grab, bevor sie sich umdrehte.

Von dem mit Tannen bewachsenen Hügel, auf dem sie Rike begraben hatte, sah sie, wie zwei Männer die überwucherten Reste von Rikes Hütte betrachteten.

»Kann ich Euch helfen?«

Hildegard trat aus dem Schutz der Bäume hinaus. Die beiden fuhren aufgeschreckt herum und ihre Mienen drückten großes Erstaunen aus, als die zarte junge Frau im Untergewand wie aus dem Boden gewachsen vor ihnen stand. »Wolltet Ihr zu Rike?«

»Ja, so soll sie wohl heißen. Eine Heilkundige, deren Ruf weithin bekannt ist.«

Immer noch verwundert hatte sich einer der beiden zu einer Antwort durchgerungen. Die beiden waren nicht von hohem Stande. Ihre einfache Kleidung zeigte, dass sie Knechte waren, allerdings bei einem Herrn, der sie nicht darben ließ, denn beide waren wohlgenährt.

»Ich muss Euch enttäuschen. Ihr kommt zu spät.«

»Warum? Wo ist sie? Was ist mit ihrer Hütte geschehen?«

»Dort, wo sie ist, braucht sie keine Wohnstatt mehr. Rike ist tot.«

Die Männer fluchten. »Wir haben einen weiten Weg hinter uns. Der Herzog von Schwaben hat uns ausgesandt, das Weibsbild zu suchen. Und jetzt sagt Ihr, es ist umsonst?«

»Ihr könnt ruhigen Mutes sein, nichts ist umsonst. Was sollte Rike für den Herzog tun?«

»Judith, die Gemahlin des Herrn braucht Hilfe. Sie kann keine Kinder bekommen und hat schon vergeblich bei Ärzten Rat gesucht. Sie war sich sogar nicht zu schade, die reisenden Quacksalber zu befragen. Einer von denen hat ihr von dieser Rike erzählt.«

»Ich komme vom Kloster auf dem Disibodenberg. Vielleicht kann ich Eurer Herrin beistehen.«

»An frommen Gebeten mangelt es ihr nicht. Was meint Ihr, wie viele Pfaffen die Burg besonders bei den großen Festgelagen bevölkern.«

Der Knecht lachte laut auf.

»Ich war Rikes Schülerin und kenne mich aus mit Kräutern und Mineralien. Natürlich habe ich nicht Rikes Erfahrung, aber ich will Judith gerne zu Diensten sein, wenn sie es möchte.«

Die beiden Reiter blickten skeptisch, berieten sich untereinander, um sich dann wieder Hildegard zuzuwenden.

»So kommt mit uns in Gottes Namen. Es kann nicht schaden und ist immer noch besser, als wenn wir vollkommen unverrichteter Dinge vor unsere Herrin treten müssen.«

Hildegard lächelte. Sie hatte keine Angst mehr vor einer Zukunft ohne Rike und ohne das Kloster. Gott hatte ihr eine Aufgabe gegeben.

Kapitel 12

bwohl der Sommer gerade erst zu Ende ging, wurde es schon empfindlich kalt in den Mauern der Burg. Es zog durch das Fenster. Judith hatte den Eindruck, dass die Verglasung mit ihrem bunten Marienbild mehr der Zierde, denn der Wärme diente. Sie stocherte ärgerlich im Feuer. Schon wieder ausgegangen! Konnte Agnes nicht einmal aufpassen? Wozu hatte sie ihre Dienerschaft, wenn sie doch alles selber machen musste? Judith warf ihr langes, schwarzes Haar nach hinten und trat zur Tür, um ihre Hofdame zu rufen. Doch in dem Moment stand diese auch schon, wie aus dem Boden gewachsen, vor ihr.

»Ich habe Neuigkeiten für Euch«, platzte Agnes heraus.

Judith blickte sie erstaunt an. Es war selten, dass Agnes von sich aus das Wort ergriff. Sie war ein schüchternes Ding, ihrer Herrin treu ergeben. Judith schätzte diese Eigenschaft, doch vermied sie es, sich das anmerken zu lassen. Lob machte faul und anspruchsvoll. Sie hielt ihre Leute lieber an der kurzen Leine.

»Hast du darüber das Feuer ausgehen lassen?«

Agnes errötete. »Entschuldigt, das soll nicht wieder vorkommen.«

Sofort wollte sie sich vor die Asche knien, als Judith sie ungeduldig wieder hochzog. »Lass das! Sag mir erst, was es so Wichtiges gibt.«

Agnes' Stirn krauste sich besorgt. Judith bemerkte, dass sie sich damit ihr ohnehin nicht besonders hübsches Aussehen verdarb. Nur noch wenige Jahre, und die ersten Falten würden sich in die rosige Haut eingraben.

»Ich weiß nicht so recht, wie ich anfangen soll.«

Judith war jetzt mehr als gereizt. Sie versuchte es trotzdem mit einem ermunternden Lächeln, was schließlich Erfolg zeigte. Agnes traute sich zu sprechen. »Ich habe Nachricht von Eures Gatten Bruder.«

»Konrad! Ist er nicht auf Pilgerreise? Ich dachte, wir hätten nun einige Jahre Ruhe vor ihm.«

Verächtlich verzog Judith den Mund. Sie hatte eigentlich nichts persönlich gegen Konrad, wie konnte man auch. Er war, wie alle Staufer, heiteren Gemüts und verstand es zu leben. Aber für sie waren alle aus diesem schwäbischen Fürstengeschlecht oberflächlich und unstet, woran auch nichts änderte, dass sie selber mit einem Staufer verheiratet war. Sie war als Welfin geboren und sie würde als Welfin sterben.

»Er ist auf dem Weg nach Jerusalem. Doch hat er die Reise noch zu einem Abstecher zu Heinrich dem Schwarzen genutzt.«

»Zu meinem Vater? Was wollte er da?«

»Es gab Scharmützel mit den Grenzposten.«

Judith wurde blass. »Ein Angriff auf meine Familie? Wie kann er es wagen?«

Sie ging aufgeregt auf und ab. »Wusste Friedrich davon?«

Sie blieb vor Agnes stehen und stemmte die Hände in die Hüften. »Sprich, wusste mein Gemahl irgendetwas von diesem neuen Verrat?«

Obwohl die Kämpfe zwischen den Staufern und Welfen nie ganz beendet waren, konnte sie sich jedoch nicht vorstellen, dass Friedrich bei dem Streit mitmischte. Auf jeden Fall nicht, nachdem er sie zur Frau genommen hatte.

»Er war nicht dabei …«, begann Agnes zögerlich.

»Das weiß ich auch. Jeden Abend hat er mich im Bett bedrängt, wie könnte er da gleichzeitig in die Schlacht ziehen?«

»… aber er hat Leute zur Unterstützung gesandt. Ritter, gut ausgerüstet und kampferfahren.«

Judith verschlug es die Sprache. Friedrich hatte Leute gegen ihren Vater gesandt. Diese Schmach, mit so einem Manne verheiratet zu sein! Doch da kam ihr ein Gedanke. »Was ist, wenn das alles nur ein Gerücht ist? Woher willst du etwas wissen, von dem selbst ich keine Kenntnis habe?«

»Von einem der Ritter, die dabei waren.«

Agnes schlug die Augen zu Boden, sie wurde seltsam verlegen.

»Und warum sollte er es ausgerechnet dir erzählen?«

»Weil er, weil wir … Ich meine, nach seiner glücklichen Heimkehr haben er und ich …«

Agnes brauchte nicht weiter herumzustottern. Judith wusste auch so, was sie sagen wollte. Agnes hatte einen der Ritter in ihr Bett genommen. Der Recke hatte ihre Wiedersehensfreude wohl auszunutzen gewusst. Judith hätte nie gedacht, dass dieses tugendhafte Ding zu so etwas fähig wäre. Vor lauter Verblüffung vergaß sie sogar einen Moment ihren Zorn. Sie hoffte nur, dass Agnes nicht demnächst wegen einer Schwangerschaft in ihren Diensten beeinträchtigt würde. Doch kaum hatte sie das gedacht, verdüsterte sich ihr Gesicht auch schon wieder. Ihr wurde gewahr, wie lange sie schon auf den ersehnten Nachwuchs warten musste. Und es würde sich nicht vermeiden lassen, dass Friedrich sie auch in dieser Nacht deswegen erneut nicht schlafen lassen würde. Aber heute würde sie sich nicht demütig in ihr Schicksal als Ehefrau fügen. Nein, heute würde er erfahren, was es heißt, eine Welfin zu hintergehen!

*

Hildegard saß hinter Walther, einem der Knechte, dessen Hemd sie über ihrem dünnen Unterkleid trug. Sie waren schon einige Tage unterwegs. Langsam rückte die Schwäbische Alb näher, nicht mehr lange und sie würden die von dem Vater des Herzogs als Stammsitz erbaute Höhenburg erreichen. Hildegard tat es fast Leid, dass ihre Reise sich dem Ende näherte, denn sie konnte gar nicht genug davon bekommen, fremde Landschaften, Dörfer und Menschen kennen zu lernen. So hieß sie auch die beiden Knechte anzuhalten, als sie eine Bauersfamilie auf einem Feld arbeiten sah. »Seid gegrüßt, liebe Leute! Dürfen wir das Mittagsmahl mit Euch einnehmen? Wir geben auch gerne von unseren Vorräten.«

Die beiden Knechte sahen sich wenig erfreut an. Sie konnten es gar nicht fassen, dass Hildegard das Leben des einfachen Volkes kennen lernen wollte. Arbeit, Hunger, Elend und dann und wann ein Fest, was war daran schon Besonderes? Aber ihnen blieb nichts anderes übrig, als sich zu fügen.

Hildegard war bereits vom Pferd abgestiegen, doch die Feldarbeiter kamen nicht näher. Die verhärmte Frau musterte Hildegard misstrauisch. »Wer seid Ihr?«

»Mein Name ist Hildegard. Ich komme vom Kloster auf dem Disibodenberg, einige Tagereisen von hier.«

»Von einem Kloster? Dann wisst Ihr doch sicher, dass keiner, der für die Mönche arbeitet, rasten kann. Wir müssen uns eilen, um das Wintergetreide einzusäen. Sonst können wir unsere eigene Ernte nicht mehr rechtzeitig einholen.«

Der Bauer, der im Schatten unter einem Baum gesessen hatte, erhob sich mühevoll, um seinen erschöpften Sohn abzulösen, der bis jetzt den Pflug gezogen hatte. Das Gesicht des Mannes verzerrte sich vor Schmerz, als er sich davor spannte. Hildegard eilte zu ihm, als sie sah, dass eine seiner Schultern herunterhing. »Was ist mit Eurer Seite passiert?«

Anstatt seiner sprach wieder die Frau. »Er ist gestürzt, vor lauter Erschöpfung über die Ackerfurchen gestolpert.«

»Aber warum spannt Ihr keinen Ochsen ein?«

»Weil unser Abt ihn uns genommen hat, als wir den Zehnt nicht zahlen konnten.«

Hildegard schüttelte fassungslos den Kopf und tastete vorsichtig über die Knochen der verletzten Schulter. Sie konnte den

Bruch deutlich fühlen.»Aber Ihr braucht Ruhe«, mahnte sie den Bauer eindringlich.

»Ich werde schon früh genug still liegen. Im Grab, dann wenn alle Mühsal ein Ende hat.«

Damit begann der Mann ächzend das schwere Gerät vorwärts zu ziehen, während die Frau einem Mädchen entgegenlief. Es mühte sich mit einem Bollerwagen ab, der mit zwei Säcken beladen war, auf denen noch ein kleines Kind thronte. »Sara! Da bist du endlich! Habt ihr wieder getrödelt?«

Das Mädchen mit den zerzausten, dunklen Locken, das ungefähr sieben Jahre zählen mochte, schüttelte den Kopf. »Der Wagen war so schwer wegen den beiden Säcken.«

»Und deshalb setzt du deine kleine Schwester noch obenauf? Lisa kann selber laufen.«

»Aber dann dauert es noch länger.«

»Gib mir nicht immer Widerworte.«

Hildegard sah, dass das Mädchen den Blick senkte, damit keiner ihre Tränen bemerkte. Die Mutter winkte ihren Sohn heran, der ihr half, die Säcke abzuladen. Dabei wandte sie sich wieder an Sara. »Am besten gehst du gleich zurück und fängst damit an, den Weizen zu schneiden.«

»Aber Mutter, ich kann nicht mehr!«

»Was soll ich denn sagen?! Geh und eile dich. Das Wetter kann jeden Tag umschlagen.«

Hildegard stellte sich zwischen Mutter und Tochter. »Ich nehme sie mit. Wir reiten zu Eurem Feld und ich werde Sara helfen.«

»Ihr?«

Der Frau blieb vor Erstaunen der Mund offen stehen. »Habt Ihr schon jemals in Eurem Leben Getreide geschnitten?«

»Nein, aber ich werde es lernen.«

Die Frau zuckte mit den Achseln. »Mir soll's egal sein.«

Hildegard nahm Sara lächelnd an die Hand, die ihr verlegen folgte. Hildegard setzte sie hinter Walther aufs Pferd, während sie selber hinter dem anderen Knecht, Hartwig, aufsteigen wollte. Aber in dem Moment kam das kleine Mädchen angelaufen. »Sara! Sara! Nimm mich mit!«

Sara sah scheu zu Hildegard. »Bitte! Hier ist sie der Mutter im Weg und wird den ganzen Tag nur Schelte abbekommen. Ich laufe auch nebenher.«

Sara machte schon Anstalten, wieder abzusteigen, aber Hildegard gebot ihr Einhalt. Sie nahm das kleine Kind auf den Arm und reichte es dem Knecht hoch, der es vor sich setzte, während sie selber sich anschickte zu Fuß zu gehen.

Als sie schließlich das Feld bei der kleinen Hütte erreichten, hatte Sara schon Zutrauen zu Hildegard gefasst. Sie zeigte ihr ohne Scheu, wie sie die Halme, die Sara mit der Sichel schnitt, fassen musste, um sie schnell bündeln und in rascher Drehung mit einigen Fasern zusammenbinden zu können. Sara lachte, als sie Hildegards erste Versuche sah. »Meine Mutter sagt immer, feine Leute können viele Dinge, nur nicht arbeiten. Und darum ist es gut, dass wir nicht reich sind, sonst könnten wir unseren Boden nicht bestellen.«

Hildegard bedrückte es schon während der ganzen Reise zu sehen, wie viel anstrengender das Leben der Bauern im Vergleich zu dem im Kloster war. Dort hatte man bestimmte Aufgaben, die es zu erfüllen galt, aber auf den Höfen musste jeder alles tun. Haus und Ställe bauen, Holz sammeln, für das Essen sorgen, die Tiere verpflegen, den Hausgarten bestellen, die Felder bewirtschaften, die Kleidung ausbessern. Die Frau stand dem Mann in Arbeit nichts nach, im Gegenteil, sie gebar und stillte auch noch die Kinder. Hildegard war voller Bewunderung für diese Leute, was sie jetzt anspornte, schneller zu lernen, bis sie ihre Arbeit fast so gut machte wie Sara. Sie war so vertieft in ihr Tun, dass sie weder ihren schmerzenden Rücken noch die heraufziehenden Wolken bemerkte.

»Schaut! Es gibt ein Unwetter.«

Walther und Hartwig kamen aus dem Wald zurück, wo sie Feuerholz gesammelt hatten, da sie schlecht einfach auf der Wiese liegen konnten, während Hildegard arbeitete. Lisa tollte hinter ihnen her, hier und da ein Stöckchen aufhebend, das die beiden verloren hatten.

»Schnell, die Tiere müssen in den Stall!«, ordnete Hildegard an.

Sie lief mit den beiden Knechten, Lisa auf den Arm nehmend, los. Die Schweine drängten sich schon furchtsam an der Tür zusammen, sodass es nicht schwer war, sie hineinzutreiben. Und dann begann das Unwetter. Der Regen setzte sintflutartig ein und peitschte bald auf alles hernieder. Hildegard drängte Lisa und die beiden Knechte in die Hütte, als sie merkte, dass Sara fehlte.

Das Mädchen war auf dem Feld geblieben und versuchte verzweifelt die Ernte vor der Vernichtung zu bewahren, indem es so viel Weizen wie möglich schnitt, bevor die orkanartigen Böen die Halme platt auf den Boden drückten. Doch es war vergeblich. Als Hildegard Sara erreichte, war bereits der größte Teil des Getreides umgelegt. Der jetzt einsetzende Hagel zerfetzte das Korn vollkommen. Hildegard wollte wenigstens Sara in Sicherheit bringen. Sie versuchte gegen den Wind anzuschreien.

»Komm, Sara! Wir müssen in die Hütte!«

»Ich kann nicht! Was wird die Mutter sagen!«

Sara fiel angesichts der Verwüstung auf die Knie, als sie ein fast taubeneigroßer Hagelklumpen am Kopf traf. Das Mädchen sackte zusammen. Hildegard hob sie auf und stemmte sich mit aller Kraft gegen den Wind. Doch wäre ihr Walther nicht entgegengekommen, hätte sie es wohl nicht geschafft, Sara bis zur Hütte zu tragen. Sie hoffte nur, dass es noch nicht zu spät war.

*

Friedrich, Herzog von Schwaben, fühlte sich rundum wohl in seiner Haut. Er hatte getrunken und gegessen. ›Gegessen‹ war

eigentlich das falsche Wort für die Mengen, die er sich einzuver-
leiben pflegte. Heute hatte er besonders viel auftragen lassen, da
seine Ritter in dem ewig schwelenden Streit mit den Welfen einen kleinen Sieg erringen konnten. Sie hatten die Männer Heinrichs des Schwarzen zurückgedrängt und somit die alte Grenze
wiederhergestellt, die schon zu den Zeiten von Friedrichs Vater
bestanden hatte.

Judith pflegte oft solchen Gelagen fernzubleiben, da es ihr
nicht standesgemäß erschien, mit gewöhnlichen Rittern zu speisen. Friedrich musste ihr zugestehen, dass tatsächlich oft ein
rauer Ton herrschte. Viele der Männer waren von ihrer Herkunft
her Unfreie und selbst, wenn sie sich als erfolgreiche Kämpfer
oder gar als Kreuzritter bewährt hatten, waren sie in Judiths
Augen noch lange nicht gleichrangig. Aber Friedrich war heute
über die Abwesenheit seiner Frau nicht traurig, im Gegenteil,
hätte er doch Angst haben müssen, dass sie aus den Gesprächen
aufschnappen würde, wie er seinen Bruder im Kampf gegen
Judiths Vater unterstützt hatte. Natürlich, er tat nur das, was
er tun musste, gehorchte seinem eigenen Blut. Aber er wusste
auch, dass seine eigenwillige Gattin das ganz anders sehen würde. Er verabschiedete sich sogar etwas früher als üblich von der
Tafel, um zu vermeiden, dass sie doch noch im Saal auftauchen
würde.

Friedrich tappte durch den spärlich erleuchteten Gang. Der
Ruß der Fackeln kitzelte ihm in der Nase und es stank nach
Urin. Er nahm sich vor seine Leute anzuhalten, die Hunde nicht
immer durch die ganze Burg stromern zu lassen. Er blieb vor
der Tür des gemeinsamen Schlafgemachs stehen und zog seine
Kleidung zurecht, um nicht allzu betrunken zu erscheinen. Er
musste die Verschnürung der Hose ein wenig lockern, da sie
über seinem Bauch spannte. Aber das machte nichts, gedachte
er doch ohnehin sich gleich seiner Sachen zu entledigen und zu
seiner Gattin ins Bett zu steigen.

Er öffnete die Tür und blinzelte einen Moment, denn das Gemach war ungewohnt hell erleuchtet. Zwei Fackeln brannten statt einer und ein wohliger Duft hing in der Luft. Tannennadeln, wenn ihn nicht alles täuschte. Judith schien ihn heute bereits besonders ungeduldig zu erwarten. Sein Blick schweifte zur Bettlade, auf der seine Frau, wie er vermutet oder jedenfalls erhofft hatte, bereits halb entkleidet lag. Das Weiß ihrer Haut blitzte verführerisch auf. Friedrich wollte schon auf sie zueilen, als er zurückschrak. Judith lag nicht allein im Bett. An ihrer Seite war ein Mann, und zwar nicht irgendeiner, sondern einer seiner Leute, Ritter Gottfried. Schnell ging er seine Tafelrunde durch und tatsächlich hatte der heute gefehlt. Stattdessen wälzte er sich mit seiner Frau und ohne Hosen in seinem Bette! »Was wagst du es, mich so zu erniedrigen? Und du, Judith, wer bist du, mich zu hintergehen?«

»Ich bin deine Frau.«

Judith sprach mit einer kalten und seltsam unbewegten Stimme, was Friedrich stutzig machte. Hörte sich so eine beim Ehebruch ertappte Frau an?

»Ich versuche mich einzufinden in das Geschlecht der Staufer und wen soll ich mir zum Vorbild wählen, wenn nicht dich?«

Friedrich blinzelte verwirrt. Was sollte das nun wieder? Er war es gewohnt, von seiner Frau in lange Dialoge verwickelt zu werden, in denen er ihr, weniger sprachgewandt und spitzfindig, regelmäßig unterlag. Aber er wollte auf jeden Fall verhindern, dass sie sich so aus dieser Situation wand. Deswegen trat er näher, um Gottfried einfach aus dem Bett zu ziehen.

»Nein, oh Herr, ich wollte doch eigentlich gar nicht ...«, stammelte Gottfried, als Judith auch schon ihren Arm schützend vor ihn hielt.

»Er ist auf meine Einladung gekommen. Ich fordere nur gleiches Recht, nicht mehr und nicht weniger. Du hintergehst mich, und ich betrüge dich.«

Ihre Augen blitzten auf, was sie für Friedrich einerseits noch begehrlicher machte, ihm andererseits aber auch Angst einflößte. »Nie habe ich dich mit einer anderen Frau betrogen.«

Friedrich meinte es wirklich ehrlich. Nie hatte er nach seiner Hochzeit um eine andere Dame gefreit. Den Beischlaf mit den Mägden oder den Dirnen, wenn er auf Reisen war, zählte er nicht mit, da diese Weibsbilder Judith nicht ebenbürtig waren.

»Was interessiert es mich, mit wem du ins Bett steigst? Verraten und betrogen hast du mich trotzdem. Mein Vater wurde mit Hilfe deiner Leute angegriffen. Du konntest es nicht lassen, deinem Bruder zu helfen.«

Friedrich erschrak. Er wusste, dass es schwer würde, Judith wieder zu besänftigen. »Bitte, Judith, lass dir erklären …«

»Ich weiß bereits alles.«

»Hör mich trotzdem an. Und schick um Himmels willen diesen Verräter weg.«

Wütend blickte Friedrich auf den Ritter, der nun, auf einen Wink von Judith, seine Sachen zusammensuchte und schnell das Bett und den Raum verließ. Es war ihm anzusehen, wie froh er war, aus dieser Situation entfliehen zu können, auch wenn er nicht durchschaute, dass er nur Judiths Werkzeug war.

Die Herzogin war raffiniert vorgegangen. Sie hatte nach Gottfried, Agnes' Geliebtem und der Quelle ihres Wissens, schicken lassen. Angeblich, um alles noch einmal aus erster Hand zu erfahren. Kaum war er in das Gemach eingetreten, bemerkte er verwundert, dass Judith nur ihr Untergewand trug. Sie zog ihn aufs Bett, während sie ihn nach seinem Einsatz an den Grenzen ihres Vaters Land befragte. Als sie ihm immer näher kam, musste Gottfried annehmen, dass ihr der Sinn nach etwas anderem stand. Erstaunt, aber bereitwillig küsste er sie. Bald wanderten seine Hände an ihren Brüsten entlang und fanden den Weg unter ihre Röcke.

Judith zögerte allerdings und wies ihn an, sich zuerst zu entkleiden. Als er ihr eilig gehorchen wollte, mahnte sie ihn lächelnd zur Ruhe. Die Liebe brauche Zeit. In Wirklichkeit zerbrach sich Judith den Kopf, wie sie diesen tumben Recken noch hinhalten konnte, damit es beim Eintreffen ihres Mannes zwar nach einem leidenschaftlichen Schäferstündchen aussah, aber bis dahin nicht allzu viel passiert war. Sie hatte nämlich keineswegs vor, mit Gottfried das Bett zu teilen. Heimlich fluchte sie über Friedrichs Genusssucht, die ihn wieder mal so lange an der Tafel verweilen ließ.

Doch jetzt, da Friedrich gedemütigt vor ihr auf den Knien rutschte, hatten sich all ihre Mühen gelohnt. »Du hast mich zur Befriedung des Reiches geheiratet. Warum schürst du trotzdem den Streit zwischen unseren Familien?«

»Es wird Ruhe herrschen, das verspreche ich dir. Es ging nur um eine Grenze, die berichtigt werden musste. Es ist deinem Vater kein großer Schaden entstanden.«

»Kein Schaden an Land und Männern vielleicht, aber an Würde, falls du weißt, was das ist.«

Friedrich erschauerte unter Judiths schneidendem Ton. Er umschlang ihre Taille und barg seinen Kopf in ihrem Schoß. »Wir sind doch eins, meine geliebte Frau. Wenn wir zusammenhalten, werde ich eines Tages ein König, wie ihn die Welt noch nicht gesehen hat.«

Einen einäugigen König hat es wirklich noch nie gegeben, spottete Judith in Gedanken. Die leere Augenhöhle ihres Mannes, die er hinter der Klappe verbarg, war immer noch etwas, vor dem sie Abscheu empfand. Da konnte auch die Geschichte, dass Friedrich sein Auge in einem heldenhaften Kampf verloren hatte, nicht entschädigen, zumal Judith wusste, dass es nicht stimmte. Friedrich hatte sein Auge im Suff eingebüßt, als er bei einem Turnier auf seinen Gegner zuwankte und sich die Spitze der Lanze in sein Auge bohrte.

Friedrich deutete ihr Schweigen als Zustimmung. »Und nach mir wird unser Sohn den Thron besteigen.«

Das gab Judith einen Stich. Sie wünschte sich nichts sehnlicher, als endlich schwanger zu werden. Sie wollte ihre Aufgabe erfüllen. Ihr ging es allerdings nicht so sehr darum, die Geschlechter zu vereinen. Sie wollte, dass ihr Blut in den Adern ihres Sohnes floss. Sie würde einen Welfen aus ihm machen. Dann konnte er ihretwegen auch auf den Namen Friedrich getauft werden. Er würde der Sohn einer Welfin sein, das war es, was zählte. Judith schaffte es, bei diesem Gedanken dem Drängen ihres Mannes nachzugeben. Sie ließ ihn zu sich ins Bett, allerdings ohne große Hoffnung, dass es diesmal von Erfolg gekrönt wäre. Wenn nur endlich ihre beiden Knechte zurückkämen! Diese Wunderheilerin war ihre letzte Chance, sollte das Opfer dieser Heirat nicht vollkommen umsonst gewesen sein.

Vater und Sohn saßen bedrückt am Tisch. Dabei hatte es heute Abend reichlicher als sonst zu essen gegeben, denn Hildegard und die Knechte hatten ihre Vorräte aufgetischt. Aber der Bauersfamilie war klar, dass sie ihren Hunger das letzte Mal für lange Zeit hatten stillen können.

Hildegard wachte an Saras Lager und hielt ihren Kopf still, wenn Sara versuchte, ihn in ihrem unruhigen Schlaf hin- und herzuwerfen. Äußerlich hatte der Eisklumpen keinen Schaden angerichtet. Aber Hildegard wusste, dass sie trotzdem vorsichtig sein musste. Gerade die Verletzungen, die man nicht sah, waren tückisch. Das einzige Mittel, was sie kannte, war absolute Ruhe.

»Das Pflügen, das Säen, alles umsonst! Was sollen wir den ganzen Winter essen?«, klagte die Bäuerin laut und ohne Rücksicht auf das schlafende Kind, während sie die Schüsseln abräumte.

Hildegard wollte die Frau trösten, die beim Anblick des plattgewalzten Korns in hemmungsloses Weinen ausgebrochen war. »Wenigstens ist Eure Tochter noch am Leben.«

»Sollen wir dafür etwa noch dankbar sein? Ohne sie hätten wir eine unnütze Esserin weniger.«

Die Worte trafen Hildegard, aber sie versuchte der Frau gut zuzureden. »Ihr seid außer Euch, das kann ich gut verstehen. Die ganze Ernte …«

»Ihr könnt das verstehen?«, unterbrach die Bäuerin harsch.

»Wenn Eure Vorräte zu Ende sind, verlangt Ihr einfach höhere Abgaben. Aber wir haben keinen, den wir schröpfen können. Uns fehlt nicht nur das Essen, wir haben auch kein Saatgut für das Frühjahr. Wie soll es mit uns weitergehen?«

»Habt Gottvertrauen! Er wird sich Eurer annehmen.«

Es kam Hildegard wie ein Zeichen vor, dass Sara in dem Moment ruhiger wurde. Ihre Atemzüge gingen regelmäßig, sie entspannte sich. »Schaut! Eure Tochter ist auf dem Weg der Besserung. Sie ist ein starkes Mädchen.«

»Dann hätte sie nicht eher vom Feld zurückkehren sollen, bis die Ernte eingebracht wäre.«

»Sie hat es versucht. Es war unmöglich.«

»Warum hat Euer Gott denn da nicht geholfen?«

Der Mann mischte sich ein. »Still, Weib, du versündigst dich.«

»Und wenn? Wie kann er mich jetzt noch strafen?«

Damit war alles gesagt. Die Bäuerin zog sich auf ihr Lager zurück, genau wie ihr Mann. Ihr Sohn hatte sich schon zu der kleinen Lisa gelegt, die bereits fest schlief. Die beiden Knechte waren im Stall untergebracht, da die Hütte nicht genug Raum bot.

Hildegard war das Herz schwer, und auch der Anblick der vollkommen ruhig schlafenden Sara konnte sie nicht trösten. Es war die Anstrengung des Tages, die sie trotzdem einnicken ließ.

Sie erwachte von einem leisen Geräusch. Erst wusste sie nicht, wo sie war. Doch dann, als sie sich aufstützte, fiel ihr Blick auf die schlafende Sara. Aber sie war nicht allein. Neben ihr saß die Bäuerin und strich ihrem Kind vorsichtig über die Wangen. Sie beugte sich hinunter, um Sara auf die Stirn zu küssen. Als sie sich wieder aufrichtete, sah Hildegard Tränen in ihren Augen glitzern.

Der nächste Tag brachte schönstes Herbstwetter. Die Sonne wärmte sanft und ließ den Himmel in einem klaren Blau erstrahlen. Die Knechte drängten zum Aufbruch, aber Hildegard wollte noch ein wenig bleiben.

Sie hatte Sara erlaubt, sich wieder vom Lager zu erheben. Der Schlaf schien Wunder gewirkt zu haben. Bis auf leichte Kopfschmerzen fühlte das Mädchen sich wohl. Die Mutter stellte ihr wortlos etwas zu essen hin, was Sara mit gesundem Appetit verschlang.

Hildegard bat die beiden Knechte, der Familie beim Ausbessern der Sturmschäden an Hütte und Stall noch etwas zur Hand zu gehen. Sie selber hakte Sara unter und ging mit ihr ein Stück in den Wald. Lisa lief hinterdrein, stolz einen für sie viel zu großen Korb tragend.

Hildegard suchte die Stellen, an denen der Holunder wild wuchs und erklärte dem Kind, wie es daraus eine wohlschmeckende und nahrhafte Speise kochen könne. Danach grub sie einige Wurzeln aus, die ebenfalls die Wintervorräte der Familie aufstocken konnten und zeigte der aufmerksam zuhörenden Sara noch, welche Baumsamen essbar waren. Die ersten Nüsse waren schon herabgefallen und das Kind klaubte sie eifrig vom Boden auf. Lisa versuchte es ihr nachzutun, nahm dabei aber auch den ein oder anderen Tannenzapfen und so manch welkes Blatt. Sara lachte, als die kleine Schwester ihr ihre Schätze zeigte. Fröhlich ging die kleine Gruppe mit dem Korb voller Vorräte zurück zur Hütte. Als sie fast dort angelangt waren, begann Sara ein Lied zu summen. Es war eine schöne, leicht fremdartig klingende Melodie. Hildegard horchte auf. »Solch feine Töne habe ich noch nie gehört. Kennst du auch die Worte?«

Sara dachte nach. »Es waren einige in einer fremden Sprache dabei. Ich weiß nicht, ob ich alles behalten habe.«

Dann versuchte sie es. »Mein Herz ist schwer, denk ich an dich. Doch schwerer wird es noch, versuch ich zu vergessen, Chajerti, du mein Herz, Chabibi, du meine Liebe.«

Sara sah Hildegard an, um zu sehen, ob es ihr gefiel. Doch

deren Gesicht war wie erstarrt. Es dauerte einen Moment, bevor Hildegard sprechen konnte. »Woher kennst du das Lied?«

Sie beherrschte sich, um ihre Gefühle unter Kontrolle zu halten.

»Von einem jungen Mann, einem Spielmann, der mit seiner Mutter bei uns genächtigt hat, als sie kein Gasthaus fanden.«

Hildegard wusste, dass es besser war zu schweigen, aber sie konnte nicht an sich halten. Sie musste es wissen.

»Wie sah er aus?«

»Mittelgroß und gut gekleidet. Seine Haare waren dunkel, wenn auch nicht so schwarz wie die seiner Mutter mal gewesen sein müssen, bevor sie schlohweiß wurden. Doch man konnte ganz deutlich sehen, wie schön sie gewesen sein muss, wenn auch auf eine ganz andere Art als die Frauen hier.«

›Chajerti‹, ›mein Herz.‹ Es klang Hildegard in den Ohren, als wenn es gestern gewesen wäre, dass Erik ihr dieses Wort in seiner Sprache beigebracht hatte. Das war, als alles noch in Ordnung war, bevor der große Kummer über sie alle hereinbrach. Sie musste Gewissheit haben. »Waren ihre Namen Deria und Erik?«

»Ja, genau. Kennst du die beiden? Deria wollte nicht, dass ich Erik immer wieder bat, das schöne Lied zu singen. Es machte ihn zu traurig.«

Hildegard konnte kein Wort mehr hervorbringen. Schmerz, Sehnsucht, Hoffnung, all diese Gefühle rangen in ihrer Brust. Schließlich empfand sie nur noch eins: eine unendliche Sehnsucht. Ihre Hände umkrampften den Henkel des Korbes. Sie hatte das Gefühl, wenn sie locker ließ, würde sie ihn weit von sich schleudern und loslaufen. Und sie würde nicht eher anhalten, bis sie Erik gefunden hatte.

Hartwig und Walther saßen schon auf ihren Pferden und auch Hildegard war bereit. Sara ging es gut und die Mutter hatte Hildegard, wenn auch widerwillig, das Versprechen gegeben, sie noch ein wenig zu schonen. Doch nicht nur der Umstand, dass sie hier nichts mehr tun konnte, ließ sie zur Weiterreise drängen. Sie fühlte sich unruhig und getrieben, seit sie von Erik gehört hatte. Sie wusste, dass es nicht richtig war, aber sie musste immerzu an ihn denken. Sie fragte sich, ob Gott ihr eine Prüfung auferlegen wollte oder ob es ein Zeichen war. Letzteres wäre ihr lieber gewesen. Ein Wink des Schicksals, der sie doch noch mit dem vereinen würde, der einst ihr Leben rettete und seitdem wie durch ein unsichtbares Band an sie geknüpft war.

Aber Hildegard gestattete es sich nicht, lange zu träumen. Sie glaubte ganz fest daran, dass der Mensch sich nicht dadurch auszeichnete, blind Gottes Befehlen zu folgen, sondern dass er selber wählen konnte. Und Hildegard dankte Gott, dass er ihr diese Freiheit ließ. Sie entschied sich dafür, ihre Pflicht zu tun.

Also machte Hildegard sich mit ihren Begleitern auf den Weg. Der Abschied von Sara fiel Hildegard nicht ganz leicht, hatte sie sie doch sehr ins Herz geschlossen. Aber dann ritten sie los und Hildegard wandte ihr Gesicht hoffnungsvoll nach vorn, ihrer neuen Aufgabe entgegen. Aber es drängte sie auch noch aus einem anderen Grund zur Burg des Herzogs von Schwaben. Sicherlich waren auch dort Minnesänger zu Gast.

Kapitel 13

ach zwei Tagesritten war es endlich so weit. Hildegard und ihre Begleiter hatten das Herzogtum Schwaben erreicht. Die Landschaft wurde vom bewaldeten Kegel des Hohenstaufen beherrscht, auf dem die massive, schnörkellose Burg errichtet worden war. Geschützt durch starke Ringmauern und zwei Türme, kündete sie von einem starken Herrschergeschlecht.

In der Vorburg gingen Handwerker der verschiedensten Zünfte ihrem Tagewerk nach. Kürschner, Salzfertiger und Gewandschneider arbeiteten unermüdlich, während von den im Tal gelegenen Feldern und Gärten die Ernte eingebracht wurde. Viehzeug lief und flatterte durcheinander. Hildegard fühlte sich fast ein wenig eingeschüchtert und versuchte, nicht den Anschluss an Hartwig und Walther zu verlieren, die sich ganz selbstverständlich in der vertrauten Umgebung auf die Hauptburg zubewegten. Immer wieder begrüßten sie Freunde und Bekannte unter dem Gesinde, scherzten mit dem einen und drückten einer anderen ein Küsschen auf die Wange. Doch sie ließen sich nicht aufhalten, wussten sie doch, dass ihre Herrin bereits ungeduldig warten würde. Sie hatten sich darauf verständigt, nichts von dem Aufenthalt bei der Bauersfamilie zu erzählen. Der Herrin würde sicher jedes Verständnis dafür abgehen.

Sie wurden sofort vorgelassen. Hildegard stieg mit ihnen die hohen Stufen in einen der Türme hinauf. Auch tagsüber war alles mit Fackeln erleuchtet, da die Fensteröffnungen klein und teilweise verdeckt waren, um die nachts bereits empfindliche Kälte nicht eindringen zu lassen.

Dann betraten sie das Gemach der Herzogin. Nachdem Judith die beiden Männer gerüffelt hatte, weil sie so lange unterwegs gewesen waren, schickte sie sie ungeduldig weg, noch bevor sie ihre zurechtgelegten Entschuldigungen loswerden konnten. Sie vergaß trotzdem nicht, jedem seine Entlohnung zuzustecken.

Hildegard blieb mit Judith allein. Sie betrachtete die große, dunkle Erscheinung, das prachtvolle Haar, den langen, schlanken Hals. Sie sah, dass diese Frau zum Herrschen geboren war. Doch die Unzufriedenheit, die sich trotz ihrer jungen Jahre in ihrem Gesicht einzugraben begann, sagte Hildegard, dass etwas ihrem Willen zur Macht entgegenstand.

Auch Judith musterte Hildegard. »Ihr seht nicht aus, als seid Ihr eine erfahrene Heilerin.«

»Ich bin nicht die, die Ihr suchtet. Rike ist tot. Ich bin nur ihre Schülerin. Wenn ich mir auch nicht anmaßen kann, ihr Können zu besitzen, so will ich doch alles in meinen Kräften Stehende tun, um Euch zu helfen.«

»Wie ist Euer Name?«

»Ich bin Hildegard und lebe als Inklusin auf dem Disibodenberg bei Mainz.«

»Was Euch anscheinend nicht hindert auf Reisen zu gehen, sogar bis nach Schwaben.«

»Ich musste meinem Herzen folgen.«

»Was hat Euer Abt dazu gesagt?«

»Ich habe ihn nicht gefragt.«

Hildegard senkte den Blick. Zu ihrem Erstaunen hörte sie Judith lachen.

»Ihr gefallt mir.«

Ihr Gesicht wurde ernst. »Vielleicht sollte ich auch einfach gehen, wohin ich will. Es wäre mir eine große Wohltat diesen Ort zu verlassen.«

Hildegard wusste nicht, woher Judiths Bitterkeit kam. Aber sie ahnte, dass darin die Gründe verborgen liegen mochten, warum sie kein Kind empfing.

Hildegard stand über Judiths Bett gebeugt und tastete sorgfältig ihren Bauchraum ab. Judith war von der sanften Untersuchung überrascht, hatte sie da doch schon ganz andere, ungeduldige und ungeschickte Hände erlebt. »Und?«, fragte sie gespannt.

»Alles in Ordnung. Körperlich habt Ihr die besten Voraussetzungen, ein Kind zu empfangen.«

Hildegard überlegte.

»Hat Euer Mann in dieser Hinsicht Schwierigkeiten?«

Die Herzogin winkte ab. »Er hat bestimmt schon ein halbes Dutzend Bastarde gezeugt.«

Die abfällige Art, mit der Judith über ihren Mann sprach, ließ Hildegard aufhorchen. Sie wollte herausbekommen, wieso Judith so unglücklich war. Aber sie musste behutsam vorgehen. Denn auch wenn Judith sie offensichtlich mochte, wirkte sie nicht wie eine Frau, die bereitwillig ihr Herz ausschüttete.

Hildegard zog sich zurück, um in Ruhe alle Heilkräuter und andere Anwendungen durchzugehen, die sie kannte. Sie fand einige Zusammenstellungen, die Judiths Bitterkeit lindern und die Säfte ihres Körpers wieder in Einklang bringen konnten. Hildegard ließ sich die Zutaten bringen, aber sie ahnte, dass es damit nicht getan sein würde.

Abends bei Tisch hatte sie Gelegenheit, die Welfin zusammen mit ihrem Mann zu beobachten. Judith vermied alles, was ein nahes Beisammensein oder gar eine Berührung bedeutet hätte. Das wäre allerdings einem weniger aufmerksamen Beobachter nicht aufgefallen, da rund um Friedrich ständig Menschen saßen, gingen oder ihn wortreich begrüßten. Es war klar, dass er als Herrscher im Mittelpunkt stand. Aber es war nicht nur seine Position, sondern auch seine Art, die die Leute anzog. Er hatte ein offenes, klares Gesicht, in das sich bereits tiefe Lachfalten eingegraben hatten. Auch dass er nur ein Auge hatte, konnte seiner fröhlichen Ausstrahlung nichts anhaben. Friedrich war der vollkommene Gegensatz zu seiner verschlossenen, stolzen Frau. Hildegard dachte bei sich, dass ein Kind der beiden gute

Voraussetzungen hatte. Der Schöpfer konnte ihm von jedem das Beste geben.

Als Musik angekündigt wurde, schrak Hildegard aus ihren Gedanken auf. Ihre Überlegungen zur Behandlung hatten sie so vereinnahmt, dass sie ihre Gedanken an Erik hatte beiseite drängen können. Doch jetzt betrachtete sie verwirrt und aufgeregt die einziehenden Musikanten. Doch so genau sie auch die Schar mit den Augen absuchte, keiner davon war Erik. Sie hörte kaum hin, als sie mit ihrem Spiel und Gesang begannen. Hildegard versuchte mit aller Macht der sie übermannenden Enttäuschung Herr zu werden. Verwirrt stand sie von der Tafel auf. Sie wollte weg von den Menschen, in deren Mitte sie sich plötzlich einsam fühlte. Aber Judith hielt sie auf. »Ihr verspracht mir Medizin zu geben.«

Hildegard nickte. Sie hatte die angemischten Pulver in Beutelchen um ihren Gürtel gehängt und rief sich zur Ordnung. »Ich werde Euch zwei verschiedene Sude bereiten, die Ihr trinken müsst. Lasst uns in Euer Gemach gehen.«

Judith schritt voran, und Hildegard folgte ihr die hohen Stufen hinauf. Die Beine wurden ihr schwer, aber sie zwang sich weiterzugehen. Sie hatte eine Aufgabe bekommen und die galt es zu erfüllen. Im Gemach schürte Hildegard das Feuer und bereitete den Trunk zu. Sie bat Judith, sich auf ihre Bettstatt zu setzen und eine Decke um sich zu legen, da Wärme half, den Körper zu beruhigen und zu entspannen.

Judith fühlte sich gut umsorgt. Sie genoss die Aufmerksamkeit, die Hildegard ihr zukommen ließ. »Und Ihr meint, Eure Pülverchen können mehr bewirken als alle Künste der Ärzte bisher?«

Judiths entspannte Miene milderte ihren spöttischen Ton.

»Nein, ich glaube nicht, dass sie Euch helfen«, erwiderte Hildegard ruhig.

Judith setzte sich aus ihren Kissen auf. »Warum gebt Ihr sie mir dann? Wollt auch Ihr mich bloß schröpfen?«

Hildegard hielt Judiths zornigem Blick stand. »*Ihr* müsst jetzt handeln. Ohne Eure Unterstützung kann ich gar nichts erreichen.«

»Ja, habe ich denn noch nicht genug versucht? Ich habe meinen Mann an bestimmten Tagen in mein Bett gelassen, mich nach dem Mond gerichtet, zu Gott gebetet. Gib es etwas, das ich ausgelassen habe?«

»Es ist alles richtig, aber doch nicht genug.«

»Vielleicht wäre eine Wallfahrt das Richtige, auf dass ich für einige Jahre meinem Elend entkommen kann.«

»Es gibt keine Flucht, so weit Ihr auch lauft.«

»Wollt Ihr sagen, selbst die längste Pilgerreise würde Gott nicht gnädig stimmen?«

»Gott ist Euch gnädig gestimmt. Horcht in Euch, und Ihr werdet es feststellen.«

Judith schwieg verwirrt. So hatte bisher noch keiner der Heiler mit ihr gesprochen.

Hildegard fuhr fort. »Ihr müsst meine Unwissenheit entschuldigen, dass ich nichts von dem edlen Geschlecht weiß, aus dem Ihr entspringt, genauso wenig, wie von dem Eures Mannes.«

»Friedrich? Er ist ein Staufer und wie alle von ihnen, zu ansehnlicher Macht gekommen. Das Volk kennt nur ihre großzügige, frohe Lebensart. Die Gier und der Wille, alles in Besitz zu nehmen, bleibt den meisten verborgen.«

»Ihr seid eine stolze Frau, schön und klug. Es muss Euch schmerzen, so einverleibt zu werden.«

»Auch mein Geschlecht könnte herrschen. Wir haben viele starke Männer …«

»… und Frauen«, ergänzte Hildegard lächelnd. Doch als sie sah, dass Judith Mühe hatte, die Tränen zurückzuhalten, legte sie ihr behutsam den Arm um die Schulter. »Ihr müsst nicht immer stark sein. Auch in der Weichheit liegt Kraft, sogar eine ganz besondere, um die Euch Euer Mann beneiden wird.«

»Er mich beneiden? Er hat mich gewollt und bekommen. Was will er mehr?«

»Einen Sohn, den Ihr nicht bereit seid, ihm zu geben.«

Judith schwieg verblüfft. »Ihr meint Verweigerung ist meine Stärke?«

Hildegard schüttelte den Kopf. »Damit schadet Ihr Euch nur selbst. Auch Ihr sehnt Euch nach einem Kind, nach etwas, dem Ihr all Euren Stolz, Eure Klugheit und Eure Liebe schenken könnt. Aber zuerst müsst Ihr Eure Gefühle einem anderen schenken, Eurem Mann.«

Judith versteifte sich, als sie das hörte. »Was könnt Ihr mir über solche Dinge erzählen? Eine Inklusin kennt doch nur die Liebe zu unserem Herrn.«

Judith sah Hildegard an und war erstaunt, als diese plötzlich ihrem Blick auswich. Es war nur ein Moment, aber es reichte Judith, um ihr die Wahrheit zu enthüllen. »Ihr habt geliebt, ich sehe es. Wenn Ihr meine Gefühle von innen nach außen zerrt, so habe auch ich ein Recht, von Euch die Wahrheit zu hören.«

Hildegard sah Judith wieder an und beschloss zu reden. »Ja, ich habe geliebt. Und ich liebe immer noch. Ich kann ihn nicht vergessen.«

Hildegards Stimme war leise geworden.

»Wer ist dieser Mann, der eine klarsichtige, vernünftige Frau wie Euch um den Verstand bringt?«

Judith zeigte ein ehrliches und aufrichtiges Interesse. Ihre Stimme war frei von Hochmut und Spott.

»Er hat mir das Leben gerettet und dafür meine Seele genommen.«

»Wie heißt er?«

Hildegard zögerte. »Erik.«

Es war ein eigentümliches Gefühl, den Namen auszusprechen, den sie so oft dachte. »Er reist als Troubadour durch die Lande, weil man ihm seine Heimat genommen hat.«

»Ich kenne ihn. Er und seine Mutter waren hier auf unserer Burg.«

Hildegard sah sie überrascht an. Judith bemerkte ihre Ungeduld, spürte, wie sehr Hildegard darauf brannte, mehr zu hören und fuhr fort. »Deria ist eine gute Unterhalterin. Sie brachte mich und meine Hofdamen oft zum Lachen, auch wenn sie selber an großem Kummer trägt.«

»Wann sind sie weitergezogen?«

»Es ist einige Wochen her. Sie wussten noch nicht einmal genau, wohin. Die beiden waren schon an vielen Burgen, aber nirgendwo lange. Erik schafft es nicht die Damen zu erfreuen.«

Hildegard sah Judith erstaunt an. »Erik, der so eine große Sanftheit besitzt, kann sie nicht für sich gewinnen?«

»Nein.«

Judith schüttelte nachdenklich den Kopf. »Ich war ärgerlich, dass er keine schönen Worte für mich fand und dachte, er sei faul. Doch jetzt verstehe ich es besser. Wie kann er eine andere als seine Dame, die er liebt, besingen?«

Judith sah, wie nahe Hildegard ihre Worte gingen. Sie empfand Mitleid. »Hätte ich ihn doch nicht fortgeschickt, Ihr hättet ihn wiedergesehen.«

Hildegard rang mit sich. »Es sollte nicht sein. Der Herr hat anderes mit mir vor. Ich bin hier, um Euch zu helfen. Das ist meine Aufgabe. Jeder hat seinen Platz und er soll ihn nicht verlassen.«

»Ihr seid aus der Klause gegangen.«

»Weil ich zu Euch musste. Das war meine Bestimmung.«

»Ihr seid schlau. Ich soll mich nicht länger gegen diese Ehe sträuben, das ist es doch, was Ihr mir sagen wollt.«

»Ihr müsst selber erkennen, was Eure Aufgabe ist. Ich glaube, Ihr wünscht am meisten Euch mit Eurem Schicksal zu versöhnen. Warum Euren Mann bekämpfen? Nehmt das Beste von ihm und das Beste von Euch und schenkt es Euren Kindern.«

Damit verließ Hildegard Judith. Sie musste allein sein. Sie brauchte die Abgeschiedenheit, um damit fertig zu werden, dass auch sie ihren Platz erkannt hatte. Und der war ganz offensichtlich nicht an der Seite von Erik. Sie sollte für die Menschen wirken. Es machte es nicht einfacher, dass sie nun wusste, dass auch Erik sie liebte.

Drei Monate später brach Hildegard auf. Sie hatte bei Judith eine Schwangerschaft feststellen können, bei der alles gut zu verlaufen schien. Judith war überglücklich und sogar der unzufriedene Zug in ihrem Gesicht war schwächer geworden. Auch ihr Gatte freute sich und beendete seine abendlichen Gelage jetzt oft früher, um sich mit seiner Frau zu unterhalten. Judith hoffte, einen Knaben zu gebären. Er würde auf den Namen Friedrich getauft wie sein Vater, aber in seinem Wesen sollte er ihnen beiden ähneln. Mut, ein großes Herz, Stolz und Klugheit, das wollten sie ihm mitgeben. Er würde ein großer Herrscher werden.

Judith wollte Hildegard üppig entlohnen, doch Hildegard lehnte ab. Dort wo sie hinging, brauchte sie nichts. Sie hatte sich entschlossen, in die Klause zurückzukehren. Sie wusste wohl, dass Jutta ihr ihre Flucht nicht verziehen hatte. An den Abt mochte sie erst gar nicht denken. Aber jetzt, da alles erledigt war, musste sie sich den Vorwürfen der beiden stellen.

Der Aufbruch fiel ihr nicht leicht. Sie sagte sich, dass es der Abschied von Judith war, der jungen Frau, in deren scharfem Verstand und großer Stärke sie eine ebenbürtige Partnerin gefunden hatte. In Wirklichkeit aber war es der endgültige Abschied von einer Hoffnung, der sie so traurig machte.

Kuno blickte auf die reich gedeckte Tafel. Fetter Aal lag neben Stieglitzen. Finken, die, gebraten und mit einer süßen Brühe übergossen, an Spießen serviert wurden, hätten ihm normalerweise das Wasser im Munde zusammenlaufen lassen. Aber er spürte, und das nicht zum ersten Mal, ein Brennen tief in seinen Eingeweiden, als säße ein Dämon in ihm und fräße ihn von innen auf. Er hatte beobachtet, dass dieser unangenehme Zustand meist dann eintrat, wenn er sich aufregte, und Grund dazu hatte er in letzter Zeit wahrlich genug. Fast schon angeekelt sah er, wie sein Gegenüber, der Erzbischof von Mainz, mit einem Fladen die großen Fettpfützen aus der Schüssel mit der gebratenen Gans aufsaugte, um das Brot dann sogleich in seinen Mund zu stopfen. Was ihn wunderte, war Ruthards magere, schwächliche Erscheinung. Aber vielleicht hatte auch er einen Dämon in sich sitzen, der ihn langsam, Stück für Stück verzehrte. Kuno versuchte sich wieder zu sammeln. Er machte sich klar, dass Ruthard trotz seiner mickrigen Erscheinung ein machtvoller Mann war und dass er ihn genau deshalb aufgesucht hatte. »Hildegard hat ohne meine Erlaubnis die Klause verlassen. Sie hat es noch nicht einmal für nötig befunden, mich zu fragen. Lächerlich gemacht hat sie mich!«

»Dann seid doch froh, dass sie weg ist und greift zu.«

Ruthard machte eine einladende Geste in Richtung der immer noch gut gefüllten Schüsseln und Platten. Aber Kuno schüttelte den Kopf.

»So etwas kann ich mir nicht gefallen lassen. Ich möchte Hildegard aus unserem Orden ausschließen und mich deshalb Eurer Zustimmung versichern.«

»Soll ich mich geschmeichelt fühlen oder wollt Ihr nur den Ärger auf mehrere Schultern verteilen, den so ein Schritt unweigerlich nach sich ziehen wird?«

»Der Ärger wird nichts im Vergleich dazu sein, was noch auf uns zukommt, wenn wir sie behalten.«

»Überhöht Ihr sie jetzt nicht gewaltig? Sie ist nichts als eine Frau.«

Verachtung schwang in Ruthards Stimme mit, während er lächelnd ein Stück Sirupkuchen von einem Novizen entgegennahm. Dankbar tätschelte er dem jungen Mann die Hand.

Kuno fühlte sich nicht ernst genommen. »Wer könnte mehr Schaden anrichten als ein Weibsbild? Eva hat diese Tradition begründet und Hildegard führt sie fort. Schon hat der Markgraf von Stade seine Entscheidung rückgängig gemacht, seine Töchter in unsere Klause zu geben.«

»Wer weiß, wozu das gut ist. Traut Ihr Euch zu, mit zwei weiteren Frauen fertig zu werden?«

Kuno ignorierte den spöttischen Unterton. »Wir haben eine nicht gerade kleine Mitgift verloren: zwei neue Beetpflüge und Saatgut für zehn Hufe Gerste.«

Ruthard verschluckte sich an seinem Kuchen und Kuno musste ihm fest auf den Rücken klopfen. Er tat es sogar etwas fester als nötig. Ruthard bekam langsam wieder Luft und blickte Kuno aufgeschreckt an. »Das ist ein großer Verlust. Vielleicht habt Ihr wirklich Recht, und es ist das Beste, Hildegard auszuschließen.«

Kuno war erleichtert. Langsam spürte er, wie sein Appetit zurückkam. Er hatte sich nicht vertan. Ruthard war ihm in zwei Dingen sehr ähnlich: seinem Genuss am Essen und seiner Gier nach Besitz. Zufrieden nahm sich Kuno eine knusprig gebratene Hähnchenkeule, die aufs Köstlichste mit Honig und Gewürzen mariniert war.

Hildegard war auf dem Heimweg. Judith hatte Walther und Hartwig angewiesen, sie auch diesmal zu begleiten. Die Reise ging jetzt schneller voran, denn die drei blieben überall nur so lange wie es nötig war. Hildegard drängte sogar immer wieder zur Eile. Obwohl sie von Judith keine Bezahlung ihrer Dienste annehmen wollte, hatte sie sie um eins gebeten: Saatgut für Saras Familie. Sie wollte den Bauern nicht zuletzt deshalb helfen, um das Bild, das diese armen Leute vom Kloster hatten, etwas zurechtzurücken.

An einem kalten, aber sonnigen Tag, der erahnen ließ, dass der Frühling nicht mehr allzu fern war, erreichten sie das Tal, in dem die Familie wohnte. Hildegard und ihre beiden Begleiter hielten vor der kleinen, windschiefen Kate an. Während die beiden Knechte die Getreidesäcke von dem Packpferd, das man eigens mitgenommen hatte, abluden, ging Hildegard zur Tür, die trotz der Kälte offen stand. Vorsichtig trat sie ein. Hildegard versuchte etwas zu erkennen, aber ihre Augen mussten sich erst an das Halbdunkel gewöhnen. Sie glaubte, fahrige Bewegungen wahrzunehmen.

»Wer da?«, rief eine ihr unbekannte Männerstimme.

»Ich bin es, Hildegard. Ich suche die Familie, die hier wohnt.«

»Das tue ich auch.«

Eine Gestalt löste sich aus dem Dunkel. Es war ein mittelgroßer Mann, der eine Mönchskutte trug.

»Aber sie können doch nicht weit sein, schließlich ist das ihr Hof.«

»Wohl kaum. Es ist der Hof unseres Klosters, den sie lediglich als Lehen erhalten haben. Und jetzt sind sie vor ihrer Arbeit geflohen, auf und davon. Wie soll der Abt so schnell andere finden, die das Land bestellen?«

»Wie lange sind sie schon fort?«

Der Mönch zuckte mit den Schultern. »Sie waren mit ihren Abgaben überfällig. Deswegen hat man mich geschickt, nachzusehen.«

»Wann sind sie denn das letzte Mal im Kloster gewesen?«

»Im Herbst. Sie wollten ihren Zehnt stunden lassen, da sie neues Saatgut besorgen müssten.«

Hildegard wurde unruhig, als der Mönch nicht weitersprach. »Und?«

Er zuckte mit den Schultern. »Da kann ja jeder kommen. Wer weiß, ob das nicht gelogen war. Der Abt hat sie jedenfalls abgewiesen.«

»Gott möge ihm vergeben.«

Der Mönch winkte ab. »Hilft er einem, kommt der nächste angebettelt. Bloß arbeiten will keiner. Würden sie sonst in Scharen zu den Katharern rennen? Die Seelenfänger haben ein leichtes Spiel in diesen Zeiten.«

Hildegard hatte schon von den Katharern, oder den Freunden Gottes, wie sie sich nannten, gehört. Sie wandten sich von der Kirche ab und stellten ihre eigenen Regeln auf. Ihre Priester lebten in Armut, Demut und Keuschheit, was ihnen die Bewunderung großer Teile des Volkes einbrachte. »Die Leute sind wie die Kinder, leicht zu beeindrucken. Wir dürfen nicht zu hart mit ihnen sein.«

»Ihr habt gut reden. Ich bin es, der dem Abt die schlechte Botschaft überbringen muss.«

Damit verließ der Mönch die Hütte und machte sich auf den Rückweg.

Hildegard war verzweifelt. Wieso war sie nicht eher gekommen? Die Bauersleute hatten es nicht gewagt, darauf zu vertrauen, dass Gott alles richten würde. Und Hildegard konnte es ihnen nicht verübeln.

Hildegard trat aus der Hütte. Sie holte tief Luft. Dann sah sie es. Nicht fern, auf einem sanft ansteigenden Hügel, ragte ein kleines, schiefes Kreuz aus der Erde. Hildegard ging langsam darauf zu. Je näher sie kam, desto langsamer wurden ihre Schritte. Doch schließlich stand sie vor dem Kreuz, das ein winziges Grab schmückte. Die letzte Ruhestätte für ein Kleinkind, wie sie in diesen Zeiten oft ausgehoben werden musste. Aber vielleicht wäre es diesmal nicht nötig gewesen. Nicht, wenn sich der Abt erbarmt hätte. Nicht, wenn sie rechtzeitig gekommen wäre. Hildegard kniete nieder und betete für Lisa. Sie betete auch für Sara, die nun keine Schwester mehr hatte. Sie flehte Gott um Verzeihung an, dass sie nicht hatte helfen können. Und sie bat ihn um Kraft, viel mehr Kraft.

Kapitel 14

ernhard schaute auf die Gruppe junger Männer herab, die vor ihm knieten. Aus seiner erhöhten Position vom Altar wurde die eifrige Unterwürfigkeit, mit der sie ihr neues Leben begrüßten, noch deutlicher. Dreiundzwanzig Novizen auf einmal, das war bisher die größte Zahl, die er auf einmal in das Kloster aufgenommen hatte. Aber er spürte, dass es noch nicht der Höhepunkt war, sondern dass immer mehr junge Männer dem Ruf Gottes folgen würden. Und er fühlte eine gewisse Zufriedenheit, weil er dazu beitragen konnte. Seine Begeisterung, sein unbedingter Glaube und sein Willen, ihn zu verbreiten, steckte an. Er war mit seinen 34 Jahren nicht mehr jung, aber er fühlte sich, als ob er jeden Tag neue Energie hinzugewinnen würde. Diese einmalige Mischung aus Erfahrung, Wissen und jugendlichem Elan zog viele in ihren Bann. Bernhard war froh über seine Aufgabe und er dankte der Mutter Gottes jeden Tag dafür. Er wusste, dass sie ihn ganz persönlich beschützte.

Wenn man es genau nahm, galt Bernhards Lebenswerk zwei Frauen: seiner Mutter, die ihm eine gute Erziehung angedeihen ließ und ihn zu dem formte, was er heute war, und der Jungfrau Maria. Wahrscheinlich hätte er unter anderen Bedingungen auch einen guten Ritter abgegeben, der seine Dame besingt, um der Liebe Ausdruck zu verleihen.

Der Gottesdienst war zu Ende und Bernhard betrachtete stolz die hinauseilenden Novizen. Sein Freund und Weggefährte, der denselben Namen trug wie er, Bernhard, gesellte sich zu ihm und küsste ihm die Hand als Zeichen der Ehrerbietung. Das war

Bernhard ein wenig unangenehm, sah er in dem Mitbruder doch immer noch den Gleichen, mit dem er vor zwölf Jahren in das Kloster Citeaux eintrat. Zusammen waren sie 31 junge Männer gewesen, alle gebildet, von adligem Stand und voller Begeisterung für die Sache. Das Klosterleben erhielt durch sie auch tatsächlich neuen Aufschwung, und obwohl sich Bernhard nie über die anderen erheben wollte, war er es, der drei Jahre später zum Abt des Kloster Clairvaux berufen wurde. Er nahm seinen Freund Bernhard und einige andere mit, aber wieder war er es, der nochmal drei Jahre später zum Leiter der Zisterzienser wurde.

»Ich muss Euch sprechen, ehrwürdiger Bruder.«

Die ernste Miene des Freundes verwunderte Bernhard. »Warum ist Euer Herz schwer? Macht es Euch nicht froh die vielen Novizen zu sehen?«

Sein Mitbruder zeigte auf eine Frau und einen Mann, die wohl schon länger im Hintergrund gewartet hatten. Sie sahen von der Arbeit verbraucht aus. Ihre Kleider waren verschlissen und für die immer noch herrschende Kälte nicht warm genug. Blaue Stellen an den Händen des Mannes zeugten von Erfrierungen, bei der Frau sah man die Spuren des Frostbrandes im Gesicht. Bernhard schätzte, dass die Bauern die dreißig noch nicht erreicht hatten. Die Frau sank vor ihm zu Boden, doch begnügte sie sich nicht damit, niederzuknien, wie ihr Mann es tat, sondern legte sich auf den kalten Stein, um Bernhards Füße zu küssen. Bernhard gab beiden mit einer Handbewegung zu verstehen, dass sie wieder aufstehen könnten. Frau und Mann behielten jedoch eine geduckte Haltung bei, wie es vielen einfachen Leuten beim Anblick von hohen Autoritäten zu eigen war.

»Diese Leute wollen mit dir sprechen«, erklärte sein Mitbruder.

Bernhard runzelte die Stirn. Es war nicht üblich, dass er sich um jeden kümmerte. Wenn es auch seine ganze Freude war, sich der Sache Gottes verschrieben zu haben, so war es doch harte Arbeit, ein Kloster, ja einen ganzen Orden zu leiten. Man durfte sich nicht ablenken lassen. Bernhard nickte dem Paar etwas unwillig zu. Die Frau sah zum Mann, der all seinen Mut zusammennahm. »Wir wollen Buße tun.«

Als er den Blick unsicher senkte anstatt weiterzusprechen, fasste Bernhard ungeduldig nach. »Wir alle müssen Buße tun. Was genau plagt Euer Gewissen?«

Der Mann warf seiner Frau einen hilfesuchenden Blick zu, woraufhin sie fortfuhr.

»Wir haben große Angst.«

Wieder entstand eine Pause, da nun auch die Frau unsicher zu Boden blickte. Bernhard war nahe daran, die Geduld zu verlieren, als sein Mitbruder sich einmischte. »So sprecht frei zum Abt. Nicht Ihr habt den Frevel begangen.«

»Aber wir werden dafür büßen müssen. Was sollen wir Gott sagen, wenn wir ihm beim Jüngsten Gericht ohne unseren Sohn gegenüberstehen? Dass er die Katharer dem Herrn vorgezogen hat? In der Hölle werden wir schmoren, da gibt es gar keinen Zweifel.«

Die Frau hatte sich in Rage geredet, brach aber nun abrupt ab und sah Bernhard um Verzeihung heischend an.

Der hatte aufgehorcht. »Katharer? Euer Sohn ist bei den Katharern?«

Jetzt kam der Mann seiner Frau zur Hilfe. »Wir konnten ihn nicht aufhalten. Nichts, was wir sagten, hörte er auch nur an. Wir wollten ihn einsperren, aber da …«

Beschämt senkte er das Haupt, bevor er fortfuhr. »… da hat er mich einfach niedergeschlagen.«

»Er wollte sich nicht mehr für andere totschuften, hat er gesagt.«

Der Mönch wandte sich an Bernhard. »Es ist der zwölfte junge Mann aus dem Dorf.«

»Diese Männer sind Verräter. Verräter an Gott. Die Strafe wird sie ereilen, daran zweifle ich nicht.«

Bernhards festes Urteil sollte seine Erschütterung verbergen.

»Aber was ist mit uns? Wir sind doch unschuldig. Was können wir tun, um nicht auch bestraft zu werden?«

Die Frau war entschlossen, nicht eher zu weichen, bis sie eine Antwort bekam. Sie hatte nicht ihr ganzes Leben gottesfürchtig gelebt, um sich nun alles von ihrem Sohn, der immer schon ein Heißsporn war, verderben zu lassen. Bernhard dachte kurz nach.

»Bringt uns Euren Nächstgeborenen. Er kann uns als Laie dienen, und vielleicht, falls er sich bewährt, Mönch werden.«

Bernhard gratulierte sich insgeheim. Er würde es nicht zulassen, dass diese Ketzer die Oberhand gewannen. Aber die beiden Eheleute sahen ihn ratlos an.

»Ist das nicht das Mindeste, was Ihr tun könnt?«

Bernhard war ungehalten.

»Wir haben nur noch den einen. Meiner Frau war leider die Gnade versagt, uns viele Kinder zu schenken.«

»Dann gebt mir Euren Letzten. Dieses Opfer ist gerade recht, Eure Schuld aufzuwiegen.«

»Aber wer sorgt im Alter für uns? Die Feldarbeit wird meinem Mann jetzt schon oft zu schwer.«

Die Frau blickte Bernhard verzweifelt an.

»Lasst Gott für Euch sorgen. Vertraut in ihn, als ein Zeichen Eurer Demut.«

Damit ließ Bernhard sie stehen.

Der Zisterzienser war erst in die Kirche zurückgekehrt, als sie wieder leer war. Bernhard brauchte diesen Ort um sich zu sammeln, ruhig zu werden, seine Kraft zurückzuerlangen. Diese Katharer hatten ihm den Tag verdorben. Er kniete sich vor seine Lieblingsstatue, eine steinerne Maria, und begann, ein Gebet zu sprechen. Er pries die Mutter Gottes lange und ohne Unterbrechung, als er plötzlich aufsah. Es war ihm, als hätte er eine Bewegung gesehen, als hätte ihm jemand gewunken. Doch niemand war da, nur die Statue sah auf ihn herab. Je länger er in das einen milden Glanz ausstrahlende Gesicht der Maria blickte, desto klarer wurde es ihm. Sie hatte ihm gewunken, sie hatte ihn zu sich herangebeten. Und was war das? Hatte sie nicht soeben gelächelt, ein sanftes Lächeln, wie es seine Mutter ihm immer geschenkt hatte, wenn er etwas gut gemacht hatte? Langsam stand Bernhard auf. Er ging nahe an die Figur heran.

Sie waren nicht auf einer Ebene. Die Maria überragte ihn um Haupteslänge. Gerade dadurch fühlte sich Bernhard geborgen. Er lehnte sich dicht an sie, sein Kopf ruhte auf ihrer kalten Brust. Er fühlte ihre Härte, ihre Unnachgiebigkeit, und das tröstete ihn. Plötzlich fühlte er Nässe auf seiner Wange. Er wusste nicht, woher die Feuchtigkeit kam. Waren es feine Tröpfchen, die sich in der feuchten, kalten Luft der Kirche gebildet hatten? Ihn überkam eine Erinnerung an frühere Zeiten, als der Busen, an dem er lag, nicht kalt, sondern warm gewesen war, die Flüssigkeit nicht Wasser, sondern süße Milch. Bernhard drehte den Kopf und fing die Tropfen begierig mit seinen Lippen auf. Er spürte Wellen durch sich hindurch wogen, die Wärme und Trost spendeten. Lange verharrte er so und als er endlich sein Gesicht von der Statue löste, fühlte er neue Kraft in sich. Und plötzlich wusste er auch, was zu tun war. Er musste sich verbünden. Er musste mit anderen Äbten sprechen. Nur gemeinsam konnten sie die Gefahr bannen. Er spürte den wohlwollenden Blick Marias auf sich ruhen.

Der Gastwirt war nicht eben erfreut, als Hildegard ihm eröffnete, dass sie nicht wegen eines Zimmers hier war. »Ich brauche nur eine Auskunft von Euch.«

»Davon kann ich nicht leben.«

»Ich kann Euch nichts zahlen, denn ich besitze selber nichts. Aber ich werde meine Begleiter fragen, ob sie ein Stück Speck aus ihren Vorräten erübrigen können.«

»Ein Stück Speck? Na gut, besser als nichts. Was wollt Ihr also wissen?«

»Könnt Ihr mir sagen, wo ich die Katharer finden kann?«

Der Gastwirt sah sie erschrocken an und schloss schnell die Tür. Es wurde noch dunkler in der ohnehin schon schummrigen Stube, aber die Schatten verdeckten auch den Schmutz und Dreck, der sich überall angesammelt hatte.

»Seid Ihr nicht recht bei Trost nach diesen Menschen zu fragen? Wollt Ihr mich in Teufels Küche bringen?«

»Niemand wird erfahren, was Ihr mir sagt.«

»Ich kenne diese Leute nicht und ich werde sie auch nicht kennen lernen. Diese Abweichler, Ketzer …«

»Bitte, Ihr seht doch viele Leute auf der Durchreise. Irgendeiner muss doch mal was erzählt haben …«

»Leider verirrt sich nur noch selten jemand zu mir. Und wenn, sind es rechtschaffene Leute.«

»Ich muss mit den Katharern sprechen, um zu verstehen, warum sie so viele in ihren Bann ziehen.«

»Dann passt mal auf, dass Ihr Ihnen am Ende nicht auch hinterherlauft.«

»Bestimmt nicht. Ich komme vom Disibodenberg. Mein Name ist Hildegard, ich bin eine Inklusin.«

Doch die Worte Hildegards zeigten nicht die gewünschte Wirkung, im Gegenteil, der Wirt regte sich nur noch mehr auf.

»Ihr seid Hildegard? Dann müsst Ihr erst recht aufpassen. Man spricht nicht das Beste über Euch.«

»Über mich?«

Hildegard war erstaunt, wenn auch mehr über die Tatsache, dass sie überhaupt beachtet wurde.

»Ihr wart es doch, die die Klause verlassen habt. Das gab viel Gerede. Ein hoher Herr aus dem Norden hat sogar seine beiden Töchter lieber wieder den weiten Weg mit zurückgenommen, als sie dem Abt als Inklusinnen anzuvertrauen.«

Hildegard war wie vom Donner gerührt. Sie hatte zwar gewusst, dass Kuno nicht mit ihrem Tun einverstanden sein würde, aber dass es so weite Kreise ziehen würde, erstaunte sie. »Wer ist der hohe Herr?«

»Der Markgraf von Stade. Er reist in Begleitung seiner Gemahlin.«

»Wo sind die Herrschaften? Schon wieder zu Hause? Ich muss sie sprechen, und wenn die Reise noch so lang ist.«

»Ihr habt Glück. Sie sind noch nicht weit gekommen. Sie haben unterwegs auf einer Burg Rast gemacht. Leuten solchen Standes würde es nie einfallen, bei mir zu übernachten.«

Hildegard dachte bei sich, dass es wohl auch kein anderer tun würde, es sei denn, er sei in höchster Not, als der Wirt fortfuhr. »Die feinen Leute haben es vorgezogen, bei den von Hohenecks unterzukommen.«

Hildegard verschlug es die Sprache. Einerseits musste sie alles versuchen, um die beiden Mädchen für die Klause zu gewinnen, gerade in Zeiten, in denen mehr und mehr Leute zu Ungläubigen wurden. Andererseits verspürte sie nicht den geringsten Wunsch, Anno wieder zu begegnen. Aber ihr würde nichts anderes übrig bleiben, als sich in die Höhle des Löwen zu wagen.

Anno reichte der Markgräfin die Hand, um sie die letzten Stufen der Burgmauer hochzuführen. Ihr Gemahl stand bereits oben und genoss die Aussicht über Rara, die weiten Wälder und den Rhein, der sich silbrig glänzend in den Strahlen der bereits ein wenig wärmenden Sonne durch das Tal zog.

»Ein wunderbares Stück Land. Solche Anhöhen oder gar Berge gibt es bei uns im Norden leider nicht.«

Bedauern sprach aus den Worten der Gräfin.

»Und welch ein Reichtum an Wald und fruchtbarem Land! Eure Ahnen haben ihren Stammsitz gut gewählt«, fügte von Stade an.

»Typisch, dass du nur den Ertrag und nicht die Schönheit im Kopf hast.«

Die Gräfin sah ihren Gatten leicht tadelnd an.

»Und warum habe ich dann die bestaussehende Frau weit und breit geheiratet?«

Er gab seiner Frau einen Kuss und fuhr fort. »Aber du musst zugeben, dass es auch nicht ganz unnütz ist, wenn man einen Mann hat, der den Besitz zusammenhält.«

Anno wusste, dass das untertrieben war. Der Markgraf hatte in Stade das ohnehin schon beträchtliche Hab und Gut nicht nur gewahrt, sondern auch ständig gemehrt. Dagegen musste sich die Residenz der Hohenecks wie ein Meierhof ausnehmen. Die Gräfin wandte sich jetzt an ihn. »Umso besser, wenn sich beides in einer Person vereint: Stattlichkeit und Reichtum.«

Anno blickte verlegen zu Boden. Er war solch eine offene Art von Seiten einer Frau nicht gewohnt. »Ihr schmeichelt mir.«

»Es ist mir Ernst.«

Die Gräfin und der Graf wechselten einen Blick. Offensichtlich gab es etwas, von dem Anno noch nichts wusste.

»So gerne wir Eure Gäste sind, so sehr bedauern wir jedoch, dass unsere weite Reise nicht von Erfolg gekrönt war. Anstatt unsere Mädchen in guter Obhut lassen zu können, müssen wir sie wieder mit nach Stade nehmen.«

Der Graf fuhr fort: »In eine ungewisse Zukunft. Entweder wir müssen erneut nach einem Kloster Ausschau halten, das unseren Ansprüchen genügt. Oder …«

Er warf einen Blick zu seiner Frau. Offensichtlich war es ihm lieber, wenn sie fortfuhr.

»Oder wir müssen sie gut verheiraten.«

Anno ahnte jetzt, worauf sie anspielten. Verblüfft fand sein Blick die Mädchen. Eine blond, die andere braun, knieten sie unten im Hof vor dem Kaninchenstall und streichelten die Tiere. Typisch für verwöhnte Kinder reicher Eltern, dachte er unwillkürlich. Sehen in einem Tier nicht den Nutzwert, sondern ein Spielzeug. Auch Hildegard hatte früher solche Flausen im Kopf. Es gab ihm erneut einen Stich, dass er sie nicht hatte bekommen können. Die beiden Mädchen wirkten gegen sie noch sehr jung, was aber plötzlich eine Hoffnung in ihm aufsteigen ließ. In ihrem Alter, gut behütet und eigentlich für ein Leben im Kloster ausersehen, würden sie bestimmt noch keinem Mann nahe gekommen sein. Auf jeden Fall nicht so nahe, dass sie sich die Krankheit seines Vaters zuziehen konnten. Er schaute der Gräfin in die Augen. »An welche von beiden denkt Ihr?«

»Richardis, die dunkle. Sie ist die ältere der beiden. Ein vernünftiges Mädchen.«

»Mit dem Dickkopf seiner Mutter«, fügte der Graf sanft lächelnd an.

Er ging einen Schritt näher auf Anno zu. »Es freut mich, dass Ihr nicht abgeneigt seid. Aber sagt mir, wieso ein Mann wie Ihr sich nicht längst schon eine Frau genommen hat.«

Anno spürte seinen prüfenden Blick auf sich ruhen. Er wusste, den beiden reichte es nicht, zu sehen, dass er über genug Besitz verfügte. Sie wollten ihre Tochter auch in guten Händen wissen. Eindeutig diente diese Unterhaltung dazu, ihm auf den Zahn zu fühlen. Er empfand ein leichtes Unbehagen. Anno konnte ihnen kaum sagen, dass er unbeschreibliche Angst hatte, wie sein Vater als vor sich dahinsiechender Idiot zu enden. Und er konnte ihnen genauso wenig sagen, dass er bis jetzt auf eine angehende Nonne gewartet hatte. Aber bei dem Gedanken an Hildegard hatte er eine Idee. Wenn sie ihm schon nicht zu Willen sein wollte, dann konnte er sie wenigstens zur Ablenkung benutzen. »Es gab einige Frauen, die gerne hier auf meiner Burg residiert hätten. Sogar diese Hildegard hat es immer wieder versucht, selbst dann noch, als sie ihr Leben Christus gewidmet hatte.«

»Hildegard? Die Inklusin, die ihr Kloster verlassen hat?«

»Genau die. Als Kind sollte sie schon mit mir verheiratet werden, wo mein Vater, Gott hab ihn selig, vor war. Könnt Ihr Euch jetzt denken, warum sie aus ihrer Klause entfloh?«

»Sprecht, spannt uns nicht auf die Folter.«

Die Gräfin hing geradezu an seinen Lippen.

»Sie hat erneut versucht, mich zu einer Heirat zu bewegen. Wahrscheinlich hoffte sie, jetzt, wo mein Vater nicht mehr da ist, mehr Erfolg zu haben.«

»Das ist ja ungeheuerlich. So hat unser Sinn uns doch nicht getrogen, als wir davon Abstand nahmen, unsere Töchter in ihre Obhut zu geben.«

Die Gräfin war aufgewühlt. »Es erschien uns eigenartig, dass eine Inklusin den ihr bestimmten Ort verlässt. Auch wenn der Abt uns weismachen wollte, dass alles mit seinem Einverständnis geschah.«

»Glaubt mir, er wäre diese Frau lieber heute als morgen los.«

Anno genoss seinen Triumph. Wenn er Hildegard nicht kriegen konnte, würde er alles tun, um ihr zu schaden. Doch gerade in diesem süßen Moment kam eine seiner Wachen hochgekeucht. »Besuch für Euch, ehrwürdiger Herr.«

»Wer ist es, der nicht warten kann?«

»Es ist Hildegard, die Inklusin vom Disibodenberg.«

Anno konnte es kaum glauben. Hildegard! Hatte sie es sich etwa doch noch anders überlegt? Er glaubte sich am Ziel seiner Wünsche. Dort unten auf dem Hof ein unbescholtenes Mädchen aus gutem Hause und vor dem Tor eine leidenschaftliche Frau, die seinem Ruf nicht widerstehen konnte. Anno fühlte sich als Mann bestätigt, mochte sein Vater ihn wegen seiner Unbeflecktheit auch noch so oft verlacht haben. Er konnte der Versuchung nicht widerstehen, Hildegard sofort zu empfangen. »Entschuldigt, aber ich kann einfach nicht anders, als diese lästige Bittstellerin ein für alle Mal in ihre Schranken zu verweisen.«

Die Gräfin und der Graf nickten verständnisvoll, als Anno, sich zu seinem neuerlichen Schachzug beglückwünschend, nach unten ging. »Wo wartet diese Hildegard?«, wollte er von seiner Wache wissen.

In seiner Aufregung nahm er gar nicht wahr, dass die beiden Grafentöchter näher kamen. Und dann war er auch schon in Richtung Burg verschwunden.

Richardis und Magda sahen sich an.

»Er hat Hildegard gesagt.«

Magda sah ihre Schwester fragend an. »Meinst du, dass er die Inklusin Hildegard meint?«

»Wir werden es gleich wissen.«

Entschlossen folgte Richardis Anno in die Richtung, in die er verschwunden war. Sie zog ihre jüngere Schwester mit sich. So unterschiedlich sie auch in Temperament und Aussehen sein mochten, so sehr einte sie nun die Neugier auf die Frau, wegen der sie nicht im Kloster bleiben sollten. Ungehörig, ungehorsam, eigenwillig, sie waren gespannt, was für ein Mensch diese Hildegard sein mochte.

Anno stand ihr gegenüber. Die Eingangshalle der Burg war nur schwach beleuchtet und zugig. Hildegard fröstelte und wickelte sich enger in das Tuch, das sie umgelegt hatte. Anno widerstand der Versuchung, sie wärmend in den Arm zu nehmen. Erst wollte er Genugtuung, wollte hören, dass sie ihn um Verzeihung bat. »Ihr seid also doch zu mir gekommen. Habe ich es nicht vorausgesagt?«

»Es ist nicht so, wie Ihr denkt …«

Anno unterbrach sie. »Ihr seid eine starrsinnige Frau, eine Frau, die nicht leicht zugibt, dass jemand Recht hat.«

Er ging auf sie zu. »Ihr hättet mich einfacher haben können. Aber Ihr sucht die Herausforderung, bevor Ihr bereit seid.«

Hildegard wich zurück. »Bereit wozu? Einen Mörder zu heiraten?«

Sie schrie es fast heraus.

Die beiden Mädchen, die hinter der angelehnten Tür lauschten, schraken zusammen. Entsetzt sahen sie sich an, bevor sie wieder versuchten möglichst unauffällig durch den Türspalt zu linsen.

»Ist Euer Maß immer noch nicht voll? Muss ich Euch mit Gewalt nehmen?«

»Ihr werdet mich niemals bekommen, wie immer Ihr es auch versucht.«

Anno blieb stehen. »Aber warum in drei Teufels Namen seid Ihr dann hier?«

»Ich will nur mit dem Markgrafen sprechen.«

Anno wurde bleich. Seine Augen verengten sich zu Schlitzen. »Ihr wagt es, mich zu missachten? Das werdet Ihr büßen!«

Damit schritt Anno auf Hildegard zu und packte sie. Er drückte sie fest an sich, presste seinen Mund auf ihren. Hildegard versuchte sich freizumachen, doch sein plötzlicher Angriff hatte sie vollkommen überrumpelt. Verzweifelt rang sie mit ihm, drückte ihn mit aller Macht von sich weg. Es war wie in einem Albtraum. Ihre Arme schienen weich und kraftlos, ihr Bemühen von vornherein zum Scheitern verurteilt. Hildegard war nahe dran aufzugeben, doch immer, wenn Annos zu einer hässlichen Fratze verzerrtes Gesicht näher kam, nahm sie all ihre Kraft zusammen und hielt ihn auf Abstand. Doch lange würde sie keinen Widerstand mehr leisten können.

Richardis und Magda hatten ihren Horchposten vor der Tür verlassen. Sie rannten zu ihren Eltern, um sie zur Hilfe zu holen. Wenn sie auch nichts Gutes über diese Frau gehört hatten, so wussten sie doch, dass das, was in den Mauern der Burg geschah, nicht rechtens war.

Mit ihrem Vater an der Spitze eilten sie zurück. Der Markgraf riss die Tür auf, und sah Hildegard am Boden, die verzweifelt versuchte, den auf ihr liegenden Mann abzuwehren. Schwer lastete Annos Gewicht auf ihr. Er zerrte an ihrem Gewand und hatte bereits eine ihrer Schultern entblößt, die er begierig küsste. Seine Hände wanderten über ihre Brüste. Außer sich vor Lust nahm er nichts anderes mehr wahr. Hildegards Kraft ließ nach. Es blieb ihr nichts anderes übrig als stillzuhalten. Sie schloss die Augen.

Der Graf hatte genug gesehen. Entschlossen trat er zu Anno und riss ihn zurück. Der wollte sich schon wütend über die Störung auf ihn werfen, als er sah, um wen es sich handelte. Anno hielt erschrocken inne, während die Gräfin, die jetzt auch den Saal betrat, bei Hildegard niederkniete. Das Paar war gerade noch rechtzeitig gekommen, um Schlimmeres zu verhindern. Anno, der gewahr wurde, dass keine Ausrede ihm helfen konnte, verließ eilends den Raum.

Die Gräfin half Hildegard auf. Die junge Frau versuchte ihre zerknitterte Kleidung wieder glatt zu streichen, doch ihre Hände wollten ihr nicht gehorchen. Und dann gab es kein Halten mehr. Hildegard begann zu schluchzen. Die Gräfin nahm sie tröstend in den Arm. Sie wechselte einen Blick mit ihrem Mann. »Wie konnte ich mich nur so in dem jungen Hoheneck täuschen?«

Der Markgraf strich ihr beruhigend über den Arm. »Auch ich bin seinen Lügen aufgesessen.«

Er betrachtete die immer noch um Fassung ringende Hildegard. »Vielleicht sollten wir unsere Meinung auch in anderer Hinsicht überprüfen.«

Seine Gemahlin sah Hildegard an, die langsam wieder ruhiger wurde. »Wenn es Euch wieder besser geht, wären wir sehr dankbar, mit Euch sprechen zu dürfen.«

Auf Hildegards Gesicht erschien ein noch zaghaftes, aber deutlich erkennbares Lächeln. »Nichts wünsche ich mir sehnlicher.« Ihr Blick wanderte zu den beiden Mädchen, die das Geschehen vom Eingang her verfolgt hatten und nun ihr Lächeln erwiderten.

*

Hildegard verließ Annos Burg, sobald sie mit dem Grafen und seiner Frau gesprochen hatte. Sie wollte nicht länger als nötig an diesem Ort bleiben. Außerdem drängte es sie nun, endlich das Kloster auf dem Disibodenberg zu erreichen. Als es in Sicht war, verabschiedete sie ihre beiden treuen Begleiter Hartwig und Walther. Von hier aus würde sie alleine zu Fuß weitergehen.

Als Hildegard die Klostermauern hoch oben auf dem Berg betrachtete, hatte sie das Gefühl heimzukehren. Erst jetzt merkte sie, wie sehr sie Jutta und Volmar, die Menschen, mit denen sie die letzten Jahre ihres Lebens verbracht hatte, vermisste. Vor allem die Freundin fehlte ihr. Auch wenn Jutta ihren Weggang nicht gutgeheißen hatte, so hoffte Hildegard, dass sie sie besser verstehen würde, wenn sie von dem berichtete, was sie draußen erlebt und gesehen hatte. Sie wusste, dass die Freundin sie nie zurückweisen würde, ohne sie anzuhören. Bei Kuno war sie sich da nicht so sicher.

Aber Hildegard wollte sich die Wiedersehensfreude nicht durch den Gedanken an den Abt trüben lassen. Und so schien es ihr auch als ein Zeichen, dass ihr auf dem Klostergelände als Erster Volmar begegnete. Sein Gesicht war ernst und dunkel und Hildegard fragte sich, was ihn bedrückte. Doch kaum sah er sie, hellte sich seine Miene auf. Er hieß die junge Frau herzlich willkommen. Es war schon aus dem Dorf nach oben gedrungen, dass Hildegard auf dem Rückweg sei.

»Ich hoffe, Ihr hattet meinetwegen nicht zu viel Kummer.«

Hildegard sah Volmar besorgt an. Sie hatte sich manches Mal gefragt, wie Kuno den Mönch dafür bestraft hatte, dass er ihr zur Flucht verholfen hatte.

»Er hat mich in den Kuhstall verbannt.«

Hildegard erschrak. Man hatte Volmar die Leitung der Schreibstube entzogen? Das war die größte Strafe, die man dem Mann hatte angedeihen lassen können. Kuno war unbarmherzig. Doch dann sah sie ein spitzbübisches Lächeln auf Volmars Gesicht. »Damit war weder den Kühen noch unseren Büchern gedient. Seit zwei Monaten ist alles wieder beim Alten.«

Hildegard lächelte. »Ich freue mich, das zu hören. Doch jetzt entschuldigt mich, ich will Jutta begrüßen.«

Erneut erschien der traurige, kummervolle Zug auf Volmars Gesicht. Er schüttelte leicht den Kopf. »Ihr könnt sie nicht mehr begrüßen. Ihr könnt nur von ihr Abschied nehmen.«

Hildegard sah ihn, Unheilvolles ahnend, an. »Was ist mit Jutta?«

»Eure Lehrerin und Freundin ist verstorben. Sie ist gestern Morgen, nach einer langen Nacht des Kampfes mit dem Fieber eingeschlafen.«

Hildegard rannen Tränen über die Wangen. »Jutta tot? Und ich war nicht da!«

Schiere Verzweiflung klang aus ihren Worten. Volmar legte seine Hand leicht auf ihren Arm. »Jutta war mit ihren Gedanken bei Euch. Und ich soll Euch etwas ausrichten.«

Hildegard sah ihn fragend an.

»Ihr hättet richtig gehandelt, auch wenn sie das nicht erkannt hat. Jetzt wüsste sie es.«

Hildegards Trauer wurde nur noch größer, als sie diese lieben Worte der Freundin hörte.

Sie kniete vor der Toten. Ruhig und beherrscht lag Jutta vor ihr, so wie Hildegard sie kannte, so, wie sie sich stets allen gezeigt hatte. Hildegard konnte nicht mehr weinen. Traurig strich sie Jutta über die kalte Wange. Dann machte sie sich daran, sie zu entkleiden. Sie hatte es sich nicht nehmen lassen, Jutta für die Beerdigung zu waschen.

Wieder war sie durch das Fenster der Klause geklettert, wenn auch in der umgekehrten Richtung. Und wieder war ihr das Herz schwer. War es damals die Angst um Rike gewesen, so war es jetzt Trauer um Jutta.

Hildegard hatte Juttas Oberkörper entblößt und wusch sie vorsichtig mit einem Lappen, den sie immer wieder in die Schüssel mit Wasser neben ihr tauchte. Sie zog das Unterkleid weiter herunter, sodass sie auch die Hüften reinigen konnte, als sie den Eisengürtel entdeckte. Massiv und unnachgiebig umschloss er Juttas Mitte. Hildegard starrte verwirrt auf das Metall. Sie hatte nichts von Juttas Kasteiungen gewusst. Nichts von ihrer Not, ihre Sehnsüchte und Wünsche im Zaum zu halten und ihre Energie zu bändigen. Hildegard zwang sich den kalten, harten Gürtel zu berühren. Sie versuchte verzweifelt, ihn zu öffnen, doch war das Schloss nicht einfach zu betätigen. Es schien jahrelang nicht aufgemacht worden zu sein. Hildegard merkte, dass sie vorsichtiger sein musste, wollte sie Jutta nicht verletzen, denn sie musste den Gürtel an einigen Stellen sogar von ihrer Haut lösen, die entzündet war und Rostspuren vom Eisen trug. Hildegard fuhr sanft über die wunden Stellen, als sie die kleine Linie entdeckte. Ein dünner, blauer Strich, der sich nach oben schlängelte, in Richtung Herz. Hildegard wusste, was das zu bedeuten hatte. Der Gürtel hatte Juttas Blut vergiftet. Hildegard konnte es kaum glauben. Jutta hätte nicht sterben müssen, wenn sie sich nicht selbst diesen Qualen unterzogen hätte. Was war es, was Jutta so sehr umtrieb, dessen sie nicht anders Herr werden konnte? Volmar hatte gesagt, dass sie Hildegards Wunsch, nach draußen zu gehen nun verstanden hatte. War es das, was Jutta auch wollte? In der Welt tätig sein, anstatt in der Abgeschiedenheit auszuharren?

Die junge Frau sah sich um, als sähe sie die Klause zum ersten Mal. Die dicken Mauern, der unebene Boden, das kleine Fenster. Sie war zufrieden gewesen, und auch Jutta hatte nie geklagt. Eine Inklusin zu sein war etwas Besonderes. Aber war es für sie beide das Richtige? Hildegard hatte es nach draußen gezogen. Vielleicht war es Jutta genauso gegangen, vielleicht hatte auch sie ihre Erfüllung woanders gesehen. Jutta war eine starke Frau, stärker als Hildegard. Sie hatte es nicht so weit kommen lassen, ihrem Wunsch nachzugeben. Doch um welchen Preis? Hildegard sank auf den Boden und betete. »Bitte, lass so etwas nie wieder geschehen. Jutta hat es nicht verdient, so dazuliegen, kalt, starr, vergiftet am eigenen Blut. Sie hat auf deine Erlaubnis gewartet zu leben.«

Hildegard hielt erschrocken inne. Ihr wurde die Anklage in ihren Worten bewusst. Wie konnte sie Gott verantwortlich machen? Sie war es doch, die jahrelang neben Jutta gelebt hatte, ohne ihr Geheimnis zu entdecken, zu sehr beschäftigt mit ihren eigenen, unbedeutenden Nöten. Sie hätte etwas tun müssen. Doch jetzt war es zu spät.

Hildegard starrte voller Verzweiflung über das eigene Versagen auf die dunkle Mauer der Klause, als sie plötzlich Licht erblickte. Sie blinzelte, doch die Helligkeit blieb, wurde sogar stärker. Es war ein richtiger Strahl, der gleißend durch die groben Steine fuhr, bis die ganze Klause wie hell erleuchtet war. Von der Mauer war nichts mehr zu sehen. An ihrer Stelle ergoss sich ein Lichtermeer. Hildegard konnte kaum hinsehen, so sehr war sie geblendet. Aber sie konnte ihren Blick auch nicht abwenden. Das Schauspiel schlug sie in den Bann. Und plötzlich wusste sie, was zu tun war. Sie sah sich um und nahm den Schürhaken zur Hand, der neben der Feuerstelle lag. Sie hielt ihn fest in beiden Händen und trat dicht vor die Mauer, die jetzt wieder deutlich vor ihr stand. Mit aller Kraft hieb sie in die Fugen der Steine, immer und immer wieder. Es mochte Stunden dauern, aber Hildegard hatte jedes Zeitgefühl verloren. Mit einer fast übermenschlichen Kraft, die nicht nachzulassen schien, hieb sie auf die Mauer ein, bis sich erste Risse zeigten. Hildegard setzte nun gezielter an, sprengte die Risse zu kleinen Löchern, bis schließlich die ersten Steine den Halt verloren. Mit gewaltigem Poltern fielen sie zu Boden und machten dem Sonnenschein Platz, der nun anstelle des fast überirdischen Lichts der Vision die Klause erhellte. Hildegard gab in ihrem Bemühen nicht nach, bis sie einen Eingang aus dem Stein gehauen hatte, groß genug, um jedem zu gestatten, ein- und auszugehen. Hildegard hielt nun zum ersten Mal inne und betrachtete ihr Werk. Es war das Mindeste, was sie für Jutta noch hatte tun können.

Hildegard sah sich im Skriptorium um. Sie empfand an dem Ort des Schreibens einen tiefen Frieden, fühlte sich inspiriert, wenn sie all die Bücher, Abschriften und Illuminationen betrachtete. Doch dann fiel ihr Blick wieder auf die drei Männer, die hinter einem Tisch Platz genommen hatten. Hildegard musste stehen, doch so konnte sie dem um einiges größeren Kuno direkt in die Augen sehen und seine Unruhe erkennen.

Ruthard war nicht anzumerken, was er dachte. Sie hatte ihn erst einmal gesehen, vor langen Jahren, als sie noch bei ihren Eltern lebte. Ihr Eindruck war kein guter gewesen, und auch jetzt empfand sie seine Anwesenheit als unangenehm. Ein leichtes Lächeln umspielte seinen Mund, aber Hildegard konnte es nicht als Freundlichkeit deuten. Es schien ihr eher Ausdruck seiner Freude zu sein, über Hildegard richten zu können.

Den dritten Mann kannte sie nicht. Er hatte ein angenehmes Äußeres, ruhig, und doch wach, zurückhaltend, aber sicher in der Lage, im entscheidenden Moment die Situation zu seinen Gunsten zu wenden. Hildegard spürte, dass sie einen ganz besonderen Menschen vor sich hatte. Volmar hatte ihr gesagt, dass es sich um Bernhard, den Leiter des Zisterzienserordens handelte. Er hatte Ruthard aufgesucht und beide zusammen waren zum Disibodenberg gereist, um über ein gemeinsames Vorgehen gegen die Katharer zu beraten. Kuno hatte die Gelegenheit ergriffen, sich Hildegards zu entledigen.

Diese spürte jedoch keinerlei Furcht. Sie hatte getan, was sie vor Gott als richtig verantworten konnte, nicht mehr, aber auch nicht weniger.

Jetzt stand sie vor diesen Männern, die ihr Tun sicher nicht verstehen würden. Kuno sprach schon eine ganze Weile. »Auch ohne die unglaubliche Tat, die Mauer der Klause zu zerstören, habt Ihr unserem Kloster genug Schaden zugefügt.«

»Das ist das Letzte, was ich will.«

»Es ist Eure Schuld, dass der Graf von Stade seine Töchter nicht mehr unserem Kloster anvertrauen will.«

»Ich weiß, dass ich schwach und voller Fehler bin, ehrwürdiger Abt. Trotzdem muss ich Euch hier widersprechen …«

Kunos Züge entglitten für einen Moment und ungezügelte Wut kam zum Vorschein. Er unterbrach Hildegard. »Nur Euretwegen sind sie gegangen. Die beiden Frauen hätten für unser Kloster viel bedeutet, gerade in Zeiten wie diesen, in denen die Leute verblendet zu den Katharern überlaufen.«

Er warf einen Seitenblick zu Bernhard, den er mit dieser Überleitung mit im Boot zu haben glaubte. Doch Hildegard wagte es erneut, das Wort zu ergreifen. »Die Leute sind nicht verblendet. Es ist die Not, die sie in die Arme dieser Leute treibt.«

Ruthard zog die Augenbrauen hoch. Er vermied es zu Hildegard zu sprechen, und wandte sich stattdessen an Kuno. »Ihr fehlt jegliche Einsicht in ihre Sünden.«

Hildegard blickte den Erzbischof direkt an. »Nein, ich weiß genau, dass auch ich schuldig bin. Wir alle, die wir die armen Leute auspressen, bis sie nichts mehr haben als die Hoffnung, es woanders zu versuchen.«

»Wo kommen wir hin, wenn die Bauern nicht mehr unser Land bestellen, nicht mehr unsere Höfe führen? Ist es das, was Ihr wollt, einen Zerfall der Ordnung?«

Kuno war sichtlich aufgebracht, auch Ruthard schüttelte missbilligend den Kopf. Nur Bernhard zeigte keinerlei Ärger über Hildegard. Er lauschte ihr gespannt, denn er erkannte, dass sie wirklich etwas zu sagen hatte. Mit einem Wink bedeutete er den Männern zu schweigen, und Hildegard fuhr fort.

»Gerade um die Ordnung der Dinge aufrechtzuerhalten, müssen wir den Leuten Erleichterung verschaffen. Weniger Abgaben, bei schlechten Ernten ein wenig Hilfe, und vor allem mit gutem Beispiel vorangehen. Erst wenn das Volk sieht, dass auch wir keine Arbeit scheuen, wird es wieder ruhig werden.«

Kuno wusste sehr wohl, worauf Hildegard anspielte. Es war immer öfter Usus, dass alle harte Arbeit von Laien verrichtet wurde, während die Mönche sich hauptsächlich der Lehre und dem Gebet widmeten. Auch sein Bestreben ging dahin. Die Bauern waren der Boden, auf dem die Mönche als Pfeiler und Mauern gen Himmel streben konnten. Was sollte es nützen, diese Auserwählten mit den niederen Tätigkeiten zu belasten?

Doch Bernhard, der das erste Mal das Wort ergriff, unterbrach seine Gedanken. »Ich lasse Klöster in sumpfigen Niederungen errichten, wo es fruchtbaren Boden gibt. Aber zuerst müssen sie trockengelegt werden. Nehme ich meine Bauern, so müssen sie ihr Land brachliegen lassen. Wir sollten es selber tun, um die Achtung der Leute zu erringen. Hildegard spricht recht.«

Es war Bernhard schon fast ein bisschen unheimlich, wie genau Hildegard die Lage erkannt hatte.

»Die Kirche muss nicht um Achtung ringen«, murmelte Ruthard unwillig.

»Nein, das muss sie nicht. Aber sie darf auch nicht zulassen, dass Frevler an Einfluss gewinnen.«

Bevor es zu einem tieferen Streit der beiden Kirchenmänner kommen konnte, öffnete Volmar die Tür. Er wusste, dass er eigentlich nicht stören durfte, aber er konnte nicht anders. »Ehrwürdiger Abt, der Graf von Stade ist da, samt seiner Gemahlin und den beiden Mädchen.«

Kuno sah ihn überrascht an, dann fasste er sich wieder. »Sagt ihnen, dass ich sie später empfange.«

»Entschuldigt, aber es ist von höchster Wichtigkeit.«

Volmar trat zur Seite und machte der Familie Platz.

Kuno und der Graf begrüßten sich. Dann stellte Kuno Ruthard und Bernhard vor. Hildegard überging er, aber der Graf wandte sich selber an sie. »Wir hatten bereits die Ehre, diese mutige Frau kennen zu lernen. Das ist auch der Grund für mein erneutes Kommen. Ich musste meine Meinung ändern, die zugegebenermaßen für Euer Kloster nicht sehr schmeichelhaft war.«

Er lächelte Kuno entschuldigend an und fuhr fort. »Ich hatte mir ein falsches Urteil gebildet. Gott gab mir die Gelegenheit, es zu überprüfen. Nirgendwo sonst wären meine Töchter besser aufgehoben als bei Hildegard. Ich möchte die beiden Eurem Kloster anvertrauen.«

Kuno konnte kaum glauben, was er gerade gehört hatte. Verwirrt blickte er vom Grafen zu Hildegard. Doch dann rang auch er sich zu einem Lächeln durch. »Wir sind froh, Hildegard in unserer Mitte zu haben.«

Hildegard hörte, wie erstaunlich leicht ihm das von den Lippen kam. Sie wusste, dass das die Aussicht auf die umfangreiche Mitgift bewirkte. Ruthard hingegen hatte seine schmalen Lippen noch fester aufeinander gepresst als sonst. Bernhard aber betrachtete Hildegard mit Hochachtung.

Hildegard saß mit Richardis und Magda am Tisch in der Klause. Sie unterrichtete die beiden jetzt seit einem Jahr in dem, was sie wusste. Neben ihren umfangreichen Kenntnissen der Heilkunst auch in dem wenigen, was sie an Schrift beherrschte. Die beiden waren gelehrig, vor allem Richardis. Bald würde sie Volmar bitten müssen, den Unterricht fortzusetzen, da sie den Mädchen nichts mehr beibringen konnte. Volmar würde durch die Tür zu ihnen kommen, denn die Klause war nicht mehr zugemauert worden. Auch sonst hatte sich einiges verändert.

Hildegard trug den Schleier. Bernhard hatte sich für sie eingesetzt. Er wusste es zu würdigen, dass Hildegard in Zeiten, in denen sich immer mehr vom rechten Glauben abwandten, Leute ins Kloster brachte. Bernhard fand, dass es das mindeste sei, Hildegard endlich von der Novizin zur Nonne werden zu lassen.

Ruthard hatte sich geweigert, sie zu weihen, aber Bernhard hatte den Bischof von Bamberg dafür gewinnen können. Und so hatte Hildegard die Gelübde abgelegt, um sich nun der Erziehung der Mädchen zu widmen.

Und eines Tages hatte sie es sogar gewagt, wieder zu singen. So lange hatte sie es vermieden, aus Angst von der Sehnsucht nach Liebe übermannt zu werden. Doch jetzt spürte sie selber so viel Liebe in ihrem Leben, dass ihr Herz übervoll war. Und so sang sie mit ihren beiden Schülerinnen, dass es bis weit in den Klosterhof schallte. Und wer immer ihr Lied hörte, blieb fasziniert stehen um zu lauschen.

3. BUCH

Kapitel 15

eria betrachtete den Mann mittlerer Größe mit dem muskulösen Körper, der dennoch keinesfalls stämmig wirkte. Seine dunklen Locken fielen ihm ins Gesicht, als er sich über das halbbirnenförmige Instrument beugte und dem Jungen zeigte, wie er die Saiten zu schlagen hatte. Die Ùd oder der ›Sultan der Instrumente‹, wie sie im Morgenland genannt wurde, erklang in ihrer vollen Schönheit. Deria musste einsehen, dass sie einen erwachsenen Mann vor sich hatte. Ihr Sohn zählte jetzt, im Jahre des Herrn 1135, bereits vierzig Jahre. Das Kind, das er in der Kunst des Lautespielens unterwies, hätte sein eigenes sein können. Doch Deria konnte den Gedanken nicht ertragen, Erik an eine andere Frau zu verlieren. Er war ihr einziger Trost in ihrem Unglück.

Dabei war sie in ihrem Elternhaus behütet und glücklich aufgewachsen. Vielleicht hätte man besser daran getan, sie auch mit den Schattenseiten des Lebens vertraut zu machen, um sie gegen das Unheil zu wappnen. Als Kreuzritter vor ihren Augen ihre Eltern dahinmetzelten und das Haus ihrer Familie zerstörten, schließlich Deria selbst schändeten, wähnte sie sich noch in einem bösen Traum. Noch bevor sie ganz erwacht war und das Grauen sie in seiner ganzen Wucht überrollen konnte, wollte sie ihrem Leben ein Ende setzen. Aber es war ausgerechnet ein Kreuzfahrer, der sie davon abhielt. Rupert liebte und verehrte sie ohne Vorbehalte. Daran änderte sich auch nichts, als Erik zur Welt kam. Rupert akzeptierte ihn als eigenen Sohn, obwohl er es besser wusste. Seit ihrer Schändung war Deria nicht fähig gewesen, einem Mann beizuwohnen. So sehr sie sich mühte, desto weniger konnte sie ihren Ekel, ihre Wut und ihren Hass überwinden. Das Schlimmste war die Scham, die noch größer wurde, je mehr sie ihrem geliebten Gatten gegenüber versagte.

Deria wusste, dass Ruperts Liebe ein Geschenk Gottes, Allahs oder wie immer ihre Mitmenschen die höhere Kraft auch bezeichnen mochten, war. Doch es gab noch etwas anderes, Machtvolleres, was sie an ihrem Schicksal nicht verzweifeln ließ, selbst dann nicht, als Rupert Gunters Meuchelmord zum Opfer fiel. Es war die Liebe zu ihrem Sohn, dieses unfassbare Glück, einem unschuldigen Wesen das Leben schenken zu dürfen. Ihr Stolz ließ es nicht zu, dass dieses Glück auch nur durch den Gedanken an den wahren Erzeuger gemindert wurde.

Und Erik hatte sie all die Jahre nicht enttäuscht. Er war stets bemüht gerecht, aufrichtig und gut zu sein, ganz wie sein Vater, oder vielmehr wie der Mann, von dem er glaubte, dass er sein Vater sei.

Umso trauriger machte sie es jetzt zu erkennen, dass sie Erik mit ihrer Liebe fesselte. Sie hinderte ihn daran selbst das Glück zu erleben, das ein Kind ins Leben bringen konnte.

Erik sah, dass seine Mutter ihn vom Brunnen her beobachtete, und lächelte ihr zu. Er ahnte nichts von ihren düsteren Gedanken, denn ihr Gesicht hatte im Laufe der Jahre ohnehin einen melancholischen Zug angenommen. Sie war auch im Alter immer noch eine schöne Frau, ohne Frage, doch die Aura von Trauer, die sie umgab, verlieh ihr eine gewisse Unnahbarkeit, die die meisten Männer von ihr fern hielt.

Auf Frauen übte Deria eine ganz andere Wirkung aus. Sie waren gerne in ihrer Nähe und ließen sich aufregende Geschichten aus einer anderen Welt erzählen, was Erik und ihr den Lebensunterhalt sicherte. Erik musste sich eingestehen, dass seine Kunst als Troubadour weniger gefragt war. Zu sehr wurde er selber nach der Sehnsucht zu einer für ihn unerreichbaren Frau beherrscht, als dass er andere Frauen besingen konnte. Seine unerfüllte Liebe war über Jahre sein ständiger Begleiter geworden, jeden Tag, jede Stunde dachte er an die Eine. Er litt und konnte dennoch nicht von dem Gedanken an sie lassen. Es gab nur kurze Momente des Vergessens, wie jetzt, als er in dem Jungen die Liebe zur Musik wecken wollte. Er erklärte Friedrich die Bedeutung der Saiten. »Früher hatte die Ùd nur vier Saiten, die für das Blut, das Phlegma und für die gelbe und schwarze Galle standen. Doch dann befand Ziryab, ein großer Musiker, dass sie nicht ohne die Seele leben könnten, und fügte eine fünfte Saite hinzu.«

Friedrich hing an seinen Lippen. Dann beugte er sich eifrig über das Instrument. »Mache ich es so richtig?«

Das Kind spielte jede der fünf Saiten an, und Erik lauschte ihrem Klang, als eine schneidende Stimme ihn herumfahren ließ.

»Hört sofort mit dem Unsinn auf! Friedrich soll für das Turnier üben, anstatt seine Zeit mit dieser Klimperei zu verschwenden.«

Die Miene der Herzogin war streng. Doch dann blickte Judith auf ihren Sohn, der sie entschuldigend anlächelte. Ihr Blick wurde sofort weich. »Mein Gott, Friedrich, dieses Lächeln wird dir Tür und Tor öffnen, und bei den Frauen so manches Schlafgemach. Aber vorher musst du lernen, lernen und nochmals lernen.«

Sie wandte sich wieder an Erik. »Bringt Friedrich zum Turnierplatz und gebt ihm eine Lanze. Erst, wenn er sie leicht und mühelos wie ein Schreiber die Feder führt, will ich nachlassen in meinem Drängen.«

»Wie Ihr wollt, hohe Herrin.«

Doch in dem Moment trat Deria hinzu. »Sucht Euch einen anderen, der ihn im Morden und Töten unterrichtet.«

Judith fuhr ärgerlich über die Zurechtweisung herum. »Deria, was fällt Euch ein? Oder wollt Ihr nur davon ablenken, dass Euer Sohn selber nicht fähig ist die Lanze zu führen?«

»Das braucht er auch nicht. Er ist ein Mann des Liedes und des Wortes.«

»Seit wann so zimperlich? Eure eigenen Erzählungen handeln oft genug von Schlachten, Kämpfen und Kriegen aus dem Morgenland.«

Deria schüttelte den Kopf. »Was ich erzähle, sind Geschichten, nicht mehr und nicht weniger.«

»Heißt das, Ihr unterhaltet mich mit unwahren Begebenheiten? Erdreistet Ihr Euch, eine Welfin anzulügen?«

Deria blieb ruhig, obwohl Judiths Ton langsam bedrohlich wurde. »Ihr bezahlt mich für Zerstreuung, nicht dafür, dass ich Euch das Grauen lehre.«

»Was verschweigt Ihr mir? Sprecht!«

Erik stellte sich zwischen die beiden Frauen. Er legte den Arm um seine Mutter, während er sich an Judith wandte. »Es ist nicht gegen Euch gerichtet. Es gibt Dinge, über die meine Mutter nicht sprechen will, und niemand darf sie dazu zwingen. Respektiert das, oder wir sehen uns gezwungen, Euren Hof zu verlassen.«

In Judiths Augen blitzte Unwillen auf, aber ihr Gesicht zeigte auch Bewunderung. Sie kannte nicht viele, die es wagten, ihr zu widersprechen. Mutter und Sohn waren ein eigenartiges Pärchen, und dass es Dinge gab, die sie vor ihr verschweigen wollten, machte sie in ihren Augen erst recht interessant. Judith war immer auf der Suche nach Herausforderungen, die ihrem Leben mit einem mittelmäßigen Mann, der es immer noch nicht bis zum König geschafft hatte, etwas Glanz verleihen konnten.

Das Feuer war schon fast niedergebrannt. Auf der langen Tafel häuften sich die Knochen und Knorpel des Geflügels, der Reste von Lerchen und Rohrdommeln, die Judith heute aufgetischt hatte. Dazwischen lagen Gräten von Barsch und Forelle. Judith gab Fisch und Geflügel den Vorzug vor dem fetten Schwein, dessen Genuss meistens in Völlerei ausartete. Und an diesem Abend war es ihr besonders wichtig, feine und ausgesuchte Speisen zu servieren, begingen sie doch Friedrichs zwölften Geburtstag.

Sie konnte sich noch gut an den Tag ihrer Niederkunft erinnern. Nicht, weil Friedrichs Geburt so ein schönes Erlebnis war, ganz im Gegenteil. Hatte sie sich anfangs noch über die Schwangerschaft gefreut, wurde Judith ihr sich mehr und mehr verformender Leib bald zur Bürde. Und bei der Niederkunft brachten sie die Wehen, die sie nicht unter Kontrolle bringen konnte, fast um den Verstand. Sie verfluchte Hildegard, die Frau, die es ihr erst ermöglicht hatte, ein Kind zu empfangen. Sie bereute es, dass sie sich hatte schwängern lassen, zumal von Friedrich, dem Einäugigen, dem ewigen Herzog, den sie gering schätzte, manchmal sogar verachtete und auf jeden Fall nie mehr in ihr Bett lassen würde.

Doch dann hatte sie die Zähne zusammengebissen. Sie war ihrem Ziel so nahe, dass es für eine Welfin unschicklich war aufzugeben. Sie würde einen Sohn gebären und mochten die Schmerzen sie endgültig entzweireißen.

Als sie den Neugeborenen dann in den Armen hielt, sah sie sich am Ziel ihrer Wünsche. Er würde nach seinem Vater Friedrich heißen und er hatte unzweifelhaft dessen helle, etwas rötliche Haare geerbt. Aber das war auch das Einzige, was die beiden verbinden sollte. Sie würde die Erziehung in ihre Hände nehmen.

Das Fest verlief zu ihrer Zufriedenheit. Alle schienen sich bestens zu amüsieren, nicht zuletzt, weil fortwährend große Karaffen mit Rotwein aufgetragen wurden. Friedrich saß dicht bei Erik und lauschte wie verzaubert, als der für die Gesellschaft aufspielte. Judith betrachtete den Mann näher, der eine so große Anziehung auf ihren Sohn ausübte. War Erik normalerweise im Umgang mit seinen Mitmenschen eher zurückhaltend, so zeigte er sich offen und herzlich, wenn er mit Friedrich zusammen war. Hatte auch Hildegard diese Seite an ihm erlebt? Was war es, was eine Nonne so sehr betörte, dass sie ihre eigentliche Bestimmung vergaß? Und umgekehrt, was war an Hildegard, dieser doch eher unscheinbaren Frau, was einen Mann dazu brachte, sich nach ihr zu verzehren? Sie spürte, dass er sie auch jetzt, nach all den Jahren, immer noch liebte. Ihm fehlte jedes Interesse an anderen Frauen, und vor allem jedes Interesse an ihr. Es gab ihr einen Stich, dass er sie, die Dame, die zu besingen er eigentlich hier war, kaum mehr als nötig beachtete. Sie war es nicht gewohnt, so behandelt zu werden.

Der Stachel bohrte sich umso tiefer in ihr Fleisch, je länger sie Erik ansah. Er war dunkel, was ihm im Gegensatz zu den hier ansässigen Hellhäutigen und Blonden etwas Außergewöhnliches verlieh. Seine Bewegungen waren geschmeidig und dennoch kräftig. Judith wollte von seinen Armen gehalten werden, seine Lippen spüren nach all den Jahren, in denen sie sich jede Annäherung ihres Mannes verbeten hatte. Sie würde Erik dazu bringen, sich ebenso nach ihr zu verzehren wie nach Hildegard. Am Ende würde er merken, dass er sie sogar mehr liebte. Und dann würde sie es sein, die ihn zu gegebenem Zeitpunkt wieder fallen ließ. Judith lächelte. Dieser Gedanke richtete ihren geknickten Stolz wieder auf. Sie zweifelte nicht daran, dass sie Macht über ihn gewinnen könnte. Dazu würde sie als Erstes dieses dunkle Geheimnis ergründen, das ihn und seine Mutter umgab.

Deria ließ sich von Judiths Hofdame Agnes noch einmal Wein nachschenken. Ganz entgegen ihrer Gewohnheit hatte sie heute Abend ein bisschen mehr von dem roten Saft getrunken und das wohlige Gefühl genossen, das nach und nach ihren Körper entspannte und ihre Sinne leicht und heiter werden ließ. Sie musste immer wieder daran denken, wie liebevoll Erik mit Friedrich umging. Sie spürte, dass die Zeit gekommen war, Erik endlich sein eigenes Leben führen zu lassen. Und vielleicht konnte eine Familie Eriks schweres Schicksal wieder gutmachen. Frau und Kinder würden die Schatten von Mord, Intrigen und Hass vertreiben. Deria stieß mit Agnes an, als Judith sich zu ihr setzte. Die Herzogin lächelte sie an. »Ich hoffe, es war von Eurem Sohn nicht so gemeint, als er davon sprach, dass Ihr weiterziehen wollt.«

»Erik ist besorgt um mich, deshalb übertreibt er manchmal ein wenig.«

Judith sah Deria prüfend an. »Ich habe den Eindruck, dass Ihr es seid, deren Leben von Sorge bestimmt wird. Warum sonst lasst Ihr Euren Sohn ein Leben als Sänger fristen, obwohl er vor Kraft und Behändigkeit strotzt? Er hat alles, was einen guten Ritter ausmacht.«

Judiths Blick glitt noch einmal wohlgefällig über Erik, der immer noch mit Friedrich beisammensaß.

»Er hat ein edles Gemüt, ist kräftig und unerschrocken. Gerade deshalb will ich nicht, dass er ein Schwert führt«, erwiderte Deria.

Judith gab Agnes ein Zeichen, die daraufhin die beiden Frauen allein ließ. Judith betrachtete Deria nachdenklich. »Aber war nicht auch Euer Mann ein Ritter, wie ihn sich König und Kaiser wünschen?«

»Und jetzt ist er tot. Nein, ich will nicht auch noch Erik verlieren. Ich könnte es nicht ertragen.«

Judiths Augen blitzten auf. »Ihr liebt ihn sehr. Vielleicht tröstet es Euch, wenn Ihr hört, dass Ihr nicht die Einzige seid.«

Deria sah Judith fragend an. »Ich bin seine Mutter. Wer soll ihn genauso lieben wie ich?«

»Anders, in der Art wie eine Frau einen Mann liebt. Es ist sogar eine außergewöhnlich starke Liebe, in der sich diese Frau seit Jahren verzehrt.«

Derias Augen verengten sich. Misstrauisch sah sie Judith an. »Von wem redet Ihr?«

»Ihr kennt sie. Sie hat es mir selbst gesagt.«

»Ihr habt mit … Hildegard gesprochen?«

Zum ersten Mal seit vielen Jahren sprach Deria diesen Namen aus. Judith nickte langsam. Deria legte ihre Hand auf Judiths Arm. Ihre Finger bohrten sich fest in das Fleisch. »Wann war das? Wo ist sie?«

Deria sah sich nervös um. Judith beobachtete interessiert ihre wachsende Angst. »Was ist an dieser Frau, was Euch so ängstigt? Ihr seid geradezu außer Euch!«

»Es ist nicht Hildegard selber. Es ist ihr Vater, der zu dem Mord an meinem Mann geschwiegen hat. Es ist Gunter von Hoheneck, der ihn gemeuchelt hat. Es ist Anno, sein Sohn und Handlanger. Diese drei fürchte ich mehr als alle Teufel der Hölle.«

Deria blickte einen Moment starr vor sich hin, als sähe sie nicht Judith mit ihrem dunklen Haar, das ihrer Haut eine durchscheinende Blässe gab, sondern als blicke sie diesen Männern direkt ins Gesicht. »Ich würde es mit ihnen aufnehmen, mit allen dreien auf einmal. Aber ich denke an Erik. So leichtfertig wie sie Ruperts Leben ausgelöscht haben, so schnell könnten sie auch sein Ende beschließen.«

Deria senkte ihren Kopf. Judith blickte ratlos. »Aber warum sollten sie das tun? Warum sollten sie Erik so sehr hassen?«

Die Ältere sah Judith jetzt direkt ins Gesicht. »Um meinetwillen. Ich habe mich Gunter verweigert, ich habe ihn bloßgestellt.«

In Derias Augen standen Tränen, die sie mühsam versuchte zurückzuhalten. Verzweifelt wandte sie sich an Judith. »Aber was hätte ich tun sollen? Mich ihm hingeben, meinen Mann hintergehen? Ich konnte doch nicht ahnen, wie er sich rächen würde.«

Judith war erschüttert, was nicht oft vorkam. Sie fühlte mit der Frau, die es so hatte büßen müssen, einem Mann nicht zu Willen zu sein. »Ich hätte genauso gehandelt. Niemand darf sich an einer Frau von Anstand vergreifen.«

»Glaubt mir, so oft habe ich schon gewünscht ich hätte nachgegeben.«

»Das kann keiner von Euch verlangen, das ist gegen Eure Ehre.«

»Was nützt mir meine Ehre, wenn mir dafür mein geliebter Mann genommen wird? Er war es, der mir meine Würde überhaupt erst wiedergegeben hat.«

Judith horchte auf. »Wieso? Wie kann eine stolze Frau wie Ihr ihre Würde verlieren?«

Deria blickte sie fast spöttisch an. »Wie jede Frau, egal ob hohen oder einfachen Standes. Die Kreuzfahrer unterschieden nicht nach reich und arm.«

»Sie haben Euch geschändet.«

Judith war fassungslos. Sie bereute es fast, Deria so weit gebracht zu haben, dass sie es ihr offenbarte. Doch die schien geradezu gedrängt weiterzusprechen, so als wenn es ihr helfen könnte, das Unaussprechliche in Worte zu kleiden. »Ohne diese schrecklichen Erinnerungen, die sich in mir eingebrannt haben, hätte ich Gunter vielleicht anders behandelt. Aber so zwang mich meine Wut und mein Hass dazu, ihn aufs Peinlichste bloßzustellen. Jeder Gedanke daran, mich ihm hinzugeben, rief Todesangst in mir hervor.«

Deria rang allein bei der Erinnerung daran nach Luft. »Wie konnte es auch anders sein, wenn ich noch nicht einmal in der Lage war, mich meinem eigenen, geliebten Mann zu schenken.«

Judith war erstaunt. Auch sie schlief nicht mit ihrem Mann, doch verweigerte sie sich nicht aus innerem Zwang, sondern aus freiem Willen. »Er hat Euch nie beigewohnt?«

Deria schüttelte den Kopf. »Und er hatte auch keine anderen Frauen. Rupert war einzigartig.«

Judith stellte Ruperts edles Gemüt gar nicht in Abrede, doch sie beschäftigte noch immer, dass Deria und ihr Mann nie das Bett geteilt hatten. »Dann ist Erik gar nicht Ruperts Sohn«, folgerte Judith.

Deria sah sie erschrocken an. Sie war für einen Moment wie gelähmt. Dann begann sie auf Judith einzureden. »Keiner weiß es. Das ist Ruperts und mein Geheimnis. Niemand darf es erfahren, als Allerletzter Erik. Er hat es nicht verdient.«

»Seinen wahren Erzeuger zu kennen?«

»Eine Bande von gewissenlosen Kreaturen ist es nicht wert, erwähnt zu werden. Erik ist in allem, als wäre er Ruperts eigen

Fleisch und Blut. Ich bitte Euch, ich flehe Euch an, behaltet es für Euch.«

Deria fiel fast vor Judith auf die Knie, was der nur wieder die große Bedeutung ihrer Entdeckung deutlich machte. Sie hatte mehr erfahren, als sie sich erträumt hatte. Derias Stimme riss sie aus diesen erfreulichen Gedanken. »Ich muss gehen. Ich werde Erik wegbringen, fort von hier, fort von Hildegard.«

Deria wollte schon aufstehen, als Judith ihre Hand auf deren Arm legte. »Wer flüchtet, kommt nie zur Ruhe, egal, wie weit und wie schnell er rennt.«

»Was soll ich denn tun? Abwarten bis es zur Katastrophe kommt?«

Judith schüttelte den Kopf. »Glaubt Ihr im Ernst, dass eine Welfin Euch so etwas raten würde? Ich weiß, wie Ihr Erik am besten vor Hildegard schützen könnt.«

Sie lächelte Deria an und erhob sich, um Agnes zu suchen.

Agnes hatte sich beim Feuer niedergelassen, nachdem Judith ihr zu verstehen gegeben hatte, dass sie sich entfernen sollte. Sie verließ Deria nur ungern, da sie sich in ihrer Anwesenheit sehr wohl fühlte. Agnes fröstelte es angesichts der vorgerückten Stunde. Sie wäre gerne zu Bett gegangen, aber sie musste warten, bis auch ihre Herrin den Wunsch verspürte, da es zu ihren Aufgaben gehörte ihr beim Auskleiden behilflich zu sein. Oft war sie selber dann so müde, dass sie noch angezogen einschlief. Einmal hatte sie geträumt, dass Deria ihre Herrin wäre. Sie war mit dem angenehmen Gefühl aufgewacht, mit Respekt und Wohlwollen behandelt zu werden. Es musste schön sein, nicht immer den wechselnden Launen einer anspruchsvollen Frau wie Judith ausgeliefert zu sein. Agnes seufzte. Deria gehörte nicht zu den Frauen, die sich eine Hofdame leisten konnten und sie gehörte nicht zu denen, die sich ihr Schicksal aussuchen konnten. Zwar war jedermanns Leben von Gott vorherbestimmt, aber manchmal hatte sie das Gefühl, besonders ausgeliefert zu sein.

Trotzdem wollte sie nicht klagen. Als Tochter des in der Burg lebenden Schuhmachers war es schon ein Privileg, der Herzogin persönlich zu dienen.

Sie hatte sich damit abgefunden, vor allem, seit der kleine Funken Hoffnung, doch noch eine eigene Familie zu gründen, mit Ritter Gottfrieds Verschwinden vor vielen Jahren zerstoben war. Er war gegangen, nachdem sie seinem Drängen nachgegeben und sich ihm ganz geschenkt hatte. Wie töricht von ihr! Er musste sie für eine leichtfertige Frau halten. Kein Wunder, dass er sie nicht mehr heiraten wollte. Agnes war fest überzeugt, dass es ihre Schuld war.

Judith wusste es besser. Ritter Gottfried war aus Furcht vor dem Zorn ihres Mannes geflohen, nachdem dieser ihn in Judiths Bett vorgefunden hatte. Judith hatte keine Gewissensbisse, wenn sie an ihr kleines Spielchen zurückdachte, ganz im Gegenteil. Es war sogar wichtig für ihren Plan, dass Agnes frei war.

Judith war mit Deria zu Agnes ans Feuer gekommen. Agnes stand sofort pflichtschuldigst auf. Doch ihre Herrin bedeutete ihr, sich wieder zu setzen. »Ich muss mit dir sprechen.«

»Habe ich etwas falsch gemacht? War nicht alles zu Eurer Zufriedenheit?«

»Es ist alles so, wie es sein muss, meine liebe Agnes.«

Judith konnte überaus freundlich sein, wenn sie wollte. »Du bist nun schon so lange in meinen Diensten, dass ich eine gewisse Verantwortung dir gegenüber verspüre. Ich mache mir Gedanken um deine Zukunft. Du solltest nicht als Hofdame alt werden.«

Judith gratulierte sich selber dazu, wie mildtätig sie sich anhörte. Und es war nicht gelogen. Sie fand tatsächlich, dass Agnes ihr nicht länger dienen sollte, allerdings eher aus einem gewissen Überdruss heraus. Sie konnte Agnes' Gutmütigkeit, die sie mit Einfältigkeit gleichsetzte, oft nicht mehr ertragen. »Ich möchte, dass du heiratest.«

Judith machte eine kleine Pause, bevor sie fortfuhr. »Deria wird dir ihren Sohn Erik zum Mann geben.«

Sie sah das Erstaunen der beiden Frauen und ein Lächeln umspielte ihre Lippen. Sie liebte es Menschen wie Schachfiguren hin- und herzuschieben. Judith wandte sich an Deria. »Agnes ist zwar nicht von gleichem Stande wie Ihr es seid, aber angesichts der Umstände eine gute Wahl für Euren Sohn.«

Sie hätte noch hinzufügen können, dass Hildegard keine Chance mehr hatte, ihn für sich zu gewinnen, wenn er erst verheiratet war. Aber Deria verstand sie auch so. Die Herzogin sah an Derias Lächeln, dass sie ihren Plan guthieß. Judith hatte es nicht anders erwartet. Genauso wenig erwartete sie, dass Deria den ganzen Plan durchschaute. Für sie selber würde Erik keinesfalls unantastbar sein, ganz im Gegenteil. Er würde sich dankbar erweisen müssen. Nach den Jahren der Enthaltsamkeit sah sie neuen Sinnesfreuden entgegen.

Erik führte den Hengst aus dem Stall und saß auf. Er trabte über den Burghof, an den Wachen vorbei, hinaus auf das freie Feld. Erst hier setzte er zum Galopp an. Es war noch kalt, aber Erik liebte es in der Morgendämmerung auszureiten. Zwar war es gestern spät geworden, doch die Aussicht auf einen Ausritt hatte ihn mit Leichtigkeit aufstehen lassen. Erik gab sich ganz dem Gefühl der Schnelligkeit hin. Er genoss den Augenblick, wenn die Hufe des Pferdes abhoben, in der Luft weit ausgriffen, um dann nach nur kurzer Berührung mit dem Boden erneut scheinbar dahinzufliegen.

Erik empfand für einen Moment pures Glück, bis sich ein anderes, wohl bekanntes Gefühl einschlich. Es war der leicht bittere Geschmack der Sehnsucht, das Ziehen in seinen Eingeweiden, das er fast wie einen alten Freund begrüßte. Der Gedanke an Hildegard begleitete ihn jeden Tag. So sehr er darunter litt, so wenig konnte er sich vorstellen, nicht mehr an sie zu denken. Dabei wusste er, wie sinnlos dieses Gefühl war. Hildegard war gänzlich unerreichbar für ihn. Erik hatte sich in sein Schicksal gefügt, oder vielmehr in das Leben, was seine Mutter für ihn ausgewählt hatte. Er wusste, dass das, was Deria an Unglück in ihrem Leben ertragen konnte, bereits eingetreten war und wollte nicht neuen Schmerz hinzufügen. Und so erduldete er ein Leben bei Hofe, verzichtete darauf sich als Ritter zu beweisen und versuchte, sich die Liebe zu Hildegard aus dem Herzen zu reißen.

Nachdem Erik das Pferd zurück in den Stall gebracht und versorgt hatte, wusch er sich am Brunnen mit kaltem Wasser und ging in seine Kammer, um sich ein frisches Hemd anzuziehen. Mit nacktem Oberkörper, das durchschwitzte Hemd über der Schulter, trat er in den kleinen, gegen die strahlende Helligkeit des Tages dämmerigen Raum. Er blieb wie angewurzelt stehen, als er sah, dass er Besuch hatte. Seine Mutter, die Herzogin und ihre Hofdame Agnes standen vor ihm. Sie hatten ihn offensichtlich erwartet. Verwirrt zog er sich schnell die frische, an einem Haken an der Wand hängende Kleidung über. »Entschuldigt, ich wusste nicht, dass Ihr hier seid«, wandte er sich an die Frauen.

Judith war es, die ihm antwortete. »Wir müssen uns entschuldigen, dass wir Euch so überraschen. Aber wir wollten keine Minute länger warten, Euch eine freudige Mitteilung zu machen.«

»Eine freudige Mitteilung?«

Erik sah von Judith zu seiner Mutter, die das Wort ergriff. »Erik, es ist Zeit für dich eine Familie zu gründen. Zu lange habe ich dir dabei mit meinem ruhelosen Umherziehen im Weg gestanden.«

Erik schüttelte den Kopf. »Es war meine freie Entscheidung …«

»Nein, du hast immer Rücksicht auf mich genommen, ich weiß es«, unterbrach ihn Deria. »Dafür möchte ich mich bedanken. Ich habe eine Frau für dich ausgewählt.«

Erik sah verwundert von seiner Mutter zur Herzogin. Dann fiel sein Blick auf Agnes. Und plötzlich verstand er.

Deria nickte.

»Es ist Agnes. Sie wird eine treue Mutter deiner Kinder sein.«
Agnes blickte verlegen zu Boden. Erik war sprachlos. Er hatte
sich im Laufe der Jahre damit abgefunden, dass er alleine bleiben
würde, da er die, die er mit jeder Faser seines Herzens begehrte,
nicht bekommen konnte. Im Geiste stieg Hildegards Bild vor
ihm auf. Ihre helle Haut und die blonden Haare erstrahlten so
deutlich in seinem Inneren, dass er fast meinte, ihre zarte Gestalt berühren zu können. Doch plötzlich war sie verschwunden
und er sah stattdessen in Agnes' Augen. Er nahm wahr, dass sie
dunkel schimmerten, fast so dunkel wie ihre glänzenden Haare. Agnes war kräftig und wirkte, als wenn sie zupacken könne.
Sie war wie das Versprechen auf ein erfülltes Leben, mit allen
Sorgen und Freuden, die dazugehörten. Der Gedanke übte eine
gewisse Anziehung auf ihn aus und als er in sich hineinhorch-
te, schien das bittere und süße Verlangen, das ihn seit so langer
Zeit quälte, verschwunden. Unwillkürlich lächelte er Agnes an.
Sie erwiderte sein Lächeln. Auch wenn sie keine Schönheit war,
strahlte sie Reinheit und Güte aus.

Erik hatte plötzlich das Gefühl, ein Geschenk geboten zu
bekommen, das er nicht abschlagen konnte, ohne es hinterher
zu bereuen. Doch immer noch zögerte er mit der Antwort, als
Judith schließlich seine Hand nahm und sie in Agnes' Hand legte. Agnes zuckte bei der Berührung leicht zusammen und Erik
gab seinem plötzlichen Wunsch, sie zu umarmen und zu halten,
nach. Als er sie an sich drückte, hatte er das Gefühl, dass sein
Leben eine neue Wendung genommen hatte.

Agnes war so durcheinander, dass sie kaum in der Lage war,
das Feuer in Judiths Gemach zu entfachen. Immer wieder erlo-
schen die Flammen. Doch es bekümmerte sie nicht sonderlich,
denn bald würde sie nie mehr für andere arbeiten müssen. Bald
wäre es ihre Aufgabe, das Feuer im eigenen Heim in Gang zu
halten. Bald, wenn sie Erik geheiratet hatte. Der Gedanke versetzte sie in einen freudigen Aufruhr, der Agnes ein bisschen

unheimlich war. Sie war so glücklich, dass sie fast schon Angst hatte, dafür bestraft zu werden. Was, wenn Erik es sich anders überlegen würde? Sie war schon einmal verlassen worden, von Gottfried, und dieses schmerzhafte Gefühl hatte sich tief eingebrannt. Würde Erik nicht auch nach einiger Zeit genug von ihr haben? Agnes schwor sich, nicht wieder den gleichen Fehler wie bei Gottfried zu begehen und sich vor der Hochzeit hinzugeben.

Das verschaffte ihr für einige Zeit eine gewisse Beruhigung. Doch schon bald kamen die Zweifel wieder. Was half das noch, wenn Erik erfahren würde, dass sie schon einem anderen beigewohnt hatte? Das wäre Grund genug von dem Eheversprechen zurückzutreten. Sie schwor sich, einmal in ihrem Leben zu kämpfen. Sie würde nicht wie das Opferlamm bis zur ersten Nacht abwarten, um am Ende verstoßen zu werden. Nein, sie beschloss, es ihm selber zu sagen.

Agnes kniete vor Erik nieder, um ihm den Stiefel anzuziehen. Sie hatte ihn von ihrem Vater, dem Schuhmacher, flicken lassen, da ein großer Riss im derben Leder klaffte. Er hatte seine Sache diesmal besonders gut gemacht, der Riss war fast nicht mehr zu sehen.

Agnes wollte Eriks Fuß in beide Hände nehmen, doch Erik nahm ihr stattdessen den Stiefel ab. Verwirrt blickte Agnes auf. »Ihr seid nicht meine Magd, sondern meine zukünftige Frau.«

Er zog sie vom Boden hoch. Dabei kam sie ihm ganz nahe und berührte seine breite Brust, bevor sie einen Schritt zurück machte. Erik sah Agnes lächelnd in die Augen. Jetzt war der richtige Zeitpunkt gekommen, um mit ihm zu sprechen. »Ich hätte mir nie träumen lassen, einem Mann wie Euch zu begegnen.«

»Mittelmäßige Troubadoure bekommt Ihr an der Burg doch bestimmt öfter zu Gesicht.«

Erik zwinkerte ihr zu, aber Agnes blieb ernst. »Ich hätte manches anders gemacht.«

»Ihr seid aufrichtig, fleißig und auch noch hübsch, was will ein Mann mehr von einer Frau?«

»Er will der Erste und Einzige sein.«

Jetzt war es heraus. Agnes sah voller Spannung in Eriks Gesicht. Ihr Herz schlug schneller als gewöhnlich, ihr Blut raste. Eriks Miene drückte Erstaunen aus. »Ihr habt schon einmal geliebt?«

»Ich dachte, ich hätte geliebt. Aber er ist gegangen, ohne ein Wort, ohne eine Erklärung.«

Erik schwieg. Agnes deutete sein Schweigen als Missbilligung. Sie konnte es nicht ertragen und so sprudelten die Worte aus ihr heraus. »Ich hatte gehofft, dass Ihr mich versteht. Ihr seid ein Mann, der sich mit der Liebe auskennt.«

Erik nahm Agnes' Gesicht in beide Hände und blickte sie sanft an. »Es tut mir Leid, dass dieser Mann, wenn er überhaupt diesen Namen verdient, Euch wehgetan hat. Wie könnt Ihr denken, dass ich Euch deswegen verschmähe?«

Erik beugte sich zu ihr und gab ihr einen Kuss. Agnes erschauerte vor Glück, als er ihre Lippen berührte. Aber dann löste er sich wieder von ihr. »Und wie kommt Ihr darauf, dass ich in Liebesdingen so bewandert bin? Ich muss Euch enttäuschen, wenn Ihr denkt, einen erfahrenen Mann vor Euch zu haben. Allein das Singen über die Liebe hilft da auch nicht viel weiter.«

»Ich weiß etwas über Euch, von dem ich eigentlich gar keine Kenntnis haben darf. Aber die Herzogin hat es mir erzählt.«

Unschlüssig blickte Agnes zu Boden. Dann fasste sie sich ein Herz. »Ich bin darin eingeweiht, dass Ihr Hildegard geliebt habt.«

Eriks Gesicht verlor seine Sanftheit. Er sah Agnes ungläubig an. »Woher? Wie kann die Herzogin etwas wissen, worüber ich zu keinem Menschen spreche?«

»Von Hildegard selbst. Sie war hier.«

Diese Worte ließen Erik erstarren. Er war nicht mehr fähig weiter zu fragen. Ungläubig starrte er Agnes an.

»Sie hat Judith behandelt. Hildegard hat im Kloster viel über Medizin gelernt.«

»Sie ist im Kloster?«

»Ja, sie ist Inklusin auf dem Disibodenberg.«

»Was wisst Ihr noch über sie, sprecht, sagt mir alles.«

Erik fasste Agnes an den Schultern. Jetzt war seine Berührung nicht mehr sanft, er schüttelte sie fast.

»Viel mehr weiß ich nicht. Judith hat mir nur davon erzählt, weil sie so erstaunt war. Sie fragte sich, wie es ein Mann schaffen konnte eine starke Frau wie Hildegard, die sich unserem Herrn verschrieben hat, dazu zu bringen sich nach ihm zu sehnen.«

»Hildegard sehnt sich nach mir?«

Erik blickte an Agnes vorbei. Sein Gesicht wurde wieder weich, aber Agnes ahnte, dass das leise Lächeln, das auf seinem Gesicht erschien, nicht ihr galt. Beunruhigt fuhr sie fort: »Aber sie hat sich für Gott entschieden und Ihr Euch für mich.«

Erik schien sie gar nicht mehr zu hören. Sie war erleichtert, dass er sich schließlich doch noch an sie wandte.

»Ich muss zu ihr. Agnes, verzeiht mir, aber ich kann nicht anders. Hildegard wartet auf mich.«

Agnes' Augen weiteten sich vor Schreck. Sie konnte nicht fassen, was er gesagt hatte. Sie wusste nur, dass sie wieder einmal alles falsch gemacht hatte.

Kapitel 16

ildegard stand vor den Wandbrettern und suchte die vielen kleinen und großen Gefäße mit den Augen ab. Schließlich fand sie den Rainfarn, der zwischen pulverisierten Maiglöckchen- und Fingerhutblättern stand. Als sie etwas von dem getrockneten Samen durch die Finger rieseln ließ, konnte sie sich wieder an den aromatischen Duft, der beim Pflücken von der gelb blühenden Pflanze aufstieg, erinnern. Hildegard nahm das irdene Töpfchen und trug es zum Tisch. Sie wandte sich an Magda, die das Feuer geschürt hatte. »Erwärme bitte etwas mit Honig gesüßten Wein.«

Die junge Frau wandte sich zu dem kleinen Fass und füllte etwas von dem Rebensaft in einen Topf, mischte Honig hinein und zeigte den Inhalt Hildegard. »Ist das recht so?«

»Magda, du gehst mir jetzt schon seit so vielen Jahren zur Hand. Du brauchst mich nicht jedes Mal zu fragen. Ich vertraue dir vollkommen.«

Magda errötete leicht und beeilte sich, den Topf über der Feuerstelle zu befestigen.

Hildegard wandte sich dem Bauern zu, der auf einem Hocker Platz genommen hatte. Sie behandelte mittlerweile regelmäßig Hilfesuchende in ihrer Wirkungsstätte, die sie sich in den zwölf Jahren, die seit ihrer Rückkehr zum Kloster vergangen waren, in einem kleinen Anbau eingerichtet hatte. Hildegard schob den Ärmel seines Hemdes hoch und nickte. »Die Haut ist leicht gerötet, wie ich es vermutet hatte.«

Sie sah den Mann an, der mit eingefallenen Schultern vor ihr saß. »Seit wann fühlt Ihr Euch so müde?«

»Müde bin ich immer. Aber seit kurzem müssen meine Söhne für mich die Getreidesäcke schleppen. Nicht mehr lange, und sogar mein Weib wird mich an Stärke übertreffen.«

Hildegard wandte sich an Richardis, die nahe beim Fenster etwas in eine Wachstafel ritzte. »Es ist wichtig, dass du die Hautveränderungen festhältst. Zusammen mit Schwäche können sie die ersten Zeichen für Wurmbefall sein.«

»Schon geschehen«, erklärte die junge Frau und legte den spitzen Griffel aus der Hand. Hildegard lächelte. Richardis war ihr eine große Stütze. Es war die richtige Entscheidung gewesen, ihr das Beschreiben der Krankheiten und der Heilanwendungen zu überlassen. Auch die Reinschrift auf Pergament erledigte Richardis schon seit einigen Jahren. Hildegard wollte nicht den gleichen Fehler machen wie Jutta. Obwohl sie sich ihre frühere Lehrerin in ihrem unbeirrbaren Glauben zum Vorbild genommen hatte, wollte sie doch ihren Schülerinnen mehr Verantwortung übertragen. Tat sich Magda damit noch etwas schwer, so war Richardis eine im Denken und Tun eigenständige Frau geworden.

Aber es gab noch einen anderen Grund, warum Hildegard nicht mehr schrieb. Daran erinnerte sie sich nur ungern, denn allein schon der Gedanke ließ Angst in ihr aufkommen.

Ihre Grübeleien wurden durch den Eintritt Kunos unterbrochen. Der Abt warf einen abschätzigen Blick auf den Bauern, der seinen Hemdsärmel wieder nach unten rollte. Dann wandte er sich direkt an Hildegard. »Ich muss Euch bitten, Eure Behandlungen auf einen späteren Zeitpunkt zu verschieben. Der Mann wird auf dem Feld gebraucht.«

Während im letzten Jahr eine lang anhaltende Trockenheit den größten Teil des Getreides vernichtet hatte, sah diesmal alles nach einer guten Ernte aus. Kuno hatte es in den Jahren, seit Hildegard den Schleier genommen hatte, geduldet, dass sie Kranke behandelte. Wenn Kuno schon keine Reliquie sein Eigen nannte, zu der die Leute pilgerten und die den Ruhm des Klosters mehren konnte, so war der Zustrom an Hilfesuchenden besser als nichts. Aber dass sie jetzt seine Leibeigenen mitten in der Erntezeit von der Arbeit abhielt, das ging zu weit.

»Wie kann er Euch eine Hilfe sein, wenn er von Tag zu Tag schwächer wird?«

Hildegard schüttelte verständnislos den Kopf, aber Kuno ließ sich nicht beirren. »Er hat den ganzen Winter vor sich um auszuruhen. Wenn er jetzt lieber bei Euch sitzt, als seiner Familie auf dem Feld zu helfen, so heißt sein Leiden Drückebergerei.«

Der Mann duckte sich auf seinem Schemel. Hilfe suchend sah er zu Hildegard. Die machte ein paar Schritte auf Kuno zu, bis sie dicht vor ihm stand. »Ihr sprecht mir ab, die Zeichen der Erkrankung zu kennen?«

»Ich spreche Euch gar nichts ab. Aber diesem Mann kann sogar ich helfen. Er muss an die Arbeit und zwar sofort. Dann wird er seine Zipperlein recht schnell vergessen.«

»Er ist krank und ohne Hilfe wird sich sein Zustand verschlimmern.«

»Ihr wisst genauso gut wie ich, dass die Krankheit erst nach dem Sündenfall über die Menschen kam. Sie ist die gerechte Strafe.«

Hildegard atmete tief durch, bevor sie antwortete. »Ihr habt Recht, Gott lässt sterben, was ihn nicht berührt. Aber wer sich aufrichtig bemüht die Schuld zu tilgen, den wird er erretten. Nur der Hochmut lässt uns endgültig verloren gehen.«

Kuno sah Hildegard unwillig an. »Dann tut, was Ihr nicht lassen könnt.«

Er wandte sich zum Gehen, doch dann drehte er sich noch einmal um. »Aber passt auf, dass man Euch nicht eines Tages des Hochmuts bezichtigt. Ihr widersetzt Euch der natürlichen Ordnung. Ich bin der Abt und Ihr nur ein Weib, vergesst das nicht.«

Damit ging Kuno nach draußen. Hildegard rang um Fassung. Sie konzentrierte sich ganz auf die dunklen Wolken, die aufgezogen waren. Schon fing es heftig an zu regnen. Hildegard sah, dass der Abt zu rennen begann. Sie starrte auf die hässlichen Flecken, die der hochspritzende Lehm auf seinem Gewand hinterließ.

Erst als Richardis vor sie trat und sie vorsichtig an den Schultern fasste, löste Hildegard ihren Blick von der offenen Tür. Sie blickte die Schülerin an, doch es war nicht die junge Frau, die sie kannte. Der Schleier, der das dunkle Haar verbarg, leuchtete plötzlich wie ein Feuer in der Nacht. Die Flammen, die ihr Gesicht umloderten, reichten bis ins Unendliche, schienen eine direkte Verbindung zum Himmel aufzunehmen. Hildegard war geblendet von dem Licht. Sie beobachtete atemlos, wie die Frau sich anmutig erhob und dann nach draußen zu schweben schien. Der Boden war mittlerweile vollkommen durchweicht. Doch Richardis konnte der an schwarze Galle erinnernde Schlamm nichts anhaben. Sie bewegte sich mit einer solchen Anmut darüber hinweg, als wenn der Wind sie trüge. Hildegard atmete erleichtert auf.

Plötzlich sah sie, dass Richardis immer noch vor ihr stand, den Schleier sorgsam festgesteckt. Draußen nieselte es nur leicht, von Matsch und Schlamm keine Spur. Da wusste Hildegard, dass sie wieder eine ihrer Erscheinungen genarrt hatte. Erschrocken wandte sie sich von Richardis ab und ging zu ihrem Patienten. »Magda, ist der Wein warm?«

Hildegard versuchte, ihre Stimme so normal wie möglich klingen zu lassen, aber Richardis ließ sich nicht täuschen. »Hildegard, warum hast du mich so eigenartig angesehen?«

»Ich habe nur nachgedacht. Über die richtige Mischung des Heilweins.«

»Aber du hast ihn doch schon so oft angesetzt.«

»Der Abt hat mich durcheinander gebracht.«

Hildegard ging schnell zum Tisch, nahm ein Maß und füllte etwas von dem Rainfarnsamen in den Wein, den Magda bereits in eine Schale gefüllt hatte. Sie wollte ihn dem Bauern reichen, als Richardis ihr in den Arm fiel. »Nein! Willst du ihn umbringen?«

Richardis hob das Maß vom Tisch auf und hielt es hoch. »Da ist die zehnfache Menge von dem, was du üblicherweise nimmst.«

Hildegard stellte mit zitternden Händen die Schale ab. Erschrocken malte sie sich aus, was passiert wäre, wenn der Bauer den Wein getrunken hätte. Erbrechen wäre das erste Zeichen der Vergiftung gewesen, die in elenden Qualen zum Tod führen konnte. Hildegard gaben die Beine nach. Sie musste sich setzen.

Richardis versorgte unterdessen den Bauern mit der richtigen Dosis und hieß Magda, ihn nach draußen zu begleiten.

Dann kniete sie sich vor Hildegard, die die Hände vor das Gesicht geschlagen hatte. »Hildegard, sprich, was ist geschehen? So ein Fehler ist dir noch nie unterlaufen. Wie konnte das passieren?«

»Ich war abgelenkt, hatte meine Gedanken nicht beisammen. Vielleicht ist es ein Zeichen, dass ich nicht mehr behandeln soll.«

Unglücklich blickte Hildegard Richardis an. Aber die schüttelte den Kopf. »Den meisten wäre so etwas schon früher passiert.«

»Nein, ihr beide, du und Magda könnt mich längst ersetzen. Der Abt hat Recht, meine Arbeit lässt mich hochmütig werden.«

»Nichts ist dir ferner als Dünkel und Selbstgefälligkeit.«

»Und warum sehe ich dann immer diese Bilder? Warum, wenn nicht, um mein Selbst zu erhöhen?«

Hildegard erschrak, aber die Worte waren heraus. Sie hatte noch nicht einmal das Geheimnis, das sie so viele Jahre schon mit sich herumtrug, bewahren können. Sie war wirklich zu nichts gut.

Richardis nickte. »Jetzt verstehe ich. Du hast vorhin gar nicht mich gesehen! Was hat Gott dir gezeigt?«

»Ich weiß nicht, ob es Gott ist. Vielleicht ist es nur mein Geltungsdrang.«

»Seit wann siehst du solche Bilder?«

Hildegard zuckte mit den Schultern. »Immer. Es hat nie aufgehört. Oft passierte es beim Schreiben, wie früher schon einmal, als Jutta noch lebte.«

Richardis dachte nach. »Beim Schreiben? War das der Grund, warum ich es plötzlich übernehmen durfte?«

Hildegard schwieg hilflos. Aber für Richardis war auch das eine Antwort. »Und ich dachte, es wäre mein Können, meine Leistung, die dich dazu bewegte, mir diese große Aufgabe zu übertragen.«

»Das war es auch.«

»Dabei war ich so stolz.«

»Zu Recht, keine hätte es besser machen können.«

Richardis sah sie forschend an. »Du hast mich ausgenutzt und deine Visionen vor mir verheimlicht. Wie kann ich dir jetzt noch glauben?«

Die junge Frau wandte sich ab, damit Hildegard ihre Tränen nicht sah. Die Ältere legte ihr beruhigend die Hand auf die Schulter, aber Richardis riss sich los und rannte nach draußen. Hildegard wollte ihr folgen, aber dann ließ sie es. Richardis hatte Recht. Sie hatte ihre Schülerin benutzt, um ihrer Bilder Herr zu werden. Aber je mehr sie versuchte, sie zu unterdrücken, desto heftiger suchten sie sie heim. Und im Grunde genoss sie sogar die Momente, wenn das Licht ihr Dinge zeigte, die ihr sonst verborgen blieben. Die Angst kam erst hinterher.

Hildegard wusste nicht mehr weiter. Sie hatte alles versucht, mit den Erscheinungen fertig zu werden. Jetzt blieb ihr nur noch zu beichten.

Volmar lauschte, dicht an die kalte Wand gepresst, Hildegards Worten. Die Beichte legte Hildegard immer noch durch das kleine Fenster zur Kirche hin ab, auch wenn sie, seitdem die Klause offen war, auch den Beichtstuhl hätte benutzen können. Aber es war ihnen beiden zur lieben Gewohnheit geworden.

»Ich habe meinem Abt widersprochen.«

Das war für Volmar nichts Neues. Trotz all der Jahre, in denen Hildegard nun schon im Kloster lebte, waren die beiden selten einer Meinung gewesen.

Kuno war ein mächtiger Mann, der geschickt und umsichtig das Kloster mit den vielen unterschiedlichen Menschen, die darin lebten, führte. Es stand für Volmar außer Frage, dass er ein Recht dazu hatte, Gehorsam einzufordern.

Doch auch Hildegard hatte Macht, wenn auch nicht aufgrund ihrer gottgegebenen Stellung, sondern durch ihre Persönlichkeit. Und wog es nicht noch schwerer, wenn man allein aufgrund der Ausstrahlung, ohne ein Amt vorweisen zu können, Menschen dazu brachte einem zu folgen? Hildegard beeindruckte Volmar eindeutig mehr, als Kuno es jemals vermochte.

»Ihr habt ihm auch in der Vergangenheit nicht immer Folge geleistet. Bereut und Euch wird vergeben.«

»Aber das war noch nicht alles.«

Volmar horchte erstaunt auf, als Hildegard fortfuhr. »Ich kann es nicht bereuen, so sehr ich es auch versuche. Stattdessen sehe ich Bilder, die meine Überheblichkeit noch verstärken.«

»Erklärt mir das näher, in allen Einzelheiten.«

»Kuno wies mich zurecht, worauf ich sah, wie das Weibliche sich über das Gewöhnliche erhob. Nichts vermag die Frauen zu beschmutzen.«

Volmar dachte aufgeregt nach. Es war ganz offensichtlich, Hildegard hatte wieder Visionen. Er hatte schon lange darauf gewartet, denn für ihn war klar, dass sie zu Höherem berufen war. Gott hatte ihr eine klare Botschaft gesandt. »Das Weib ist nicht aus Lehm geschaffen, sondern entspringt aus einer Rippe, also aus dem Menschen selbst. Das habt Ihr gesehen.«

»Aber da ist er wieder, mein Hochmut. Die Frau ist nicht mehr wert als der Mann.«

»Aber auch nicht weniger. Gott hatte ihr die gleiche Verantwortung gegeben wie Adam. Beide sind in Sünde gefallen. Frauen genauso wie Männer haben die Pflicht, das Reich Gottes nun wieder zu errichten. Ihr habt eine wichtige Botschaft empfangen. Zögert nicht sie zu verkünden.«

Hildegard dachte nach. »Aber Jutta würde es nicht gutheißen, genauso wenig wie der Abt. Nur eine hätte mich bestärkt. Aber Rike ist von uns gegangen.«

»Ich bin da.«

Volmar lächelte. Er würde Hildegard unterstützen. Endlich konnte er sich dankbar für das Licht zeigen, das sie in sein Leben brachte.

Hildegard richtete sich auf, weil ihr Rücken schmerzte. Seit dem frühen Morgen schon klaubte sie die Steine aus dem frisch gerodeten Acker. Sie wollte nicht eher ruhen, bis die Erde zur Einsaat von Thymian und Minze bereit war. Es blieb nicht mehr viel Zeit, sollten die Pflänzchen noch groß genug werden, um den Winter zu überstehen.

Sie wollte sich schon wieder bücken, als sie plötzlich ein immer heller werdendes Licht sah, das sich ausbreitete, bis es sie fast in den Augen schmerzte. Aber dann trat eine Menschengestalt aus der Mitte hervor, durch und durch saphirblau. Als sie gerade die schöne, Ruhe ausstrahlende Kraft bewunderte, begann ein sanftes Rot funkelnder Lohe um die Gestalt herum zu glimmen. Dann ging alles drei ineinander über. Das helle Licht durchflutete die funkelnde Lohe und alle beide durchströmten den Menschen. Hildegard sah die wahre Dreiheit in der wahren Einheit, den Vater, den Sohn und den Heiligen Geist.

Erschüttert barg sie ihr Gesicht in den Händen. Wieder war es über sie gekommen. Sie hatte die Wahrheit gesehen, das spürte sie. Doch dann kam erneut der Zweifel. War es nicht Selbstherrlichkeit, sich das anzumaßen? Nur eine große Persönlichkeit vermochte für Gott zu sprechen, nicht eine ewig zweifelnde.

Hildegard beugte sich wieder zum Acker. Sie war fest entschlossen ihre Geltungssucht niederzuringen.

Sie arbeitete, bis sie vollkommen erschöpft war, doch auch dann gestand sie sich keine Unterbrechung zu. Sie zwang sich weiterzumachen. Auch als es ihr schwindelte und es in ihren Ohren rauschte, hielt sie nicht inne. Erst als alles um sie herum schwarz wurde, konnte sie nichts mehr tun, als sich fallen zu lassen. Wie sie auf dem Ackerboden aufkam, spürte sie schon nicht mehr.

Als Hildegard wieder zu sich kam, blickte sie in die besorgten Gesichter ihrer beiden Schülerinnen. »Magda, Richardis, ich wollte euch doch immer eine gute Lehrerin sein.«

Hildegard versuchte sich aufzusetzen.

»Wir haben uns nie eine andere gewünscht«, beruhigte Richardis sie. Sie stützte ihren Rücken, sodass Hildegard aufrecht saß.

»Aber ich habe dich enttäuscht, dir nicht die Wahrheit gesagt.«

»Das wird sich ändern.«

Richardis lachte, aber Magda war erschrocken wegen ihrer Respektlosigkeit. »Hildegard, bitte, sie meint es nicht so.«

»Natürlich meine ich es so. Es ist wichtig, dass Hildegard ihre Schau nicht verschweigt.«

Hildegard musste schon fast lächeln, als sie den beiden zuhörte. Es war immer so. Magda war eher zögerlich, während mit der älteren Schwester ihr Temperament durchging. Hildegard hätte es sich nie anmerken lassen, aber sie fühlte sich eher zu Richardis hingezogen, machten sie beide sich doch das Leben nicht gerade einfach. Die junge Frau riss sie aus ihren Gedanken.

»Ich werde es nicht länger zulassen, dass die Welt nichts davon erfährt.«

Aber Hildegard schüttelte den Kopf. »Ich bin zu schwach, den Boden zu bestellen, ich hätte beinahe einen Kranken vergiftet, sieht so eine Seherin aus?«

»Mach dich nicht unnötig klein. Du darfst jetzt nicht aufgeben.«

»Ich will nur meine Pflicht tun und die besteht darin, den Menschen zu helfen.«

»Die Behandlungen können wir genauso übernehmen, oder nicht?«, wandte Richardis sich an die Schwester.

Die sah ein wenig unsicher aus, doch dann kam ihr eine Idee. »Ich kann mich auf jeden Fall um das Einsäen kümmern.«

Und schon machte sich Magda an die Arbeit, den Boden weiter zu bearbeiten. Und Hildegard musste sich eingestehen, dass die junge Frau schneller vorankam als sie. Sie merkte, dass sie älter wurde. Sie drehte sich zu Richardis, doch die war schon auf dem Weg zum Behandlungsraum, da einige Dörfler dort auf Hilfe warteten.

Hildegard hätte sich eigentlich freuen müssen, wie gut ihre Schülerinnen schon ohne sie zurechtkamen. Aber stattdessen kroch Angst in ihr hoch. Alle zerrten an ihr und wollten, dass sie etwas tat, wovor sie sich scheute. Warum konnte keiner sie so sehen, wie sie war, eine schwache, von Zweifeln geplagte Frau? Immer sollte sie Großes vollbringen, dabei fühlte sie sich so unendlich klein. Sie spürte die Sehnsucht in sich, einfach geliebt zu werden. Doch je älter sie wurde, umso mehr fürchtete sie, dass diese Hoffnung sich nicht erfüllen würde.

Hildegard eilte mit dem Buch unter dem Arm über das Klostergelände zum Skriptorium. Volmar hatte ihr ausrichten lassen, dass er die von ihr ausgeliehene Abschrift des *Macer Floridus* dringend wieder brauche. Hildegard hatte das Werk eifrig studiert. Sie verstand Volmars Eile nicht ganz, denn er wusste, wie wichtig es für Hildegard war, die Erkenntnisse anderer mit ihren zu vergleichen. Jetzt, da Richardis und Magda ihr so viel Arbeit abnahmen, bemühte sie sich, mehr Studien zu betreiben. Die Medizin war ein Gebiet, auf dem sie sich sicher fühlte.

Hildegard eilte durch die offen stehende Tür der Schreibstube. Kaum eingetreten, blieb sie überrascht stehen. Volmar war nicht alleine, Richardis und Magda leisteten ihm Gesellschaft. Sie waren damit beschäftigt, einen Bogen Pergament zu bewundern, dessen Inhalt Hildegard aber verborgen blieb. »Euer Buch, Volmar. Es tut mir Leid, wenn ich Eure Großzügigkeit, es einsehen zu können, zu sehr strapaziert habe.«

Sie hielt ihm den *Macer Floridus* hin, aber Volmar winkte ab.

»Es geht mir nicht um das Buch. Verzeiht mir, aber ich habe einen Vorwand gesucht, damit Ihr in die Schreibstube kommt.«

Er tauschte ein verschwörerisches Lächeln mit Richardis und Magda. Hildegard sah die drei fragend an. Richardis ergriff das Wort. »Ich wäre nicht deine Schülerin, hätte ich mich damit abgefunden, dass du deine Schau nicht verkünden willst.«

Hildegard musste lächeln. Richardis fühlte sich ermutigt fortzufahren. »Aber Bruder Volmar hatte dann die Idee.«

Hildegard sah fragend von Richardis zu Volmar. »Welche Idee?«

Volmar räusperte sich. »Ich habe lange darüber nachgedacht, wie ich Euch helfen kann. Es war nicht einfach, da Ihr mir in so vielem überlegen seid.«

Hildegard wollte widersprechen, doch Volmar fuhr schon fort. »Doch, Ihr seid eine außergewöhnliche Frau. Und deshalb würde es nicht ausreichen, das, was Ihr seht einfach mitzuteilen. Der wahre Sinn erschließt sich erst, wenn alles richtig formuliert und aufgeschrieben ist.«

»Ich soll es aufschreiben? Aber das ist eine noch größere Anmaßung, als es nur zu verkünden.«

Magda nahm all ihren Mut zusammen, um Hildegard zu widersprechen. »Es wäre eine Anmaßung Gottes Willen zu sehen und ihn nicht allen mitzuteilen.«

Alle blickten verblüfft auf die schüchterne, junge Frau. Aber sie war noch nicht zu Ende. »Wir alle warten auf Zeichen, was wir zu tun haben. Aber den wenigsten werden sie zuteil. Wir Unwissenden sind darauf angewiesen, von dir unterrichtet zu werden. Bitte, lass uns nicht im Stich.«

Es war einen Moment still, bis Volmar zu sprechen begann. »Besser hätte ich es nicht sagen können. Hildegard, ich weiß, dass es nicht einfach wird. Aber wir alle werden Euch unterstützen.«

Hildegard sah ihre Freunde beschämt an. Wie hatte sie sich nur ungeliebt fühlen können? Volmar fuhr fort. »Deine beiden Schülerinnen tun bereits alles, was sie können. Und ich erkläre mich gerne bereit, das Geschriebene auf die korrekte Form durchzusehen.«

Hildegard zögerte noch, doch sie merkte, wie langsam der Zweifel, ihr ständiger Begleiter, dem Mut Platz machte.

»Darf ich es ihr zeigen?«

Richardis konnte ihre Ungeduld mal wieder nicht im Zaum halten. Volmar nickte und dann nahm Richardis Hildegard an die Hand. Sie führte sie zu dem Pergament, das vor Volmar auf dessen Schreibpult lag. Es war eine Illumination, die ganz frisch zu sein schien. Die Farben glitzerten noch ein wenig feucht. Volmar wandte sich an Hildegard. »Nur dieses eine Mal habe ich mir angemaßt, die Worte selber zu wählen. Verzeiht mir.«

Er drehte das Pergament vorsichtig so, dass Hildegard lesen konnte. Sie sah wunderbar gestaltete, golden und gleichzeitig in vielen Farben glitzernde Lettern, wie sie nur für die Titel sehr wertvoller Schriften angefertigt wurden. Die Arbeit von mehreren Tagen steckte darin, so viel wusste Hildegard. Aber noch mehr als die fast überirdische Schönheit der Schrift, überwältigte sie der Inhalt der Worte. Atemlos formte sie jedes einzelne.

Scivias domini – Wisse die Wege des Herrn.«

Hildegard konnte lange nichts sagen, still stand sie vor dem Werk. Dann hob sie den Kopf zu den Freunden, die auf ihr Urteil warteten. Aber sie konnte ohnehin nur noch eine Antwort geben. Sie hatte sich lange widersetzt, aber jetzt gab es kein Zurück mehr. Sie würde schreiben. Sie würde alles verkünden. Sie würde die Posaune des Herrn werden.

Kapitel 17

rik hatte sein Pferd angehalten und blickte zu dem Kloster empor. Die Reise war lang gewesen, doch erst jetzt spürte er seine Kräfte dahinschwinden. Er wusste nicht einmal, ob er es schaffen würde diesen doch eher sanften Hügel zu erklimmen. Es war die Angst, die ihn lähmte. Auf der Burg hatte er nicht viel nachgedacht. Als er von Hildegard gehört hatte, gab es kein Halten mehr. Nur noch die nötigsten Vorbereitungen wurden getroffen und er ritt los.

Aber jetzt, so kurz vor dem Ziel, konnte er seine Zweifel nicht mehr von sich schieben. Er hatte all die Jahre nur an Hildegard gedacht, aber er wusste nicht, ob sie noch genauso empfand. Vielleicht hatte sie ihn längst vergessen. Oder sie hatte sich verändert, war hart und unnahbar geworden. Am Ende erkannte sie ihn gar nicht mehr. Aber dann nahm er all seinen Mut zusammen. Er musste Gewissheit bekommen. Wenn es so sein sollte, dass er sich die ganze Zeit nach einer Frau verzehrt hatte, die ihn gar nicht wollte, dann war es höchste Zeit, dass er sich dem stellte. Dann würde er nie mehr auch nur an sie denken, das schwor er sich, bevor er endlich weiterreiten konnte.

Hildegard saß vor den Wachstafeln und ritzte die Worte mit dem Griffel hinein. Die Hand wollte ihr nicht schnell genug gehorchen, so groß war ihr Drang alles mitzuteilen, was sich so lange in ihr angestaut hatte. Die vielen Bilder, die ihr im Laufe der Jahre offenbart worden waren, standen ihr alle klar vor Augen. Sie hatte weder die Anordnung des Geschauten noch in welchen Farben es ihr erschienen war, vergessen.

Jetzt ging es darum, alles zu einem Gesamtwerk zusammenzufügen. Eine bessere Überschrift als *Wisse die Wege* hätte auch sie nicht finden können. Volmar hatte genau erkannt, um was es ging. Hildegard hatte sich nicht mehr und nicht weniger zum Ziel gesetzt, als den gesamten Heilsweg von der Schöpfung bis zum Jüngsten Tag aufzuzeichnen. Da sie um die Größe dieses Vorhabens wusste, hatte sie sich genau überlegt, wie das Werk am besten aufzubauen wäre. Im ersten Teil wollte sie beschreiben, wie Gott, die Menschen und die Welt zueinander stehen. Der zweite Teil würde sich dem Erlösungswerk widmen. Als Letztes wollte sie die Vollendung des Heilsgebäudes durch Gott und die Menschen beschreiben. Sie konnte fast schon die Jubelgesänge hören, die am Jüngsten Tag erklingen würden.

Sie wollte ihre Arbeit einen Moment unterbrechen, um Gott ihren übergroßen Dank auszudrücken, dass er sie erwählt hatte. Doch nicht die Kirche, den Garten suchte sie zum Gebet auf. In all dem Grün fühlte sie sich der Schöpfung am nächsten. Sie fand keine Worte, um all die Freude auszudrücken, die in ihr war. Und so schwieg sie einfach, während sie im kühlen Gras kniete, über sich nichts als den Himmel.

Erik hatte sein Pferd vor dem Kloster angebunden und schritt nun über den Hof. Er ging direkt auf die Klause zu. Ihm wurde der Irrwitz seines Vorhabens bewusst. Hildegard, die Frau, die er liebte, war Nonne. Doch er klammerte sich an den Gedanken, dass sie nur deshalb die Gelübde abgelegt hatte, weil er weggegangen war. Er rief sich immer wieder Agnes' Worte in Erinnerung. Sie hatte es gesagt. Hildegard sehnte sich nach ihm.

Erik stand jetzt direkt vor dem Eingang zur Klause. Er wollte Hildegard rufen, doch brachte er den Namen, den er so oft gedacht hatte, nicht heraus. Also trat er einfach ein. Der Raum war leer. Als Erik sich umsah, überkam ihn Trauer. Beengt und ohne jede Bequemlichkeit hatte Hildegard hier all die Jahre verbracht. Er hätte ihr ein besseres Leben geboten. Wie viel anders hätte alles werden können, wenn sie sich nicht hätten trennen müssen? Erik ging weiter bis zu der Tür, die in das kleine Gärtchen führte.

Und da sah er sie. Hildegard kniete mit gefalteten Händen im Gras. Er sah ihre zarte Erscheinung, die schmalen Schultern, erahnte das blonde Haar unter dem Schleier. Obwohl er eine erwachsene Frau vor sich hatte, erkannte er mit dem Herzen das Kind, das er damals zurücklassen musste. Jetzt zweifelte er nicht mehr daran. Sie liebte ihn auch. Sie waren füreinander bestimmt. Er lief auf sie zu.

Hildegard sah verwundert auf, als sie die Schritte hörte. Sie sah einen Mann, wenig älter als sie, der auf sie zukam. Seine dunklen Augen, sein lockiges Haar, seine olivfarbene Haut, all das war ihr seltsam vertraut.

Als er sie dann anlächelte, blieb ihr fast das Herz stehen. Erik! Der Mann, dessen Bild sie all die Jahre nicht mehr losgelassen hatte. Der Mann, den zu vergessen sie sich schon so oft bemüht hatte. Hildegard schüttelte den Kopf. War ihre Verzweiflung so groß, dass sie jetzt schon Trugbilder sah? Sie sprang auf.

»Ich wollte Euch nicht erschrecken.«

Er war es wirklich. Der Klang seiner Stimme brauste in ihren Ohren. Hildegard konnte vor lauter Aufregung kaum noch einen klaren Gedanken fassen. Was sollte das bedeuten? Wieso war Erik zu ihr zurückgekehrt? Und dann dachte sie das Unmögliche. Er wollte sie holen. Sie erschrak über die Freude, die sie spürte. Nein, das konnte nicht sein, das durfte nicht sein. Wahrscheinlich gab es für alles eine Erklärung. Vielleicht war es reiner Zufall, dass er hier war. Er hatte auf der Durchreise von ihr gehört und wollte jetzt nur einen Rat von ihr wie viele andere Leute auch. Oder es war gar nicht sie, die er suchte. Erik war gut gekleidet, ein Mann von Rang und Namen, den wohl Geschäfte ins Kloster führten. Der Abt war der, den er treffen wollte. Wie hatte sie nur so dumm sein können, etwas anderes zu glauben. Sie errötete vor Ärger über sich selbst und versuchte, ihre Stimme so fest wie möglich klingen zu lassen. »Erik! Welch Zufall, Euch nach so langer Zeit zu sehen! Doch möchte ich Euch nicht unnötig aufhalten, und Euch stattdessen zum Abt geleiten.«

Erik sah sie erstaunt an. »Aber …«, setzte er an.

Doch Hildegard unterbrach ihn. »Wir können gerne später miteinander sprechen. Eure Geschäfte gehen vor.«

Sie wollte nicht, dass er ihr anmerkte, welche Hoffnungen er in ihr geweckt hatte. Wie undankbar von ihr! Gott hatte ihr so viel Gutes zuteil werden lassen und sie wollte einfach auf und davon. Fast schon trotzig sah sie den Mann an, der vor ihr stand. Eben noch hatte sie Glück und Dankbarkeit für ihr Leben empfunden und nun hatte er alles durcheinander gebracht.

Erik sah Hildegards abweisende Miene. Er konnte es nicht fassen. War das alles, was sie ihm nach so langer Zeit zu sagen hatte? Sie hatte ihn noch nicht einmal für würdig befunden, seiner Liebe eine klare Absage zu erteilen. Alles, was sie wollte, war ihn schnell wieder loszuwerden. Seine Liebe war ihr lästig. Das war schlimmer als alles, was er sich ausgemalt hatte. Aber er war selber schuld. Warum sollte eine bedeutende Ordensfrau ihr ganzes Leben mit dem Gedanken an ihn verschwenden? So dumm war nur er gewesen. Er wünschte, er wäre nie hierher gekommen. Die Gewissheit schenkte ihm keinen Frieden. Seiner Sehnsucht beraubt, erschien ihm sein Leben nun leer und ohne Sinn.

Trotzdem konnte er seinen Blick nicht von ihr wenden. Er wollte wenigstens einmal die Hand nach Hildegard ausstrecken, sie berühren, aber stattdessen stand er nur mit reglosem Gesicht vor ihr. »Bemüht Euch nicht, ich finde den Weg alleine.«

Er wusste nicht, wie er die Worte herausgebracht hatte. Aber jetzt blieb ihm nur noch zu gehen.

Hildegard sah, wie Erik sich umwandte. Sicheren Schrittes ging er auf die Klause zu, durch die er wieder auf den Klosterhof gelangen würde. Gleich musste er den Kopf ein wenig einziehen, um durch die niedrige Tür zu schreiten, und dann würde sie ihn aus den Augen verlieren, aus ihrem Herzen verbannen und in Zukunft ruhig und auf das Wesentliche konzentriert ihren Aufgaben nachkommen können. Sie spürte ihren Herzschlag, ihre Hände zitterten. »Erik!«

Laut gellte ihr Ruf durch die Stille. Angstvoll beobachtete sie ihn, doch als er sich zu ihr umwandte und sie in seinem Gesicht die Spur von Hoffnung sah, gab es kein Halten mehr. Sie lief auf ihn zu, direkt in seine Arme, die er weit ausbreitete. Er drückte sie fest an sich, während sie mit tränenerstickter Stimme immer wieder seinen Namen flüsterte. »Erik! Lieber Erik! Bleib bei mir!«

Erik nahm ihr Gesicht sanft in seine Hände. Ihre Lippen trafen sich zum Kuss, erst vorsichtig, dann immer leidenschaftlicher. Hildegard konnte nichts mehr denken, außer dass endlich alles gut war.

Hildegard hatte Erik mit sich gezogen, heraus aus dem Gärtchen, heraus aus dem Kloster, durch die Felder, bis sie schließlich zu der großen Wiese kamen, an die sich der Wald anschloss. Sie setzten sich auf den Boden, vor neugierigen Blicken durch das hohe Gras geschützt. Hildegard war klar, dass sie Verbotenes tat, auch wenn sie sich jetzt nicht damit beschäftigen wollte.

Sie sah in Eriks Gesicht. Sein Lächeln war schöner, als sie es sich so oft in Erinnerung gerufen hatte. Und vor allem war es wirklich. Sie war so glücklich, aber zugleich stiegen Zweifel in ihr hoch. Warum hatte Erik sie so lange warten lassen? Wofür diese Jahre des Leidens? »Warum bist du nicht eher gekommen?«

Schon waren die Worte heraus. Hildegard war es unangenehm, denn sie wollte diese kostbaren Augenblicke nicht durch den deutlich herauszuhörenden Vorwurf zerstören. Doch anstatt Unmut zu äußern, war seine Stimme ruhig und sanft wie zuvor. »Kannst du dich noch an meine Mutter erinnern?«

Hildegard nickte lebhaft. Deria, die Weise und Schöne, die

ihr wie eine Freundin, eine große Schwester war. Erik sprach langsam weiter. Hildegard sah, dass es ihm schwer fiel. »Sie hat nie darüber gesprochen, aber Deria wollte nicht, dass wir uns wiedersehen.«

Hildegard schnitt es ins Herz. Warum? Was hatte sie getan? Erik, der ihre Traurigkeit bemerkte, streichelte ihre Wange. Hildegard schmiegte ihr Gesicht in seine Hand. »Ich habe sie verehrt und mir ihre Liebe gewünscht.«

»Sie war dir sehr zugetan. Umso schwerer muss es ihr gefallen sein, dich aus ihrem Herzen zu verbannen. Sie tat es für mich.«

Hildegard sah Erik verständnislos an. Er fuhr fort. »Der Gedanke an dich war verbunden mit dem Gedanken an Gunter und an Anno.«

Hildegard runzelte die Stirn. »Mit diesen Mördern? Wie kann sie denken, dass ich etwas mit ihnen zu schaffen habe?«

Tränen liefen ihr über das Gesicht. Erik nahm sie fest in seine Arme. Erst als sie sich wieder ein wenig beruhigt hatte, fuhr er fort. »Sie weiß, wie du über sie denkst. Aber sie hat Angst, dass ich ihnen wieder begegne, wenn ich mit dir zusammen bin.«

Hildegard schüttelte den Kopf. »Gunter ist tot. Und Anno hat begriffen, dass ich ihn nie wiedersehen will.«

»Du musst Deria verstehen. Ich bin das Einzige, was ihr noch geblieben ist.«

Hildegard hob den Blick. »Und trotzdem bist du zu mir gekommen?«

»Ich konnte nicht mehr anders, als ich hörte, dass auch du dich nach mir sehnst.«

Hildegard war verblüfft. »Gehört? Woher?«

»Von Agnes, Judiths Hofdame. Sie sagte es mir genau in dem Moment, als ich mich entschlossen hatte, sie zu heiraten.«

Seine Worte trafen Hildegard wie ein Schlag. Erik streichelte ihr beruhigend über die Wange. »Ich liebe nur dich.«

Er hielt kurz inne. »Auch wenn ich Agnes damit sehr wehgetan habe, ich musste zu dir.«

Hildegard erschien es wie ein Zeichen, dass ihr Glück mit der Trauer zweier anderer Frauen erkauft war. Es war eine unmögliche Liebe. »Aber ich bin nicht frei. Du weißt, wem ich mich geschenkt habe.«

»Und doch hast du mich all die Jahre nicht vergessen.«

Sie wusste, dass er Recht hatte. Ihre Liebe zu Gott hatte sein Bild nicht auslöschen können. Plötzlich kam ihr ein tröstlicher Gedanke. Hätte Gott sie erneut zusammengeführt, wenn er gegen ihre Liebe war? Vielleicht gab es doch noch eine Chance für sie. Sie sah zu Erik auf.

»Wir werden es nicht einfach haben.«

Dieses ›wir‹ löste ein eigentümliches Gefühl in Hildegard aus. Natürlich gab es auch sonst eine Gemeinschaft in ihrem Leben. Das Kloster, ihre beiden Schülerinnen und Volmar, ihren Seelsorger und Vertrauten. Und dann Rike, mit der sie sich auch über den Tod hinaus verbunden fühlte. Aber die Zweisamkeit der Liebe war etwas anderes, etwas, das die meisten Nonnen und Mönche nicht kannten und darum auch nicht vermissten. Aber sie wusste, was Liebe ist und sie hatte viele Jahre auf die Erfüllung ihrer Sehnsucht gehofft.

Sie stand leichtfüßig auf und zog Erik an der Hand nach oben. »Lass uns durch Gottes Garten wandern, durch Felder und Wald, auf dass er uns seinen Segen schenkt. Wir werden ihn brauchen.«

Sie gingen eng umschlungen auf dem schmalen Pfad weiter.

Gegen Abend, als sie langsam wieder die Richtung des Klosters einschlugen, dankte Hildegard Gott für diesen Nachmittag. Sie blickte zu Erik und auch in seinem Gesicht leuchtete eine stille Freude.

Hildegard hatte sich wie einst als Kind gefühlt, als sie unbelastet von Sorge und Zweifeln durch die Wiesen lief und sich niedersetzte, wo immer sie etwas Interessantes sah. Aber jetzt konnte sie die ganze Schönheit der Natur auch noch mit jemandem teilen. Ein Gefühl des Glücks durchströmte sie, wie sie es noch nie erlebt hatte.

Sie hatte Erik die Kräuter gezeigt, die am Waldrand wild und verschwenderisch blühten. Sie erschienen Hildegard fast noch kraftvoller, als die von ihr kultivierten, und sie nahm sich vor zu ergründen, woran das lag. Vielleicht musste sie etwas an ihren Anbaumethoden ändern. Doch dann wurde ihr klar, dass ihre Zukunft vielleicht ganz anders aussah. Richardis und Magda würden ihre Arbeit fortführen müssen, wenn sie mit Erik ging. Für einen kurzen Augenblick hatte sie das Gefühl, dass das nicht passieren würde. Aber dann sagte sie sich, dass der Gedanke nur zu ungewohnt, zu fremd wäre.

Erik musste Hildegard ihre sorgenvollen Gedanken angesehen haben. Er blieb stehen und streichelte sanft ihre Wange. Gleichzeitig fing er an, eine Melodie zu summen. Bald sang er die Worte dazu. »Mein Herz ist schwer, denk ich an dich. Doch schwerer wird es noch, versuch ich zu vergessen, Chajerti, du mein Herz, Chabibi, du meine Liebe.«

Hildegard lauschte den wunderschönen Tönen. Es war das erste Mal, dass sie dieses Lied von Erik selber hörte. Noch lange, nachdem die Weise verklungen war, stand Hildegard still, als wenn sie nicht wollte, dass dieser wunderschöne Moment der Liebe und Geborgenheit endete. Dann hob sie den Kopf und blickte den Weg hinauf zum Disibodenberg. Sie wusste, sie konnte es nicht länger hinauszögern, sie mussten zurückkehren. Stumm nahmen Erik und Hildegard einander bei der Hand. Je näher sie dem Kloster kamen, desto langsamer wurde Hildegards Schritt. Erik bemerkte ihr Zögern. »Habe keine Angst. Ich bin bei dir.«

Erik zog Hildegard an sich. Sie riss ihren Blick von dem wie feindlich aufragenden Kloster los und wandte ihn Erik zu. Ihre Lippen fanden sich.

Hildegard wusste nicht, wie viel Zeit verging, bevor sie sich losmachte. Getröstet und mit neuem Mut wollte sie weiter bergan schreiten, als sie eine Gestalt erblickte. Es war Richardis, die wohl den Weg vom Kloster heruntergekommen war. Jetzt stand sie starr und unbeweglich da und blickte mit weit aufgerissenen Augen auf Hildegard und Erik. Hildegard streckte ihre Hand nach ihr aus. »Richardis, mein Kind.«

Doch Richardis schüttelte nur den Kopf, drehte sich um und lief so schnell sie konnte zum Kloster zurück.

Erik wurde unruhig, als er die Höhe der Forderungen hörte, die Kuno stellte.

»Durch Hildegards Weggang werden nicht mehr so viele Pilger den Weg zu unserem Kloster finden.« Kuno hielt inne. »Und natürlich wird uns ein wertvolles Mitglied unseres Ordens fehlen«, beeilte er sich anzufügen.

Erik atmete tief durch. »Es wird mir ein Vergnügen sein, Euch angemessen für den Verlust zu entschädigen. Ich weiß, dass ich eigentlich eine Unmöglichkeit verlange.«

Unmöglich war die Vorstellung für Kuno keinesfalls, dass Hildegard das Kloster verließ. Natürlich hatte der Disibodenberg durch die Heilkünste der Nonne einige Berühmtheit erlangt. Doch er hoffte, dass ihre Schülerinnen mittlerweile so weit waren, sie ersetzen zu können. Und wenn er seinem Gefühl nachgab, was er normalerweise vermied, war er froh, Hildegard los zu sein. Auch wenn sie sich zum Schluss mit dem Schreiben von *Scivias* beschäftigt hatte, konnte man nie wissen, wann sie ihm die nächsten Schwierigkeiten bereiten würde. »Wir wollen dem Willen Gottes nicht entgegenstehen. Jeder Mensch hat seine Bestimmung«, formulierte Kuno frohgemut.

Ihn stimmte besonders heiter, dass der von Maasfelden nicht versuchte, an der hohen Ablösesumme zu feilschen. Wahrscheinlich hatten Leidenschaft und Lust, die direkten Weggenossen zur Hölle, seine Vernunft schon schwinden lassen.

Erik lag wirklich nichts ferner als mit dem Abt zu handeln. Für ihn war Hildegard mehr wert als sein Leben. Das änderte nichts daran, dass er nicht wusste, wie er die Summe aufbringen sollte. Aber er hatte einen Plan. Er würde Judith bitten, ihn für länger in ihre Dienste zu nehmen, um das Geld aufzubringen. Wenn es nötig wäre, würde er Tag und Nacht arbeiten.

Am nächsten Morgen stand Erik noch vor den ersten Sonnenstrahlen auf. Er hatte ohnehin kein Auge zutun können. Einerseits sehnte er den Morgen herbei, weil er endlich aufbrechen konnte, um alles zu klären. Je schneller er zurückritt, umso eher konnte er wiederkommen um Hildegard nachzuholen. Andererseits fürchtete er den Moment der Trennung, der ihm viel zu schnell kam, nachdem sie so viele Jahre aufeinander gewartet hatten.

Hildegard fühlte ähnlich. Auch sie hatte kein Auge zugetan. Als sie in ihre Klause gekommen war, lagen Magda und Richardis schon auf ihren Betten. Hildegard wusste, dass Richardis noch wach war. Nachdem sie Hildegard mit Erik gesehen hatte und sich herumsprach, dass Hildegard das Kloster verlassen wollte, würde sie kein Auge zumachen können. Aber Hildegard vermied es, sie anzusprechen. Wenn Erik fort war, blieb Zeit genug, Richardis alles zu erklären. Dann würde sie verstehen. Aber jetzt war Hildegard mit all ihren Gedanken, mit jeder Faser ihres Körpers nur bei Erik.

Lange vor Tagesanbruch war sie wieder auf den Beinen. Sie traf Erik am Tor des Klosters. Erik führte sein Pferd mit sich, seine wenigen Sachen auf dessen Rücken gepackt. Er blieb dicht bei Hildegard stehen. »Ich gehe nur ungern.«

»Ich weiß. Aber es muss sein.«

Hildegard schaffte es kaum, diese Worte über ihre Lippen zu bringen.

»Ich komme so schnell wie möglich zurück und hole dich.«

Erik sagte Hildegard nichts von Kunos hohen Forderungen. Er wusste, dass es ihr nicht recht sein würde. Sie würde sich unnötig sorgen. Etwas anderes trieb ihn um. »Bist du dir darüber im Klaren, dass du dein angesehenes Leben als Nonne aufgibst, um die Frau eines Troubadours zu werden?«

Hildegard durchfuhr ein freudiger Schauer bei seinen Worten. Auch wenn sie die ganze Nacht daran gedacht hatte, war es etwas anderes, es noch einmal von ihm zu hören. Sie würde seine Frau sein. Hildegard ging das Herz auf. »Ich bin glücklich, und wünsche mir nichts sehnlicher.«

Hildegard umarmte ihn fest, wie um ihm seine Unruhe zu nehmen. Erik hatte das Gefühl, so viel Liebe fast nicht zu verdienen. Wer war er schon? Was hatte er geleistet, zu was hatte er es gebracht? Doch wenn Hildegard zu ihm hielt, konnten sie es schaffen. Er durfte nicht länger zögern, sondern musste handeln. Und doch beugte er sich zu einem letzten Kuss herab. Ihre Lippen verschmolzen, als wollten sie sich nie mehr trennen. Ihre Körper berührten sich, ihre Umarmung wurde heftiger. Beide wünschten sich, einander ganz zu gehören. Dann riss Erik sich los. Er musste fort, fort um wiederzukommen. Er schwang sich auf sein Pferd, strich Hildegard ein letztes Mal über die Wange und ritt los. Ohne sich noch einmal umzusehen, trieb er sein Pferd an. Außer Atem blickte Hildegard ihm nach. Sie musste sich zusammennehmen, um nicht ihrem Wunsch nachzugeben, ihm hinterherzulaufen. Es kostete sie ihre ganze Kraft, und nur der Gedanke, dass sie bald wieder beisammen wären, konnte sie daran hindern. Dann würde nichts mehr sie trennen. Dann würden sie eins sein.

*

Deria zupfte an ihrem besten Kleid herum, das sie auf ihrer Bettlade ausgebreitet hatte. Mit der Zeit verschliss die orientalische Stickerei auf den abnehmbaren Schmuckärmeln und dem Gürtel immer mehr. Sie würde sie ausbessern müssen. Die Damen bei Hofe lauschten nicht nur gerne ihren Erzählungen, sie bestaunten auch die in sich verschlungenen Ornamente, die ihnen unbekannte Muster bildeten. Aber Deria erschien es schon zu mühsam, sich auch nur das Stickgarn in leuchtendem Blau und in sattem Grün zu besorgen, um die fahl und brüchig gewordenen Stellen zu erneuern. Seitdem Erik sie verlassen hatte, fehlte ihr jede Kraft. Die abendlichen Unterhaltungen mit Judith und den jeweiligen Damen, die gerade zu Besuch waren, langweilten sie und waren ihr lästig. Das Einzige, was sie wollte, war Tag und Nacht an ihren Sohn zu denken. Was, wenn ihm etwas zugestoßen war? Was, wenn er verletzt wurde? Schlimmeres mochte Deria sich gar nicht vorstellen. Sie verbot es sich sogar und begann zu glauben, dass die Macht ihrer Gedanken ihn beschützen könnte.

Judith hatte für heute Abend ein Fest angekündigt. Ihr Vater Heinrich und ihr Onkel waren zu Gast. Sie wollten mit Judiths Gemahl über den wachsenden Einfluss der staufischen Linie sprechen. Es gefiel ihnen ganz und gar nicht, dass die Welfen immer mehr zurückgedrängt wurden, und sie legten ihre ganze Hoffnung in Friedrich, Judiths Sohn.

Judith war der Abend sehr wichtig und sie hatte Deria angehalten, ihre ebenfalls angereiste Mutter Wulfhild sowie die sie begleitenden Damen gut zu unterhalten. »Sie sind nicht so leicht zufrieden zu stellen wie die Verwandten meines Mannes, denen du nur ein, zwei Becher Wein zu geben brauchst, um sie in höchste Verzückung zu versetzen. Die Welfen lieben geistreiche Gespräche, also langweilt sie nicht. Ihr braucht nicht zu denken, dass ich nicht bemerkt hätte, wie sehr sich Eure Erzählungen in letzter Zeit gleichen.«

»Es ist nicht meine Absicht …«, setzte Deria zu einer Erklärung an, bevor Judith sie unterbrach.

»Ich weiß, wo Eure Gedanken sind.«

Judith musste sich keine besondere Mühe geben, um sich in Deria einzufühlen, denn auch ihr fehlte Erik. Sie hatte es nicht gern gesehen, dass er ging, wenn auch weniger aus Sorge um ihn als aus Ärger über entgangene Sinnesfreuden. Sie brauchte gerade jetzt, in Zeiten, in denen sich der Streit zwischen ihrer und Friedrichs Familie wieder zuspitzte, Ablenkung. Aber eigentlich zweifelte sie nicht daran, dass Erik wiederkommen würde. Was für eine absonderliche Idee, eine Nonne zur Frau nehmen zu wollen. Erik würde scheitern und dann war er ihr sicherer als jemals zuvor. Judith hatte immer bekommen, was sie wollte und sie sah auch keinen Grund, dass sich das ändern würde.

Sie sah Deria mit einer Mischung aus Verstehen und Strenge an. »Glaubt mir, es ist auch zu Eurem Besten, wenn Ihr Euch wieder mehr auf Eure Aufgaben besinnt. Es tut Euch nicht gut, alles andere außer Erik zu vergessen.«

Damit war Judith gegangen. Deria war keineswegs überzeugt, aber sie wusste, dass sie keine Wahl hatte. Judith war eine strenge Herrin, die es nicht duldete, wenn jemand nicht gehorchte. Und Deria wollte keineswegs ihre Stellung bei Hofe verlieren. Wo sollte Erik sie dann wieder finden? Wovon sollten sie beide leben, wenn er erst zurück war? Deria hatte das Gefühl, in ihrem engen Zimmer zu ersticken, und beschloss nach draußen zu gehen. Ein Spaziergang würde sie vielleicht ein wenig ablenken. Sie musste ihre Gedanken sammeln, um Judith heute Abend zu beweisen, dass sie ihre Aufgabe ernst nahm. Sie wusste, dass viele andere bereitstanden, um ihren Platz bei Hofe einzunehmen.

Deria hatte das Burgtor noch nicht weit hinter sich gelassen, als sie Hufgetrappel hörte. Auch wenn sie schon so viele Mal vergeblich gehofft hatte, dass es endlich Erik sei, der zurückkam, so konnte sie es dennoch nicht lassen, nach dem Reiter auszuspähen. Sie wollte sich schon zwingen, endlich ihre Gedanken auf heute Abend zu konzentrieren, als die sich nähernden Umrisse des Mannes ihren Blick fesselten. Eine große Unruhe überkam sie, bis sie es schließlich ganz sicher wusste. Erik war zurückgekehrt.

Sie hatten sich lange umarmt und ganz still beieinander gestanden. Deria hatte geweint und Erik ihre Tränen abgewischt.

Eriks Stimme war sanft. »Ich wollte dir keinen Kummer machen.«

»Ach, mach dir keine Gedanken um mich. Ich bin eine alte ängstliche Frau.« Deria brachte ein Lächeln zustande. »Erzähl mir lieber, wie es dir ergangen ist.«

Deria sah Erik gespannt an. Der nahm sein Pferd, führte es vom Weg zur Wiese, wo es in Ruhe grasen konnte, und setzte sich mit Deria auf einen großen Stein.

»Ich habe meine Reise nicht umsonst gemacht.«

»Du hast sie gesehen?«

Deria wagte es nicht, Hildegards Namen auszusprechen.

»Ja, und ich werde sie heiraten.«

»Nein!«

Mehr war es nicht, was Deria herausbrachte.

»Ich werde sie so bald es geht nachholen. Ich bin hier, um alles vorzubereiten.«

Deria sah ihn ungläubig an. »Das kann nicht sein. Hast du das ganze Elend vergessen? Weißt du nicht, was mit deinem Vater passiert ist?«

»Ich weiß vor allem, was für ein Leben wir seitdem führen. Du in Angst und Sorge und ich getrennt von Hildegard.«

»Aber du lebst.«

»Mutter, ich liebe sie, verstehst du das denn nicht? Ich würde mein Leben für sie geben.«

Derias Blick wurde weich, als sie ihren Sohn ansah. »Natürlich verstehe ich das. Ich habe deinen Vater genauso geliebt.«

Doch dann verdunkelte ihr Blick sich wieder. »Er musste es mit seinem Leben bezahlen.«

»Sein Mörder hat es gebüßt. Gunter hat seinen Verstand verloren, bevor er starb.«

»Er ist tot? Du weißt es ganz sicher?«

»Ja. Und sein Sohn hat sich auf seine Burg zurückgezogen. Die Gefahr ist gebannt.« Er sah seine Mutter an. »Du solltest Hildegard sehen. Sie würde dir sehr gefallen.«

Deria rang mit sich. Sie wusste nicht, was sie denken sollte. Schließlich brach sich ein kleines Lächeln Bahn. »Dann bring sie zu mir, lass sie mich anschauen, deine zukünftige Frau.«

Erik umarmte sie. Auch Deria spürte Freude. Es war, als befreie sich Deria von etwas Schwerem, was viel zu lange auf ihr gelastet hatte.

Agnes bemerkte Eriks forschenden Blick. Sie bemühte sich, ihre Tränen zurückzuhalten, aber es gelang ihr nicht. Sie hatte bis zum Schluss gehofft. Jetzt wusste sie es besser. Er würde Hildegard zur Frau nehmen. Der Schmerz schnitt ihr ins Herz. Sie konnte gar nicht mehr richtig zuhören, als er beteuerte, wie sehr er sie schätze und dass es ihm sehr Leid tue, ihr wehtun zu müssen. Erst als sie sah, dass er wirklich litt, riss sie sich zusammen. Sie wollte ihm auf keinen Fall Kummer bereiten, dafür liebte sie ihn einfach zu sehr. »Lasst uns zu den anderen gehen. Bringt mich zurück in den Saal.«

Sie zwang sich sogar zu einem Lächeln. Erik sah sie erleichtert an. »Wenn es jemals irgendetwas gibt, was ich für Euch tun kann, so sagt es mir. Ich bin Euch für immer zu Dank verpflichtet.«

Erik küsste sie auf die Wange, bevor er ihren Arm nahm und sie in den festlich erleuchteten Saal führte. Agnes' Schmerz wurde durch diesen Kuss nur noch größer, auch wenn sie ihn auf keinen Fall hätte missen wollen.

Judith sah stirnrunzelnd, wie Erik und Agnes hereinkamen. Deria folgte ihrem Blick. »Er wollte es ihr selber sagen. Er meinte, das wäre er ihr schuldig.«

»Ein wahrer Edelmann, Euer Erik.« Es sollte nett klingen, doch Judith konnte ihren Ärger kaum bezähmen. Dieses dumme Ding von Agnes hatte es nicht geschafft, Erik zu halten. Und in Hildegard steckte mehr, als dieser unscheinbaren Nonne anzusehen war. Sie hatte ihr tatsächlich den Mann abspenstig gemacht, den sie als ihren Geliebten auserkoren hatte.

»Ich bin so froh, dass Erik glücklich ist. Jetzt kann auch ich noch auf ein zufriedenes Ende meines verwirkten Lebens hoffen.«

Für Deria schien sich tatsächlich alles zum Guten zu wenden, weshalb für Judith ihr eigener Verdruss umso unerträglicher war. Sie wandte sich ab, um zu ihrem Mann zu gehen.

Friedrich saß neben ihrem Vater. Der junge Friedrich, ihr Sohn, rannte gerade ausgelassen nach draußen. Ihn hielt es noch nicht lange bei Tisch. Sein Vater verpasste ihm lachend einen Klaps auf sein Hinterteil.

»Was sagt Ihr nun zu meinem Angebot, Friedrich für zwei Jahre an meinen Hof zu geben? Er wird die beste Erziehung genießen.«

Heinrich wollte endlich eine Antwort. Friedrich wandte sich ihm kurz zu. »Ich sage nein. Wenn wir eine Tochter bekommen, so gebe ich sie gerne in Eure Obhut.«

Friedrich griff begierig nach dem in Honig getränkten Brot, das gerade aufgetragen wurde. Ihm entging, wie sehr er Judiths Vater brüskiert hatte. Judith spürte es dafür umso stärker. Sie hasste ihren Mann einmal mehr, doch sie wusste, dass sie ihn nicht würde umstimmen können. Er wollte die Ausbildung seines Sohnes selber übernehmen, deswegen hatten sie schon des Öfteren gestritten. Hilflos musste sie mit ansehen, wie ihr Vater empört den Tisch verließ, ohne dass es Friedrich weiter bekümmerte. Sie musterte die Feiernden misstrauisch. War es die Niederlage ihres Vaters, die alle so sehr amüsierte? Judith fühlte sich von Feinden umzingelt. Ihr Blick fiel auf Deria, die dicht bei Erik saß. Sie schien vor Glück von innen heraus zu strahlen. Judith hasste auch sie und sie schwor sich in diesem Augenblick, dass sie Erik bekommen würde, koste es, was es wolle.

Kapitel 18

ildegard verrichtete ihr Tagwerk nach außen hin wie gewohnt. Und dennoch war alles anders. Als sie Diptam und Ehrenpreis erntete, fragte sie sich, wer das wohl im nächsten Jahr tun würde. Und als sie die ersten Triebe entdeckte, die aus der neuen Einsaat sprossen, wusste sie, dass es nicht mehr ihre Aufgabe war, die Blätter der Pflanzen für Heilanwendungen zu trocknen. Es stimmte Hildegard traurig, aber gleichzeitig fühlte sie eine freudige Unruhe. Sie sehnte den Tag von Eriks Rückkehr herbei, sosehr sie den endgültigen Abschied von ihrem bisherigen Leben auch fürchtete.

Hildegard hatte alles getan, was sie tun konnte. Sie hatte mit Kuno gesprochen. Er legte ihr keine Steine in den Weg, sondern ließ sie freimütig ziehen. Sie war ihm dafür dankbar und bereute, in der Vergangenheit so oft mit ihm uneins gewesen zu sein.

Sie hatte von Volmar Abschied genommen. Er war noch trauriger, als sie es erwartet hatte. Hildegard tat es in der Seele weh, ihn verletzen zu müssen.

Noch schlimmer war es, Richardis Lebewohl sagen zu müssen. Sie hatte versucht, ihr alles zu erklären, aber sie wollte nicht hören. Auch Magda war traurig, aber sie zürnte ihrer Lehrerin nicht.

Hildegard konnte Richardis nicht so zurücklassen. Die ehrgeizige junge Frau brauchte eine neue Aufgabe, die ihr Erfüllung schenkte.

Kurz vor dem Zubettgehen sprach Hildegard sie an. »Ich habe über eine Nachfolge für meine Arbeit nachgedacht.«

Hildegard sah Richardis gespannt an. Würde sie sie bewegen können, wenigstens zuzuhören?

»Magda und ich erledigen doch ohnehin schon das meiste.«

»Und ich bin euch sehr dankbar dafür.«

Richardis Augen verengten sich. »Und deshalb lässt du uns im Stich?«

»Ich habe keine Wahl.«

»Auf einmal? Du betonst doch immer die Verantwortung, die der Mensch für sein Handeln trägt. War das alles nur Gerede?«

Hildegard war verletzt, doch sie versuchte sich nichts anmerken zu lassen. »Mein Gefühl sagt mir ganz deutlich, was richtig ist. Genauso wie ich spüre, dass du eine wunderbare Lehrerin sein kannst. Viele Mädchen warten darauf, bei uns Aufnahme zu finden.«

»Das sagst du doch nur, damit ich nicht verzweifle. Es geht nicht um meine besondere Begabung oder Fähigkeit.«

Hildegard musste jetzt ganz ehrlich sein. »Du hast Recht, es geht mir um dich. Ich hoffe, dich mit einer dir angemessenen Aufgabe versöhnen zu können. Aber ich zweifele keinen Augenblick, dass du deine Sache gut machen wirst.«

»Ich will nicht nur heilen und lehren. Ich will Zeugin von dem werden, was Gott verkündet. Alle warten darauf, dass du uns seine Worte mitteilst.«

»Ich habe auch gedacht, dass meine Schau das Wichtigste ist. Aber dann kam Erik …«

»Erwähne nicht seinen Namen!«, fuhr Richardis dazwischen.

Hildegard setzte erneut an. »Ich kann nicht so tun, als wäre alles beim Alten. Er ist gekommen und alles hat sich geändert. Das Leben ist wie ein Mühlrad, es geht auf und ab.«

Richardis schüttelte den Kopf. »Das sind doch Ausreden. Im Grunde glaubst du immer noch nicht richtig daran, auserwählt zu sein. Du hast Angst vor deiner Sehergabe. Und deshalb schließt du lieber die Augen.«

Hildegard drehte sich schweigend um. Das war ungerecht.

Sie hatte sich selber am meisten gefreut, das Buch schreiben zu dürfen. Natürlich war es nicht einfach, aber sie hatte nie daran gedacht aufzugeben. Eine Flucht wäre es, wenn sie nach einem Vorwand gesucht hätte, mit dem Schreiben aufzuhören. Aber Erik war kein Vorwand. Erik war die Liebe ihres Lebens.

✻

Erik klopfte vorsichtig an, als er von drinnen auch schon ein »Kommt herein« vernahm.

Er trat ein. Obwohl es heller Tag war, lag der Raum wie alle Zimmer im Halbdunkel, da die Fensteröffnungen nur klein waren. Erik trat vor seine Herrin und sah sie direkt an. Etwas verwirrte ihn, etwas war anders an ihr. Erst auf den zweiten Blick erkannte er, was es war. Judith trug ihr dichtes, schwarzes Haar offen. Erik, der sich das erste Mal in ihren Gemächern befand, hatte sie noch nie so gesehen. Er riss sich zusammen. Was sollte sie von ihm denken? Sie gewährte ihm eine Unterredung und er hatte nichts Besseres zu tun, als sie anzustarren!

»Ich bin hier, um eine Bitte an Euch zu richten.«

»Seid Ihr Euch sicher?«

Judith sah ihn lächelnd an. Erik war verwirrt, da er nicht wusste, was die Herzogin so amüsierte. Er hätte eher gedacht, dass sie es anmaßend und frech finden würde, wenn er sich direkt an sie wandte. Bisher war es immer seine Mutter gewesen, die alles Wichtige mit ihr besprochen hatte. Deria hatte ihnen die Anstellung bei Hofe beschafft und sie war es auch, die Judiths Anweisungen, wann und für wen er aufzuspielen hatte, weitergab. Er wusste auch, dass er nur ein mäßig guter Troubadour war, umso unverschämter erschien ihm jetzt sein Kommen. Aber er hatte keine Wahl. Er tat es für Hildegard. »Ich habe mich entschieden zu heiraten. Ich möchte eine Familie gründen.«

»Ich habe es bereits aufmerksam vernommen.«

Erik bezog ihr Interesse darauf, dass sie jetzt Agnes als Hofdame behalten konnte. »Es tut mir sehr Leid, wenn ich Agnes verletzt habe. Es kam auch für mich sehr plötzlich.«

»Agnes ist Kummer gewohnt«, lachte Judith laut auf. »Sie hat auch schon manche meiner Launen ertragen müssen.«

Erik schüttelte den Kopf. »Nein, nein, es war keine Laune. Ich meinte es wirklich ernst. Agnes ist eine wunderbare Frau.«

Judith lächelte immer noch. »Du hast wohl nicht viel Erfahrung mit Frauen.«

Erik bemerkte das vertrauliche ›du‹. Er schloss daraus, dass Judith ihn mit mütterlichen Gefühlen betrachtete und entschied offen zu sein. »Es gab nur zwei, drei Liebeleien, als Deria und ich von Burg zu Burg zogen. Für mehr war mein Herz nicht offen.«

»Du hast immer nur die eine geliebt?«

Erik nickte. »Deshalb bin ich hier. Sie hat ihre ganze Mitgift dem Kloster vermacht, außerdem brauche ich eine gewisse Ablösesumme … Kurz und gut, ich bitte Euch mir zu helfen. Ich bin auch bereit, jede Arbeit zu tun.«

»Jede?«

»Ich kenne mich gut mit Pferden aus. Mein Vater hat mich alles Wichtige gelehrt. Vielleicht braucht Ihr einen Stallmeister.«

»Ich habe bereits einen.«

»Auch alle anderen Arbeiten sind mir recht. Ich kann Euren Sohn in die Kunst der Musik einführen. Und ich kann natürlich weiterhin für Euch singen und Euch unterhalten.«

»Ihr wollt mich unterhalten?«

Erik nickte. »Besser als zuvor. Ich werde frei sein. Frei von dieser unerfüllten Sehnsucht, die mich so viele Jahre umtrieb.«

»Das sind Worte. Ich habe gelernt, die Menschen nach ihren Taten zu beurteilen.«

»Bitte, ich will es gerne beweisen. Mit all meiner Kraft will ich Euch dienen. Sagt mir, was ich tun soll.«

»Mit all deiner Kraft?«

Judiths Stimme war sanft, wobei Erik einen leicht spöttischen

Ton herauszuhören meinte. Er nickte. Judith streckte ihren Arm nach ihm aus. »Dann komm näher.«

Erik trat an sie heran.

»Noch näher.«

Erik zögerte. Er fand, er war dichter an ihrem geschmeidigen Körper, als es sich für einen Untertanen gehörte. Doch Judith streckte einfach die Hand aus und zog ihn zu sich. Jetzt stand er genau vor ihr, konnte ihren Atem spüren.

»Dann küss mich.«

Erik wusste nicht, wie ihm geschah. Er sah ihr Gesicht vor sich, den Kopf leicht nach hinten gebeugt, die Lippen in Erwartung des Kusses halb geöffnet. Erik trat energisch einen Schritt nach hinten. »Nein, das könnt Ihr nicht verlangen.«

Judiths Miene wurde hart. »Nein? Wieso sollte ich das nicht verlangen können? Du vergisst, mit wem du sprichst.«

»Ihr seid meine Herrin, die sich bisher immer großzügig und edel verhalten hat. Ich bin zu Euch gekommen, weil ich auf Euer Wohlwollen gezählt habe.«

»Du kannst alles bekommen. Aber es ist wohl nicht zu viel verlangt, wenn ich eine kleine Gegenleistung will.«

»Aber der Herzog, was sagt Euer Gemahl dazu?«

»Nichts, weil er nichts erfahren wird. Ich hatte nicht das Glück einen Mann zu heiraten, den ich liebe. Unsere Ehe sollte die Welfen und Staufer vereinen. Ein unnötiges Opfer, da die Familien zerstrittener sind denn je.«

Judith senkte den Kopf. Sie wollte die Tränen der Wut verbergen, die ihr bei diesem Gedanken in die Augen traten. Doch Erik hatte den Glanz in ihren Augen gesehen. »Es tut mir sehr Leid. Eine Frau wie Ihr hätte Besseres verdient.«

Judith bemerkte, dass Erik ihre Tränen als Zeichen der Trauer deutete und sie beschloss, ihn darin zu bestärken. »Oft wünschte ich, von niederem Stande zu sein, dafür aber mit einem Mann gesegnet, der mich liebt.«

Judith, die in Wahrheit lieber gestorben wäre, als eine einfache Frau zu sein, wunderte sich selbst, wie gut ihr diese Lüge über die Lippen kam. Sie sah Erik mit einem Augenaufschlag an. »Habe nicht auch ich ein Recht darauf, Zärtlichkeit zu erfahren? Ich verlange keine Liebe, ich wünsche mir nur ein wenig Geborgenheit.«

Sie machte einen Schritt auf Erik zu und lehnte ihren Kopf an seine Brust. Erik zögerte. Judith legte kurz entschlossen seinen Arm um ihre Taille und triumphierte innerlich, da er es nicht wagte ihn wegzuziehen.

»Bitte, schenke mir nur eine kurze Zeit des Vergessens. Niemand wird es wissen, niemandem wird es schaden. Und danach will ich mich großzügig zeigen.«

Erik wusste nicht, was er antworten sollte. Er war der Herzogin zu Gehorsam verpflichtet und er hätte nicht gezögert, auch noch so niedere Arbeiten für sie zu erledigen. Aber das hier war etwas anderes, nur weigerte sie sich anscheinend das einzusehen. Er konnte sich allerdings nicht anmaßen, sie zurechtzuweisen. Außerdem war Judith es gewohnt zu bekommen, was sie wollte. Er zog wahrscheinlich schon jetzt ihren Zorn auf sich, indem er so lange zögerte.

Judith erhob ihr Gesicht zu seinem, ihr Blick war flehentlich. Erik kam ihr langsam näher, seine Lippen berührten ihre. Er küsste sie und spürte, wie Judith sich entspannte. Es war vielleicht gar nicht so ein großer Unterschied zu anderen Diensten. Hauptsache war doch, dass die Herrin zufrieden war. Der Kuss wurde intensiver, Judiths Arme umfingen ihn. Erik wusste, dass es jetzt kein Zurück mehr gab. Die letzte Schranke fiel, als er sich sagte, dass er es für Hildegard tat. Nur so konnte er auf eine gemeinsame Zukunft mit ihr hoffen. Er bemühte sich, Judith glücklich zu machen.

Doch je länger sie sich umarmten, und später, als sie auf dem breiten Bett lagen und Judith ihm ungeduldig half, seine Sachen auszuziehen, merkte er, dass es anders war als seine wenigen Abenteuer bis jetzt. Judith war es, die ihn lenkte, die das

Geschehen bestimmte. Er fühlte sich plötzlich wie ein Unwissender, wie ein Schüler und hoffte nur, dass er es der Herzogin trotzdem recht machen konnte. Doch je länger er sie berührte, streichelte und schließlich ganz fest hielt, desto weniger konnte er darüber nachdenken. Er wurde ganz von Erregung ergriffen, und das Letzte, was er wahrnahm war, dass auch sie die Kontrolle über sich verlor. Alles, was sie spürten, war Lust.

Als sie viel später schweißnass nebeneinander im Bett lagen, sah er Judith scheu von der Seite an. »Ich hoffe, ich habe Euch nicht enttäuscht.«

Judith wandte sich zu ihm. Sie lächelte. »Du hast Talent, das ist die Hauptsache. Alles Weitere werde ich dich lehren.«

Erik setzte sich auf. »Wie meint Ihr das?«

»Du wolltest dir deine Zuwendungen doch verdienen.«

»Durch ehrliche Arbeit.«

»Jeder soll das tun, was er am besten kann.«

Erik sprang erregt auf. Er nahm seine Hose und schlüpfte eilig hinein. »So könnt Ihr mich nicht behandeln. Ich bin nicht Euer Leibeigener.«

»Dennoch willst du, dass ich für dich sorge.«

»Aber nicht so. Ich werde die Frau, die ich liebe, nicht mit einer anderen betrügen.«

»Mit einer anderen?« Judith setzte sich empört auf. »Wie sprichst du von deiner Herzogin?«

Erik atmete tief ein und aus, um sich wieder zu beruhigen. »Ich bin Euch treu ergeben, Ihr seid meine Herrin. Aber mein Herz wird von der Liebe regiert.«

Judith sah ihn an, ohne etwas zu sagen. Erik hoffte schon, sie hätte ein Einsehen oder könnte ihn sogar verstehen. Sie lächelte. »Schöne Worte für einen Bastard.«

Erik runzelte seine Stirn. Warum musste sie ihn beleidigen? »Es tut mir Leid, wenn ich Euch verletzt habe.«

Judith lächelte immer noch. »Jemand von Eurer Herkunft kann niemanden verletzen.«

»Zieht meine Eltern nicht mit hinein. Sie haben nichts getan, was es rechtfertigt, sie in den Schmutz zu stoßen.«

»Warum auch? Sie sind ohnehin schon ganz unten.«

Erik wurde ärgerlich und musste sich zurückhalten, um nicht zu heftige Worte zu finden. »Meine Mutter ist eine Prinzessin und mein Vater war ein Kreuzritter und Edelmann.«

»Mit Kreuzritter magst du Recht haben, aber Edelmann? Da solltest du deine Mutter vielleicht noch einmal fragen.«

Erik sah Judith mit gerunzelter Stirn an. »Was meint Ihr damit? Ich verstehe nicht, was Ihr sagen wollt.«

»Es ist ganz einfach. Dein Vater war zwar ein Kreuzritter, aber bestimmt nicht Rupert von Maasfelden, der Gute und Edle. Deine Mutter hat ihm nie beigewohnt.«

Erik stand starr da und konnte nichts erwidern, also fuhr Judith fort. »Es war wohl eher ein Kreuzfahrer der üblen Sorte, einer, der mordet, brennt und vergewaltigt, um sich aus seinem niederen Stand über andere zu erheben. Du bist ein Bastard, ich sagte es bereits.«

Erik wollte ihre Worte nicht länger hören. Das konnte, das durfte nicht sein. »Ihr geht in Eurer Boshaftigkeit zu weit.«

»Ihr behauptet also, ich lüge? Dann hat auch deine Mutter gelogen, als sie mir das alles erzählt hat.«

»Das glaube ich nicht. Beweist es mir.«

Judith lächelte wieder. Sie hatte noch einen Trumpf im Ärmel. »Schau dich doch an. Du hast dich wie ein Bastard verhalten, indem du mir zu Willen warst, obwohl du angeblich eine andere liebst.«

Als sie sah, dass Erik weiß vor Zorn wurde, lachte sie laut auf. Erik raffte seine restlichen Sachen zusammen und stürmte aus dem Raum. Ihr Lachen verfolgte ihn noch lange, und auch, als er es eigentlich längst nicht mehr hören konnte, klang es ihm in den Ohren.

Erik lief ziellos zum Tor hinaus, durch die Felder, bis zum Wald, ohne anzuhalten. Erst an einer alten Eiche ließ er sich erschöpft auf den Boden fallen. Seine Gedanken wirbelten durcheinander. War Judiths Boshaftigkeit groß genug, das alles zu erfinden? Nein, Judith hätte keine Freude an einer Lüge, die rasch aufzudecken wäre. Das war unter ihrer Würde. Erik wusste, dass nur ein Mensch ihm jetzt weiterhelfen konnte. Er musste zu seiner Mutter. Sie war es, die seinem bohrenden Zweifel ein Ende bereiten konnte. Er richtete sich auf und lief mit weit ausholenden Schritten zur Burg zurück.

Er fand Deria im Garten, der sich neben dem Küchenhaus befand. Sie schnitt einige Blumen, mit denen sie den Saal schmücken wollte. Als sie Erik sah, lächelte sie. Doch dann bemerkte sie seinen verstörten Gesichtsausdruck und eilte ihm besorgt entgegen. »Was ist mit dir? Erik, sprich!«

Erik blieb dicht vor ihr stehen. »Ich habe schreckliche Geschichten gehört. Über meinen Vater.«

Deria schüttelte den Kopf. »Über Rupert? Was kann man Schreckliches über einen Mann wie ihn sagen?«

»Nicht über Rupert. Über meinen wahren Vater, der dir Gewalt angetan hat.«

Derias Augen weiteten sich vor Schreck. Sie überlegte fieberhaft. Woher konnte er es wissen? Wer hatte es ihm gesagt? Dann fiel es ihr ein. Judith! Sie hätte es nie erfahren dürfen. Deria war nicht wohl bei dem Gedanken gewesen, sie als Mitwisserin zu haben und jetzt bestätigte sich ihre Sorge. Nach all den Jahren, die sie das schreckliche Geheimnis hatte verschweigen können, sollte es jetzt, durch ihre eigene Unvorsichtigkeit doch noch ans Licht kommen. Aber vielleicht hatte Erik auch nur einen Verdacht, eine Vermutung, die sie noch würde entkräften können. Sie musste es versuchen. »Was immer Judith dir auch gesagt haben mag, vergiss es. Dein Vater war niemand anders als Rupert.«

Sie sah ängstlich, wie sich Eriks Miene verfinsterte. Er sah sie direkt an. »Also ist es wahr. Woher kannst du wissen, dass Judith diese Geschichte verbreitet, wenn nicht, weil du selbst sie ihr erzählt hast?«

Deria suchte nach einer Erklärung, die Erik zufrieden stellen würde. »Weil … weil Judith die Einzige hier am Hofe ist, die intrigant und böse genug dazu ist. Sie spielt mit den Menschen, das weißt doch auch du.«

»Nein, Mutter. Du kannst mir nichts mehr vormachen.«

»Erik!«

Deria wollte Erik in den Arm nehmen, aber er stieß sie fort. »Warum hast du es mir nicht von Anfang an gesagt? Dann wäre es jetzt nicht so schlimm.«

Deria senkte ihren Kopf. Es war vorbei. Erik hatte Recht. Sie musste endlich die Wahrheit sagen. Sie sprach mit tränenerstickter Stimme. »Dein Vater wollte es so. Er hat dich immer als seinen eigenen Sohn angesehen. Du bist wie ein Mann seines Standes erzogen worden.«

»Und doch fließt in mir das Blut eines Schurken. Wie sah er aus? Trage ich seine Züge? Habe ich seine Statur?«

Er packte seine Mutter an den Schultern und schüttelte sie. »Sag es mir!«

Deria riss sich los. Mit Tränen in den Augen sah sie ihn an. »Zwinge mich nicht, darüber zu sprechen. Dazu hat keiner ein Recht, auch du nicht.«

Damit drehte sich Deria um und verließ Erik.

Erik packte seine wenigen Sachen zusammen. Er nahm unschlüssig seine Ûd in die Hand, legte sie dann beiseite. Da, wo er hinging, würde er keine Verwendung dafür haben. Musik, Gesang, das war ein Zeitvertreib für die Leute hohen Standes, zu denen er nicht mehr gehörte. Er würde arbeiten, von Sonnenaufgang bis Sonnenuntergang, wie es alle seiner Herkunft taten.

Er hatte Deria nur noch einmal kurz gesehen um ihr zu sagen, wohin er ging. Natürlich versuchte sie, es ihm auszureden. Aber er ließ sich auf kein langes Gespräch ein. Nicht, weil er fürchtete, das, was sie sagte, könnte ihn dazu bringen, seinen Entschluss rückgängig zu machen. Wovor er Angst hatte, war ihr Kummer. Er konnte es sich nicht leisten, Rücksicht auf sie zu nehmen. Dazu war sein Leben zu sehr aus den Angeln geraten.

Mit sich selbst fühlte er kein Mitleid. Er hatte sein bisheriges Leben in einer Position verbracht, die ihm nicht zustand. Jetzt war es nur recht und billig, wenn er seinen wahren Platz einnahm, ganz unten.

Er war sich nicht zu schade dazu. Verzweifeln ließ ihn, dass Hildegard und er nun keine gemeinsame Zukunft mehr hatten. Noch schlimmer war es, als ihm klar wurde, dass er sie noch nicht einmal mehr sehen würde.

Er hatte die ganze Nacht lang überlegt, was zu tun sei. Von welcher Seite er es auch betrachtete, er musste ihr die Schmach ersparen, jemanden zu lieben, der ihrer nicht würdig war. Bereits bevor er erfuhr, dass er ein Bastard war, hatte ihn der Gedanke gequält, was Hildegard für ihn aufgeben würde. Sie war als Ordensfrau angesehen, ihr Wissen und ihre Heilkunst wurden weithin gelobt. Als Frau von Erik von Maasfelden hätte sie schon auf vieles verzichten müssen, was ihr bisheriges Leben ausmachte, aber als Frau eines Namenlosen, in Schande Gezeugten konnte er sich eine strahlende Persönlichkeit wie Hildegard einfach nicht vorstellen. Er wollte noch nicht einmal, dass sie die Wahrheit über ihn erfuhr. Nichts zu wissen war in diesem Fall besser, als durch seine unwürdige Herkunft bloßgestellt zu werden.

Natürlich hatte er erwogen, sich sein nun ohnehin verwirktes Leben zu nehmen. Doch er schreckte im letzten Moment vor dieser Todsünde zurück. Er musste sein elendes Leben bis zum Schluss fristen. Vielleicht war das Buße genug für das, was er Hildegard angetan hatte.

Erik nahm sein Bündel und verließ das Zimmer. Es war noch dunkel, was ihm nur recht war. Er wollte niemandem begegnen. Je eher er mit seinem früheren Leben brach, umso besser. Zügig stieg er die Stufen herab und lief den Gang entlang, um aus der Burg zu treten. Plötzlich horchte er auf. Hatte er ein Geräusch gehört? Er drehte sich um im Glauben, dass es seine Mutter wäre, die ihn noch einmal sehen wollte. Tatsächlich löste sich eine Gestalt aus dem Schatten der Vorburg, doch es war nicht Deria. Er erkannte Agnes, die zu seiner Verwunderung ebenfalls ein Bündel mit Sachen bei sich trug.

»Erik, wartet!«, sagte sie gerade so laut, dass er es hörte, aber kein anderer geweckt würde.

»Worauf?«, fragte Erik unwillig. Er mochte Agnes, gerade deshalb wollte er es vermeiden, mit ihr zu sprechen. Es würde ihm das Weggehen nur unnötig erschweren.

»Auf mich.«

»Was sagt Ihr?«

Erik glaubte sich verhört zu haben.

»Ich komme mit Euch.«

»Agnes, das geht nicht. Ihr wisst nicht …«

»Ich weiß alles.«

Agnes blickte ihn ernst an. »Ich habe mit Eurer Mutter gesprochen. Ihr brecht ihr das Herz.«

Erik senkte seinen Blick. »Ich weiß, doch ich kann nicht anders. Ich muss gehen.«

»Ich auch. Hier hält mich nichts mehr. Ich hasse Judith. Sie ist meine Herrin, aber ich ertrage nicht, welches Unheil sie angerichtet hat.«

»Es geht nicht. Dort, wo ich hingehe, ist nicht der rechte Platz für Euch.«

»Mein Platz ist bei dir.«

Das ›du‹ kam Agnes ohne ihr Zutun über die Lippen. So sprach sie Erik schon lange in ihren Gedanken an. »Es ist mir einerlei, dass dein Herz einer anderen gehört. Ich gebe mich zufrieden, wenn ich bei dir sein kann. Ich weiß, dass du mich magst, und das ist mehr, als ich hier jemals bekommen werde.«

Erik sah Agnes gerührt an. Er mochte sie wirklich, doch gerade deswegen konnte er sie nicht mitnehmen. Er schüttelte den Kopf. »Ihr gehört auf die Burg. Ich bin ein Ausgestoßener und wer sich mir anschließt, ist ebenfalls verloren.«

Doch Agnes fasste ihn am Arm. »Du hast mir versprochen, wenn es jemals irgendetwas gibt, was du für mich tun kannst, so bräuchte ich es nur sagen.«

»Aber Agnes, Ihr wisst, wie ich das gemeint habe.«

Agnes sah ihn an. »Ich dachte, ich kann mich auf dein Wort verlassen.«

»Hat meine Mutter Euch denn nicht gesagt, wohin ich gehe?«

Agnes nickte. »Doch, das hat sie. Die Sümpfe schrecken mich nicht.«

Der Erzbischof wollte die Sümpfe trockenlegen lassen, um dort ein Kloster zu errichten und Felder anzulegen. Ruthard versprach einen guten Lohn. Außerdem würden die Arbeiter aus dem Stand der Unfreien erhoben, wenigstens die, die am Ende noch am Leben waren.

Agnes legte ungestüm die Arme um ihn. »Und wenn du geradewegs in die Hölle gehen würdest, so kann ich mir keinen schöneren Ort vorstellen. Hauptsache, du bist bei mir.«

Sie küsste ihn und Erik ließ es geschehen. Er hatte keine Kraft mehr, sich aufzulehnen. Wenn Agnes es wollte, sollte sie ihm folgen.

Kapitel 19

ildegard betrachtete zufrieden die von der Decke hängenden Blumen. Auf ihrem letzten Spaziergang mit Erik hatte sie die schönsten Blüten von Ackerrain und Wiese gepflückt. Nicht, um den Tisch für die Mahlzeit zu schmücken, sondern einfach und allein aus Freude an ihrer Schönheit. Besonders an der gelb und orange leuchtenden Ringelblume konnte sie sich nicht satt sehen. Wunderbar anzusehen und gleichzeitig noch als Pflanze zur Wundheilung geeignet, erschien sie ihr als Beispiel für eine Vollkommenheit, die die Menschen beim Sündenfall verloren hatten, und um die sie sich nun ihr ganzes Leben mühen mussten. Hildegard hatte beschlossen, die Blumen zu trocknen, um sie vor der schnellen Vergänglichkeit zu bewahren. Aber sie hatte dabei noch etwas anderes im Sinn. Wenn die Zeit gekommen war, einen anmutigen Trockenstrauß zusammenzustellen, würde auch Erik zurückkommen.

Sie wusste, dass er sich eilen wollte. Trotzdem würde er natürlich Zeit brauchen, um die Dinge zu ordnen. Zeit, die Hildegard ebenfalls nutzen musste, um ihren Weggang vorzubereiten, zumal sie jetzt alles Magda allein übergeben musste. Richardis weigerte sich noch immer, Hildegards Entschluss zu akzeptieren. Die Ältere hatte bis zuletzt gehofft, dass ihre Schülerin einlenken würde, doch vergebens. Sie bat Volmar, sich um die beiden Frauen zu kümmern, und sie legte ihm besonders Richardis ans Herz.

Hildegard arbeitete von früh bis spät, noch mehr, als sie es ohnehin schon getan hatte. Trotzdem betrachtete sie, so oft sie konnte, die trocknenden Blumen. Die Blätter und Blüten hatten bereits ihren Saft verloren.

Manchmal stand sie auch nach getaner Arbeit vor dem Kloster, blickte über die sich darunter erstreckende Ebene und ließ ihren Blick bis zum Horizont schweifen. Es konnte nicht mehr lange dauern, bis Erik zurückkehrte.

Dann war der Tag gekommen, an dem sie die Blumen von der Decke abnehmen konnte. Hildegard nahm die nun fragile Schönheit der Blüten in Augenschein, ohne sich so recht daran freuen zu können. Bei dem Stecken des Straußes war sie so ungeduldig, dass sie sogar einige der Blätter unachtsam abbrach. Hildegard wollte sich bücken, um sie vom Boden aufzuheben, doch plötzlich erschien es ihr sinnlos. Stattdessen sank sie auf einen Stuhl, stützte den Kopf in die Hände und weinte. Sie fühlte sich einsam und verlassen und verspürte eine furchtbare Angst, dass Erik sie vergessen haben könnte.

Nach einer Weile beruhigte Hildegard sich wieder. Sie sagte sich, dass es Unfug war, einen Strauß Blumen als Zeichen zu deuten. Erik würde kommen. Seine Ankunft verzögerte sich etwas, das war alles. Trotzdem beschloss sie, Kuno aufzusuchen. Vielleicht hatte er etwas gehört.

»Nein, ich habe keinerlei Nachricht von Erik erhalten. Es tut mit Leid, ehrwürdige Schwester.«

Hildegard wusste nicht, wie sehr es ihm Leid tat, denn er hatte die Entschädigung, die er für die bedeutende Nonne erhalten sollte, in seine laufenden Kosten schon mit eingeplant. Er verstand diesen Erik nicht. Was war los? War er nicht in der Lage, seine Angelegenheiten in Ordnung zu bringen? Oder war der Preis, den er für Hildegard gefordert hatte, am Ende doch zu hoch gewesen? Verstehen könnte er es, wenn Erik nicht seine gesamte Existenz wegen einer Frau ruinieren wollte. Wahrscheinlich war er in der Ferne wieder zur Besinnung gekommen und hatte es sich anders überlegt. »Ihr müsst Geduld haben.

Vielleicht wendet sich alles noch zum Guten«, versuchte er Hildegard aufzumuntern.

Doch Kunos Auskunft brachte ihr nicht die erhoffte Erleichterung. Im Gegenteil, sie spürte, dass auch der Abt Zweifel an Eriks Rückkehr hatte. Hildegard wünschte fast, sie wäre nicht zu Kuno gegangen. Sie verabschiedete sich eilig.

Hildegards Schritte lenkten sie zu Volmar. Im Skriptorium waren noch einige andere Mönche unter seiner Anleitung dabei, Handschriften zu erstellen, sodass Hildegard und er nach draußen auf den Klosterhof gingen, um ungestört reden zu können.

»Habe ich mein Schicksal herausgefordert? Habe ich gegen meine Bestimmung gehandelt?«

Hildegard brauchte nichts zu erklären. Volmar war ihre wachsende Unruhe nicht verborgen geblieben. Allerdings befand er sich in einem Zwiespalt. Obwohl er wusste, wie sehr sie sich Eriks Rückkehr wünschte, war er jedoch froh um jeden Tag, den sie noch auf dem Disibodenberg blieb. Aber bei Hildegards Anblick siegte Volmars Mitgefühl. Er hoffte von ganzem Herzen, dass sich ihre Wünsche erfüllen würden. »Ihr dürft die Hoffnung nicht aufgeben. Gott hat seine Pläne mit jedem von uns. Euer Warten hat einen Sinn, auch wenn Ihr ihn nicht erkennen könnt.«

»Aber wie kann ich das Warten mit Demut ertragen? Ich kann an nichts anderes mehr denken als an ihn.«

Volmar seufzte. Er kannte das Gefühl, sich ständig nach einem Menschen zu verzehren. Er verstand sie nur zu gut. »Dann ist auch das vielleicht Gottes Wille. Ihr müsst vertrauen.«

So ging der Herbst vorüber und die Winterkälte brach herein. Hildegard hätte das eigentlich nicht schrecken müssen. Der Klostergarten war abgeerntet, die übrig gebliebenen Pflanzen durch Decken aus Laub und Zweigen geschützt. Doch sie wusste, dass jeder sich bemühte zu reisen, bevor Schnee und Eis den Weg beschwerlich machten. Warum war Erik nicht gekommen?

Vielleicht wollte er nur bis zum Frühjahr warten und würde aufbrechen, sobald die ersten Triebe und Blüten unter dem schmelzenden Schnee zum Vorschein kamen. Aber Hildegard glaubte nicht daran. Vielleicht sollte sie sich selber auf den Weg machen, um der Ungewissheit ein Ende zu bereiten.

Aber etwas hielt sie auf. Hildegard hatte gesehen, wie es in großen Burgen wie der auf dem Hohenstaufen zuging. Es gab ein buntes Treiben, jeden Tag neue Ablenkungen. Wer weiß, vielleicht erschien ihm Hildegard dagegen plötzlich fade und uninteressant. Oder er merkte, dass seine Gefühle doch nicht so stark waren und fand jetzt nicht den Mut, es ihr zu gestehen.

Und dann war da noch Agnes, Judiths Hofdame, die ihn heiraten wollte. Natürlich hatte er keinen Zweifel daran gelassen, wen er liebte. Aber Agnes war die, die ihm jetzt nahe war. Wenn sie wollte, konnte sie Erik jeden Tag sehen. Und wenn sie ihn wirklich liebte, war es ihr nicht zu verübeln, wenn sie um ihn kämpfte.

Hildegard wusste, dass sie nur zwei Möglichkeiten hatte. Entweder sie blieb hier und fand sich damit ab, dass Erik nicht kam, oder sie ging los um ihn zu suchen. Aber Hildegard fehlte der Mut eine Entscheidung zu treffen. Am Ende konnte sie nur noch Tag um Tag auf dem Disibodenberg ausharren.

Eines kalten Morgens im November wachte Hildegard auf und konnte sich nicht mehr rühren. Es gelang ihr nicht, sich von ihrer Bettstatt zu erheben. »Magda, mein Kind, komm und helfe mir.«

Hildegard wandte ihr mit großer Mühe das Gesicht zu. Magda kam zu ihr geeilt. »Gib mir die Hand, dann helfe ich dir auf.«

Aber Hildegard konnte nicht. Sie vermochte es nicht, den Arm zu bewegen. Magda fasste sie erschrocken an den Schultern, wollte sie aufsetzen, aber Hildegard war stocksteif. »Was ist mit dir, liebe Hildegard? Hast du schlecht gelegen, ist dir die Kälte in die Knochen gefahren?«

Magda war sehr besorgt. Hildegard sah sie resigniert an. »Es ist nicht die Kälte, es ist die Strafe Gottes. Er will mir meinen rechten Platz zeigen, da ich ihn allein nicht erkenne.«

Damit unterließ Hildegard jeden weiteren Versuch, sich gegen ihr Schicksal zu sträuben. Bewegungslos lag sie auf ihrem Bett. Magda wusch und pflegte sie und gab ihr zu essen. Trotzdem sah Hildegard bald so schlecht aus, dass selbst Richardis angst und bange wurde. Sie überwand ihren Trotz und trat an Hildegards Lager. »Bin ich an deinem Zustand schuld? Ich wollte dich nicht vor den Kopf stoßen.«

Hildegards abgemagertes, weißes Gesicht bekam einen weichen Zug. In ihren Augen schimmerten Tränen. »Richardis, mein Kind! Du konntest nicht anders als dich abzuwenden. Ich habe dich zu sehr enttäuscht.«

»Was kann ich für dich tun? Wie kann ich helfen?«

»Dass du mir nicht mehr böse bist, ist das schönste Geschenk für mich.«

Jeder konnte sehen, wie glücklich Hildegard das machte. Auch wenn sie noch nicht wieder aufstehen konnte, so lächelte sie doch ab und an.

Magda konnte den leisen Stich der Eifersucht nicht unterdrücken. Sie hatte die ganze Zeit zu Hildegard gestanden, während Richardis erst jetzt wieder zu ihr gefunden hatte. Trotzdem war es die Anwesenheit der Schwester, die Hildegards Zustand mehr besserte als Magdas Pflege es vermochte. Magda zerbrach sich den Kopf. Es musste doch etwas geben, was auch sie tun konnte.

Die Burg stand trutzig, von Felsen umgeben, auf der Spitze des Berges. Doch es war nicht nur die Anstrengung des Aufstiegs, die Magda zu schaffen machte. Ihre Gedanken kreisten um die Frage, ob es richtig war hierher zu kommen. Ihr war klar, dass Hildegard es nicht gutheißen würde. Und trotzdem wollte Magda sich in die Höhle des Löwen begeben.

Als sie Anno von Hoheneck dann gegenüberstand, kamen ihr allerdings Zweifel. Er hatte sich nicht die Mühe gemacht, aus seinem Bett aufzustehen. Neben ihm, zwischen zerwühlten Betttüchern und Kissen, lag eine junge, nur halb bekleidete Frau. Auch Anno zog sich gerade erst ein Hemd über. »Ihr wollt also, dass ich etwas für Hildegard tue. Warum um alles in der Welt sollte ich das machen, wo es doch so viele andere Frauen gibt?«

Er küsste die Frau neben sich voller Verlangen auf den Hals, woraufhin sie aufstöhnte. Magda schaute verlegen zur Seite, nahm sich dann aber zusammen. »Hildegard ist krank, sehr krank.«

Anno sah Magda unwillig an. »Hat sie was Ansteckendes? Verlasst meine Gemächer, auf der Stelle!«

»Nein, nein«, beruhigte ihn Magda. »Es ist für andere nicht gefährlich. Doch mehr weiß ich leider nicht. Deswegen wollte ich Euch bitten, ob Euer Arzt sie sich ansehen kann.«

»Mein Arzt? Nun, darüber ließe sich reden.«

Anno war erleichtert. Hauptsache, er kam nicht in Kontakt mit Kranken. Es hatte ihn einige Mühe und viel Geld gekostet, einen guten Arzt zu finden, der bereit war, sich an seinem Hof niederzulassen. Seine Hauptaufgabe bestand aber noch nicht einmal darin, Anno zu untersuchen. Viel öfter musste er Frauen, in der Mehrzahl junge, begutachten. Erst wenn er bestätigte, dass sie vollkommen gesund waren, ließ Anno sie in sein Bett. Er hatte den Arzt angewiesen, besonders auf alle Merkmale von Geschlechtskrankheiten zu achten.

Anno hatte das Dahinsiechen seines Vaters noch genau vor Augen. Und mit seinem vorzeitigen Tode hatte er Anno außerdem eine Menge Ärger beschert. Dadurch, dass Gunter sein Testament nicht beizeiten gemacht hatte, musste Anno erst noch einige seiner Halbbrüder beseitigen, bevor er sich als alleiniger Besitzer der Burg sicher fühlen konnte. Dafür hatte Anno Gunters einziges Bildnis abnehmen lassen.

Er war jetzt nahe daran, Magda den Arzt mitzuschicken, als

er sich eines Besseren besann. »Moment mal, was könnt Ihr mir denn dafür bieten? Schließlich muss ich den Arzt teuer bezahlen.«

Magda wurde nervös. Sie hatte sich schon so kurz vor dem Ziel gesehen. »Ich könnte Euch Kräuter bringen. Oder ich spreche mit dem Abt, ob Ihr etwas von dem Wein bekommt, den unsere Mönche anbauen.«

»Kräuter, Wein? Ihr scherzt!«

Anno schien sich prächtig zu amüsieren, während Magda immer unruhiger wurde.

»Ich würde Euch gerne mehr geben, aber ich habe nichts.«

Anno gab der jungen Frau ein Zeichen, die gleich darauf aus dem Bett aufstand, ihre Sachen zusammenraffte und den Raum verließ. Anno stand ebenfalls auf und näherte sich Magda. »Ihr habt einen schönen Körper.«

Magda wich erschrocken zurück. »Das könnt Ihr nicht verlangen. Ich bin eine Nonne.«

»Ich verlange nichts. Ihr könnt nein sagen, es ist Eure Entscheidung.«

Magda sah ihn, verwirrt über den plötzlich so sanften Ton, an. »Aber es ist ein furchtbarer Preis.«

»Ihr wolltet doch Hildegard helfen.«

»Das will ich immer noch.«

»Dann denkt nicht immer nur an Euch. Wird im Kloster nicht Selbstlosigkeit als höchste Tugend gepriesen?«

Magda wusste nicht, was sie antworten sollte. Sie spürte, wie Angst sich in ihr breit machte. Wenn doch bloß Richardis hier wäre! Aber nein, sie wollte unbedingt alleine gehen, einmal aus Richardis' Schatten heraustreten. Das hatte sie nun davon. Entweder sie ging unverrichteter Dinge weg, oder sie ließ sich auf den Handel ein. »Was soll ich nur tun? Dann willige ich ein. Aber nur, wenn der Arzt Hildegard helfen kann.«

Magda spürte die Angst, die in ihr hochkroch. Aber sie versuchte sich zu beruhigen. Hildegard würde sie schützen. Sie würde nicht in die Lage kommen Anno zu Willen sein zu müssen. Der lachte laut auf. »Ihr wollt feilschen? Nun gut, umso mehr Spaß werden wir hinterher miteinander haben.«

Anno blickte Magda unverschämt an, und sie hatte plötzlich das sichere Gefühl, etwas Falsches getan zu haben.

Hildegard betrachtete den kleinen Mann aufmerksam. Es war deutlich, dass er keine körperliche Arbeit verrichten musste, denn er wirkte sehr gepflegt, seine Hände zart. Er hatte die unbewegliche Hildegard auf einen Stuhl setzen lassen und klopfte mit einem kleinen Hämmerchen auf ihre Knie, worauf Hildegards Unterschenkel ohne ihr Zutun nach vorne schleuderten. Dann wies er Hildegard an, aufzustehen. Magda, die bei der Untersuchung zugegen war, hielt Hildegard aufrecht. Ohne Stütze war es ihr nicht möglich zu stehen. Der Arzt tastete ihre Beine ab, eins nach dem anderen, Stück für Stück. Hildegard merkte, dass er seine Finger geschickt benutzte, um sich ein Bild von ihren Knochen und Sehnen zu machen. Er wusste als akademisch gebildeter Arzt genug, um sich vorstellen zu können, wie es unter der Haut aussah. In früheren Zeiten wäre in Hildegard der Wunsch aufgestiegen, von ihm zu lernen. Nichts hätte sie aufgehalten, den Mann gleich an Ort und Stelle um Unterweisung in seiner Kunst zu bitten. Jetzt aber wurde Hildegard von einer großen Gleichgültigkeit erfüllt. Sicher, es rührte sie, dass man sogar einen richtigen Arzt für sie kommen ließ. Aber im Grunde machte sie sich keine großen Hoffnungen, dass er an ihrem Zustand etwas ändern konnte. Selbst wenn er es schaffen sollte, ihre Glieder wieder beweglich zu machen, fehlte ihr die Kraft etwas zu tun. Schon der Gedanke an die kleinste Anstrengung ließ sie ermüden. Hildegard war froh, als Magda ihr half, sich wieder auf ihre Bettstatt zu legen. Sie wandte den Kopf ab und hoffte, dass sie bald wieder die Ruhe und den Frieden des Alleinseins spüren würde.

Der Arzt trat, gefolgt von Magda, aus der Klause. Er blickte den wartenden Anno an. »Es sind keinerlei Defekte festzustellen. Knochengerüst, Sehnen, kurz, alles, was zur Bewegung dient, ist in Ordnung.«

»Das heißt, sie ist gesund?«, fragte Anno, mit Blick auf Magda, hoffnungsvoll.

»Das heißt, dass weder ich noch sonst irgendein Mediziner ihr helfen kann. Die Gründe für ihren Zustand liegen in ihr selbst.«

Anno runzelte die Brauen. »Bezahle ich teures Geld für Euch, um so etwas zu hören?«

»Ihr zahlt, um die Wahrheit zu erfahren.«

Der Arzt ging unbeeindruckt zu den Pferden hinüber, die an der Tränke festgemacht waren. Er fand jederzeit sein Auskommen, sodass er nicht darauf angewiesen war, sich von dem jüngsten und letzten Spross der Hohenecks wie ein Knecht behandeln zu lassen. Die Leute wurden immer krank, das war ein eindeutiger Vorteil seines Berufes.

Anno warf Magda einen kurzen Blick zu. Zum Glück schien sie die Respektlosigkeit des Arztes gar nicht bemerkt zu haben, so sehr war sie in sorgenvolles Grübeln vertieft. »Kommt mit mir zur Burg. Das wird Euch ablenken.«

Magda schreckte aus ihren Gedanken hoch. Sie wich vor Anno zurück, der sie am Arm nehmen wollte. »Warum sollte ich?«

»Ihr wollt mich ohne Bezahlung wegschicken?«

»Ihr sollt nicht denken, dass ich undankbar bin. Aber so war es abgemacht.«

Anno packte Magda unsanft am Arm. »Von wegen! Ihr habt doch gehört, dass Hildegard selber schuld ist. Der Arzt hat sein Bestes versucht. Und dafür bekommt er sein Geld und ich mein Recht.«

Anno zog Magda unsanft an sich und presste seine Lippen auf ihren Mund. Sie versuchte sich zu entziehen. »Nein, nein, Ihr tut mir weh.«

Anno hörte nicht auf sie, im Gegenteil, er fasste sie fester, um ihr das Oberteil herunterstreifen zu können.

»Nein, das dürft Ihr nicht!«

Magda sah sich verzweifelt um. Es war Mittagszeit, alle Mönche befanden sich im Speisehaus. Trotzdem schrie sie, so laut sie konnte.

Hildegard wandte erschrocken den Kopf zur Tür. Das war Magda, die da wie in Todesangst schrie. Was passierte da?

»Sagt mir nicht, was ich tun darf«, brüllte eine Männerstimme.

Gleich darauf hörte Hildegard einen dumpfen Schlag und Magdas erneuten Aufschrei. Offensichtlich war jemand dabei ihr Gewalt anzutun. Schreckliche Gefühle überfielen Hildegard, die Schwere eines Körpers über ihr und ihre erlahmende Kraft. Anno war es! Anno bedrohte Magda! Hildegard fühlte die aufsteigende Panik, aber sie versuchte sie niederzukämpfen. Sie musste Ruhe bewahren, wenn sie helfen wollte. Mühsam setzte sie ihre Beine vor das Bett und versuchte, aufzustehen. Aber ihre Glieder wollten ihr nicht gehorchen. Sie fiel zurück auf ihr Lager.

»Nein! Lasst mich!«

Magda war in höchster Not. Wieder folgte ein Schlag, direkt darauf ein dumpfes Geräusch.

»Lieber Gott, hilf mir aufzustehen! Vergib mir meine Sünden und lasse nicht Magda dafür büßen!«

Hildegard machte einen erneuten Versuch, und diesmal fiel sie nicht zurück. Sie schaffte es sich an dem Stuhl, der vor ihrem Bett stand, hochzuziehen. Dann setzte sie mühsam einen Fuß vor den anderen. Es ging langsam, zu langsam. Hildegard ließ alle Vorsicht fahren und machte einen großen Schritt, dann noch einen. Die Tür war nur noch ein kurzes Stück entfernt. Hildegard schwankte, drohte hinzufallen. Aber sie schaffte es, die Tür im letzten Moment aufzureißen. Das Bild, das sich ihr bot, ließ sie ihr Gebrechen vergessen.

Magda lag reglos auf dem Boden. Ihr Oberkörper war zur Hälfte entblößt und Anno kniete über ihr. Er betrachtete die Bewusstlose erschrocken. Als er Hildegard herauskommen hörte, sprang er auf. »Sie ist unglücklich gefallen! Ich konnte nichts dafür!«

Hildegards Kräfte waren zurückgekehrt. Sie ging auf Magda zu, stieß Anno zur Seite und kniete sich zu der jungen Frau. Sie hielt das Ohr an ihren Mund, fühlte ihre Stirn. »Sie lebt! Vater im Himmel, ich danke dir!«

Tränen der Erleichterung rannen Hildegard über das Gesicht. Vorsichtig hob sie Magdas Kopf an, um ihn auf ihrem Schoß zu betten. Sie strich ihr das Blut von der Schläfe, das aus einer Platzwunde quoll. Hildegard hob den Kopf und fixierte Anno mit ihrem Blick. »Nie habe ich einen Menschen so sehr verachtet wie Euch! Schänden und morden, ist das Euer Handwerk? Gott wird Euch strafen. Er wird Euch mit seinem Schwert durchbohren, wenn Ihr nicht von Eurem frevelhaften Tun ablasst!«

Anno trat langsam ein paar Schritte zurück. Er betrachtete Hildegard mit Widerwillen, ihr von Hass verzerrtes Gesicht, ihren glühenden Blick. Wie hatte er diese Frau jemals begehren können? Er konnte sich nicht eines Gefühls der Angst erwehren, das er aber sofort wieder abschüttelte. »Wie könnt Ihr so anmaßend sein, wo ich Euch meinen Arzt geschickt habe? Selbstsüchtiges Weib, nie werde ich Eure Worte vergessen!«

Das, was als Drohung gemeint war, ließ Hildegard nur bitter auflachen. »Das will ich hoffen.«

Anno entfernte sich schnell von der Klause. Er konnte es gar nicht abwarten, endlich auf seinem Pferd zu sitzen und loszupreschen.

Es hätte ihn wahrscheinlich verwundert, Hildegard nun weinen zu sehen. Alle Härte war von ihr abgefallen. Stattdessen schämte sie sich. Ihr zuliebe hatte sich Magda mit Anno eingelassen, das war ihr jetzt klar. Und er hatte Recht, sie war wirklich ein selbstsüchtiges Weib. Hätte sie sich nicht ihrem Leiden hingegeben, wäre das alles nicht passiert. Hildegard machte sich furchtbare Vorwürfe und bereute aus tiefstem Herzen. Als ihre Tränen auf Magdas Gesicht fielen und es benetzten, schlug Magda die Augen auf. Sie lächelte, als sie Hildegard über sich sah. »Hildegard! Halt mich fest, ganz fest!«

Und Hildegard umarmte die junge Frau und wiegte sie.

Volmar und Richardis waren erstaunt und erfreut, als sie Hildegard von ihrer alten Tatkraft und Energie erfüllt erblickten. Beide waren glücklich, als Hildegard ihnen mitteilte, sie würde bleiben. Hildegard sah es als Zeichen Gottes, dass sie Magda hatte retten können. Ihr Platz war hier, wo sie gebraucht wurde. Hildegard hatte ihre Entscheidung getroffen und verbot es sich, an Erik zu denken. »Ich werde Euch nie mehr verlassen. Mein Platz ist bei Euch.«

Hildegard kniete vor Richardis, Magda und Volmar, die drei um Verzeihung bittend. Richardis zog sie hoch. Sie hatte Tränen in den Augen. Es waren Tränen der Freude. Auch den anderen beiden war anzusehen, wie glücklich sie sie mit ihrem Versprechen machte. Aber Hildegard hatte es auch zu ihrer eigenen Sicherheit gegeben. Sie wollte nie mehr in Versuchung geführt werden.

Kapitel 20

ichardis fand keinerlei Schutz vor der prallen Mittagshitze, da sie bei ihrem Stand auf dem Markt bleiben musste. Der Andrang war groß, da die meisten Frauen ihre Vorräte an Tees, Pulvern und Salben über den Winter längst verbraucht hatten. Jetzt, nach der neuen Ernte, wollte eine jede ihre Bestände auffüllen.

Richardis verteilte die Medizin, bis ihr die Arme lahm wurden und die Beine wehtaten. Mit ihren bald vierzig Jahren ermüdete sie wesentlich schneller als früher. Sie hasste diese Zeichen des Alters. Aber es war weniger die Vergänglichkeit des Körpers, die ihr zu schaffen machte, als das Gefühl, etwas Wesentliches in ihrem Leben zu verpassen.

Sie blickte hoch zum Disibodenberg. Gewaltige Mauern strebten zum Himmel, seitdem die Basilika errichtet worden war. Dem Kloster ging es jetzt, im Jahre 1147, besser als je zuvor. Man konnte viel über den Abt sagen, aber auf das Wirtschaften verstand er sich.

Auch die Heilkunde wurde immer mehr Menschen zugänglich. Es gab eine rege Nachfrage nach Mixturen, die jetzt hauptsächlich Magda herstellte.

Aber das Einzigartige, das ganz Besondere, das alles in den Schatten stellen konnte, das harrte noch seiner Vollendung. Den dritten Teil von *Scivias* konnte Hildegard einfach nicht zum Abschluss bringen. Erst dachte Richardis, auch bei Hildegard, die nun fast fünfzig Jahre zählte, mache sich das Alter bemerkbar. Aber dem war nicht so. Richardis merkte oft, dass die Ältere ihr an Kraft und Ausdauer überlegen war. Schließlich kam Richardis eine andere Vermutung. Hildegard zögerte die Vollendung des Werkes hinaus, weil sie Angst hatte, ob man es als Gottes Wort anerkennen oder als Einbildung, oder schlimmer noch, als Wichtigtuerei einer alternden Nonne abtun würde.

Hildegard hatte sie von Anfang an mitarbeiten lassen. Sie legte großen Wert auf Richardis' Meinung, wie sie die Visionen über die Erschaffung der Welt, die Erlösung und die Offenbarung am besten in Worte kleiden konnte. Aber auch nach Jahren harter Arbeit verhinderte Hildegard, dass etwas von dem Glanz und der Pracht des Werkes nach außen drang. Wer weiß, ob Richardis es überhaupt noch erleben würde, dass ihnen Ruhm und Ehre zuteil wurde.

Als sie wieder einmal diesen dunklen Gedanken nachhing, trat Hildegard an den Stand. »Geh, ruh dich aus, mein Kind. Ich bleibe für den Rest des Tages hier.«

Besorgt streichelte sie über Richardis' erhitztes Gesicht. Aber die schüttelte ihre Hand unwillig ab. »Du brauchst dich nicht um mich zu sorgen. Das, was du wirklich für mich tun könntest, das tust du nicht.«

»Richardis, meine Ungeduldige! Gott hat sicher auch für dich eine große Aufgabe vorgesehen, bei all der Kraft und Leidenschaft, die dich umtreibt. Und wenn sie auch nur darin besteht, dich in Demut und Bescheidenheit zu üben.«

»Du weichst mir aus.«

Aber Hildegard reagierte nicht auf Richardis' Vorwurf. Nicht, weil sie ihn schon so oft gehört hatte, und auch nicht, weil sie insgeheim wusste, dass ein Körnchen Wahrheit darin steckte. Ihre Aufmerksamkeit wurde von einer Frau gefesselt, die an den Ständen vorbeischlenderte und sich die feilgebotene Ware ansah. Sie sah schlecht aus. Ihre Hautfarbe wirkte ungesund, ihre Augen waren glanzlos und ihr Körper ausgemergelt. Doch das war es nicht, was Hildegard ihr Augenmerk auf sie richten ließ. Viele Leute des Dorfes befanden sich in diesem beklagenswerten Zustand. Hildegard meinte vielmehr, sie zu kennen. Die Gesichtszüge, die Haltung, all das schien sie schon einmal gesehen zu haben. Als sie sich ihrem Stand näherte, sprach Hildegard sie an. »Seid Ihr aus der Gegend?«

Die Frau, die etwas jünger als Richardis sein mochte, schrak zusammen. »Nein, ich bin nur auf der Durchreise.«

»Aber ich kenne Euch!«

Die Frau schüttelte abwehrend den Kopf. »Das kann nicht sein. Ich war das letzte Mal hier, als ich ein Kind war.«

Damit wollte sie auch schon weitereilen, als es Hildegard einfiel. »Sara! Du bist das kleine Mädchen, das fast vom Hagel erschlagen wurde.«

Hildegard nahm Sara gerührt in die Arme. »Sara! Ich freue mich dich wiederzusehen.«

Die Frau sah sie ungläubig an.

»Seid Ihr etwa Hildegard?«

Hildegard nickte. Die Frau lächelte, die Anspannung verschwand aus ihrem Gesicht. Hildegard hakte Sara unter.

»Sag, was ist aus deiner Familie geworden? Ist sie auch hier?«

»Mein Vater ist gestorben, meine Mutter folgte ihm nach. Wir Kinder sind seitdem viel rumgekommen«, antwortete Sara ausweichend.

Hildegard merkte, dass Sara nicht offen reden konnte oder wollte. Ihr wurde klar, dass das damals aufgekommene Gerücht, die Familie hätte sich den Katharern angeschlossen, wohl stimmte. Wenn es eine Chance gab, etwas von ihr zu erfahren, dann bestimmt nicht mitten auf dem Marktplatz. Hildegard beschloss, Sara mit ins Kloster zu nehmen.

Hildegard sah zu, wie Sara auch den letzten Rest des dicken Milchbreis mit dem Brot auftunkte. Nachdem nichts mehr übrig war, lehnte Sara sich zurück. Ihr Gesicht verriet allerdings keine Zufriedenheit, sondern wirkte gequält.

»Soll ich noch nachholen?«, fragte Hildegard besorgt.

Aber Sara schüttelte heftig den Kopf. »Ich habe schon genug

gesündigt. Wieso konnte ich mich nicht besser beherrschen, anstatt mich der Völlerei hinzugeben!«

Verzweifelt schaute Sara Hildegard an.

»Aber Kind, du musst dich stärken. Dein Zustand ist schlecht.«

Saras Miene drückte Verachtung aus. »Weil ich mich von meinem Körper beherrschen lasse.«

»Aber Sara, wer sagt denn so etwas? Mein ganzes Leben widme ich den Kräutern, die uns helfen gesund zu bleiben. Der Körper ist unser Freund, den wir pflegen müssen wie jede Freundschaft.«

Sara sah Hildegard erstaunt an. Es schien ihr zu gefallen, was Hildegard sagte, doch gleichzeitig sah Hildegard Angst in Saras Augen. »Erzähl mir von dir. Hast du Mann und Kinder?«

»Ich wünsche mir nichts sehnlicher, doch …«

Sara stockte.

»… du hast den Richtigen noch nicht gefunden«, half Hildegard nach.

»Doch.«

Sara sah zu Boden. Hildegard merkte, dass es ihr unangenehm war, darüber zu sprechen. »Ich liebe ihn und er liebt mich auch.«

Hildegard sah sie erstaunt an. »Aber wenn ihr beide euch mögt, was hält euch auf?«

Sara senkte den Kopf. »Er darf mich nicht lieben.«

»Ist er ein Mönch?«

»Nein, aber er will sich nicht verunreinigen. Und mit der Lust ist es wie mit dem Essen. Sie bringt uns vom rechten Weg ab.«

»Das sind die strengen Regeln der Katharer.«

Hildegard wollte nicht länger drum herumreden. Sara sah sie erschrocken an, aber Hildegard legte ihr beruhigend den Arm auf die Schulter. »Keine Angst, von mir wird niemand etwas erfahren.«

»Sie sind gute Menschen. Sie sorgen für mich.«

»Du siehst elend aus.«

»Nein, es geht mir gut. Alles ist gut, alles ist besser als dieser kalte Winter, als wir so furchtbar hungerten. Ich sollte abgeben, von meinem Brot, von meiner Decke. Doch ich konnte nicht.«

Sie brach in Tränen aus. Hildegard streichelte sie, bis sie sich wieder etwas beruhigt hatte. Sara sah Hildegard verzweifelt an. »Und dann war meine kleine Schwester tot. Ich habe so gewünscht, dass ich an ihrer Stelle steif auf dem kalten Boden liegen würde, aber es war zu spät.«

»Meine arme Sara! Und deshalb bestrafst du dich nun dein Leben lang, indem du dich der Askese hingibst? Glaube mir, Gott hat dir längst verziehen. Du warst ein Kind.«

»Du glaubst wirklich, er hat mir vergeben?«

»Ich kenne unseren Gott.«

Hildegard lächelte, aber Sara machte sich aus ihrer Umarmung frei. »Du sprichst vom Gott der Kirche, von dem, der so viele Menschen im Elend versinken lässt. Ich aber glaube an den reinen Gott, den Gott unserer Gemeinschaft. Er mag strenger sein, aber er ist gerecht.«

Hildegard sah Sara voller Mitleid an. »Bitte, Sara, du musst vertrauen. Erst dann kannst du Gottes Güte erkennen.«

Sara sah sie zweifelnd an. Hildegard ahnte, dass viele Stunden des Gesprächs nötig waren, um sie zu überzeugen.

Aber so viel Zeit sollte nicht bleiben. Am nächsten Morgen war Saras Bett leer. Hildegard sprang auf und lief nach draußen. Sie blickte sich im Gärtchen um, lief auf den Klosterhof und weit durch das Tor hinaus, obwohl sie wusste, dass es keinen Sinn hatte. Völlig außer Atem hielt sie an. Sara war weg. Der Ruf der Katharer war stärker. Sara hatte ihr nicht vertrauen können.

Richardis blickte dem Abt direkt ins Gesicht. »Ich bitte Euch von ganzem Herzen. Helft Hildegard, die Anerkennung ihrer Schriften zu erlangen. Wir dürfen uns in unserer Kleinheit nicht dazu erheben, sie aufhalten zu wollen.«

Kuno zuckte gleichmütig mit den Schultern. Er versuchte sich seinen Ärger über Richardis, die anscheinend schon genauso aufsässig wie Hildegard wurde, nicht anmerken zu lassen. Er musste geschickt vorgehen. »Nichts liegt mir ferner, als eine von Gott gesandte Schau zu verbergen. Im Gegenteil, es ist unsere Pflicht seinen Worten Gehör zu verschaffen.«

Richardis sah ihn erstaunt an. Kuno musste irgendwann nachgeben. Aber sie konnte kaum glauben, dass es so schnell ging. Sie hörte atemlos zu, als er fortfuhr.

»Doch wie kann ich erkennen, dass wirklich Gott zu ihr spricht? Übersteigerte Phantasie, Geltungssucht oder gar Einflüsterungen der Teufel könnten genauso gut Hildegards Feder führen.«

»Hildegard ein Werkzeug des Bösen? Das ist undenkbar!«

Richardis war empört, aber Kuno fuhr unbeirrt fort. »Ich ziehe nur alle Möglichkeiten in Betracht.« Er sah Richardis direkt an. »Aber in einem kann ich Euch Recht geben.«

Kuno registrierte einen leisen Hoffnungsschimmer auf Richardis' Gesicht. »Ich bin nur ein einfacher Abt, der in seiner Kleinheit unmöglich entscheiden kann, ob Hildegards Schriften die Anerkennung verdienen.«

Richardis wandte sich wortlos ab. Ihre Schultern bebten vor Wut.

Hildegard ging unruhig auf und ab. Sie wartete auf Richardis' Rückkehr, obwohl sie nicht ernsthaft hoffte, dass sie etwas erreichen würde. Sie hatte Richardis trotzdem zu Kuno gehen lassen, weil sie es ihr ohnehin nicht ausreden konnte.

Nie würde Kuno die Anerkennung ihrer Schriften vorantreiben. Dabei war es dringender denn je, dass alle Gottes Worte erfuhren. Die Welt war voll von Menschen, die aus Not oder aus Unwissenheit vom wahren Glauben abfielen. Sie wollte, dass das Licht ihrer Schau weithin strahlte. Sie wollte vor allem, dass auch Sara, vergraben in ihr Unglück, es sah.

Hildegard drehte sich um, als sie Schritte hörte. »Richardis?«

Da stand die Gefährtin auch schon in der Tür. Sie lächelte und war sichtlich aufgeregt.

»Er hat doch nicht etwa …«

Hildegard wagte nicht, weiterzusprechen. Ihr Herz klopfte, aber dann sah sie Richardis den Kopf schütteln. »Nein, er fühlt sich zu schwach, um solch eine Entscheidung zu treffen.«

Hildegard sah Richardis' Lächeln, das von Spott zeugte. Aber sie wollte nicht, dass ihre Schülerin und geistige Tochter solche Gefühle hegte, schon gar nicht ihretwegen. »Kuno ist ein vorbildlicher Abt, der stets das Beste für das Kloster will. Er tut es auf seine Art, und das sollten wir respektieren.«

»Das tue ich«, rief Richardis eine Spur zu enthusiastisch. »Ich nehme sein Wort sehr ernst.«

Hildegard sah Richardis zweifelnd an. Sollte sie sich den Spott nur eingebildet haben? Aber schon fuhr die Jüngere fort. »Wenn es nicht in Kunos Macht steht, dir die nötige Anerkennung zu verschaffen, dann müssen wir uns an einen Mächtigeren wenden«, triumphierte sie.

Hildegard sah sie erstaunt an. »Von wem sprichst du?«

»Er, genau wie du, sieht es als vordringlichstes Ziel, die Seelen der Leute vor den Katharern zu retten.«

»Du meinst doch nicht etwa …«

Vor Hildegards Auge tauchte eine beeindruckende Gestalt auf. Ein Mann, von dem eine besondere Ausstrahlung ausging. Ein Mann, der alle in seinen Bann schlug. Er war mittlerweile zu einem der mächtigsten Würdenträger der Kirche geworden. Hildegard erschauerte. Konnte sie es sich anmaßen, Bernhard von Clairvaux mit ihrer Schau zu behelligen?

*

›Oh ehrwürdiger Vater Bernhard, wunderbar stehst du da in hohen Ehren aus Gottes Kraft.‹

Bernhard schaute von den Zeilen auf. Unweigerlich verspürte er wieder diesen Stich, wenn er daran dachte, dass er eigentlich mit viel höheren Ehren gerechnet hatte. Sicher, er war Abt von Clairvaux sowie Leiter des Zisterzienserordens und dadurch ohnehin schon mit zu vielen weltlichen Dingen beschäftigt.

Trotzdem erschien ihm plötzlich seine Klosterzelle beengend. Es zog ihn hinaus. Sein Platz war in Rom. Und er hätte sich von dort bestimmt nicht vom römischen Senat vertreiben lassen, wie der jetzige Papst, der sich notgedrungen an verschiedenen Orten des Patrimoniums Petri aufhalten musste.

Er hatte es ohnehin nicht verstanden, dass ausgerechnet sein Freund und Weggefährte seit frühesten Tagen, Bernhard, sein Namensvetter, zum Papst berufen wurde. Es kränkte ihn so, dass er sogar die ihm angetragene Bischofswürde ablehnte. Jetzt blieb ihm nur noch sein Einfluss als früherer Lehrer auf Bernhard, der jetzt Eugen hieß.

Bernhard riss sich zusammen. Er hatte Hildegard damals für würdig befunden, den Schleier zu nehmen und sie verdiente auch jetzt, dass er sich ihrem Anliegen voll und ganz widmete.

›… höre mich, da ich dich frage‹, las er weiter. ›Ich weiß nämlich im Text des Psalters, des Evangeliums und der anderen Bücher den Sinn der Auslegung, der mir durch diese Schau gezeigt wird. Wie eine verzehrende Flamme rührt die mir an Herz und Seele und lehrt mich die Tiefen der Auslegung … Antworte mir: Was dünkt dich von alledem? Ich bin ja ein Mensch, der durch keinerlei Schulwissen über äußere Dinge unterrichtet wurde.‹

Bernhard erinnerte sich genau, dass Hildegard als Frau natürlich nicht in den Genuss einer umfassenden Bildung gekommen war, aber mit ihrem Herzen mehr wirklich Wichtiges erfasste als viele andere, belesene Männer. Sie hatte die Gefahr, die durch die Katharer drohte, früh erkannt, aber vor allem hatte sie nie die Augen vor den wahren Ursachen verschlossen. Sie war fähig, die Kirchenoberen aus Bequemlichkeit und Müßiggang aufzurütteln, um nicht noch mehr Menschen an die Ketzer zu verlieren

Es wäre gerecht, sie mit seiner ganzen Kraft zu unterstützen. Doch er wusste, dass Papst Eugen das nicht gutheißen würde. Er richtete sich zwar meistens nach Bernhards Meinung, die er nie einzuholen versäumte, aber in einem folgte Eugen seinem Lehrmeister nicht: in der Marienverehrung. Allerdings hatte Bernhard auch ein wenig eifersüchtig darüber gewacht, dass er als sein Schüler daran nicht zu viel Anteil nahm. Das schlug sich jetzt in Eugens Amtsführung nieder. Er war kein Förderer der Frauen in der Kirche.

Bernhard wusste, wenn er Hildegard jetzt unterstützte, würde er sich offen gegen Eugen stellen. Das wollte er auf jeden Fall vermeiden. Eugen sollte sich in Sicherheit wiegen. Nur so würde es Bernhard gelingen, eines Tages doch noch selbst die Mitra auf dem Kopf zu tragen.

Er versenkte sich noch einmal in den Brief.

›Ich habe geweint, weil ich so sehr erröte und so zaghaft bin …‹

Bernhard dachte nach. Hildegard litt, weil sie nicht wusste, ob sie wirklich berufen war, und er litt, weil er trotz seiner Berufung immer noch nicht das Amt des Papstes bekleidete. Er setzte sich an sein Schreibpult, um ihr gleich zu antworten, noch vor dem Stundengebet, in dem er Maria huldigen würde. Denn er wusste, dass die Worte, die er jetzt zu Papier brachte, nicht in ihrem Sinne wären. Er wusste, dass er einer anderen Frau Unrecht tat.

*

Richardis raffte die losen Pergamentblätter zusammen. Sie bedauerte, dass sie sie nicht in einen kostbaren Ledereinband hatte binden lassen können, aber das wäre zu riskant gewesen. Hildegard sollte nichts von ihrem Vorhaben erfahren, jedenfalls noch nicht. Richardis machte sich auf den Weg zu Volmar. Als sie die Seiten an ihre Brust drückte, wurde ihr ganz warm. Sie würde nicht ruhen, bis Hildegards Schau offiziell anerkannt war, selbst wenn ihr dabei einer der mächtigsten Männer, oder gar der mächtigste, wie einige raunten, im Wege stand. Aus Bernhards Brief war keine direkte Ablehnung herauszulesen, aber es war auch alles andere als eine Ermutigung oder gar Anerkennung.

›Wir freuen uns mit dir über die Gnade Gottes, die in dir ist. Und was uns angeht, so ermahnen und beschwören wir dich, dass du sie als Gnade erachtest und ihr mit der ganzen Liebeskraft der Demut und Hingabe entsprichst.‹

Sie hatte an Hildegards Erröten gesehen, dass sie sich getroffen fühlte. Wie konnte er eine Frau wie Hildegard auch nur in einem Atemzug mit dem Laster der Geltungssucht nennen! Genauso gut könnte Bernhard selbst seine Gesinnung überprüfen. Richardis war aufgebracht, als Hildegard weiterlas. ›Im Übrigen, was sollen wir noch lehren oder ermahnen, wo schon eine innere Unterweisung besteht und eine Salbung über alles belehrt?‹

Hildegard schwieg und auch Richardis konnte nichts sagen. Sie hatte sich so viel von diesem Brief erhofft und nun das hier. Freundlich gehalten, aber unverbindlich und ausweichend an der Stelle, auf die es ankam. Bernhard hatte Hildegards Sehergabe nicht bestätigt. »Ich weiß nicht, was ihn zu dieser Antwort verleitet.«

Richardis sah Hildegard fast trotzig an. Die rang sich zu einem Lächeln durch. »Lass uns zufrieden sein, dass so ein vielbeschäftigter Mann sich überhaupt die Mühe gemacht hat, zu antworten.«

Auf Richardis' Wangen erschienen rote Flecken, ein sicheres Zeichen dafür, dass sie sich aufregte. »Du willst das doch nicht hinnehmen?«

Hildegard nickte ruhig. »Doch, das will ich, genau, wie ich es von dir erwarte.«

Sie sah Richardis voller Ernst an. »Gott hat die Menschen in einer bunten Vielfalt erschaffen, starke und schwache, lebhafte und stille, und ein jeder hat seinen Platz. Wie eintönig sähe die Welt aus, wenn ein jeder ein Bauer wäre, oder nur Ritter die Städte und Dörfer bevölkerten? Gott will nicht, dass ich mich über die erhebe, denen ich Gehorsam schuldig bin.«

Richardis konnte es kaum glauben. Wo war Hildegards Kampfgeist geblieben? »Du hast dich noch nie gefügt, wenn du von etwas überzeugt warst. Wieso schenkst du Bernhard so bedingungslos Glauben?«

»Weil er ein Visionär ist. Er hätte es erkannt, wenn meine Schau Achtung verdient hätte.«

»Aber er hat deine Schriften doch noch nicht einmal gelesen!«

Richardis brach ab. Das war der Fehler. Sie hörte gar nicht mehr, was Hildegard zu ihrer, und vermutlich noch mehr zu ihrer eigenen Beruhigung, vorbrachte. Richardis überlegte fieberhaft. Sollte sie ihm *Scivias* vorlegen, um ihn doch noch zu überzeugen? Richardis zögerte. Sie kannte die Scheu vieler Männer, ein einmal gesagtes Wort zurückzunehmen. Wahrscheinlich war es für jemanden in einer gehobenen Position sogar noch schwieriger, einen Fehler einzugestehen. Nein, eine erneute Absage wollte sie nicht riskieren. Es gab nur noch einen, der ihnen helfen konnte. Richardis erschauerte bei dem Gedanken, zum Papst Verbindung aufzunehmen.

Es traf sich gut, dass Kuno den Erzbischof Ruthard in Mainz besuchen wollte, um die kommende Synode vorzubereiten. Ruthard würde bei der Kirchenversammlung auf Papst Eugen treffen und diese Gelegenheit musste Richardis nutzen. Natürlich brauchte sie erst gar nicht zu versuchen, Kuno Hildegards Schriften mitzugeben. Volmar musste *Scivias* Ruthard ans Herz legen.

Der hatte nach kurzem Zögern zugestimmt. Es gefiel ihm zwar nicht, etwas hinter Hildegards Rücken zu tun, aber diesmal musste es sein. Kuno wunderte sich zuerst über sein Angebot, ihn zu begleiten, verließ Volmar doch nur äußerst ungern das

Kloster. Aber dann stimmte Kuno zu, denn der Mönch würde ihm einiges an Arbeit abnehmen können.

Kuno bereute seine Arglosigkeit, als er erkannte, dass Volmar, kaum in Mainz angekommen, nichts Eiligeres zu tun hatte, als Ruthard Hildegards Schriften zu geben. Kuno wartete, bis er mit Ruthard alleine war, um den Schaden zu begrenzen. »Ihr werdet dieses Geschreibsel doch nicht ernstlich dem Papst vorlegen?«

Ruthard runzelte die dünnen Brauen. »Natürlich werde ich das.« Kuno verstand die Welt nicht mehr.

»Aber Volmar hat ohne meine Einwilligung gehandelt.«

»Dann seid froh, dass er so mutig war.«

Es dauerte einen Moment, bevor Ruthard sich zu einer Erklärung herabließ. »Papst Eugen ist mir wohl gesonnen. Wir sind in vielen Punkten einer Meinung, unter anderem, was die Frauen in der Kirche angeht. Auch Eugen möchte ihren Einfluss so gering wie möglich halten.«

Kuno begann zu verstehen. Gespannt lauschte er Ruthards weiteren Ausführungen.

»Wenn schon Bernhard Hildegards Äußerungen keine weitere Beachtung geschenkt hat, so wird es Eugen erst recht nicht tun, zumal er vom Rat seines Ziehvaters fast schon abhängig ist.«

Die Verachtung, die Ruthard deshalb für ihn empfand, war ihm deutlich anzusehen. Er selber verließ sich auf niemanden und war damit im Laufe der Jahre gut gefahren. »In diesem Fall ist seine Charakterschwäche nur gut für uns. Er wird Hildegards Schriften den endgültigen Todesstoß versetzen.«

Die Blicke der beiden Männer trafen sich. Jetzt herrschte wieder Einverständnis zwischen ihnen.

Als Richardis gestand, zu was sie Volmar angestiftet hatte, war Hildegard fassungslos gewesen. Es konnte kein gutes Vorzeichen sein, wenn ihre Schriften, zumal noch unfertig, auf diesem Wege nach draußen gelangten.

Und jetzt hatte man sie zur Bibliothek gerufen, weil eine Delegation des Papstes von der Synode aus zu ihr gereist war. Hildegard erreichte die Tür. Doch es war nicht die Kälte, die ihre Hand zittern ließ, als sie anklopfte. Hildegard hatte Angst, was sie erwartete.

Kuno öffnete und seine grimmige Miene verhieß nichts Gutes. Hildegard betrachtete scheu die Gruppe der Männer, die sich ihretwegen hier versammelt hatte. Als Kuno sie vorstellte, bemerkte sie mit Ehrfurcht, dass keiner von ihnen unter dem Rang eines Abtes stand. Der Bischof von Verdun, eine imposante Erscheinung mit durchdringendem Blick, richtete das Wort an sie. »Schwester Hildegard, wir haben Eure Schriften sorgfältig studiert.«

Er hob die schweren Deckel der Mappe auseinander, in der die mit ihrer Schrift gefüllten Pergamentbögen lagen. Hildegard wurde unruhig, als sie ihr Werk in den Händen des Bischofs sah. War es wirklich reif, von anderen gelesen und verstanden zu werden, oder würde man sie als geltungssüchtige oder gar verwirrte Person ansehen? Am liebsten hätte Hildegard ihm die *Scivias* aus den Händen gerissen, die Seiten an sich gedrückt und wäre damit in ihre Klause gelaufen. Aber sie musste bleiben und Rede und Antwort stehen.

»Wann hattet Ihr zum ersten Male diese Schau, wie Ihr es nennt?«

Hildegard zwang sich, ruhig und deutlich zu sprechen. »Meine ersten Hinweise von Gott erhielt ich, als Menschen in Gefahr waren.«

Der Bischof stutzte. »Wollt Ihr damit sagen, Ihr wart zu ihrer Rettung ausersehen?«

Hildegard senkte den Kopf. »Es ist mir nicht gelungen. Rupert von Maasfelden und Rike, die Heilerin, mussten sterben, obwohl ich ihren Tod voraussah.«

Der Bischof runzelte die Stirn. »Warum sollte Gott Euch dann diese Prophetie gesandt haben?«

»Lange habe auch ich über diese Frage nachgedacht und mit meinem Schicksal gehadert. Ich glaube, Gott wollte mich vorbereiten, mir zeigen, dass ich meiner Schau glauben kann.«

»Und trotzdem schreibt Ihr ›Groß ist meine Furcht und ich wage nicht, deine Geheimnisse kundzutun. Oh Vater, voll Güte und Milde, belehre mich, was dein Wille ist und was ich reden soll.‹ Das hört sich nicht an, als wenn Ihr Euren Worten traut.«

Hildegard ahnte jetzt, dass der Bischof nicht gewillt war sie zu verstehen. Aber sie konnte nicht anders, als ehrlich zu antworten. »Ich war selber erstaunt, dass Gott mich erwählt hat und ich bin ständig von zitternder Furcht erfüllt. Denn keine Sicherheit irgendeines Könnens erkenne ich in mir.«

»Und dann wagt Ihr es trotzdem, ein Werk von diesem Umfang zu verfassen? Ich werde dem Papst von all diesen Widersprüchen Bericht erstatten müssen.«

Hildegard konnte nicht verhindern, dass ihr die Tränen in die Augen traten. Hilfe suchend blickte sie sich um. Doch als sie Kunos zufriedenes kleines Lächeln sah, wusste sie, dass die Abordnung des Papstes sie nicht nur prüfen, sondern richten sollte.

*

Bernhard wünschte sich nach Hause. In Clairvaux hätte er die nötige Ruhe gefunden. Doch stattdessen musste er den Jahreswechsel 1147/48 hier in Trier verbringen. Zu der Synode, die etwa drei Monate dauern sollte, waren alle angereist, die in der Kirche Rang und Namen hatten. Neben dem Trubel, den die mehreren hundert Kirchenfürsten aus Italien, Frankreich und England verbreiteten, herrschte noch der unablässige Lärm durch die Bauarbeiten am Dom. Aus römischer Zeit stammendes Mauerwerk wurde durch Türme zu beiden Seiten erweitert. Das Klopfen und Hämmern verstärkte Bernhards rasenden Kopfschmerz.

Dabei hatte er gehofft, dass die frische Luft ihm gut tun würde. Aber auch sie vertrieb nicht die Bilder in seinem Kopf. Tote Soldaten, im Staub liegend verblutet, abgeschlagene Köpfe mit vor Schreck weit aufgerissenen Augen, die nun ins Leere starrten und verzweifelt Fliehende, die gegen ihre Verfolger keine Chance hatten. Eben erst hatte er die Nachricht erhalten, dass wieder Teile der französischen Truppe auf ihrem Weg nach Jerusalem aufgerieben worden waren.

Bernhard verstand das nicht. Er hatte den Kampfeswillen der Leute erlebt, als er vor zwei Jahren damit begonnen hatte, zum Kreuzzug aufzurufen. Die Leute hatten sich so sehr mitreißen lassen, dass sie in ihrem Bekehrungswillen sogar zu weit gingen. Es kam zu Ausschreitungen an Juden und Ketzern. Bernhard war klug genug, seine Mitschuld daran zu erkennen und machte sich erneut auf, diesmal um seine Anhänger zu besänftigen. Hätte er es nicht so gut verstanden, die Massen zu lenken, so wäre ihm sicher selbst so manches Mal angst und bange geworden beim Anblick der aufgepeitschten Massen. Bernhard konnte sich nichts anderes vorstellen, als dass sie Jerusalem zum zweiten Mal einnehmen würden.

Doch er verstand sich nicht nur darauf, das Volk zu gewinnen. Auch König Konrad hatte sich bereit erklärt, am Kreuzzug teilzunehmen. Wurden die einfachen Leute durch Sündenerlass gelockt, so fand Konrad Gefallen daran, seine Macht durch solch eine Unternehmung zu stärken. Der Adel würde seine Streitigkeiten untereinander vergessen, wenn sie einen gemeinsamen Feind vor Augen hätten. Und die Ritter konnten ihre Kräfte einsetzen, um Ehre, Reichtum und Land zu gewinnen, anstatt die eigenen Landsleute zu berauben und zu morden, wie es in diesen Zeiten immer wieder vorkam.

Doch was so hoffnungsvoll begonnen hatte, schien in der

Katastrophe zu enden. Konrads Truppen waren bereits bei Dorylaeum in Anatolien von den Seldschuken geschlagen worden. Den sizilianischen und den französischen Truppen drohte nun ein ähnliches Schicksal.

Bernhard war eigentlich zur Synode gekommen, um Mut zu machen. Würde er jetzt zur endgültigen Aufgabe von Jerusalem raten müssen? Dabei hatte er gehofft, dass sich die Ostkirche in Byzanz für die Befreiung von den Moslems durch eine Wiedervereinigung erkenntlich zeigen würde. Die Trennung seit dem Schisma von 1054 konnte er nie ganz akzeptieren. Und wenn es jemals wieder zu einer Zusammenführung kommen würde, so wollte er maßgeblich daran beteiligt sein.

Bernhard zermarterte sich das Hirn nach einer Lösung. Er fasste unter sein Hemd, spürte das kleine Medaillon in seinen Händen und öffnete es. Als er Marias mildes Lächeln sah, fühlte er sich getröstet. Doch schwang da nicht ein wenig Missbilligung mit? Er sah genauer hin. Sie verurteilte das Vorgehen der Kreuzfahrer. Rauben und Morden konnte sie nicht gutheißen. Aber auch er bekümmerte sie. Er, der selber Visionär war, wusste genau, wann ein Mensch diese Gabe besaß. Er hatte schon lange erkannt, dass Hildegard eine Seherin war. Vielleicht konnte er den anderen Menschen etwas vormachen, Maria hatte ihn längst durchschaut. Bernhard klappte das Medaillon entschlossen zu. Er musste das Unrecht, das er Hildegard angetan hatte, gutmachen. Dann würde Maria ihm auch wieder beistehen.

»Ich sah ein Weib von so hoher Gestalt, dass es wie eine große Stadt anzuschauen war. Das ist die Braut meines Sohnes, die Kirche, die ihm stets neue Kinder schenkt.«

Eugen hatte die Mappe mit Hildegards Schriften in der Hand und las den Kardinälen und Bischöfen daraus vor. Seine Stirn kräuselte sich missbilligend, als er fortfuhr. »Von den Armen des Weibes ging ein heller Glanz aus, der vom Himmel bis zur Erde niederstrahlte. Netzartig öffnete sich der Schoß des Weibes in viele Spalten, durch die eine große Menschenmenge einzog. Beine und Füße hatte die Gestalt nicht. Dies bedeutet, dass die Kirche noch nicht zur Vollkraft ihres Bestands und zum höchsten Glanze ihrer Vollendung gelangt ist.«

Der Papst sah in die Runde der Männer, die sich im großen Saal des Bischofshofes versammelt hatten. Die meisten zeigten keine Regung, aller Blicke ruhten auf ihm, um seine Wertung abzuwarten. Eugen klappte die Mappe zu. »Die Kirche als Frau zu beschreiben, noch dazu als unvollständige, erscheint mir eher als Frevel denn als Wort Gottes.«

Ein zustimmendes Raunen ging durch die Menge. Bei all den Streitigkeiten wegen des misslingenden Kreuzzugs, die man bei diesem Treffen schon ausgetragen hatte, konnten hier wenigstens alle Einmütigkeit zeigen. Fast alle, denn in Bernhard arbeitete es. Er horchte nach innen, spürte fast, wie das Medaillon auf seiner Brust brannte. Er konnte Marias Willen nicht länger ignorieren und schon brach es aus ihm heraus. »Eure Heiligkeit möge nicht dulden, dass solch ein hell strahlendes Licht von Schweigen überdeckt wird.«

Aller Augen richteten sich auf ihn. Es dauerte einen Moment, bis Eugen etwas erwidern konnte. »Wie kommt es, dass nur Ihr dieses Licht sehen könnt, während wir anderen im Dunkeln verharren?«

Es war eindeutig Unwillen über die abweichlerische Äußerung herauszuhören, aber Bernhard kannte Eugen gut genug, um zu wissen, dass er trotzdem an seiner Meinung interessiert war. Eugen fehlte die Begabung, die Ganzheit der Dinge zu beurteilen. Er verlor sich gern in Einzelheiten, und da er um diesen Mangel wusste, lebte er in der beständigen Angst, Fehlentscheidungen zu treffen.

Bernhard wählte seine Worte sorgfältig. »Auch Maria ist eine Frau. Wollt Ihr die Mutter Gottes herabwürdigen, indem Ihr das Bild der Kirche als fruchtbare Frau verschmäht? Erkennt Ihr nicht die Wirkung, die solche klaren Bilder haben?«

Bernhard hielt kurz inne. Als er fortfuhr, donnerte seine Stimme in die gespannte Stille. »Ich kann Euch auch andere Bilder malen. Die Klöster leer und die Kirchen zerfallen, nachdem immer mehr Leute sich abwenden und woanders ihr Heil suchen. Was gefällt Euch besser?«

Sanfter und in bittendem Tonfall sprach er weiter. »Noch können wir diesen Prozess aufhalten, wenn wir jede Hilfe annehmen, die wir bekommen können. Welch großer Gewinn für die Kirche wäre es, wenn Ihr Hildegards Begnadung durch Eure Autorität bestätigen könntet!«

Jetzt kam alles auf die Reaktion des Papstes an. Eugen schien sich etwas überrumpelt zu fühlen, er rang mit sich. Als fast schon niemand mehr mit einer Antwort rechnete, bedachte er Bernhard schließlich doch noch mit einem wohlwollenden Nicken, worauf vereinzeltes Klatschen zu hören war, das bald in tosenden Applaus mündete. Bernhard atmete auf. Die Kirche hatte eine anerkannte Seherin mehr in ihren Reihen.

Volmar war außer Atem. Die Zweige des dornigen Gestrüpps, das den schmalen Pfad säumte, peitschten ihm immer wieder ins Gesicht. In diese Richtung hatte man Hildegard gehen sehen. Der Wald war groß. Es konnte gut sein, dass er sie verpasste, dicht an ihr vorbeilief, ohne es zu wissen. Doch er konnte auch unmöglich ihre Rückkehr abwarten. Sie musste so schnell wie möglich erfahren, dass der Papst sie als Seherin anerkannt hatte. Sogar Kuno war außer sich vor Freude, weil Eugen dem Glückwunschschreiben noch eine Schutzurkunde für das Kloster beigefügt hatte.

Volmar hielt kurz inne um zu lauschen. War da nicht ein Geräusch gewesen? Forschend blickte er in das Dickicht, als sich plötzlich eine Lücke auftat. Volmar schlüpfte hindurch. Er blickte auf eine Lichtung, in deren Mittelpunkt eine Kastanie stand, die mit ihrer ausladenden Krone den Platz zu überdachen schien.

Am Fuße des Baumes sah er sie. Hildegard kniete neben dem mächtigen Stamm. Richardis und Magda hielten sich etwas hinter ihr, auch sie knieten. Sie hatten die Hände zum Gebet gefaltet. Der Anblick der drei Frauen schlug Volmar in seinen Bann. Erst wusste er nicht, was so ungewöhnlich an dem Bild war, das sich ihm bot. Doch dann merkte er es. Sie hatten ihre Haare gelöst. Die Schleier lagen am Boden. Die Frauen wollten in ihrer ganzen Schönheit zu Gott beten. Und plötzlich streckte Hildegard ihre Arme gen Himmel und im selben Augenblick schien ein Licht durch sie hindurchzugehen, geradewegs vom Himmel kommend. Ihre Haare erstrahlten wie Flammen und erleuchteten alles in ihrem Umkreis. Etwas von dem Schein fiel auch auf Richardis und Magda, sogar Volmar wurde von dem Licht ergriffen. Schließlich schwand der Glanz langsam, bis alles wieder im Dämmer des Waldes lag. Nur auf Hildegards Gesicht war das Leuchten geblieben. Ergriffen und glücklich sah sie die anderen an. Und jetzt wusste Volmar, dass er zu spät kam. Gott selbst hatte ihr die frohe Botschaft überbracht.

Kapitel 21

ara betrachtete staunend das Gewimmel in den Straßen. Seit sie sich weit vor den Stadttoren für die Feldarbeit verdingt hatte, war sie nur wenige Male in Köln gewesen. Ihr Weg führte sie durch die Oversburg, ein Viertel, in dem sich Schiffer, Fischer und viele Weberinnen niedergelassen hatten. Sara starrte fasziniert auf die Frauen, die ihren Webstuhl direkt vor der Haustür aufgebaut hatten, und bei ihrem Tagwerk mit den anderen schwatzten und lachten. Sie wäre froh gewesen solch eine Heimat zu haben, auch wenn die Oversburg zu den ärmsten Stadtteilen gehörte. Trotzdem erlaubte sie es sich nicht zu verweilen. Die Furcht vor Entdeckung saß ihr im Nacken.

Sara schritt aus und gelangte an St. Georg vorbei, wo sie aus alter Gewohnheit fast ein Kreuz geschlagen hätte. Doch dann besann sie sich eines Besseren und eilte weiter. Im Schutz der immer dichter werdenden Masse fühlte sie sich zunehmend sicherer, obwohl sie genau wusste, dass sie Verbotenes tat. Als Katharerin dem Wort einer vom Papst anerkannten Nonne zu lauschen, war ein Frevel für die Katholiken. Doch auch ihre eigenen Leute würden dieses Verhalten nicht billigen. Deswegen hatte sie sich fortgeschlichen, unter dem Vorwand Lederreste zu erstehen, um Schuhe auszubessern. Die Dienste eines Schusters in Anspruch zu nehmen war unerschwinglich, da ihre Gemeinschaft die Armut als Lebensform gewählt hatte. Sara kannte ohnehin nichts anderes, sodass es ihr manchmal schwer fiel zu glauben, dass darin schon der Weg zur Erlösung bestehen sollte.

Sie hatte sich vom Strom der Menschen tragen lassen, die alle dasselbe Ziel hatten. Jetzt kam Bewegung in die Menge, die sich vor dem Hildebold-Dom und der vorgelagerten Burganlage versammelt hatte.

Alle Hälse reckten sich in Richtung einer aus Brettern zusammengezimmerten Bühne, zu der eine ältere Frau emporklomm. Saras Herz pochte, als sie Hildegards zierliche Gestalt erblickte. Sie hatte Hildegard nur ungern bei Nacht und Nebel verlassen, ohne sich für ihre Gastfreundschaft zu bedanken. Hildegards Worte, mehr noch ihre liebevolle Zuwendung, hatten sie berührt. Sara war zwar auch von den Katharern offen aufgenommen worden, doch war ihr Leben von Heimlichkeit und Askese bestimmt. Wie gerne hätte sich Sara ein wenig ausgeruht! Aber allein der Wunsch erschreckte sie. Sie durfte nicht abtrünnig werden.

Trotzdem hatte sie nicht widerstehen können, als sie hörte, dass Hildegard in Köln reden würde. Es schien ihr geradezu eine Fügung, dass auch sie seit geraumer Zeit hier Quartier genommen hatte. Mit dieser vor sich selbst zurechtgezimmerten Entschuldigung stand sie nun da und lauschte andächtig.

Anfangs sprach Hildegard leise und Sara hatte Mühe, ihre Worte zu verstehen.

»Ich spreche, damit diejenigen von Scham ergriffen werden, die meinem Volk den geraden Weg zeigen sollten, aber sich wegen ihrer Sittenverderbnis der Pflicht entziehen, offen die Gerechtigkeit, um die sie wohl wissen, zu predigen.«

Sara klatschte Beifall, wie auch die um sie Stehenden. Hildegard griff das lasterhafte Leben der Kirchenoberen an, genau wie es ihre eigenen Priester taten.

»Wegen Eures ekelhaften Reichtums und Geizes sowie anderer Eitelkeiten unterweist Ihr Eure Untergebenen nicht. Mit Eurem leeren Getue verscheucht ihr aber bestenfalls im Sommer einige Fliegen.«

Hildegard hatte die Lacher auf ihrer Seite. Ihre Stimme hallte jetzt laut und deutlich über den Platz. »Aber auch das Gegenteil von diesem sündenvollen Tun ist keine Garantie für die Erlösung. Schaut Euch die Katharer an, die Askese predigen. Aber ist Enthaltung immer gut? Ist es im Sinne Gottes, Liebe zu verweigern?«

Sara konnte nicht in den Applaus der Menge einfallen, als die Nonne so schlecht über ihre Gemeinschaft sprach.

Hildegard schaute über die große Menge, die in angespannter Stille auf ihre Antwort wartete. »Nein, Gott will, dass wir lieben. Er selber ist Liebe. Wenn wir unser Herz verhärten, unsere Seele verkümmern lassen, ist es geradezu ein Frevel.«

Das leuchtete auch Sara ein. Zögernd klatschte sie mit den anderen Beifall, bis sie schließlich sogar in deren Jubelrufe einfiel. Sie wünschte aus tiefstem Herzen, auch Franziskus würde Hildegard hören. Sie beide opferten ihre Liebe vielleicht vollkommen unnötig. Sara beschloss, das Ende der Rede gar nicht mehr abzuwarten. Sie wollte sofort nach Hause, um mit ihm zu sprechen, ihn zu überzeugen. Denn wenn es ihr jemals gelingen sollte, dann jetzt in ihrem Taumel aus Begeisterung und Euphorie.

Als sie die karge Hütte betrat, spürte sie, dass etwas anders war. Die Stille war fast unheimlich, die Leere ungewohnt. Sicher, heute am Montag mussten die meisten auf das Feld oder dem Bauern im Stall helfen, doch traf man sich üblicherweise zum Essen wieder hier, schon um nicht zu viele neugierige Fragen der hiesigen Arbeiter beantworten zu müssen. Aber vielleicht waren sie heute nicht rechtzeitig mit der Arbeit fertig geworden. Sara wollte nach draußen eilen, um ihnen zu helfen, doch da versperrte Claudia ihr den Weg.

Die Frau des Verwalters war klein und rundlich, mit einem freundlichen Gesicht. Sie hatte es immer gut mit ihr gemeint, ihr sogar ab und an ein Stück Speck zugesteckt. »Du musst weg.«

Sara starrte sie an. Sie ahnte, dass ihr anfängliches Unbehagen, als sie die Hütte betrat, nicht grundlos war.

»Sie haben sie abgeholt.«

Sara schrie auf. »Was?! Sagt, dass das nicht wahr ist! Ihr lügt!«

Aber Claudia schüttelte nur bekümmert den Kopf. »Sie haben sich nach Euch allen erkundigt. Warum ihr gestern nicht beim Gottesdienst wart. Und an all den anderen Sonntagen davor auch nicht.«

Sara wollte schon antworten, als die Frau abwehrend die Hände hob. »Ich will es gar nicht hören. Solange ich nichts weiß, muss ich auch nichts sagen.«

Sie sah Sara bedauernd an. »Warum musstet Ihr Euch diesen Leuten anschließen?«

Dann fuhr sie schnell, sich hastig umschauend, fort. »Hört mir jetzt genau zu. Ihr müsst von hier verschwinden, je weiter weg, desto besser. Lauft, solange Ihr noch könnt.«

Damit verschwand die Frau nach draußen. Zurück ließ sie ein kleines, in ein Leintuch gehülltes Bündel. Sara wusste, dass es Vorräte waren. Normalerweise wäre sie Claudia dankbar gewesen. Aber jetzt stand sie nur da, bemüht, nicht den Verstand zu verlieren. Die anderen weggebracht, verhaftet. Warum nur? Sara gab sich selbst die furchtbare Antwort. Es war die Strafe, die Strafe dafür, dass sie ausgerechnet einer Frau der katholischen Kirche gelauscht hatte, ja, sich sogar zu Jubel hatte hinreißen lassen! Jetzt gab es nur noch eins: Sie musste ihnen folgen. Sie gehörte zu ihnen, auf Gedeih und Verderb.

*

Der große, hagere Mann richtete sich auf. »Ich werde mich Eurem Willen nicht beugen. Ihr könnt mich nicht zwingen, durch nichts auf dieser Welt.«

Sein Blick schweifte über die vier Scheiterhaufen, die im Süden außerhalb Kölns aufgeschichtet waren. Eine große Menschenmenge war auf dem Judenkirchhof genannten Platz im

Süden von Köln versammelt, um dem Prozess gegen die vier als Katharer angeklagten Männer beizuwohnen. Die Beschuldigten standen mit zerrissenen Kleidern, die von unliebsamen Verhörmethoden zeugten, aber aufrechten Häuptern im Staub. Ihre Hände waren gefesselt. Um sie herum hielten Wachen die neugierige Menge fern. Auf schweren geschnitzten Stühlen thronte Arnold, der Dompropst von Köln mit seinem Gefolge. Hinter ihnen saßen die Zuschauer höheren Ranges, unter ihnen auch Hildegard. Der in der Stadt weilenden Nonne wollte man die Ehre nicht verwehren, an dem Ketzerprozess teilzunehmen. Hildegard empfand das allerdings eher als Qual.

Nach ihrer großen Rede war sie ganz benommen von dem Beifall der Massen gewesen. Sie konnte es erst gar nicht fassen, als der Dompropst ihr stolz mitteilte, dass man Katharer festgenommen hatte. Hildegard wusste, wie solche Verhaftungen in der Regel endeten. Sie aber hatte nicht den Tod der Katharer gepredigt. Hildegard appellierte vor allem an den Klerus. Wenn der sich wieder auf seine eigentlichen Aufgaben besann, anstatt in Reichtum zu schwelgen, würde das Volk keinen Grund mehr haben, sich von der Kirche abzuwenden. Es war unnötig Menschen zu töten. Hildegard hatte versucht, dem Dompropst ihre Haltung klarzumachen, aber der hörte kaum hin. Alles was er wollte war, dass der Papst auf direktem Wege durch Hildegard, seine anerkannte Seherin, von Arnolds Triumph über die Ketzer erfuhr. Er hoffte damit, den ohnehin schon vom Papst suspendierten Erzbischof von Köln bald in seinem Amt zu beerben.

Hildegard war verzweifelt. Sie fühlte sich benutzt, ihre Meinung verfälscht, eingespannt für das Machtstreben eines ehrgeizigen Mannes. Mit Tränen in den Augen blickte sie auf Franziskus, den Wortführer der Katharer. Sein Gesicht erschien ihr rein und wahrhaftig, seine hagere Gestalt zeugte von Askese statt von Prasserei, und plötzlich konnte sie verstehen, was die Leute zu den Abweichlern hinzog. »Haltet ein!«

Laut erschallte ihre Stimme über den Platz. Alle Köpfe drehten sich zu ihr. Es war ungewöhnlich, dass eine Frauenstimme bei solchen Anlässen ertönte. Als man erkannte, dass es die vom Papst anerkannte Seherin war, die da sprach, ging ein Raunen durch die Menge.

»Gott schenkt uns das Leben nicht, damit wir es vernichten.«

Der Dompropst runzelte die Stirn, doch Hildegard fuhr fort. »Und Gott schenkt uns die Worte, damit wir miteinander sprechen. Lasst Franziskus uns seinen Standpunkt darlegen, um die Angelegenheit zu klären.«

Das Volk grölte. Hildegards Vorschlag schien Spannung zu versprechen. Die Miene des Dompropstes allerdings verfinsterte sich. Er war sichtlich ärgerlich über die Einmischung. »Verehrte Hildegard, ich glaube zu wissen, wie man solch einen Prozess leitet. Keiner muss sterben, solange er sich zu uns bekennt.«

»Ich bin bereit, mich zu Eurer Kirche zu bekennen.«

Franziskus sah dem Dompropst in die Augen. Ein Raunen ging durch die Menge. Es war das erste Mal, dass ein Katharer sich wankelmütig zeigte. »Ich bin bereit, zur katholischen Kirche zurückzukehren, wenn Ihr meine Lehre widerlegen könnt.«

Franziskus blickte seine Gefährten an, die zustimmend nickten. Eine Disputation war allemal besser, als dieser inquisitorische Prozess. Der Dompropst allerdings lehnte ab. »Wie kann ich eine Lehre widerlegen, die es gar nicht gibt? Es sind teuflische Gebräuche denen ihr anhängt, nicht mehr und nicht weniger.«

Hildegard ging dazwischen. »Mäßigt Eure Worte! Es ist nicht nötig sich zu ereifern, denn unsere Lehre ist die einzig wahre.«

Arnold wollte Hildegard schon in die Schranken verweisen, aber dann lenkte er unerwartet ein. »Erlaubt Ihr mir eine letzte Frage?«

Fast schon unterwürfig sah er Hildegard an, die ihm zunickte. Arnold wandte sich wieder an die Angeklagten. »Glaubt ihr an die Auferstehung?«

Jetzt blickte er Franziskus direkt an. Der konnte nicht anders, als den Kopf zu schütteln. Ein Aufschrei ging durch die Menge. Hildegard merkte zu spät, welche Taktik Arnold anwandte. Der Dompropst triumphierte.

»Stattdessen betet ihr den Teufel an, küsst sein Hinterteil in Gestalt schwarzer Katzen und bereitet alles für seine Wiederkehr vor!«

Hildegard sah erschrocken, wie die Leute immer dichter an die Katharer heranrückten. Auf ein Zeichen von Arnold zogen sich die Wachen zurück.

»Und leugnet ihr nicht allein deshalb das Fegefeuer, damit ihr nicht darin schmoren müsst?«

Franziskus wollte etwas sagen, doch er konnte die aufgebrachte Menge schon nicht mehr übertönen. Die Leute schrien durcheinander. »Ins Feuer mit ihnen! Lasst sie brennen!«

Als Hildegard sah, dass der Dompropst lächelte, als die Leute die vier Männer packten und zu den Scheiterhaufen zerrten, brach sich ihre Empörung Bahn. »Wie könnt Ihr frohlocken angesichts des Unrechts, das geschieht? Oder ist es die Freude, Euch schon auf dem gepolsterten Stuhl des Erzbischofs zu sehen?«

Hildegard verließ eilig die Reihen der Würdenträger. Arnold lächelte immer noch. »Müht Euch nicht. Bis Ihr vorne seid, sind die Feuer längst entfacht.«

Hildegard hörte sein schallendes Lachen und sie ärgerte sich, weil er auch noch Recht hatte. Sie kam kaum voran. Jeder wollte nach vorne, um das Spektakel besser beobachten zu können. Schon wurden die Fackeln entzündet.

Nahe bei den Scheiterhaufen erhob sich ein Tumult. Hildegard konnte erst nichts erkennen, als sich plötzlich die Stimme einer Frau über alle anderen erhob. »So nehmt auch mich! Ich bin eine von ihnen!«

Hildegard reckte sich, um einen Blick auf die Rufende erhaschen zu können. Die Leute wichen vor der Frau zurück, sodass Hildegard kurz ihr Gesicht sehen konnte. Es war Sara!

Hildegard musste zu ihr, doch die Menschen standen wie eine undurchdringliche Mauer vor ihr. »Aus dem Weg, macht Platz, sonst trifft Euch das Schwert des Herrn!«

Hildegard hatte nicht lange darüber nachgedacht, ihre Autorität als Seherin zu benutzen. Ihr blieb keine Wahl, wollte sie ein unnötiges Opfer verhindern.

»Franziskus! Ich will bei Euch sein! Gebt mit Eure Hand!«

Hildegard hörte Saras Worte voller Besorgnis. Sie schien schon ganz vorne beim Scheiterhaufen zu sein. »Sara, warte! Sara!«

Doch Hildegards Stimme ging in der allgemeinen Unruhe, die Saras Worte auslöste, unter. Hildegard war aber nahe genug herangekommen, um Franziskus zu sehen. Sein Blick ruhte auf Sara, seine Züge wirkten weich. Doch dann wandte er sich von Sara ab. »Ich kenne diese Frau nicht, habe sie nie gesehen. Schafft sie von hier weg!«

Sara schrie klagend auf. Sie wollte Franziskus' letzten Liebesbeweis nicht akzeptieren. Hildegard musste jetzt schnell sein. Sie nützte geschickt eine sich auftuende Lücke in der wogenden Menschenmenge und war nicht mehr weit von Sara entfernt. »Sara!«

Endlich hörte Sara ihre Stimme. Ihr Kopf fuhr herum und schon war Hildegard bei ihr. Sie zog Sara in ihre Arme. Aber die wollte sich wieder losmachen. »Ich muss zu ihm!«

Doch Hildegard schüttelte den Kopf. Sie hielt Sara ganz fest, sodass sie keine Möglichkeit hatte, sich umzudrehen. Sara sollte nicht sehen, was Hildegard sah. Sara sollte nicht sehen, wie hoch die Flammen der vier Scheiterhaufen bereits loderten.

Hildegard behielt Sara am Anfang Tag und Nacht im Auge. Eine Frau, der alles, sogar die Hoffnung genommen war, war zu allem fähig. Im Laufe der Zeit fasste Sara Zutrauen und als Hildegard sie das erste Mal wieder lächeln sah, wusste sie, dass sie das Schlimmste überstanden hatte.

Sie wollte auch Kuno die frohe Botschaft mitteilen, der allerdings einen erstaunlichen Schluss daraus zog. »Dann kann Sara uns jetzt wieder verlassen.«

Hildegard war vollkommen überrascht. »Verlassen? Aber warum? Sie gehört zu uns. Ich möchte Euch bitten, sie als Novizin aufzunehmen.«

»Ich würde es mit Freuden tun. Aber seit Eure Sehergabe bekannt ist, haben wir so viel Zulauf von jungen Männern, dass unser Kloster bald aus allen Nähten platzt.«

»Aber Sara kann bei uns in der Klause leben. Wir brauchen nur einen kleinen Anbau.«

»Auch dafür ist kein Platz. Die Anfragen nach Grabstätten nehmen zu. Wir müssen den Kirchhof erweitern.«

Jetzt konnte sich Hildegard nicht mehr zurückhalten. »Ihr wollt sagen, dass Sara wegen mir gehen muss?«

Kuno blieb ruhig. »Ihr wolltet doch die Posaune des Herrn sein. Jetzt beschwert Euch nicht über die Folgen.«

Damit ließ er Hildegard stehen.

»Du musst dem G mehr Schwung verleihen. G wie Gott, wie Garten, wie Gaben, ein Buchstabe, der vielen Wortanfängen zur Zier gereicht.«

Hildegard flüsterte, als sie Saras Schrift korrigierte. Sie wollte Richardis nicht ablenken, die mit einer Abschrift von Kirchengesängen beschäftigt war. Richardis ließ sich nichts anmerken, aber Hildegard wusste, wie sehr sie unter der drangvollen Enge litt, die seit Saras Einzug in der Klause herrschte. Magda musste ihre Näharbeiten ebenfalls drinnen erledigen, da es regnete. Die Frauen konnten sich nicht aus dem Weg gehen.

Sara beugte sich wieder über die kleine Wachstafel, auf der sie mühsam und ungelenk Buchstabe für Buchstabe einritzte. Hildegard betrachtete die drei ihr anvertrauten Frauen. Sie sah die stolze Richardis, die stille Magda und die unsichere Sara. So unterschiedlich sie waren, so hatten sie doch eins gemeinsam. Sie brauchten Platz, um sich zu entfalten.

Hildegard sah plötzlich noch viele andere Frauen, jüngere und ältere, schöne und unscheinbare, reiche und arme voller Hoffnung an die Tür der Klause klopfen. Hildegard wollte sie einlassen, doch es war schwer, die Tür zu öffnen. Und dann erkannte Hildegard auch warum. Es war nicht die kleine, windschiefe Tür ihrer Klause, an der sie zog, es war ein großes, mächtiges Tor, dass sie sich mühte, aufzudrücken. Es war der Eingang zu einem prachtvollen Kloster, das sich auf einem Berg erhob. Es strahlte in gleißendem Licht, und Hildegard hatte das Gefühl, zu Hause zu sein. Und dann wusste sie, was sie da vor ihrem inneren Auge sah. Es war ihr eigenes Kloster. Tränen liefen Hildegard die Wangen herab. Sara sah erschrocken zu ihr und auch Richardis unterbrach ihr Schreiben. Magda nahm sie in den Arm. »Hildegard, was ist mit dir? Hast du Schmerzen?«

Aber Hildegard schüttelte, immer noch unter Tränen, den Kopf. »Es ist eine unbändige Freude in mir, eine Freude, wie ich sie noch nie zuvor gefühlt habe.«

Hildegard hielt inne. Sie wusste nicht, ob das die Wahrheit war, denn sie erinnerte sich, dass sie schon einmal vollkommenes Glück empfunden hatte. Es war Erik, der es ihr schenkte. Doch das lag lange zurück, es war wie aus einer anderen Welt.

Sie wandte sich nun vollends den drei Frauen zu. »Gott hat mir etwas Wunderbares offenbart.«

*

Kuno überflog die Pergamentseiten, die Hildegard ihm überreichte. Er hatte schon unruhig darauf gewartet, denn sie hatte sich lange Zeit gelassen mit der Niederschrift ihrer Schau. So lange, dass der Papst schon nachgefragt hatte und Kuno ihn vertrösten musste.

Doch was er da las, erfüllte gar nicht seine Hoffnungen. Von welchem großen Bauwerk, das Frauen ein Heim bieten sollte, schrieb sie da? »Es ist nicht einfach, Eure Worte zu verstehen.«

»Dabei hat Gott sie mir so klar wie nie zuvor eingegeben. Vielleicht ist es meine Aufgeregtheit, die mich nicht die richtigen Worte hat finden lassen. Es geht um ein Kloster.«

»Stimmt, es ist wie eine Schilderung des Disibodenbergs.«

Hildegard nickte. »Und dennoch ist es ein ganz anderes Kloster.«

Sie senkte den Blick. »Es ist mein Kloster.«

Ihre Stimme war leise, weshalb Kuno glaubte, sich verhört zu haben. »Wessen Kloster?«

Hildegard hob den Kopf und sprach nun laut und deutlich. »Es ist mein Kloster, das ich gründen werde. Gott hat mir alles genau gezeigt. Ich soll es auf dem Rupertsberg errichten.«

»Ihr wollt ein Kloster gründen? Ich glaube, das lange Schreiben hat Euch durcheinander gebracht.«

»Ich wusste, dass es in Euren Ohren ungehörig und vermessen klingen muss.«

»Es ist in der Tat ungehörig und vermessen zu behaupten, dieser Gedanke wäre eine Schau Gottes. Der Papst wartet auf Eure Verlautbarungen, nicht auf so ein Geschreibsel.«

Hildegard sah Kuno jetzt gerade in die Augen. »Es ist eine Schau Gottes, wie all die anderen vorher. Ich kann Euch versichern, dass dieses Kloster nicht mein, sondern Gottes Wunsch ist und ich hoffe, dass Ihr Euch nicht gegen seinen Willen stellt.«

Kuno warf ungehalten die Pergamentseiten zu Boden. »Niemals! Niemals werde ich das zulassen. Wer wart Ihr, als Ihr hier aufgenommen wurdet? Ist das Euer Dank? Ich will nie mehr etwas von dieser Idee hören.«

Als Kuno sich umdrehte und ging, sammelte Hildegard die Blätter auf. Doch sie war sich nicht sicher, ob das überhaupt noch einen Sinn hatte.

Hildegard erwachte früh am Morgen. Das Zwitschern der Vögel ließ sie normalerweise froh und behände von ihrem Lager aufstehen, doch an diesem Morgen fühlte sie sich wie zerschlagen. Das gestrige Gespräch mit Kuno hatte ihr jede Hoffnung genommen. Die freudige Erwartung, die sie seit der Schau ihres Klosters erfasst hatte, war wie weggeblasen. Hildegard rief sich zur Ordnung. Sie konnte sich nicht gehen lassen. Als sie die Augen aufschlug, blickte sie anstatt in das fahle Licht des Morgengrauens in tiefe Dunkelheit. Hatte sie ihr Gefühl so getrogen? War es noch Nacht? Doch da hörte sie das Klappern von Hufen und Schritte auf dem Klosterhof. Der Tag erwachte, keine Frage. Plötzlich kam ihr die vollkommene Dunkelheit, die sie vor Augen hatte, eigenartig vor. »Richardis, mein Kind! Bist du schon wach?«

»Hildegard? Hast du mich gerufen? Was kann ich für dich tun?«

»Ist es schon hell?«

Hildegards Stimme klang leise und bang.

»Natürlich, warum fragst du? Siehst du denn nicht, wie die ersten Sonnenstrahlen durch das Blätterdach fallen?«

Hildegard schlug die Hände vor ihr Gesicht. Sie stieß einen Klagelaut aus, denn jetzt war ihr anfänglicher Verdacht zur Gewissheit geworden. »Ich bin blind! Vor meinen Augen ist nichts als Dunkelheit!«

Magda, in der Heilkunde am besten bewandert, hatte alles ausprobiert, was ihr möglich war. Spülungen der Augen mit verschiedenen Zusätzen, innerlich verabreichte Mineralien und sanftes Massieren des Kopfes. Aber nichts half. Hildegard war nun schon eine Woche ohne Augenlicht. Volmar war sehr besorgt und er bat Kuno ohne Hildegards Wissen darum, einen Arzt zu holen.

Doch statt des Arztes erschien Kuno persönlich in der Klause. »Was habt Ihr Euch nun wieder ausgedacht?«

»Kuno!«

Hildegard blickte in die Richtung, aus der seine Stimme erklang. »Was wollt Ihr hier?«

»Euch warnen. Geht nicht zu weit! Ich lasse mich nicht erpressen!«

»Wovon sprecht Ihr?«

»Wie kann es sein, dass Ihr gerade dann blind werdet, wenn etwas nicht nach Eurem Kopf geht? Ihr wisst genau, wie Ihr mich treffen könnt.«

»Ihr denkt, ich täusche alles nur vor?«

Kuno nickte. »Was hätte die Seherin vom Disibodenberg mir Schlimmeres antun können, als nicht mehr zu sehen?«

»Wie wenig kennt Ihr mich!«

»Ich kenne Euch gut, zu gut. Wir leben schon lange unter einem Dach, doch in Wahrheit ist nur für einen von uns Platz.«

Hildegard horchte auf. Wie meinte Kuno das? Für einen Moment hoffte sie, dass er doch die Möglichkeit in Betracht zog, Hildegards Auszug in ein eigenes Kloster zu erlauben. Aber dann verwarf sie diesen Gedanken. Zu groß war seine Empörung.

»Erzbischof Ruthard hat Probleme mit seinen Arbeitern. Die Malaria hat sich ausgebreitet.«

»Ist es schlimm um die Leute bestellt?«

Kuno nickte. »Sehr schlimm, sonst würde er wohl nicht auf die Idee kommen, ausgerechnet nach Euch zu schicken.«

Hildegard atmete tief ein. Sie sollte also das Kloster verlassen. Allerdings auf einem ganz anderen Weg, als sie sich das vorgestellt hatte.

uthard hielt den dünnen, durchscheinenden Arm Hektors mit seinen Händen umfangen. Er strich sanft vom Ellenbogen bis zum Handrücken. Hektor wandte ihm mühsam sein Gesicht zu und lächelte. Ruthard traten Tränen in die Augen. Was hatte das Fieber aus diesem jungen Mann gemacht? Er weinte um Hektor, um seinen schönen Körper, der ihm so viel Freude bereitet hatte. Es gab viele Mönche in seinem Bistum, aber kaum einer verstand ihn so glücklich zu machen wie Hektor.

Ruthard hatte alle Ärzte der Umgebung kommen lassen, doch ohne Erfolg. Schließlich hatte er Kuno gebeten, ihm Hildegard zu schicken. Er hatte sich gewundert, dass Kuno seiner Bitte so schnell nachkam, war Hildegard als anerkannte Visionärin jetzt doch unverzichtbar für sein Kloster. Aber als sie eintraf, verstand Ruthard. Hildegard war blind und anscheinend auch nicht mehr in der Lage, ihre Schau zu empfangen. Ruthard sorgte sich im Augenblick allerdings weniger um ihre visionäre Gabe als um ihre Fähigkeiten als Heilerin. Wie sollte sie Hektor helfen, wenn sie ihn nicht einmal richtig untersuchen konnte?

Doch seine Bedenken zerstreuten sich rasch, als er sah, wie Hildegard vorging. Sie ließ sich Hektors Zustand in allen Einzelheiten von der mitgereisten Nonne schildern. Diese Magda sah mehr, als er selber wahrgenommen hatte, obwohl er Hektors Körper besser als den eigenen zu kennen meinte.

Hildegard bestätigte, dass es tatsächlich die Malaria war, die Hektor befallen hatte. Auch alles, was Ruthard schildern konnte, passte ins Bild. Es hatte mit Übelkeit angefangen, Erbrechen und Durchfall waren gefolgt. Und dann kam das Fieber, das Hektor in Krämpfen schüttelte. Es ließ ihm eine kurze Atempause von einigen Tagen, nur um noch stärker wiederzukehren. Hildegard massierte als Erstes Hektors Brust, worauf sein Atem etwas ruhiger wurde und er in einen leichten Schlummer fiel. Sie wandte sich in Ruthards Richtung. »Wieso habt Ihr nicht eher etwas unternommen?«

»Habe ich doch. Ein Arzt nach dem anderen war hier, um unverrichteter Dinge wieder zu gehen.«

»Ich meine viel eher. Bevor die Krankheit sich derart ausbreiten konnte. Warum denkt Ihr nicht an Eure Arbeiter, die tagaus, tagein bei harter Arbeit in den feuchten Niederungen ausharren müssen?«

Das hatte Ruthard nun davon. Kunos Klagen über diese Frau hätten ihm eine Warnung sein müssen. Jetzt mischte sie sich auch in seine Angelegenheiten. Natürlich hatte er den Bau des Klosters nur aus der Ferne überwacht. Was erwartete sie? Dass er, der mehr arbeitete, als der Tag Stunden hatte, persönlich dort mit Hand anlegte? Immerhin hatte er ab und zu Hektor geschickt, der ihm Bericht erstatten sollte. Natürlich hatte Ruthard sich mehr für die Fortschritte bei der Landgewinnung und dem umfangreichen Neubau interessiert, als sich um den Zustand der Arbeiter zu kümmern. Er beschloss zum Gegenangriff überzugehen. »Wollt Ihr davon ablenken, dass auch Eure Heilkunst versagt?«

Hildegard blieb ruhig. »Aus den Schriften des römischen Arztes Galen ist Artemisia, der Beifuß, als Mittel gegen Malaria überliefert. Als Pulver eingenommen kann er, zusammen mit guter Pflege, bei einigen vielleicht noch Wirkung zeigen.«

»Dann gebt es Hektor, in Gottes Namen.«

»Bei Hektor kommt jede Hilfe zu spät. Das Wichtigste ist es jetzt, ihm den Tod zu erleichtern.«

Ruthard starrte sie einen Moment wortlos an, bevor er weinend über seinem Geliebten zusammenbrach. Hildegard hörte sein Wehklagen. Sie wusste, dass seine geschlechtliche Beziehung, noch dazu zu einem Mann, unrecht war, aber sie wusste auch, wie wenig man sich gegen die Liebe wehren konnte. Sie fühlte mit ihm.

Aber Ruthards Tränenstrom versiegte schnell. »Ihr werdet ihn heilen. Ich befehle es Euch.«

»Es steht nicht in meiner Macht. Ich kann nur versuchen andere zu retten, bei denen die Krankheit noch nicht so weit fortgeschritten ist. Magda wird sich solange um Hektor kümmern, wenn Ihr mir jemanden gebt, der für mich sieht.«

Ruthard aber war nicht zu beruhigen. »Gott hat Euch die Blindheit gegeben, damit Ihr den Euch zugewiesenen Platz nicht verlasst.«

Hildegard wusste, dass Ruthard litt, aber sie konnte nicht gehorsam schweigen. »Nein, ganz im Gegenteil, Gott hat mich erblinden lassen, weil ich nicht gehe. Ich harre aus Feigheit auf dem Disibodenberg aus, obwohl Gott mir den Ort für mein Kloster gezeigt hat.«

Die Worte waren heraus, wenn sie auch mehr ihr selber als Ruthard galten. Hildegard fühlte sich unendlich erleichtert. Sie blickte auf und sah Ruthards Gesicht, wenn auch erst nur undeutlich und schemenhaft. Sie wandte sich zu Magda und konnte auch die Umrisse der treu ergebenen Schülerin erkennen. Hildegard fiel auf die Knie. »Gott hat mich wieder sehend gemacht!«

Sie faltete die Hände. »Nie wieder werde ich die Augen verschließen vor dem, was getan werden muss.«

*

Hildegard folgte den beiden Knechten, die vorangingen. Der Weg war größtenteils von den im Feuchtgebiet gut gedeihenden Pflanzen überwuchert, sodass sie von den Pferden absteigen mussten. Hinter ihnen schritten weitere Männer mit Lasteseln, beladen mit Tiegeln, Mörsern und verschiedensten Kräutern, vor allem aber mit Lebensmitteln. Hildegard wusste, dass ihre Möglichkeiten zu heilen begrenzt waren. Aber die Menschen mussten wenigstens gestärkt werden, sollten sie der tückischen Krankheit nicht vollkommen ohnmächtig gegenüberstehen. Je weiter sie schritten, desto schwerer konnten sie die Hitze ertragen. Die aufsteigende Feuchtigkeit, die jetzt überall aus dem Boden drang, machte die Luft schwer. Der Main, weiter flussaufwärts ein schiffbarer Strom, teilte sich in diesem Gebiet in viele Wasseradern, die zur Brutstätte von unzähligen Mücken wurden.

Das kleine Grüppchen schleppte sich mühsam weiter. Unmöglich der Gedanke, bei diesem Klima harte körperliche Arbeit zu leisten. Aber Hildegard wusste, dass genau das seit Jahren erforderlich war. Flussarme mussten verbreitert werden, während andere zugeschüttet wurden, um das Wasser zu kanalisieren. Bäume wurden gepflanzt, damit die Wurzeln Feuchtigkeit aufsaugten und die Erde festigten, und sobald dem Sumpf ein Stück Boden abgetrotzt worden war, wurde damit begonnen, die gewaltige Klosteranlage zu errichten. Nach nun schon über zehn Jahren harter Arbeit war bereits ein großer Teil erbaut. Ruthard, dem aufgrund seines Alters nicht mehr allzu viel Zeit blieb, kam die Malaria jetzt, kurz vor der Vollendung, besonders ungelegen.

Als Hildegard die ersten Häuser sah, erschrak sie. Es waren eigentlich keine Häuser, noch nicht einmal Hütten, in denen die Arbeiter unterkamen. Die Unterkünfte schienen mehr als notdürftig. In Hildegard stieg Ärger auf. Zwar hatte sie es Ruthard hoch angerechnet, dass er schließlich doch einwilligte, sie gut ausgerüstet in das Malariagebiet zu schicken, aber jetzt wurde sie den Verdacht nicht los, dass es hauptsächlich passierte, um sein schlechtes Gewissen zu beruhigen. Oder er befürchtete schlicht, dass die Arbeiter, ausgepresst und krank, gegen die schlechten Bedingungen rebellieren und den Bau damit verzögern könnten.

Es war schwierig, ein für die Krankenpflege geeignetes Quartier zu finden. Die Hütten, nur mit dem Nötigsten oder oft noch weniger ausgestattet, boten keinerlei Schutz vor Hitze und Feuchtigkeit und starrten obendrein vor Schmutz. Doch es lag

nicht an ihren Bewohnern, die alles taten um den Zerfall aufzuhalten. Aber die Holzbalken, aus denen die Behausungen errichtet waren, versanken im Schlamm, brachen weg und boten wenig Schutz vor Lehm und Dreck. Und trotz all der Feuchtigkeit
war sauberes Wasser knapp, da der Fluss jetzt im Hochsommer
teilweise verlandet war.

Hildegard richtete sich schließlich in der Hütte eines Mannes
namens Matthäus ein. Er überließ sie ihr in einer gleichgültigen
Art, die Hildegard stutzig machte. Es stellte sich heraus, dass
bereits seine ganze Familie an Malaria gestorben war. Gestern
erst hatte er seine Frau beerdigt, was bedeutete, dass er sie im
schlammigen Boden unwürdig verscharren musste. Einen Priester hatte Ruthard nicht heruntergeschickt. Hildegard begleitete
den Mann zu der Grabstätte und sprach einige Segensworte.

Danach ließ sie sich von Matthäus zum Aufseher führen, einem
großen, ungeschlachten Mann. »Bitte, stellt Matthäus von seiner
Arbeit frei. Ich brauche Hilfe bei der Pflege der Kranken.«

»Ich kann keinen Mann entbehren.«

Der Aufseher ging zu einem jungen Mädchen, das sich mit
zwei Wassertrögen abschleppte. Er packte sie am Arm. »Sie
wird Euch helfen.«

Hildegard sah das dunkle, fein gezeichnete Gesicht, die zierliche, eher kleine Gestalt und die anmutigen Bewegungen. Eine
eigenartige Erregung durchfuhr sie. Sie konnte nicht aufhören,
das Mädchen anzustarren, bis es sie ansprach. »Was soll ich
tun?«

Hildegard ließ das Mädchen als Erstes einen Gerstenbrei von
den mitgebrachten Vorräten kochen, an dem die beiden sich
stärkten. Dann unterwies sie es darin, den getrockneten Beifuß
mit anderen stärkenden Substanzen zu vermischen. »Der Beifuß
ist ein sehr nützliches Gewächs. Sein lateinischer Name lautet
Artemisia, nach der griechischen Göttin Artemis, die, kaum geboren, der Mutter schon dabei half, ihren Zwillingsbruder zur
Welt zu bringen.«

Das Mädchen lächelte. »Eine schöne Geschichte.«

Sophia, so ihr Name, sprach wenig, zu versunken war sie in ihre Arbeit. Doch bald begann sie selbstvergessen ein Lied zu singen. Hildegard lauschte ihrer glockenreinen Stimme, bis Sophia es bemerkte und verschämt innehielt. Sie sprang auf. »Ich muss heim. Meine Eltern werden sich schon Sorgen machen. Ich komme morgen wieder.«

Hildegard erhaschte noch einen Blick in ihre dunklen Augen. Sie waren sanft und doch feurig zugleich. Hildegard bewunderte ihre Schönheit, und auch als das Mädchen schon fort war, gingen ihr diese Augen nicht aus dem Sinn. Irgendetwas ließ sie nicht los. Und dann wusste sie es.

Es war der Glanz des Fiebers, der sich ankündigte. Das Mädchen hatte sich angesteckt. Hildegard lief nach draußen. Sie musste sie finden. Wenn noch Hoffnung bestand, dann in so einem frühen Stadium. Hildegard hielt Ausschau, aber es wimmelte plötzlich nur so vor Leuten. Es wurde Abend und die Arbeiter, Männer und Frauen, kamen vom Sumpf heim oder jedenfalls dahin zurück, was so etwas wie ein Zuhause sein sollte. Hildegard hatte plötzlich Angst, dass sie das Mädchen nie mehr wiedersehen würde.

Sie musste sie finden! Aber nicht allein, um sie behandeln zu können. Es gab noch einen anderen Grund. Sie hatte es im ersten Moment gemerkt, als sie Sophia gesehen hatte, auch wenn ihr Verstand etwas brauchte um zu begreifen. Das Mädchen hatte sie an Erik erinnert. Dieselben Gesichtszüge, dieselbe Art sich zu bewegen und dieselbe Reinheit in der Stimme. Hildegard war sich ganz sicher, eben noch Eriks Tochter gegenübergesessen zu haben. Hildegards Herz klopfte schnell. Dann konnte auch Erik nicht weit sein.

*

Bernhard sah ärgerlich auf den vor ihm sitzenden Kuno herab. Ihn selbst hatte es vor lauter Aufregung nicht mehr auf dem

Stuhl gehalten. Hatte der Mann denn gar keinen Verstand? Hildegard in die Sümpfe zu schicken! Was, wenn sie nicht mehr zurückkehrte? Was, wenn auch sie am Fieber starb? Bisher hatte der Abt sich doch als ganz geschickt erwiesen. Sein Kloster war groß und reich geworden. »Ihr wisst, wie wichtig ihre Verlautbarungen für Papst Eugen sind. In Zeiten wie diesen braucht er jede Unterstützung, die er haben kann.«

»Aber sie bekam keine Visionen mehr. Keine, bis auf die von ihrem eigenen Kloster.«

»Sie schaute ihr eigenes Kloster?«

Bernhard war beeindruckt. Es war wie bei allen Frauen, sie hatten letztendlich den längeren Atem. Kuno unterbrach seinen Gedankengang. »Wenn Ihr mich fragt, ist das keine Eingebung, sondern ein frommer Wunsch.«

»Es obliegt Euch nicht zu beurteilen, was eine Vision ist. Hildegards Schau wurde auf meine Empfehlung hin vom Papst anerkannt.«

Er sah, wie Kuno auf seinem Stuhl kleiner wurde, und fuhr fort. »Es bleibt Euch überlassen, wie Ihr Hildegard dazu bringt, wieder als Visionärin für Eugen tätig zu sein. Wichtig ist nur, dass Ihr es schafft.«

»Aber wie? Noch nie konnte ich dieser Frau meinen Willen aufzwingen.«

Bernhard musste sich abwenden. Dieser Mann verstand aber auch rein gar nichts von Frauen. »Ihr müsst nachgeben.«

Kuno schwieg einen Moment verblüfft, bevor er antwortete. »Unmöglich! Ich kann sie nicht ziehen lassen!«

Bernhard zuckte mit den Schultern. »Wie Ihr wollt. Hauptsache, Eugen bekommt bald wieder Hildegards Eingebungen zu hören.«

Bernhard wandte sich schon zum Gehen, als er sich noch einmal Kuno zuwandte. »Und beeilt Euch, damit Euch nicht die Malaria zuvorkommt.«

Er wusste, dass der Abt ihm gehorchen würde, und sei es um

den Preis, dass er und sein Kloster wieder in der Bedeutungslosigkeit versinken würden, wenn Hildegard ging. Kuno war zu schwach, um sich gegen Autoritäten aufzulehnen.

*

Hildegard war bereits in vielen der dunklen, übel riechenden Hütten gewesen. Überall hatte sie Fiebernde gepflegt, ihnen Mut zugesprochen, mit ihnen zusammen gebetet. Jetzt war sie bei einer Familie, deren Vater gerade genesen war. Sein Körper war so stark, sein Wille, zu überleben so ausgeprägt, dass er die Krankheit in die Knie gezwungen hatte. Doch just, als die Familie schon aufatmen wollte, war die jüngste Tochter erkrankt. Hildegard konnte die Eltern überzeugen, dass sie das Kind in ihre Obhut gaben. Sie versuchte, die Kranken, wenn immer möglich, von den Gesunden zu trennen.

Matthäus zog das Mädchen auf einer aus Stöcken und einem Tuch zusammengezimmerten Trage in Richtung von Hildegards Hütte. Der Aufseher hatte ihn schließlich doch freistellen müssen, wollte er Hildegards Arbeit nicht behindern. Und das lag ihm fern, seitdem er selber erkrankt war.

Hildegard beobachtete erfreut, dass Matthäus die Arbeit half, sich von seinem eigenen Kummer abzulenken. Doch wenn sie ehrlich war, hätte sie lieber das junge Mädchen um sich gehabt. Doch Sophia war nicht mehr aufgetaucht. Und Hildegards Hoffnung, sie unter den Arbeitern zu finden, wurde mit jedem Tag geringer. Sie hatte nun fast alle Hütten besucht und in keiner hatte sie das Mädchen gesehen. Von Hütte zu Hütte fühlte sie sich schwächer, mit jedem Mal, wo sie durch das Loch trat, das als Eingang diente und wieder nur fremde Gesichter sah, spürte sie ihre Kraft entweichen.

Doch eines Morgens war es so weit. Hildegard trat in eine der wenigen Hütten, die sie noch nicht besucht hatte. Die Behausung wirkte etwas ansprechender als die anderen, freundlicher, heller, wohl der verzweifelte Versuch, in all dem Elend ein Zuhause zu schaffen. Dann sah Hildegard das Mädchen. Sophia lag, in Decken gehüllt, am Boden. Sie zitterte, ihre Zähne klapperten und sie hatte Schweißperlen auf der Stirn. Die Augen waren eingefallen, die rosige Haut bleich. Ein Fieberschub, da gab es gar keinen Zweifel. Die Krankheit war ausgebrochen, was auch ihr Fernbleiben erklärte. Hildegard trat zu ihr, aber Sophia zeigte keinerlei Reaktion.

Doch die Frau, die bei ihr saß, und ihr liebevoll die Stirn trocknete, fiel auf die Knie und küsste Hildegard die Hand. Die zog sie schneller als nötig wieder zurück. Hildegard spürte Abneigung gegen die Frau, die sich jetzt wieder erhob. Nicht, weil sie irgendetwas Unrechtes getan oder gesagt hätte. Aber Hildegard wusste, dass sie Eriks Frau gegenüberstand.

Sie hatte ein sanftes Gesicht, in das sich bereits tiefe Furchen eingegraben hatten.

»Erkennt Ihr mich nicht, ehrwürdige Hildegard? Es würde mich nicht wundern, denn ich bin vor meiner Zeit gealtert.«

Hildegard zermarterte sich den Kopf, aber sie konnte sich nicht erinnern.

»Es war vor vielen Jahren, am Hofe Friedrichs. Ich war die Hofdame der Welfin, Agnes.«

Agnes! Hildegard musste sich auf den einzigen Hocker setzen, der in der Hütte stand. Natürlich, sie hätte es sich denken können. Die Frau, die Erik geheiratet hatte, war Agnes.

»Kann ich Euch einen Becher Wasser geben?«

Hildegard winkte ab. Sie musste sich zusammennehmen. Sophias Zustand war schlecht. »Wie lange liegt sie schon darnieder?«

»Seit zwei Tagen, und es scheint keine Besserung in Sicht.«

Verzweifelt blickte Agnes Hildegard an. Die erhob sich und kniete bei Sophia nieder. Sie war froh, etwas tun zu können, um den Aufruhr, der in ihr tobte, niederzukämpfen. Hildegard entnahm ihrer Tasche ein zusammengefaltetes Tüchlein, das etwas Beifußpulver enthielt, und verabreichte Sophia eine Dosis davon. Sie bemühte sich, es bis in ihre Backentaschen zu schieben, denn dort wirkte es ihrer Erfahrung nach am schnellsten. Sie wusste nicht, ob es bei Sophia noch rechtzeitig genug war. Auf jeden Fall wollte sie sie unter Beobachtung haben. »Ich möchte Eure Tochter mit in meine Hütte nehmen. Sie braucht ständige Pflege und Aufsicht.«

»Nein!«

Agnes stellte sich schützend vor das kranke Kind. »Bitte, lasst sie hier! Ich ertrage es nicht, von ihr getrennt zu sein!«

»Ihr könnt sie jederzeit besuchen, aber bei mir ist sie besser aufgehoben.«

Doch Agnes fing an zu weinen. »Ich zweifele nicht daran, dass Ihr gut für sie sorgt. Aber es bricht mir das Herz, wenn ich sie weggeben muss.«

»Sie wird direkt neben meinem Bett liegen. Ich werde ganz besonders auf sie achten.«

»Das weiß ich. Aber trotzdem …«

Mit Tränen in den Augen sah sie von Hildegard zu ihrer Tochter. »Nicht, dass Ihr denkt, es sei wegen Euch, wegen früher …« Agnes senkte den Blick, es war ihr unangenehm fortzufahren. »Ich weiß, dass Ihr und Erik …«

Hildegard stockte der Atem. Sie sprach seinen Namen aus. Und mehr als das, nannte sie ihn in einem Atemzug mit ihrem.

»Er hat Euch geliebt.«

Hildegard stockte für einen Moment der Atem.

»Und wenn das Unsägliche nicht passiert wäre …«, fuhr Agnes fort.

Hildegard sah sie fragend an. »Was? Wovon redet Ihr?«

Aber Agnes schüttelte den Kopf. »Fragt nicht. Ich kann nicht darüber sprechen. Ich möchte nur, dass Ihr wisst, dass nicht ich es war, die ihn am Zurückkommen gehindert hat.« Sie seufzte. »Es war auch nicht meine Idee, in die Sümpfe zu gehen. Ich bin ihm gefolgt, weil ich gehofft habe, ihn glücklich zu machen.«

»Ihr habt sicher richtig gehandelt.«

Hildegard strich der aufgeregten Agnes über das Haar. Es beruhigte auch ihr aufgewühltes Inneres.

»Am Anfang habe ich gedacht, alles wird gut.«

Agnes sah Hildegard an. »Vor allem, als ich Sophia bekam.« Sie lächelte auf ihr krankes Mädchen herab. »Doch Arbeit und Not bestimmten unser Leben.«

»Ihr habt ihm Eure Liebe gegeben.«

»Aber ich konnte ihm keine weiteren Kinder schenken. Wir hatten die Hoffnung schon aufgegeben.«

Agnes stockte, bevor sie weitersprach. »Doch jetzt bin ich noch einmal schwanger.« Sie lächelte, halb verlegen, halb glücklich. »Das, worauf ich so viele Jahre gewartet habe, ist eingetreten.«

Ihr Lächeln wich der Sorge. »Was er wohl dazu sagen wird?«

»Ihr habt es ihm noch nicht gesagt?«

Agnes schüttelte den Kopf. »Ich habe Angst. Was ist, wenn er sich nicht freut? Was ist, wenn es ihm nach all den Jahren des Leids egal ist?«

»Er wird sich freuen, ganz bestimmt.«

Agnes lächelte erneut. »Ihr habt Recht. Bei all der Sorge und Angst habe ich verlernt zu vertrauen.«

»Ich vertraue Euch. Sophia kann hier bleiben. Ich werde Euch genaue Anweisungen erteilen.«

Agnes war überglücklich, als sie das hörte. Hildegard begann, ihr alles zu erklären, was zu tun war. Agnes hörte aufmerksam zu und Hildegard wusste, dass sie alles richtig machen würde.

Doch es gab noch einen anderen Grund, warum Hildegard Sophia in Agnes' Obhut zurückließ. Hildegard würde jeden Tag zweimal vorbeikommen müssen, um nach der Patientin zu sehen. Wenn sie es auch nie gewagt hätte, das Schicksal herauszufordern, indem sie Erik von sich aus aufsuchte, so überließ sie es doch jetzt dem Zufall sie zueinander zu führen.

rik hatte sich gefreut, als er aus den Sümpfen kam und sah, in welch ruhigen Schlaf Sophia gefallen war. Es schien ihr das erste Mal besser zu gehen. Agnes lächelte. Es war ein Bild des Friedens, wie sie Erik am Bett seiner Tochter sitzen sah.

Damit war es vorbei, als sie ihm von Hildegard erzählte. »Sie war hier.«

Sein Kopf fuhr herum, er starrte sie einen Moment sprachlos an. Agnes konnte sehen, wie es ihn aufwühlte.

»Wann? Wann war das?«

Seine Frage klang fast flehend. Agnes war erschüttert. Es war schlimmer, als sie vermutet hatte. Sie musste keinen Namen sagen, damit er wusste, wen sie meinte. Er dachte also die ganze Zeit an sie, seit bekannt geworden war, wer gekommen war, um den Kranken zu helfen. Dabei hatte sie gehofft, dass er Hildegard vergessen hatte. Wie dumm von ihr.

Aber auch Erik hatte gedacht, Hildegard wäre Vergangenheit, nicht mehr als eine Erinnerung an eine glücklichere Zeit, in der er noch der stolze Erik von Maasfelden war.

Er kam als ein Niemand in den Sümpfen an, der nicht mehr über seinen Vater wusste, als dass er sich für ihn schämen musste. Anfangs hatte er noch die Hoffnung, durch Arbeit Vergessen zu finden, oder wenn das nicht gelang, wenigstens zu sterben. Doch keines von beidem geschah.

Stattdessen trat jetzt Hildegard wieder in sein Leben und erinnerte ihn daran, dass er sich einst mehr vom Dasein versprochen hatte als dahinzuvegetieren. Er hatte sie geliebt, und, wenn er ehrlich war, liebte er sie immer noch. Die Qual begann von neuem.

Als Erik sich hingelegt hatte, den Kopf zur Wand gedreht, kniete Agnes neben Sophia nieder. Sie war jetzt das Einzige, was ihr noch blieb. Sie und das Ungeborene, das sie unter dem Herzen trug. Agnes weinte bei dem Gedanken, dass sie es Erik heute hatte sagen wollen.

Den nächsten Tag verbrachte Hildegard damit, neuen Beifuß zu suchen. Sie musste weit gehen, denn der Beifuß wuchs nur selten in den Sümpfen, sondern bevorzugte magere, steinige Böden wie Wegränder und Geröllhalden. Doch immer noch war der Boden modrig und feucht. Es dämmerte bereits. Hildegard hielt fast schon verzweifelt nach dem eher unscheinbaren Gewächs mit den gefiederten Blättern und den weiß-grauen, kleinen Blüten Ausschau. Sie würde einen Tag verlieren, einen Tag, den sie dringend für die Pflege der Kranken brauchte. Die Artemisia war ihr einziger Helfer in dem fast aussichtslosen Kampf gegen die Malaria, sie musste sie finden.

Sie war zeitig aufgebrochen, weshalb Matthäus heute die Krankenbesuche übernahm. Das enthob sie auch der Entscheidung, ob sie es wirklich riskieren wollte Erik zu treffen. Nachdem sie Agnes wiedergesehen hatte, dauerte es lange, bis sie wieder ruhig wurde. Doch der Gedanke, es könne kein Zufall sein, dass sie Erik so nahe war, ließ sich nicht verdrängen. Was würde geschehen, wenn sie zu ihm ging? Würde er sie an sich ziehen, sie umarmen und küssen wie damals, als sie sich das letzte Mal gesehen hatten?

Es war viel geschehen in all den Jahren. Gott hatte sie ihre Schau empfangen lassen, was ihr sogar der Papst bestätigt hatte. Musste dagegen nicht jede Liebe verblassen?

Und Erik hatte längst Frau und Tochter, das werdende Leben nicht zu vergessen. Schon damals konnte er sie nicht richtig geliebt haben, sonst hätte er sich nicht aufhalten lassen, was auch immer geschehen sein mochte. Erik hatte sich entschieden, und zwar gegen sie. Der Gedanke war hart, aber er machte sie auch frei.

Hildegard richtete sich zu ihrer vollen Größe auf und schritt schneller aus. Es war aus, aus und vorbei. Erik hatte sein Leben und sie das ihre. Sie hatte ihn all die Jahre in einem besonderen Licht gesehen, ganz so, wie sie es für ihre Träume brauchte. Jetzt aber kannte sie den wahren Erik. Hildegard lächelte. Plötzlich war alles so einfach.

Hildegard genoss jeden Schritt auf dem moosigen Untergrund. Da erblickte sie etwas Helles auf dem dunklen Grund, unscheinbar und doch ganz deutlich. Beifuß, endlich! Wie ein Wunder erschien es ihr, dass sie ihn doch noch gefunden hatte. Als sie näher kam, sah sie, dass er auf einer Lichtung wuchs, die wohl von einem Blitzeinschlag herrührte. Sie ging auf die Lichtung zu, wobei sie Unterholz durchqueren musste. Geschickt kletterte sie bald über die Äste und Zweige, bald bückte sie sich unter ihnen hindurch.

Nur noch wenige Schritte trennten sie von der hoch wuchernden Pflanze, als es passierte. Ihr Fuß sank ein. Sie war ins Moor getreten, das sie, halb unter Büschen verdeckt, nicht hatte sehen können. Sie stolperte und steckte nun auch mit dem zweiten Fuß fest. Sie wollte schreien, aber schreckliche Bilder ließen ihre Stimme ersterben. Wasser, das ihr in den Mund drang, Modder, der sie am Atmen hinderte, Schlamm, der hinter ihre Augenlider rann. Es war, als hätte sie der Sumpf erst gestern zu verschlingen gedroht, so genau konnte sie sich an alles erinnern. Noch hatte sie Zeit, einen der Äste des Unterholzes zu packen, um sich herauszuziehen, noch waren erst ihre Knie mit Schlamm bedeckt. Aber die Panik ließ sie reglos zusehen, wie das Moor bis zu ihren Oberschenkeln hochkroch. Sie konnte sich nicht rühren. Stattdessen beschloss sie ein letztes Mal zu beten. »Heiliger Vater, der du bist im Himmel …«

Anfangs zittrig, aber dann immer lauter artikulierte sie die

Worte, die sie schon so oft gesprochen hatte. Schließlich klangen sie laut durch die ansonsten gespenstische Stille, die über dem Sumpf lag. Und plötzlich bekam sie eine Antwort. »Hildegard? Hildegard?«

Hildegard traute ihren Ohren nicht. Wahrscheinlich war es eine Täuschung, eine Einbildung, die ihrer großen Angst entsprang. Doch dann hörte sie es deutlich. »Hildegard, wo bist du?«

Sie drehte sich um, wollte antworten, aber die plötzliche Bewegung ließ sie so tief einsacken, dass ihr der Morast bis zum Hals stand. Doch plötzlich packte sie jemand. Sie sah in sein Gesicht. Es war kein anderer als Erik!

Ihre Angst wich und sie hielt ganz still, was ihm ermöglichte, sie, selber auf dem Bauch liegend, bis auf den festen Grund zu ziehen. Atemlos lagen sie nebeneinander, beide warteten darauf, dass ihre Kräfte zurückkehrten. Erik schaffte es als Erster, sich zu ihr zu drehen. »Hildegard«, sagte er leise.

Auch sie drehte ihren Kopf zu ihm, stützte sich mühsam auf. Sie beugte sich zu ihm und dann geschah es. Ihre Lippen trafen sich, ohne dass sie darüber nachdenken konnten. Es war wie etwas, das geschehen musste. Es gab kein Ausweichen und kein Zögern. Beide küssten sich, als hätte nie etwas zwischen ihnen gestanden. Und als sie sich erstaunt voneinander lösten, geschah es nur, um ihre Lippen gleich darauf noch fester aufeinander zu pressen.

Dann nahm Erik Abstand von ihr, um Hildegards Gesicht zu streicheln. Er betrachtete die Spuren des Alters, die die Jahre hinterlassen hatten, und sie erschien ihm fast noch reizvoller. »Hildegard, ich liebe dich. Ich habe dich immer geliebt und ich werde dich immer lieben.«

Hildegard schloss die Augen. Alles, was sie versucht hatte, sich einzureden um ihn zu vergessen, war umsonst gewesen. Sie liebten einander. Das war die Wahrheit, die sie unbeschreiblich glücklich machte.

Sie nahmen sich fest in die Arme und küssten sich wieder und wieder. Schließlich setzten sie sich auf und begannen zu reden. Sie waren einander so vertraut, als hätten sie sich erst gestern gesehen.

»Ich bin vollkommen durcheinander, seit ich gehört habe, dass du hier bist. Heute konnte ich kaum arbeiten, bin ziellos durch die Gegend gelaufen«, erklärte Erik mit leiser Stimme.

»Auch ich bin verwirrt, hin- und hergerissen zwischen Freude und Angst.«

»Angst vor mir?«

Hildegard seufzte. »Vor dem Schicksal. Was soll jetzt aus uns werden? Es ist alles noch viel schwieriger als damals.«

»Wir werden einen Weg finden«

Hildegard sah ihn mit Tränen in den Augen an. »Warum bist du nicht gekommen? Ich habe so lange auf dich gewartet.«

Erik sah zu Boden, dann wieder zu Hildegard. Er öffnete den Mund, doch kein Wort kam heraus. Er ließ erneut den Kopf sinken.

»Hast du sie damals mehr geliebt als mich? War es wegen Agnes?«

Doch Erik schüttelte nur den Kopf, unfähig, auch nur ein Wort zu sagen.

»Gib es ruhig zu. Agnes ist eine gute Frau.«

»Sie ist viel zu gut für mich.«

Erik sah sie unglücklich an. Hildegard schüttelte ungläubig den Kopf. »Aber warum denn? Was ist es, was dich quält?«

»Ich kann nicht.«

Hildegard fasste seinen Kopf mit beiden Händen. »Doch, du kannst. Ich bitte dich, sprich, tue es für mich!«

Erik sah sie zögernd an. »Ich bin nicht der, den du glaubst, vor dir zu haben.«

Hildegard verstand nicht. »Du bist Erik, der Mann, den ich vom ersten Augenblick an liebe, seit ich dich gesehen habe.«

Erik entwand sich Hildegards Berührung. »Ich bin Erik, der

Bastard. Nicht Rupert ist mein Vater, sondern irgendein raubender und mordbrennender Kreuzfahrer. Kein stolzer Ritter, sondern ein dahergelaufener Schurke. Meine Mutter hatte es mir verschwiegen.«

Deria! Hildegard sah die schöne, aufrechte Frau vor ihrem inneren Auge. Mitleid durchströmte sie, Mitleid mit Deria, aber mehr noch mit Erik.

»Du bist Erik, der Mann, den ich von dem Augenblick an liebe, seit ich dich das erste Mal sah«, wiederholte Hildegard.

Erst geschah nichts, doch dann hob Erik langsam sein Gesicht. Ungläubig blickte er Hildegard in die Augen. »Hast du nicht gehört, was ich gesagt habe?«

»Ich habe es gehört, Erik. Und ich liebe dich unverändert, vielleicht sogar mehr als zuvor.«

Denn sie verstand jetzt, warum er nicht gekommen war. Sie verstand, warum sie so lange warten musste.

Sie sah, wie eine große Erleichterung sich auf Eriks Gesicht ausbreitete. Sie wollte ihn in ihre Arme schließen, als sie plötzlich innehielt. »Es geht nicht. So sehr ich es auch wünsche, ich kann nicht.«

Erik fuhr zurück. »Dann schämst du dich doch für mich, den Bastard?«

»Das ist es nicht.« Sie sah ihm in die Augen. »Es ist wegen Agnes.«

»Aber ich liebe dich so viel mehr. Sicher, Agnes ist eine gute Frau, die schon genug unter dem unwürdigen Leben an meiner Seite gelitten hat. Aber soll ich meine wahre Liebe ein Leben lang verleugnen?«

»Es gibt etwas, was du nicht weißt.«

»Was immer das auch ist, es wird nichts mehr ändern. Wir gehören zusammen.«

»Sprich nicht voreilig. Hör mir erst zu.«

»Aber warum? Ich liebe nur dich.«

»Schsch!«

Hildegard verschloss seinen Mund mit ihrem Finger, den er zärtlich küsste. Hildegard lächelte, aber dann wurde sie ernst.

»Es betrifft Agnes und dich.«

Es fiel ihr schwer, weiterzusprechen.

»Sie hat dir eine Tochter geschenkt.«

»Und dafür bin ich ihr sehr dankbar. Sophia war oft das Einzige, was mich am Leben hielt.«

Hildegard holte tief Luft, bevor sie fortfuhr. »Agnes wird dir bald noch ein Kind schenken.«

Hildegard senkte schnell den Kopf. Sie konnte Erik nicht ansehen, zu groß war die Spannung, wie er reagieren würde. Aber sie konnte seine Verblüffung geradezu spüren.

»Agnes ist schwanger?«

Es dauerte etwas, bis er Hildegards Worte tatsächlich fassen konnte. »Sie wird mir ein Kind schenken.«

Hildegard hörte den weichen Klang seiner Stimme, der sie tieftraurig machte. Sie hielt mühsam die Tränen zurück. Am liebsten wäre sie aufgesprungen und davongelaufen, um nicht hören zu müssen, was jetzt kam. Als Erik weiter schwieg, hob sie vorsichtig den Blick. Sie sah, dass auch in seinen Augen Tränen standen. Es waren Tränen des Glücks und der Trauer zugleich.

»Hildegard, was soll ich bloß tun? Ich habe dich so lange warten lassen. Andererseits kann ich mein Kind nicht im Stich lassen. Es braucht mich genauso wie Agnes mich jetzt braucht.«

Und ich?, wollte Hildegard schreien. Brauche ich dich etwa nicht?

Aber sie schwieg. Ihre Lippen bebten und sie hätte keinen einzigen Ton herausgebracht, ohne in lautes Wehklagen auszubrechen. Erik nahm sie in den Arm und sie ließ es zu. Aber dann machte sie sich frei und versuchte zu sprechen. »Es ist die richtige Entscheidung.«

Das war das Schlimmste. Sie wusste, dass Erik das einzig Richtige tat, und trotzdem war es fast unmöglich für sie, es zu ertragen. Sie schenkte ihm ein letztes Lächeln, von dem sie sich wunderte, dass sie es überhaupt zustande brachte. Dann wandte sie sich ab und schritt davon.

»Warte, Hildegard, lass mich dir den Weg zeigen. Der Sumpf ist tückisch.«

Aber Hildegard machte eine abwehrende Geste. Alles an ihrer Haltung drückte aus, dass sie jetzt allein sein wollte. Erik blieb nichts anderes übrig, als sie gehen zu lassen.

Hildegard schritt ohne große Vorsicht aus. Sie konnte kaum sehen, da ihr Blick von Tränen verschleiert war. Aber es war ihr ohnehin egal, ob sie auf festen Grund trat. Sie wartete fast darauf, den Boden unter den Füßen zu verlieren und endgültig unterzugehen.

*

Sophia ging langsam und mit unsicheren Schritten bis zur Tür, in der Hildegard stand und ihr die Arme entgegenstreckte. Sie blickte in Sophias strahlendes Gesicht, als sie ihre Hände zu fassen bekam.

»Ich kann wieder laufen!«

Jetzt trat auch Agnes lächelnd zu den beiden. »Sie hat kaum abwarten können, es Euch zu zeigen. Ihr habt dieses Wunder vollbracht.«

Hildegard schlug die Augen nieder. Doch das geschah nicht nur aus Bescheidenheit. Seitdem sie Erik getroffen hatte, konnte sie Agnes nicht mehr unbefangen entgegentreten. Die bemerkte ihre Reserviertheit. »Was kann ich tun um Euch zu danken?«

»Danken, wofür? Es war meine Pflicht, Sophia zu heilen.«

Hildegard half Sophia auf ihr Lager. Die ungewohnte Anstrengung hatte das Mädchen erschöpft. Sophia schloss die Augen, um ein wenig zu ruhen.

Die beiden Frauen traten vor die Hütte. Die Sonne wurde allmählich milder. Agnes führte die Unterhaltung fort. »Ihr habt viel mehr getan als Sophia zu heilen. Erik hat mir alles erzählt.«

Dieser Name! Hildegard hätte sich am liebsten die Ohren zugehalten. Es war schlimm genug, dass sie immer wieder in seine Hütte kommen musste. Jetzt rächte es sich, dass sie Sophia nicht mit zu sich genommen hatte. Aber Erik quälte sie nicht unnötig. Er vermied es, zu den Zeiten der Krankenbesuche zu Hause zu sein. Aber wenn Hildegard ehrlich war, schmerzte das noch mehr.

»Erik ist wie verwandelt. Er hat wieder Mut und Hoffnung geschöpft. Vielleicht werden wir sogar die Sümpfe verlassen. Auch das haben wir Euch zu verdanken.«

»Das werdende Leben drängt zu einem neuen Aufbruch. Es ist Euer Verdienst, Erik wieder Mut gegeben zu haben.«

Hildegard wollte alles tun, um wenigstens Agnes mit der Vergangenheit abschließen zu lassen. Aber Agnes schüttelte den Kopf.

»Ihr habt ihm die Scham genommen, die ihn niederdrückte, seitdem er von seiner wahren Herkunft erfuhr. Ich wünschte, seine Mutter könnte ihn so voller Stolz sehen.«

»Es würde Deria sicher glücklich machen. Warum besucht Ihr sie nicht?«

»Sie ist in ihre Heimat zurückgekehrt. Bei Judith wollte sie nicht bleiben. Sie konnte es ihr nie verzeihen, dass Judith Erik ihr Geheimnis verriet.«

Hildegard war erstaunt. »Judith war es?«

»Aus Missgunst, Neid und Eifersucht. Sie wollte ihn haben, wenn auch nur als Spielzeug. Aber er liebte nur Euch.«

Hildegard erblasste. »Es war meinetwegen?«

All das Unglück und Leid wäre nicht geschehen, wenn sie Erik nicht begehrt hätte! Das hatte sie nicht geahnt. Sie konnte die Tränen nicht mehr zurückhalten. »Dann ist alles meine Schuld!«

Agnes nahm sie tröstend in den Arm. »Nein, nein, es war Judith. Sie hat mit den Menschen gespielt. Aber auch sie ist nicht glücklich geworden.«

»Was ist geschehen?«

»Sie hat sich vor vielen Jahren das Leben genommen.«

Es traf Hildegard wie ein Schlag, selbst wenn sie Judith jetzt in einem anderen Licht sah.

»Es gab damals eine Stichwahl zwischen Lothar und Friedrich, Judiths Gatten. Lothar wurde mit einer Stimme Mehrheit zum König gewählt. Doch das war es nicht, was Friedrich so sehr aufbrachte. Das Schlimme für ihn war, dass Judiths Vater Lothar die fehlende Stimme gegeben hatte und damit seinem Schwiegersohn in den Rücken fiel.«

»Und Friedrich hat Judith dafür büßen lassen.«

Agnes nickte. »Er nahm ihr ihren Sohn weg und brachte ihn zu seinem Bruder Konrad, auf dass er einen guten Staufer aus ihm mache. Das hat Judith nicht verwunden.«

»Jetzt ist ihr Sohn Herzog von Schwaben. Von seinem Mut und seinem Kampfgeist wird überall gesprochen.«

»Sie nennen ihn Barbarossa. Er ist Konrad auf den Kreuzzug gefolgt.«

Agnes lächelte. »Er mochte Erik ganz besonders. Wer weiß, vielleicht gehen wir an seinen Hof zurück. Genug zu essen und ein richtiges Dach über dem Kopf, so sollen unsere Kinder aufwachsen.«

Agnes' Augen leuchteten. Hildegard freute sich wirklich für sie. Doch dann sah sie Agnes genauer an. Der Glanz in ihren Augen erschien ihr ein wenig zu hell, ihre Pupillen unruhig. Plötzlich fielen Hildegard auch Agnes' fahrige Bewegungen auf. Das Fieber! Hildegard hoffte, dass sie sich täuschte, aber sie glaubte es nicht. Sophia hatte die Krankheit an die Mutter weitergegeben. Wie hatte sie sie nur hier lassen können? Als Schwangere war Agnes noch empfänglicher für Krankheiten als andere. Hildegard fühlte, wie die Schuld in ihr hochkroch.

Kapitel 24

gnes wand sich in Fieberkrämpfen, schweißnass und mit zuckenden Gliedern. Ihre Augen sahen ins Leere, als wäre sie ganz woanders. Sie wirkte entrückt, wie Hildegard es schon oft beobachtet hatte, wenn der Schmerz und die Qual unerträglich wurden.

Hildegard wachte seit zwei Tagen und zwei Nächten bei Agnes. Sie hatte sie in ihre eigene Hütte gebracht, um sie unter Beobachtung zu haben. Agnes' Zustand hatte sich zusehends verschlechtert. Hildegard gab ihr Beifußpulver, aber sie wusste auch, dass es zu spät war, um den ersten Schub noch abmildern zu können. Ihre Hoffnung war nur, dass Agnes stark genug sein würde, sich so lange gegen die Krankheit zur Wehr zu setzen, bis die Medizin ihre Wirkung entfaltete.

Sie hatte Sophia nicht erlaubt, sich an der Pflege der Mutter zu beteiligen. Zu frisch war deren eigene Genesung, als dass Hildegard sie aufs Spiel setzen wollte.

Einen anderen hatte sie nicht daran hindern können bei Agnes zu wachen. Erik saß ununterbrochen bei seiner Frau und blieb selbst dann wach, wenn Hildegard doch für kurze Zeit der Schlaf übermannte. Es war Hildegards große Hoffnung, dass seine Liebe Agnes und ihrem ungeborenen Kind Kraft spenden würde.

Hildegard vermied es, mit Erik über etwas anderes als Agnes' Pflege zu reden. Es war Erik, der das Gespräch suchte. »Ich hätte ihr nie erlauben dürfen mir hierher zu folgen.«

»Aber Agnes wollte es so. Du hast ihr viel gegeben. Glaube mir, es gibt kein schöneres Geschenk als die Liebe.«

Hildegard sah zu Boden, als sie Eriks Blick spürte.

»Aber das ist es gerade. Meine Liebe galt immer nur dir.«

Hildegard schüttelte den Kopf. Das wollte sie nicht gelten lassen, nicht, seitdem sie miterlebte, wie hingebungsvoll sich Erik um Agnes kümmerte. »Es gibt viele Gesichter der Liebe.«

Aber sie konnte Erik nicht überzeugen. »Ich hoffe, es ist nicht zu spät, um meine Schuld zu begleichen. Hätte ich nur eher meinen Stolz überwunden und wäre an Friedrichs Hof zurückgekehrt.«

Er tupfte Agnes den Schweiß von der Stirn. Hildegard war erschüttert. »Lass mich beten. Für Agnes. Für dich und Sophia. Ich wünsche so sehr, dass ihr einen neuen Anfang machen könnt.«

Hildegard kniete nieder und begann still zu beten, während Erik Agnes umfangen hielt. Und allmählich ließen die Krämpfe nach. Agnes fiel in einen ruhigen Schlaf. Erik streichelte überglücklich ihr Gesicht und wartete, bis ihr Atem regelmäßig ging. Dann gestattete er sich zum ersten Mal, sich auch ein wenig hinzulegen.

Auch Hildegard musste eingeschlafen sein, denn als sie die Augen öffnete, konnte sie schon das fahle Morgenlicht durch die Ritzen der Hütte dringen sehen. Erfrischt setzte sie sich auf. Ihr Blick fiel auf Erik, der immer noch friedlich neben seiner Frau schlief. Agnes lag ganz ruhig da. Hildegard lächelte, doch dann stutzte sie. Sie stand auf und ging langsam zu den beiden hinüber. Erik atmete ruhig, doch bei Agnes konnte sie keine Bewegung des Brustkorbs erkennen. Sie legte ihr die Hand auf die Stirn und fühlte die Kälte. Sie nahm Agnes' Hand, die bereits steif war. »Erik! Erik! Wach auf!«

Es brach ihr fast das Herz, was sie ihm nun verkünden musste.

Erik war sofort wach und setzte sich auf. Er sah es mit einem Blick, es war nicht nötig, dass Hildegard etwas sagte. Erik legte seine Arme um den Hals seiner leblosen Frau und schmiegte sich an sie. Er weinte an ihrer Brust, als wenn er sich Trost erhoffte.

Doch Agnes konnte ihm nicht mehr helfen. Als Hildegard ihre Hand beruhigend auf seinen Kopf legte, fuhr er hoch und schüttelte sie ab. »Du hast kein Recht dazu.«

Hildegard wich zurück. Erik wandte sich von ihr ab. »Ich habe alles falsch gemacht. Und jetzt ist es zu spät.«

»Aber Erik, du kannst nichts dafür.«

Erik blickte sie abweisend an. »Lass uns allein«, befahl er so kalt und hart, dass Hildegard erschrak.

Aber es blieb ihr nichts anderes übrig, als seinen Willen hinzunehmen und sich zurückzuziehen.

※

Agnes war wie die anderen Toten dem Moor übergeben worden. Aber Erik hatte nicht zugelassen, dass Hildegard den Segen sprach. Selbst Sophia durfte Erik nicht begleiten, als er seine Frau, in Tücher eingeschlagen, zu ihrer letzten Ruhestätte trug. Keiner sah seinen Schmerz und seine Tränen, und als er zurückkam, war er verändert. Selbst seiner Tochter gegenüber, die ihn jetzt mehr brauchte als je zuvor, zeigte er keine Gefühlsregung.

Sophia bat in ihrer Not Hildegard um Hilfe. Die zögerte. Konnte ausgerechnet sie sich anmaßen mit Erik zu sprechen? Doch dann entschloss sie sich es zu versuchen. Es durfte nicht sein, dass ihre Liebe so viel Unglück gebar.

Erik befestigte das verbreiterte Flussbett, indem er zusätzliche Erde auf das sumpfige Ufer aufschüttete und feststampfte. Ganz von der anstrengenden Arbeit beansprucht, hörte er Hildegard nicht kommen.

»Wir müssen miteinander sprechen, Erik.«

Er fuhr zusammen, als er ihre Stimme dicht hinter sich hörte. Sich umdrehend, musterte er sie mit feindseligem Blick. »Was nützt das noch? Agnes ist tot.«

»Aber Sophia lebt.«

»Warum konntest du nicht auch Agnes helfen? Warum ausgerechnet sie?«

»Ich habe alles getan. Aber durch ihre Schwangerschaft war sie schwächer als Sophia. Das hätte ich eher bedenken müssen.«

Erik sah sie aufmerksam an. »Eher? Soll das heißen, es hätte eine Chance gegeben?«

Hildegard zögerte. »Vielleicht hätte ich Sophia von ihr trennen müssen. Aber Agnes wollte ihrem Kind beistehen.«

Hildegard schlug die Augen nieder. Ihr wurde heiß. Sie wusste, dass das nicht die ganze Wahrheit war. Sie zwang sich Erik wieder anzusehen. »Und ich habe es ihr erlaubt, anstatt es ihr abzuschlagen.«

Erik lächelte fast. »Agnes konnte sehr dickköpfig sein, wenn sie etwas wollte.«

»Es gab noch einen anderen Grund.«

Hildegard kostete es große Überwindung weiterzusprechen. »Weil Sophia bei Agnes blieb, musste ich häufig nach ihr sehen, in eure Hütte kommen. Ich hatte insgeheim die Hoffnung ... es hätte sein können ...«

Erik wusste, was sie nicht wagte auszusprechen. »Du wolltest mich sehen.«

Erschüttert stand er da. »Ich wünschte, wir wären uns nie begegnet.«

Hildegard trafen seine Worte mitten ins Herz. »Nein, Erik, so darfst du nicht denken. Es hat einen Sinn, alles hat einen Sinn.«

Erik konnte ihren Worten keinen Glauben schenken. »Es mag unsere Bestimmung sein, aber es ergibt keinen Sinn.«

Hildegard überlegte fieberhaft, wie sie ihn vom Gegenteil überzeugen konnte. Er durfte sich nicht aufgeben, das hätte auch Agnes nicht gewollt. »Wir müssen unser Schicksal hinnehmen.«

»Du bist eine Frau, die von vielen geachtet und verehrt wird. Aber was bin ich?«

»Es ist nicht einfach für dich. Aber du bist nicht der Einzige, der leidet.«

Hildegard sprach heftiger, als sie es wollte. »Auch ich verzweifle manchmal an meiner Aufgabe.«

Sie hielt inne, bevor sie es aussprach. » Ja, ich habe einen Fehler gemacht. Ich würde alles geben, wenn ich ihn wieder gutmachen könnte.«

Sie wandte sich ab, damit Erik ihre Tränen nicht sehen konnte. »Auch das, was mir das Wertvollste ist.«

Erik fasste sie an den Schultern und drehte sie langsam zu sich. Hildegard wollte sich seiner Berührung entziehen, doch er hielt sie fest.

»Was ist es? Was ist das Wertvollste für dich?«

Hildegard stand dicht vor ihm, ihr Gesicht berührte beinahe seine Brust. Einen Moment lang war sie versucht, sich an ihn zu lehnen, aber dann widerstand sie. »Weißt du es wirklich nicht? Dass ich dich lieben darf, das bedeutet mir alles.«

Sie sah geradewegs in Eriks erstaunte Augen. »Du liebst mich so sehr?«

Statt einer Antwort rannen Tränen Hildegards Wangen herab. Erik beugte sich zu ihr, nahm ihr Gesicht in die Hände und fing ihre Tränen mit sanften Küssen auf. Hildegard lehnte sich an ihn. Sie spürte seine warme, starke Brust, fühlte, wie seine Arme sie fest umfingen, genoss die Geborgenheit. Dann begann sie ihn zu küssen. Ihre Lippen erkundeten seinen Hals, sein Kinn, um sich dann mit den seinen in einem leidenschaftlichen Kuss zu treffen. Jetzt wurde auch Erik fordernder. Seine Hände glitten von ihren Schultern über ihre Brüste. Hildegard erschauerte und wusste, dass sie ihm jetzt Einhalt gebieten müsste.

Doch sie konnte es nicht. In ihrem langen Leben hatte sie es nie gewagt, sich vorzustellen, wie es ist, wenn Mann und Frau sich vereinigen. Selbst als sie gehofft hatte, dass Erik sie heiraten würde, waren ihre Phantasien nie so weit gegangen. Es schien ihr zu fremd, wie nicht für sie bestimmt.

Doch jetzt überrollte die Leidenschaft sie umso heftiger. Sie gab es auf, sich dagegen zu wehren. Sie löste sich aus seiner Umarmung und streifte erst ihr Gewand und dann ihr Unterkleid über ihren Kopf. Erik betrachtete Hildegard atemlos, als sie entblößt vor ihm stand. Er berührte sie vorsichtig, streichelte sie. Er fiel vor ihr auf die Knie und begann, mit seinen Händen und Lippen ihren Körper zu erforschen, bevor auch er sich auszog.

Sie sanken auf den morastigen Boden. Der weiche Untergrund gab nicht nach, sondern trug sie. Hildegard fühlte sich frei und leicht. Angst und Verzweiflung waren von ihr abgefallen. Sie wusste, dass es Erik genauso ging. Seine Lippen strichen sanft von ihren Brüsten über ihren Bauch.

Hildegard zog ihn zu sich. Einen Moment lang blickten sie sich voller Liebe an. Dann wurden sie eins.

Hildegard lehnte ihren Kopf an Eriks Schulter, als er ihre Kleider, die sie übergezogen hatte, zurechtstrich. Nachdem sie sich immer wieder geliebt hatten, waren sie wie aus einem Rausch aufgetaucht. Aber selbst jetzt, als Hildegard wieder einen klaren Gedanken fassen konnte, bereute sie nichts.

Sie blickte auf das Moor hinaus und musste an Agnes denken. »Ich glaube nicht, dass Agnes uns verurteilen würde.«

»Dazu hat sie mich viel zu sehr geliebt.«

Erik sah sie nicht an, sondern sah ebenfalls über den Sumpf. Sie wusste, dass er Tränen in den Augen hatte.

»Kann man das? Ist nicht unerschöpfliche Liebe ein Geschenk Gottes?«

Jetzt wandte Erik seinen Blick zu ihr. »Es macht mir Angst. Was ist, wenn auch du mir genommen wirst?«

Hildegard küsste ihn auf den Mund. »Liebe heißt vertrauen.«

»Aber du bist eine Nonne.«

»Ich hätte schon einmal alles für dich aufgegeben.«

»Aber jetzt bist du als Seherin anerkannt. Die Leute achten und verehren dich. Du bist für das Kloster unverzichtbar.«

»Und trotzdem führte mein Weg zu dir.«

Erik beugte sich vor um Hildegard zu küssen, als sie Matthäus sahen. Sie fuhren auseinander. Seine Schritte waren von dem weichen Boden so gut gedämpft worden, dass sie ihn nicht hatten kommen hören.

»Hildegard, Ihr habt Besuch. Es ist ein Mönch aus Eurem Kloster.«

Hildegard sah Erik verwirrt an. Besuch vom Disibodenberg, was hatte das zu bedeuten?

Volmar betrachtete Hildegard, die ihn in ihrer Hütte willkommen hieß. Ihr Gesicht wirkte weich und entspannt, obwohl es deutliche Spuren der harten Arbeit zeigte. Die Pflege der Kranken hatte an ihr gezehrt, sie wirkte fast schon zerbrechlich. Volmar musste der Versuchung widerstehen Hildegard in den Arm zu nehmen. Es war ihm nur zu gut in Erinnerung, welche Wünsche ihre einzige Berührung in ihm geweckt hatte. Er war schon froh, sie endlich wiederzusehen.

Volmar war klar, dass Kuno Hildegard eigentlich die Botschaft hätte überbringen müssen und dass der Abt ihn nur deshalb geschickt hatte, weil er die Malaria fürchtete. Aber das machte Volmar nichts aus, im Gegenteil, er hatte es kaum abwarten können endlich aufzubrechen.

»Ihr wisst, dass ich mich immer freue Euch zu sehen, Bruder Volmar. Aber Ihr habt gewiss ein besonderes Anliegen, wenn Ihr extra diese weite Reise auf Euch nehmt«, unterbrach Hildegard seine Gedanken.

»Ihr habt Recht, ich darf es Euch nicht länger vorenthalten. Der Abt hat sich entschlossen Eurem Wunsch nachzukommen.«

»Meinem Wunsch?«

Hildegard war verwirrt. Sie konnte sich nicht vorstellen, was Volmar meinte. Der sah ihre Ahnungslosigkeit. »Ich hätte eher kommen sollen um Euch zu unterstützen«, sagte er schuldbewusst. »Ihr habt so viel arbeiten müssen, dass Ihr alles andere darüber vergessen habt.«

Hildegard runzelte die Brauen. Sie ahnte langsam, wovon

Volmar sprach, doch sie wagte nicht es auszusprechen. Volmar tat es für sie. »Ich rede von Eurem Kloster. Kuno hat Euch die Erlaubnis gegeben, ein eigenes Kloster zu gründen.«

Hildegard durchfuhr es wie ein Blitz. Ihr Kloster? Sie sollte ein Kloster bekommen? Ihre Gedanken gingen wild durcheinander, als Volmar weitersprach. »Es soll alles so werden, wie Gott es Euch gezeigt hat.«

Aber hatte Gott sie nicht zu Erik geführt? Hildegards Gesicht spiegelte ihre Verwirrung. Volmar fuhr fort. »Wir haben schon alles vorbereitet. Das Stück Land, das Ihr in Eurer Schau gesehen habt, wurde erworben.«

»Auf dem Rupertsberg?«

»Genau dort. Über den Rhein erhoben, aber trotzdem nicht fern von den Menschen. Belebte Handelsstraßen verlaufen an seinem Fuße. Ihr hättet den Ort nicht besser wählen können.«

Hildegard versuchte sich das Bild in Erinnerung zu rufen. Aber es tauchte nur verschwommen vor ihr auf. So vieles war inzwischen passiert.

»Viele junge und ältere Frauen haben sich gemeldet, um in das Kloster einziehen zu dürfen. Sie haben ihre Mitgift gegeben, damit bald mit dem Bau begonnen werden kann. Handwerker stehen bereit um ihre Kunst zu zeigen. Alle warten nur noch auf Euch.«

Hildegard sah Volmar ausdruckslos an. Was erwartete er? Dass sie hier alles abbrach, was sie eben erst begonnen hatte? Sie verstand nicht, was Gott mit ihr vorhatte. Doch ihre Aufgabe war es zu glauben. Eben noch hatte sie Erik beschworen auf Gott zu vertrauen. Doch sie zweifelte immer noch. »Aber wieso hat Kuno seine Meinung plötzlich geändert?«

Volmar zuckte mit den Schultern. »Es wird ihm nicht leicht gefallen sein. Ihr seid ein großer Verlust für das Kloster.«

Ein Schatten glitt über Volmars Gesicht. Er senkte den Kopf. »Ihr werdet uns allen fehlen.«

Volmar konnte nicht weitersprechen. Hildegard sah ihn gerührt an und ging zu ihm. Sie legte ihre Hand auf seine Schulter, was ihn zusammenzucken ließ. »Ihr werdet mich auf mein Kloster begleiten.«

Hildegard verstummte. War das tatsächlich sie, die da mit so großer Bestimmtheit sprach? Aber es wurde immer klarer, sie hatte keine Wahl. »Ich brauche Euch auch weiterhin als Seelsorger und Sekretär. Ich werde Kuno davon überzeugen.«

Jetzt lächelte Hildegard sogar. In ihr erwachte der Tatendrang. Und langsam, ganz langsam spürte sie auch die Freude, das Glück, endlich ihr Ziel erreicht zu haben.

Am nächsten Morgen war davon nichts mehr übrig. Sie fühlte sich mutlos und jeder Schritt, den sie in Richtung von Eriks Hütte tat, fiel ihr schwer. Doch Erik hatte sie anscheinend schon ungeduldig erwartet. Er öffnete die Tür, bevor sie anklopfen konnte.

»Hildegard, Liebes.«

Seine Stimme war sanft wie am Tag zuvor, als sie sich liebten. Hildegard durchfuhr Schmerz. Sie wollte ihn nicht verlieren. War ihre Entscheidung richtig?

Erik gab ihr einen zärtlichen Kuss auf den Mund, als er merkte, dass sie seltsam ungerührt blieb. »Was ist, Hildegard? Hast du schlechte Nachrichten vom Disibodenberg?«

Er zog sie in die Hütte. Sie waren allein, Sophia war schon ausgegangen. Das Mädchen half jetzt, da es wieder vollkommen gesund war, bei der Pflege der Kranken.

Hildegard sah Erik an. »Im Gegenteil, ich habe gute Nachrichten.«

»Warum guckst du dann so bekümmert?«

»Es betrifft uns beide.«

Eriks Blick wurde ernst. »Du sollst zurück.«

Hildegard nickte. »Sie geben mir mein eigenes Kloster.«

Erik sah sie einen Moment ohne eine Regung an, dann ließ er sich auf einen Schemel sinken. Er stützte den Kopf auf seine

Hände und blickte zu Boden. Verzweifelt rang er darum, die Fassung zu bewahren. »Dein eigenes Kloster?«, wiederholte er tonlos.

Hildegard konnte nur nicken. Sie fühlte einen dicken Kloß im Hals, als sie sah, wie Erik litt.

»Was hast du ihnen geantwortet?«

Erik sah auf. Sein Blick war verzweifelt. Hildegard ließ sich vor ihm auf die Knie sinken und umarmte ihn. Sie hätte alles getan, um ihm den Schmerz zu ersparen. Nur das eine, das, was er wollte, konnte sie ihm nicht geben. »Sie warten auf mich. Ich kann sie nicht im Stich lassen.«

Erik riss sich los und sprang auf. »Und was ist mit mir? Waren das gestern alles leere Worte?«

Hildegard erhob sich und stand dann ganz ruhig. »Jedes Wort zu dir, jede Geste der Zärtlichkeit war ehrlich. Ich liebe dich und ich werde dich immer lieben. Trotzdem muss ich gehen.«

»Aber, wenn die Liebe das höchste Geschenk ist, wie kannst du es dann wegwerfen?«

Eriks Stimme klang jetzt flehend.

»Ich habe sie nicht weggeworfen. Deine Liebe wird für immer mein Herz erfüllen.«

Erik schüttelte den Kopf. »Ich habe keine Chance mehr, nicht wahr? Ich kann sagen, was ich will.«

Resigniert wandte er sich ab. Es schnitt Hildegard ins Herz. Sie legte ihm die Hand auf die Schulter, aber er schüttelte sie ab. Er wandte sich ihr zu und blickte ihr direkt ins Gesicht. »Wenn du mich wirklich liebst, wie du sagst …«

»Wie kannst du daran zweifeln?«, unterbrach ihn Hildegard mit tränenerstickter Stimme.

Seine Stimme klang kalt. »Wenn du mich wirklich liebst, dann komm nie wieder. Nie!«

Damit war Erik aus der Tür. Hildegard blieb weinend zurück. Hatte Erik Recht? Hätte sie bei ihm bleiben sollen? Aber sie hatte doch keine Wahl, so viele Leute glaubten an sie, so viele

Leute brauchten sie. Doch sie wusste, dass auch er sie brauchte. Hatte sie ein Recht sein Leben zu zerstören, nur um vielen anderen zu helfen? Aber sie zerstörte sein Leben gar nicht, versuchte Hildegard sich zu trösten. Er hatte Sophia und er würde mit ihr einen neuen Anfang machen, auch ohne sie. Hildegard fasste etwas Mut bei diesem Gedanken und als sie ihr Schluchzen einigermaßen unter Kontrolle gebracht hatte, verließ sie die Hütte, um mit Sophia zu sprechen. Sie musste ihrem Vater in dieser schwierigen Situation beistehen.

Es dauerte etwas, bis sie Sophia fand. Sie saß außerhalb der kleinen Siedlung am Fluss und wusch Wäsche. Als Hildegard näher kam, sah sie allerdings, dass Sophia einen Lumpen in der Hand hatte, ein völlig zerfetztes Stück Leinen, das sie wieder und wieder auf einen Stein schlug. Ihr Gesicht war nass und beim Näherkommen erkannte Hildegard, dass es nicht Wasser war, das ihre Haut benetzte, sondern Tränen, die ihr unablässig die Wangen hinunterliefen.

Als Hildegard vor Sophia stand, zeigte die keinerlei Reaktion. Hildegard entwand ihr den Lumpen und nahm sie fest in den Arm. »Sophia, Liebes, was ist geschehen?«

Sophia sah sie mit großen, ausdruckslosen Augen an. Hildegard wusste noch nicht einmal, ob sie sie erkannte.

»Er ist fort.«

Ihre Worte versetzten Hildegard einen Schlag. »Erik?«

»Vater hat mich verlassen.«

»Aber wo ist er? Soll ich ihn zurückholen?«

Sophia schüttelte den Kopf. »Keiner kann ihn aufhalten. Er will zu Barbarossa.«

»Er geht auf den Kreuzzug? Erik? Das kann nicht sein! Nach allem, was seiner Mutter durch Kreuzfahrer angetan wurde?«

»Es ist ihm egal. Ihm ist alles egal. Er sucht nur eins.«

Hildegard wusste, was Sophia sagen wollte. »Den Tod«, ergänzte sie.

Sophia lehnte sich an Hildegards Schulter und weinte, nun, da es ausgesprochen war. Hildegard streichelte ihr über den Rücken, obwohl sie selber untröstlich war. Sie führte das Mädchen mit sich, weg vom Fluss, hin zu den Hütten. Sie musste stark sein, Sophia brauchte sie, viele andere brauchten sie.

Sie versuchte sich das Kloster auf dem Rupertsberg vorzustellen. Hoch ragte es in den Himmel, doch sie konnte seine Umrisse nicht deutlich erkennen. Ein Schatten verdunkelte ihre Sicht. Hildegard seufzte. Welchen Preis würde sie noch zahlen müssen? Warum war ihr Weg oft so beschwerlich? Sie fühlte das Gewicht des Mädchens, als es sich auf sie stützte. Doch anstatt die Belastung zu spüren, erwuchs ihr neue Kraft. Sie fasste Sophia fester, die sich vertrauensvoll an sie schmiegte. Nichts war vergebens. Alles hatte einen Sinn. Hildegard lächelte.

4. BUCH

ildegard saß auf einem der großen Steinbrocken, der die Wärme der bereits sinkenden Sonne gespeichert hatte. Die ruhig dahinfließende Nahe sowie das am anderen Ufer liegende, eng gedrängte Bingen waren in ein sanftes Licht getaucht, das auch die Dächer von Hildegards neu erstandenem Kloster rot leuchten ließ. Das gesamte Bauwerk war symmetrisch um die leicht und schwerelos wirkenden Bogengänge angelegt. Refektorium, Bibliothek und Skriptorium lehnten sich gleichsam an den Kreuzgang an, nur die zum Himmel aufstrebende Kirche war deutlich höher, ohne ihn jedoch zu überschatten.

Hildegard lauschte dem Gegacker und Gegrunze des Viehzeugs, das in die geräumigen Ställe, direkt neben der gut gefüllten Scheune, getrieben wurde. Hinter den Werkstätten, in denen emsig gestickt und gewebt wurde, leuchtete bunt der Wein, der den sanft ansteigenden Hügel vollständig bedeckte und dessen Stöcke sich unter der Last der reifen Trauben bogen. Die gewaltige Ernte würde von den Nonnen kaum eingebracht werden können. Da hörte Hildegard eine helle Stimme. »Nimmt diese Plackerei denn nie ein Ende?«

Doch es war nicht die Lese, über die sich die Nonne beklagte. Der prächtige Wein löste sich vor Hildegards Augen auf und stattdessen erblickte sie nichts als Steine und Geröll. In einiger Entfernung stand das provisorische Wohnhaus der Nonnen, ein eher bescheidener Bau. Einzig die dreischiffige Kirche bot mit ihren beiden Türmen bereits ein beeindruckendes Bild. Es war das Jahr 1152 und es würde noch lange dauern, bis alles so aussah, wie Hildegard es sich in ihrem Tagtraum ausgemalt hatte.

Sie stand auf und wandte sich der jungen Nonne zu, die sich erschöpft auf ihre Schaufel stützte. »Je härter wir arbeiten, desto schneller haben wir unser Ziel erreicht.«

»Das will ich ja. Weben, sticken, meinetwegen sogar den Garten bestellen. Aber Steine aus dem Schutt hauen, zu so etwas wurden auf unserem Gut noch nicht einmal die Knechte gezwungen.«

Die junge Frau warf unwillig die Schaufel beiseite.

»Aber Adelheid, kannst du nicht sehen, wie schön alles werden wird?«

Hildegard versuchte erneut, vor ihrem inneren Auge das Bild des vollendeten Klosters entstehen zu lassen, doch es gelang ihr nicht. Stattdessen sah auch sie nur den öden, kargen Boden, der, kaum gerodet, an den Rändern bereits wieder vom Dickicht überwuchert wurde. Adelheid schüttelte den Kopf. »Meine Finger sind jetzt schon von den scharfkantigen Steinen wund. Die Schmerzen machen jede Bewegung ungelenk und schwerfällig. Es sind die Hände einer alten Frau, die nur noch grobe Tätigkeiten verrichten können.«

Adelheid schlug ihre von Schwielen übersäten Hände vor das Gesicht und fing an zu weinen. Wo sich noch keine Hornhaut gebildet hatte, schimmerte das nackte Fleisch rosa durch die als Schutz umgebundenen Stofffetzen, die längst zerrissen hinabhingen. Hildegard musterte auch die drei anderen Nonnen, die ebenfalls ihre Arbeit eingestellt hatten. Sie boten jede ein Bild des Jammers, die Rücken gebeugt und die Knie unter ihren löchrigen Röcken zerschunden. Auch an Hildegard, die bereits Mitte fünfzig war, ging die tägliche Anstrengung nicht spurlos vorüber.

Aber für sie war es Entschädigung genug, dass sie selbst den Grundstein für die Kirche hatte legen dürfen. Das darauf folgende Hämmern, Sägen und Klopfen der Handwerker hatte wie Musik in ihren Ohren geklungen. Steinmetzen, Maurer und Zimmerleute waren von weither angereist, als sie von dem zu errichtenden Bauwerk hörten. Um schnell anfangen zu können, hatten sie die kleine, verfallene Kapelle des heiligen Rupertus als Bauhütte genutzt, von der aus jeden Morgen in aller Früh zur Arbeit gerufen. Und dort nahmen sie auch ihren Lohn von Hildegard in Empfang. Dank der Mitgift ihrer Novizinnen verfügte sie über einen nicht unerheblichen Geldbetrag. Als jedoch das Geld zur Neige ging, ließ auch die Tatkraft der Handwerker nach und Hildegard konnte sie nur noch mit Mühe dazu bewegen, wenigstens die Kirche fertig zu stellen. Als Gegenleistung für zu wenig erhaltenen Lohn brachen sie die Rupertuskapelle ab und transportierten das beste, noch verwendbare Baumaterial fort. Jetzt war es an den Nonnen, aus den Resten noch die letzten brauchbaren Steine herauszuschlagen und den übrigen Schutt wegzukarren, um Platz für weitere Bauwerke zu machen.

Hildegard lächelte aufmunternd. »Ihr habt gesehen, wie aus vielen kleinen Steinen allmählich diese prächtige Kirche entstanden ist.«

»Wir hätten lieber mit dem Wohntrakt beginnen sollen. Stattdessen hausen wir immer noch in einer erbärmlich engen und dunklen Hütte. Stände uns nicht wenigstens ein bisschen mehr Bequemlichkeit zu, wenn wir uns schon den ganzen Tag quälen?«

Nun stimmte auch die jüngste der Nonnen, Roswitha, ein. »Wir wohnen schlechter als das Vieh im Stall meiner Eltern. Das kann doch nicht die rechte Ordnung sein.«

Hildegard wandte sich ab. Die jungen Frauen sollten ihre Erschütterung nicht sehen. Wussten die Mädchen nicht, wie sehr sie Müßiggang und Bequemlichkeit des Klerus verabscheute? Verstanden sie nicht, wie wichtig es war alles zu geben? Hildegard sehnte sich plötzlich nach Jutta, der Lehrerin und Freundin, deren Strenge sie fast an den Rand des Wahnsinns getrieben hatte. Aber nur durch Anstrengung vollbrachte man Großes.

Doch dann sah Hildegard plötzlich die tote Jutta vor sich, deren Fleisch durch den eisernen Gürtel eingeschnürt war, spürte fast den Schmerz, den Jutta bei Lebzeiten auf sich genommen hatte. Hildegard wollte das Bild abschütteln, doch stattdessen drängten sich Adelheids zerschundene Hände vor ihr Auge, Roswithas blutende Knie, die gebeugten Rücken der anderen. Sie hatte Juttas Selbstgeißelungen nicht gutheißen können. Aber geißelte sie jetzt nicht die ihr Anvertrauten? Mutete sie ihnen mehr zu, als sie ertragen konnten? Es war an ihr, das rechte Maß zu finden. »Macht Schluss für heute. Nehmt eine doppelte Portion Dinkel, wenn ihr den Brei für das Abendessen bereitet. Wir alle brauchen eine Stärkung.«

Die Gesichter der Nonnen leuchteten dankbar. Sie wandten sich zum Gehen. Roswitha drehte sich noch einmal um. »Kommst du nicht mit, Hildegard?«

»Später.«

Hildegard nickte Roswitha zu und ging. Sie stand auf und stieg den sanften Hügel, auf dem ihr Kloster entstand, ganz nach oben. Sie musste dringend wieder Arbeiter einstellen. Aber keiner von ihnen arbeitete für Gotteslohn. Als sie hoch genug gestiegen war, hielt sie ungeduldig Ausschau. Volmar hätte schon längst zurück sein müssen. Er wollte die Abgaben vom Disibodenberg holen, die aus den umfangreichen Schenkungen der Familien der Nonnen stammten und die Kuno dort für sie verwaltete. Hildegard stieg noch ein Stück höher, um besser sehen zu können. Sie verstand nicht, warum Volmar sich so lange Zeit nahm. Er wusste doch, in welch schwerer Lage sie sich befand.

Volmar nahm das kleine, mit Dinkelspelz gefüllte Kissen, das er nahe beim Feuer erwärmt hatte, prüfend in die Hand. Es hatte bereits die richtige Temperatur. Er ging zu der Bettstatt, die an der von den Fackeln rußgeschwärzten Wand stand, beugte sich zum Abt und schlug die Decke weg, unter der sich Kuno vor Schmerzen krümmte. Als er das Säckchen vorsichtig auf dessen

Bauch legte, konnte er zusehen, wie Kuno sich nach und nach unter der Wärme entspannte und schließlich ganz ruhig dalag.

Doch plötzlich ließ ein lautes Klopfen an der Tür Kuno hochschrecken. Und noch bevor er ›herein‹ sagen konnte, stand Helenger schon mit einem strahlenden Lächeln im Raum. Kuno sank in seine Kissen zurück. Er war wirklich schwer krank. Das erkannte Volmar nicht nur an dem blutigen Auswurf in dem Schälchen, das direkt neben Kunos Bett stand. Der brennende Schmerz im Bauch, der in den letzten Jahren ab und an aufgetreten war, meldete sich jetzt jeden Tag und brachte den Abt dazu sich in Krämpfen zu winden. Die Mönche bemühten sich, den Abt nicht mehr als nötig zu stören. Nur einer kam und ging wie es ihm gefiel, und das war Helenger. »Ich habe die Aufstellung der Abgaben fertig, die wir in diesem Jahr zu erwarten haben. Es wird Euch freuen zu hören, dass sie deutlich über denen des letzten Jahres liegen.«

Der Abt setzte sich sofort und ohne Rücksicht auf seinen Zustand auf. Volmar eilte zu Kuno, um ihn zu stützen. »Langsam, langsam, Ihr müsst Euch schonen!«

Doch der schüttelte seine Hand ab. »Unfug, lasst mich! Wenn mich was krank macht, dann dieses ewige Liegen!«

Kuno kam auf die Füße und warf, noch ein wenig taumelnd, einen neugierigen Blick in das Buch, das Helenger ihm vorhielt. Er nickte anerkennend, als er die sorgfältig aufgereihten Zahlenreihen studiert hatte. »Helenger, Ihr seid meiner Nachfolge würdig!«

»Sprecht nicht so, ehrwürdiger Abt! Wir alle beten dafür, dass Ihr unserem Kloster noch lange vorsteht.«

Helengers Lächeln wurde bescheiden und demütig. Volmar wusste nicht, ob er sich mehr über das Gesagte oder über die erstaunliche Wandlungsfähigkeit von Helengers Mimik wundern sollte. Helenger war nur in den Orden eingetreten, weil durch die überaus umfangreichen Schenkungen seiner Eltern ganz klar war, dass ihr Sohn eines Tages den Abt ablösen würde. Und er schien auch von seiner Intelligenz, seinem Auftreten und seiner Durchsetzungskraft her für solch einen Posten geeignet. Nur über Helengers Frömmigkeit war sich Volmar nicht ganz im Klaren.

Kuno sah Helenger anerkennend an. »Aber sagt, wie kommen wir in diesem Jahr zu diesem außerordentlich guten Ergebnis?«

»Weil ich etwas längst Überfälliges getan habe.«

Helenger spannte Kuno für einen Moment auf die Folter, bevor er fortfuhr. »Ich habe die rein formale Trennung zwischen dem Disibodenberg und dem Rupertsberg aufgelöst.«

Volmar horchte auf. Auch Kuno war erstaunt. »Heißt das, Ihr habt die für Hildegard bestimmten Abgaben dazugezählt?«

»Nun, wozu sich die Arbeit machen und zwei Abgabenbücher führen, wo hinterher doch alles in der gleichen Scheune lagert.«

Kuno nickte beifällig. »Ihr seid mit Eurem klaren und unverstellten Blick wirklich ein Gewinn für das Kloster, Bruder Helenger.«

Er ließ sich von Helenger wieder zu seiner Bettstatt geleiten und legte sich zufrieden in die Kissen zurück.

Volmar schüttelte verwirrt den Kopf. »Aber unsere ehrwürdige Äbtissin wartet auf ihren Anteil.«

Der Abt nickte etwas abwesend, das Aufstehen schien ihn doch sehr angestrengt zu haben. »Sicher, das Allernotwendigste wird keinem aus unserer Gemeinschaft verweigert. Oder wie denkt Ihr darüber, Bruder Helenger?«

Helengers Miene zeigte leichten Unwillen. »Solange er sich als Teil unserer Gemeinschaft begreift. Aber ich höre aus Bruder Volmars Worten, dass er das zu vergessen scheint.«

Helenger lächelte auch jetzt noch, wenn auch eine Spur kühler als vorher.

»Ihr seid auf dem Rupertsberg nur eingesetzt, Bruder Volmar. Im Grunde gehört Ihr zum Disibodenberg, genau wie Hildegard.«

Volmar schüttelte den Kopf. »Sie hatte die Vision eines eigenen Klosters.«

Helenger blieb ungerührt. »Aber die Mitgift für ihre Nonnen ging an den Disibodenberg.«

Volmar konnte nicht länger an sich halten. »Weil es den Rupertsberg noch nicht gab.«

Wieder wandte sich Helenger an ihn, jetzt war das Lächeln fast ganz verschwunden. »Und? Was gibt es jetzt? Eine Kirche, aber die allein macht noch kein Kloster aus, das in der Lage ist, die Abgaben ordnungsgemäß zu verwalten.«

»Aber deswegen brauchen wir doch so dringend Geld. Wir müssen weiter bauen, es fehlt an allem.«

»Armut ist nicht die schlechteste Schule.«

Die du nie durchlaufen hast, führte Volmar in Gedanken Helengers Worte weiter. Dann fuhr er laut fort. »Wie kann ich mit dieser Nachricht Hildegard unter die Augen treten?«

»Ich habe ein Einsehen mit Euch.«

Da war das Lächeln wieder und Volmar schöpfte tatsächlich Hoffnung, dass sich doch noch alles zum Guten wendete. Doch dann fuhr Helenger fort. »Ich selbst werde es ihr sagen. Es wird Zeit, dass ich die große Seherin persönlich kennen lerne.«

Volmar war verzweifelt. »Aber auch wenn Ihr mich begleitet, ändert das nichts an der Härte Eurer Entscheidung.«

»Ich werde allein reiten. Ihr bleibt hier bei Abt Kuno. Er bedarf Eurer Pflege.«

Er deutete auf den kranken Mann, der der Unterhaltung vor lauter Müdigkeit kaum noch folgen konnte. Aber Volmar war klar, dass es Helenger am allerwenigsten um Kunos Gesundheit ging.

Adelheid schritt aufgeregt neben Hildegard her. Obwohl viel jünger an Jahren als die Äbtissin, musste sie sich anstrengen, um mit ihr Schritt zu halten. »Und ich darf bestimmen, wie unser Garten aufgeteilt wird? Welche Pflanzen wo wachsen sollen?«

Hildegard lächelte. »Du und die Natur. Natürlich solltest du eine Calendula nicht in den Schatten verbannen, eine Beere nicht der prallen Sonne aussetzen … Aber das findest du schnell heraus.«

»Ich werde dich nicht enttäuschen. Im Frühling wird alles blühen.«

Sie waren auf einer kleinen Anhöhe angekommen und Hildegard hielt an. Ihr Blick umfing eine weite, mit Brennnesseln überwucherte Fläche. »Hier ist dein Reich, liebe Adelheid.«

Adelheid schaute auf die im Wind wogenden Ranken, die alles bedeckten, wandte sich dann zu Hildegard. »Das sind ja Brennnesseln.«

Hildegard nickte. »Ein in vielerlei Hinsicht nützliches Kraut. Ich werde aus den Pflanzen einen Brei herstellen, der den Haaren, bei der Wäsche aufgetragen, Gesundheit und Glanz verleiht.«

Hildegard lächelte Adelheid an. Sie kniete sich nieder und bedeutete Adelheid, es ebenfalls zu tun. »Schau her, siehst du die feinen Härchen, die den Stängel umspielen? Sie sind wie ein kleines Abbild unseres Haupthaares. Die Brennnessel verrät uns also schon in ihrer Erscheinung ihre Geheimnisse.«

Adelheid konnte sich nicht richtig konzentrieren. »Aber wer soll denn all diese Pflanzen ausreißen?«

Hildegard blickte sie erstaunt an. »Du, meine Liebe. Zu den Aufgaben der Gärtnerin gehört es auch, den Boden vorzubereiten.«

Adelheid hob ihre zerschundenen Hände. »Wie sollen meine Finger denn danach erst aussehen? Verbrannt und überall voller Pusteln? Ich werde sie nicht mehr bewegen können, bevor ich noch den kleinsten Teil gepflückt habe.«

Hildegard schüttelte den Kopf. »Es ist ganz einfach. Du musst nur entschlossen und beherzt zugreifen, dann können dir die kleinen Härchen nichts anhaben.«

Hildegard packte mit sicherem Griff eine Brennnessel am

Stängel und riss sie mit einem kräftigen Ruck samt der Wurzel aus dem Boden. »Nur Mut, versuche es auch einmal.«

Hildegard lächelte Adelheid auffordernd an. Adelheid streckte ihre Hand aus, fasste aber die Brennnessel so zögerlich beim Stiel, dass die Härchen prompt ihre brennende Wirkung auf ihrer Haut entfalteten. Schnell bildeten sich die typischen roten, juckenden Flatschen, was Adelheid wegen ihrer wunden Haut besonders schmerzte. Tränen traten in ihre Augen. »Das kann ich nicht. Das kann keiner von mir verlangen.«

Hildegard brach den fleischigen Stängel eines Wildkrautes und tropfte etwas von seinem kühlenden Saft auf Adelheids Hand. »Hier, dann hört es schneller auf. Versuch es erneut.«

Adelheid tat es, allerdings widerwillig, sodass sie sich erneut verbrannte. Erst beim dritten Anlauf schaffte sie es ohne nennenswerte Blessuren. Hildegard nickte zufrieden. »Gut gemacht, du hast es verstanden. Ich komme am Abend, um zu sehen, wie weit du gekommen bist.«

»So lange soll ich Brennnesseln ausreißen?«

Adelheid sah Hildegard nicht gerade begeistert an.

»Nun, wenn du es schneller schaffst, umso besser. Doch ich vermute, dass es sogar mehrere Tage brauchen wird.«

Damit ließ Hildegard die junge Nonne alleine, die sich mit zusammengebissenen Zähnen ans Werk machte. Doch schon hatte sie wieder nicht energisch genug zugegriffen und den feinen Härchen Angriffsfläche geboten. Ärgerlich stand sie auf, fasste sich ans Haupt und riss ihren Schleier herunter. Sie schleuderte ihn vor sich auf den Boden und trampelte mehrmals darauf herum, bevor sie sich wieder halbwegs beruhigte. Adelheid strich sich ihr langes Haar zurück, das ihr in dunklen Strähnen ins Gesicht fiel.

»Hört nicht auf sie. Euer Haar braucht keine besondere Pflege. Es glänzt von ganz allein.«

Adelheid fuhr erschrocken herum, als sie die Stimme hinter sich hörte. Aus dem hohen Gebüsch, das die Brennnesselwiese begrenzte, trat ein Mann mittelgroßer Statur, mit einem fein geschnittenen, schönen Antlitz. Das Beeindruckendste aber war sein Lächeln, von dem Adelheid erst gar nicht glauben konnte, dass es ihr galt. Beschämt senkte sie die Augen zu Boden, als ihr Blick auf ihren zerknitterten und beschmutzten Schleier fiel. Schnell hob sie ihn auf und bedeckte damit ihr lose herabfallendes Haar vor dem aufgrund seiner Kutte als Mönch kenntlichen Mann. »Wer seid Ihr?«

Ihre Stimme klang rauer und abweisender, als sie es wollte.

»Entschuldigt, wenn ich Euch erschreckt habe. Ich bin Bruder Helenger, seit einem Jahr auf dem Disibodenberg.«

Er verneigte sich leicht. »Ich weiß, dass ich Zeuge von etwas wurde, was nicht für meine Augen bestimmt war. Trotzdem erlaubt mir zu sagen, dass ich Euch verstehen kann.«

Adelheid wurde rot, als sie daran dachte, wie sie wie ein trotziges Kind auf ihrem Schleier herumgestampft hatte. »Ich habe mich unwürdig benommen. Aber manchmal verlangt die Äbtissin einfach zu viel von uns.«

Helenger horchte auf. »Das war Hildegard?«

Adelheid nickte. »Ich kann Euch zu ihr führen.«

Sie wandte sich schon zum Gehen, als Helenger sie sanft am Arm fasste. »Wartet, ich würde gerne noch mit Euch allein sprechen. Diese Begegnung scheint mir eine Fügung zu sein.«

Wieder konnte Adelheid dem Blick aus seinen blauen Augen nicht standhalten. »Was könnte ich Euch sagen?«

»Warum Ihr hier ausharrt, wo Ihr offensichtlich zu höheren Aufgaben berufen seid.«

Adelheit war verblüfft. »Wie könnt Ihr das sagen, wo Ihr mich doch gar nicht kennt?«

»Ich sehe es. An Eurer Art Euch zu bewegen, an Eurer Haltung, an Eurem Gesichtsausdruck. Ihr seid nicht als Magd geboren und solltet auch nicht versuchen, eigenmächtig Eure Bestimmung zu ändern.«

»Meine Bestimmung?«

»Gott hat Euch aus der Masse emporgehoben, und eine dementsprechende Stellung solltet Ihr auch anstreben.«

Adelheid sah ihn staunend an. Sie fand mehr und mehr Gefallen an seinen Worten.

Hildegard umrundete das Gelände mit großen Schritten. Sie versuchte zum wiederholten Male, die ungefähre Größe des zukünftigen Gästehauses festzulegen, doch sie konnte sich nicht konzentrieren. Immer wieder wanderten ihre Gedanken zu Adelheid. Hatte sie sie erneut überfordert? Adelheids Begeisterung war schnell in Mutlosigkeit umgeschlagen, und Hildegard war sich nicht sicher, ob Adelheid schon die Stärke hatte, diesen Zustand alleine zu überwinden. Als sie sich erneut verzählte, gab sie auf. Sie schlug den Weg zur Brennnesselwiese ein.

Auf dem Weg legte sich Hildegards Unruhe. Wahrscheinlich machte sie sich umsonst Sorgen und Adelheid erledigte ihre Arbeit viel konzentrierter, als sie es vermutete. Doch kaum an der Wiese angekommen, bot sich ihr ein ganz anderes Bild.

Adelheid hing förmlich an den Lippen eines jungen Mönches, der zu ihr sprach. Obwohl Hildegard ihn nur von der Seite sah, fiel ihr seine besondere Schönheit auf. Sie hatte es plötzlich sehr eilig dazwischenzugehen. »Adelheid, hast du schon Zeit für eine Pause?«, rief sie die junge Frau an.

Adelheid fuhr erschrocken herum und senkte schuldbewusst ihren Blick, als sie Hildegard erkannte. Der Mönch allerdings blickte ihr offen und mit einem gewinnenden Lächeln ins Gesicht. »Ich war es, der sie ablenkte, ehrwürdige Schwester Hildegard.«

»Ihr kennt mich? So sagt mir auch Euren Namen.«

»Ich bin Helenger, Mönch vom Disibodenberg.«

»Und Abt Kunos Nachfolger, wie man sagt.«

Adelheid erschrak. »Ihr werdet Abt? Aber warum ... warum habt Ihr mich denken lassen, Ihr wäret ein einfacher Mönch?«

»Bestimmt nicht aus Demut.«

Hildegards Worte kamen hart und unvermittelt.

»Was habe ich getan, solche Verdächtigungen in Euch zu wecken?«

Helenger versuchte unverdrossen, Hildegard mit unverwandt freundlicher Miene für sich einzunehmen. Doch es war bereits zu spät. Seitdem Hildegard ihm das erste Mal voll ins Gesicht gesehen hatte, war es ihr klar geworden. Seine Schönheit war oberflächlicher Art, sie beruhte nicht auf der Anmut der Seele. Es war, als wenn sie direkt durch seine blauen Augen sehen könnte, und was dahinter war, ließ sie erschrecken. Es war das Nichts.

Hildegard versuchte, sich ihre Abneigung gegen ihn nicht anmerken zu lassen. Sie musste die Möglichkeit in Betracht ziehen, dass sie sich täuschte. »Was führt Euch auf den Rupertsberg?«

»Abt Kuno hat mich geschickt.«

»Ich warte schon lange auf Nachricht. Wir brauchen unseren Zehnt. Der Winter bricht bald herein und wir müssen noch einiges am Bau beenden.«

»Gut Ding will Weile haben. Verschiebt Euer Vorhaben lieber auf das Frühjahr.«

»Was soll das heißen? Will der Abt erst später zahlen?«

»Er wird gar nicht zahlen.«

Helenger sprach mit sanfter Stimme, aber in Hildegards Ohren klangen seine Worte wie Donnerhall. Sie schüttelte ungläubig den Kopf. »Es handelt sich um Geld und Güter, die uns zustehen. Die Abgaben stammen aus den Gütern, die unsere Nonnen als Mitgift erhielten.«

»Danke, Schwester Hildegard, aber ich bin mit den Interna vertraut.«

Hildegard hörte für einen Moment leichte Ungehaltenheit heraus, bevor Helenger sich wieder unter Kontrolle hatte. »Wenn das alles Euch gehört, warum muss dann Kuno das Eintreiben und die Verwaltung der Abgaben übernehmen?«

»Die Grundstücke liegen alle nah beim Disibodenberg. Wie

soll ich hier ein Kloster errichten und mich dort um die Güter kümmern?«

»Wie kann ich mir in meiner Jugend und Unwissenheit anmaßen, Euch in solchen schwierigen Dingen einen Rat zu erteilen?«

Hildegard war den Tränen nahe. »Was ist mit Volmar? Warum ist er nicht mitgekommen?«

Doch sie gab sich gleich darauf selbst die Antwort. »Sicher will er es mir nicht antun, solche Neuigkeiten aus seinem Munde zu hören.«

»Ich glaube eher, er hat erkannt, wo er wirklich gebraucht wird. Er hat eine Aufgabe auf dem Disibodenberg gefunden.«

Hildegard schüttelte irritiert den Kopf. »Volmar hat eine Aufgabe. Er ist mein Sekretär, unser aller Propst. Wollt Ihr uns auch noch den Seelsorger nehmen?«

Hildegard wollte noch gar nicht so recht begreifen, was das bedeuten würde, als Helenger antwortete. »Ich weiß, dass Ihr einen Propst braucht.«

Hildegard sah ihn erleichtert an.

»Deshalb habe ich mich bereit erklärt, diese wichtige Aufgabe zu übernehmen. Hier stehe ich, ganz zu Euren Diensten.«

Hildegard sah ihm direkt in die Augen wie um zu ergründen, warum er diese schrecklichen Worte sprach. Volmar hatte sie verlassen und Helenger sollte ihn, ihren engsten Vertrauten, ohne dessen Unterstützung ihr vieles unmöglich gewesen wäre, ersetzen? Und wirklich, die Leere in seinen Augen war verschwunden, doch was sie sah, ließ Hildegard zurückweichen. Sie hatte das Böse gesehen, in solch einer Kraft, dass sie nicht dagegen ankam.

Beim Eintreten in das kleine Wohnhaus musste Hildegard einen Moment innehalten, bevor ihre Augen sich an den Gegensatz vom hellen Tageslicht zu dem Dämmer der Stube gewöhnt hatten. Doch Richardis befand sich nicht in dem Zimmer mit dem langen Tisch und den Stühlen, in dem die Nonnen ihre Mahlzeiten abhielten. Hildegard ging weiter zum Schlafraum, und da erblickte sie die Freundin, mit dem Zusammenfalten von Kleidung und Wäsche beschäftigt. Hildegard sah verwundert, wie schmal die Nonne geworden war. Ihre Haut war blass, ihre sich ihr jetzt zuwendenden Augen glanzlos. Hildegard erschrak. Hatte sie auch diese Frau überfordert, zu viel von ihr verlangt? Aber vielleicht war es auch das trübe Licht, das Richardis wie einen Schatten ihrer selbst erscheinen ließ. Wo war all ihre Energie geblieben, mit der sie Hildegard immer getrieben hatte, wenn sie selbst schon aufgeben wollte? Hildegard nahm sich vor, Richardis im Auge zu behalten. »Ich habe schlechte Nachrichten, Richardis, sehr schlechte.«

Sie überlegte, wie sie Richardis von dem großen Unglück, das Volmars Weggang bedeutete, erzählen sollte. Doch dann merkte sie, dass sie so sehr von Trauer und Verzweiflung übermannt wurde, dass sie weinend zusammensank. Richardis war sofort bei ihr.

»Was ist, Hildegard? Was bereitet dir solchen Kummer?«

»Volmar kommt nicht mehr zurück. Sie haben ihn auf dem Disibodenberg behalten.«

Hildegard wollte sich trostsuchend eng an Richardis schmiegen, doch die trat ein Stückchen zurück. Wahrscheinlich war sie über die Nachricht genauso erschrocken wie Hildegard.

»Sie nehmen dir Volmar?«

»Nicht nur mir. Wir alle brauchen seinen Trost und Rat.«

Richardis schüttelte den Kopf. »Ich werde ihn ohnehin nicht mehr aufsuchen.«

Hildegard sah Richardis verständnislos an. »Was sagst du da? Er sorgt auch für dein Seelenheil.«

»Dort, wo ich hingehe, wird ein anderer diese Aufgabe übernehmen.«

Hildegard bemerkte, dass Richardis sie gespannt ansah. Sie war verwirrt. »Wohin willst du gehen? Wovon sprichst du?«

Richardis nahm einen Brief von ihrer Bettstatt und reichte ihn wortlos Hildegard. Die überflog das Schreiben und sah auf. »Die Nonnen des Klosters Bassum haben dich als Äbtissin gewählt? Was soll das heißen? Ich verstehe kein Wort.«

»Ich werde in Zukunft ein Kloster leiten.«

»Bassum? Du warst nie dort, hast es nie gesehen.«

»Mein Bruder hat mich vorgeschlagen.«

»Wie kommt er dazu? Er weiß, dass dein Platz hier ist.«

»Er findet meine Aufgabe hier nicht angemessen.«

»Du bist dabei unser Kloster aufzubauen. Was kann es Besseres geben?«

»Dein Kloster. Es ist dein Kloster.«

»Aber Richardis, wer sagt so was? Dein Bruder? Ich hoffe, du hast ihm in aller Deutlichkeit mitgeteilt, was von solchen Angeboten zu halten ist.«

Hildegard warf den Brief zurück auf das Bett und wollte sich abwenden, als sie Richardis' »Nein« hörte. Es war nicht laut, aber deutlich und bestimmt. Hildegard konnte es nicht fassen. »Du hast ihm nicht geschrieben, dass du bleibst? Warum nicht?«

»Weil ich nach Bassum gehe.«

»Das darfst du nicht! Ich bin deine Äbtissin und ich befehle dir …«

»Ich bin jetzt selber Äbtissin.«

»Wie lange weißt du es schon? Warum hast du mir nichts gesagt?«

»Weil ich wusste, dass du dagegen bist.«

Hildegard sank auf das Bett. »Und warum bin ich dagegen, Richardis? Weißt du auch das?«

»Weil du auf meinen Rat nicht verzichten willst. Und weil ich immer gut für dich gearbeitet habe.«

Hildegard schluchzte auf. »Nein! Weil du meine Freundin bist! Weil ich ohne dich nicht leben kann!«

»Du hast noch all die anderen. Magda blickt treu zu dir auf und Sophia und Sara verehren dich wie eine Mutter.«

»Aber nur du bist mir ebenbürtig. Wir sind Gleiche.«

»Nein, du bist die Äbtissin und ich werde nie mehr sein als deine Sekretärin.«

Da war er wieder, Richardis' Ehrgeiz, der sie nicht ruhen ließ. Hildegard wusste, dass sie ohne Richardis' Beharren wahrscheinlich nie *Scivias* geschrieben, nie die päpstliche Anerkennung erlangt und letztendlich nie ihr eigenes Kloster bekommen hätte. War Richardis nicht klar, wie wichtig und unverzichtbar sie war? Hatte Hildegard selber ihr das Gefühl gegeben, nur ein Anhängsel zu sein? Hildegard schossen Tränen in die Augen, das hatte sie nie gewollt. »Ohne dich sähe mein Leben ganz anders aus. Es begann damit, dass du mich vor Anno gerettet hast, und es ist mit unserem gemeinsamen Werk, dem Kloster, noch lange nicht vorbei. Nur zusammen sind wir stark.«

Hildegard richtete sich auf und umarmte ihre engste Vertraute lange. Wenn Worte allein nichts mehr nutzten, so musste sie Richardis auf diesem Wege ihre Gefühle zeigen. Aber Richardis machte sich frei. »Ich habe dir einen großen Teil meines Lebens gedient. Mache es mir nicht unnötig schwer.«

Damit wandte sich Richardis zum Bett und knotete die zurechtgelegten Sachen in ein Tuch. Hildegard hatte Richardis also bereits beim Packen angetroffen. Richardis wandte sich noch einmal zu ihr um, es war, als wenn sie etwas sagen wollte, aber dann doch im letzten Moment davor zurückschreckte. Stattdessen drehte sich Richardis zur Tür und ging nach draußen, in das helle Licht, während Hildegard im Dämmer des engen, kleinen Hauses zurückblieb. Sie wusste nicht, wie sie mit dieser großen Verzweiflung weiterleben sollte.

*

Hildegard stand hoch aufgerichtet auf dem Geröllhaufen, der einst die Rupertuskapelle gewesen war. Sie blickte auf die zum Himmel aufstrebende Kirche, und eine tiefe Zufriedenheit machte sich breit. Die fast zwanzig Nonnen, die mit ihr hier lebten, waren jetzt fast alle eingetroffen. Als sie auch noch Adelheid und Roswitha kommen sah, wusste sie, dass sie vollzählig waren. Denn auf die eine brauchte sie nicht mehr zu warten. Richardis hatte bereits alles für die Abreise vorbereitet. Es gab ihr einen Stich, aber dann straffte sie sich. Sie durfte nicht zurückblicken. Es hatte sie genug Kraft gekostet, wieder zur Besinnung zu kommen, nachdem sie vor Trauer und Schmerz fast wahnsinnig geworden war.

»Liebe Schwestern! Ich habe euch hier zusammengerufen, weil es um die Zukunft unseres Klosters geht. Wir sind hier gemeinsam eingezogen, beschwingt und wie trunken von der Größe der Aufgabe, die sich uns hier stellte.«

Sie sah in leuchtende Augen und wusste, dass eine jede den Tag des triumphalen Einzugs, als jubelnde Menschen ihren Weg säumten, noch gut vor Augen hatte. »Unsere Kirche zeigt besser als alles andere, was wir bereits geschafft haben.«

Voller Stolz richteten sich aller Blicke auf das Bauwerk.

»Doch dieser Steinhaufen, auf dem ich hier stehe, spricht auch zu uns. Er zeugt von anstrengender Arbeit und von nicht enden wollenden Mühen, die wir noch vor uns haben.«

Hildegard blickte in die Runde. »Und ich weiß nicht, ob alle diese Mühen aushalten können und wollen. Ich möchte euch die Möglichkeit geben selbst zu entscheiden, ob ihr weitermachen wollt.«

Hildegard hörte das erstaunte Murmeln, das sich ausbreitete. »Ich verstehe eure Verwunderung. Aber um unsere große Aufgabe zu bewältigen, braucht es Mut und Entschlossenheit. Wenn sich Zweifel und Resignation einschleichen, ist unser Kloster von vornherein zum Scheitern verurteilt.«

Hildegard senkte kurz den Kopf, um dann fortzufahren. »Bei einigen von euch habe ich Müdigkeit festgestellt.«

Hildegard vermied es, dabei Adelheid und Roswitha anzusehen. Sie wollte sie nicht in Verlegenheit bringen. Hildegard hob ihre Stimme, obgleich es ihr schwer fiel fortzufahren. »Und eine unserer Mitschwestern hat uns bereits verlassen. Es ist Richardis.«

Aufgeregtheit machte sich unter den Frauen breit.

»Ich bitte jede Einzelne tief in sich hineinzuhorchen. Ich muss es endgültig wissen: Wer von euch hat die Kraft, mit mir hier zu bleiben? Wer daran auch nur im Geringsten zweifelt, der gehe lieber jetzt.«

Hildegard sah in die Runde, in der gespannte Stille herrschte. »Ihr seid mir keinerlei Rechenschaft schuldig. Dreht euch um und verlasst die Runde, wenn ihr meint, dass das für euch richtig ist.«

Sie meinte es ehrlich. Jede sollte frei sein zu gehen. Trotzdem hoffte Hildegard tief in ihrem Inneren, dass keine sie verlassen würde. Auf Hildegards Gesicht erschien schon ein kleines Lächeln der Dankbarkeit, als niemand sich rührte. Doch da ließ sich plötzlich eine männliche Stimme vernehmen. Es war Bruder Helenger, der Hildegards Rede etwas abseits verfolgt hatte. »Ich finde es bewundernswert, welches Vertrauen Ihr in Eure Euch Anvertrauten legt.«

Hildegard runzelte die Stirn. Sie hatte nicht mit einer Einmischung Helengers gerechnet, seine Anwesenheit noch nicht einmal bemerkt. »Es steht ihnen zu, denn sie hatten sich auf etwas eingelassen ohne das ganze Ausmaß zu kennen.«

»Dann wollt Ihr doch sicher nicht noch einmal den gleichen Fehler machen und ihnen etwas vorenthalten, oder?«

Hildegard nickte widerstrebend. Sie wusste nicht, worauf Helenger hinauswollte. Er fuhr fort. »Warum sagt Ihr den Schwestern dann nicht, wohin Richardis geht? Dass in Bassum eine Aufgabe auf sie wartet? Dass das Kloster ein bedeutender Ort ist?«

Helenger lächelte freundlich, doch seine Augen blieben kalt. »Ihr solltet Richardis' Weggang nicht als Scheitern darstellen. Es ist mutig Äbtissin zu werden, das weiß keine besser als Ihr.«

Sein Blick wanderte von Hildegard zu den anderen Nonnen. »Richardis könnte Weggefährtinnen gebrauchen, die sie unterstützen.«

Helenger fixierte jetzt ganz klar Adelheid. Hildegard wurde urplötzlich klar, dass sie die ganze Bedeutung seiner Anwesenheit hier bisher nicht erkannt hatte. Sie folgte seinem Blick, der immer noch auf Adelheid ruhte. Der Aufruhr, der im Innern der jungen Frau herrschte, war gut erkennbar. Rote Flecken zeichneten sich auf ihren Wangen ab. Sie schlug nervös die Augen nieder. Als sie wieder aufsah, blickte sie Hildegard ins Gesicht. Adelheid trat einen Schritt vor. »Ich werde Richardis folgen.«

Es war, als hätte jemand Hildegard einen Schlag versetzt. Sie wankte leicht auf dem Steinhaufen. Adelheids Lächeln, das sie Helenger zuwarf, verzerrte sich in Hildegards Wahrnehmung zu einer hässlichen Fratze, mit der sie sie verhöhnte. Dann fand Hildegard ihr Gleichgewicht wieder. »Wer von euch will noch gehen? Bruder Helenger hat Recht, euch eure Möglichkeiten aufzuzeigen. Ihr habt die Wahl.«

Hildegard stand hoch aufgerichtet und blickte auf die Nonnen herab. Sie sah in einige Gesichter, deren Treue ihr Trost spendete. Magda blickte sie mit sanften Augen an, in denen sie erkannte, wie sehr sie mit ihr litt. Auch Sara und Sophia, die als Laienschwestern auf dem Rupertsberg aufgenommen worden waren, rückten nur noch enger an sie heran. Aber dann trat wieder eine junge Frau vor, Roswitha. Auch ihre Entscheidung stand fest. Sie würde gehen. Und plötzlich stand noch eine Nonne an ihrer Seite und noch eine. Als sich ihnen schließlich eine fünfte angeschlossen hatte, verließen sie als kleiner Zug die Gemeinschaft. Hildegard war wie erstarrt, den Blick über die Köpfe der Nonnen, die noch bei ihr waren, gerichtet. Sie wollte sich keine Regung anmerken lassen. Niemand sollte merken, wie sehr sie der Verrat traf. Denn so sehr Hildegard sich auch mühte, die Entscheidung der Nonnen zu akzeptieren, so sehr sprach ihr Gefühl eine ganz andere Sprache.

Sie war verzweifelt und tief verletzt und sie verstand nicht, wieso die Nonnen sie im Stich ließen. Keine von ihnen hatte so viel aufgeben müssen wie sie. Hildegard hatte ihre große Liebe geopfert, weil sie eine Aufgabe zu erfüllen hatte. Ihr hatte keiner einen Rückweg offen gehalten.

Richardis blickte auf die kleine Reiterschar. Ihr Bruder hatte Knechte geschickt, die sie auf ihrem Weg zum Kloster Bassum begleiten sollten. Aus ihrer einsamen Reise war zu ihrer Überraschung ein kleiner Zug von Frauen geworden. Sie fand den Gedanken tröstlich, nicht ganz allein an ihrem neuen Wirkungsort anzukommen. So lange war sie nur die Stellung der Zweiten gewohnt, dass sie selber schon leise Zweifel hatte, ob sie tatsächlich die Führung übernehmen konnte. Es half ihr, dass andere ihr Vertrauen schenkten. Sicher, sie machte sich nichts vor. Diese Frauen folgten ihr nicht aus Ergebenheit, sondern weil sie sich ein weniger anstrengendes Leben versprachen.

Richardis machte Anstalten, wie alle anderen aufs Pferd zu steigen, doch hatte sie sichtlich Mühe damit. Einer der Knechte kam ihr zur Hilfe. Richardis wusste, dass keiner der Anwesenden diesem kleinen Vorfall eine besondere Bedeutung beimessen würde, schließlich war sie nicht mehr die Jüngste und außerdem nicht geübt im Reiten.

Aber sie selber wusste es besser. Es war nicht das Alter, das sie gebrechlich machte. Ein Ziehen und Zerren in den Knochen, wie es die Jahre normalerweise mit sich brachten, wäre ihr weitaus angenehmer gewesen als der brennende Schmerz, den sie jetzt immer öfter in ihrer Brust spürte. Sie hatte sich selbst abgetastet und Geschwülste entdeckt, ähnlich denen, die Galen vor vielen Jahrhunderten in seinen Büchern beschrieben hatte. Schon der berühmte römische Arzt hatte beobachtet, dass Frauen, bei denen die Geschwülste auf diese Größe angewachsen waren, nicht mehr lange lebten. Richardis wusste, dass es sehr ernst um sie stand.

Ihre erste Regung war es gewesen, sich Hildegard anzuvertrauen, doch sie unterließ es. Sie ahnte, dass auch die nicht mehr viel ausrichten konnte. Aber der eigentliche Grund war, dass sie zu dem Zeitpunkt bereits den Brief ihres Bruders erhalten hatte. Sie scheute sich Hilfe von der Frau zu erbitten, die sie schon so bald verlassen wollte. Sie wusste genau, wie sehr Hildegard sie vermissen würde, denn ihr ging es genauso. Aber ihr Entschluss zu gehen, war mit der Entdeckung ihrer Krankheit nur noch stärker geworden. Es war ihre letzte Gelegenheit und sie konnte nicht anders, als sie zu ergreifen.

Trotzdem hätte sie sich jetzt einen Abschied gewünscht, wenigstens einen Gruß von Hildegard. Aber niemand war zu sehen. Richardis zwang sich loszureiten. Wieder spürte sie einen heftigen Schmerz, aber diesmal mitten in ihrem Herzen.

Kapitel 26

as tut weh!« Sophia stöhnte auf. Aber Hildegard hatte selber gemerkt, dass sie nicht vorsichtig genug gewesen war. Sie lagerte Sophias Arm auf einer zusammengefalteten Decke. »So, jetzt wird es nicht mehr schmerzen.«

Hildegard fuhr fort, kühlende Umschläge, die sie in Arnikasud getaucht hatte, auf den mit Blutergüssen übersäten Arm aufzulegen. Doch auch jetzt war sie nicht ganz bei der Sache, da ihr Blick immer wieder durch das kleine Fenster auf die Baustelle fiel.

Sophia entging ihre Unruhe nicht. Die junge Frau war den Tränen nahe. »Es tut mir so Leid, dass ich dich aufhalte.«

»Du hast es doch nicht absichtlich gemacht. Ich bin heilfroh, dass dir nicht mehr passiert ist.«

Insgeheim grollte Hildegard ihr sehr wohl, da nur Sophias Ungeschick an dem Unfall schuld war. Sie hätte nie versuchen dürfen, die Holzlatten unter den Felsbrocken hervorzuziehen. Hätte sie sorgfältig Stein für Stein abgetragen, wäre die Gerölllawine nie auf sie niedergegangen. Aber Hildegrad war auch klar, warum Sophia so unbesonnen gehandelt hatte. Sie selber hatte zur Eile gemahnt, da nicht mehr viel Zeit blieb, Feuerholzvorräte anzulegen. Die Arbeit war ihnen ohnehin schon über den Kopf gewachsen, als auch noch der plötzliche Kälteeinbruch kam. Sie durfte nicht ungerecht zu Sophia sein und sah sie aufmunternd an.

Die junge Frau entspannte sich. »Ich hatte schon Angst, du wärst ärgerlich auf mich.«

Sophia zögerte, bevor sie anfügte: »Du bist in letzter Zeit oft so reizbar.«

Ängstlich blickte sie zu Hildegard, aber die konnte nicht widersprechen. Sie wusste selber, dass sie zu viel von sich verlangte. Sie schlief kaum noch und die fehlende Ruhe forderte ihren Tribut. Sophia fuhr fort. »Ich weiß, dass du große Opfer bringen musst, um dein Ziel zu erreichen.«

Sophia hatte Recht, obwohl sie noch nicht einmal von Hildegards größtem Opfer wusste, ihrer Entscheidung für das Kloster und gegen Sophias Vater. Sie hatte es der jungen Frau nie erzählt, und doch erinnerten deren Worte sie jetzt an Erik. Hildegard musste durch Sophias große Ähnlichkeit mit ihrem Vater ohnehin ständig an ihn denken und fragte sich, wo er war und ob er überhaupt noch lebte. Die Schlacht bei Dorylaeum, an der er unter Konrads und Barbarossas Truppen teilgenommen hatte, war eine vernichtende Niederlage gewesen. Viele waren es nicht, die wiederkehrten. Doch selbst wenn er noch lebte, war er anscheinend so verbittert, dass ihn noch nicht einmal mehr das Schicksal seiner einzigen Tochter interessierte, denn er ließ in all den Jahren nichts von sich hören.

Hildegard wusste, wie sehr Sophia darunter litt, ihren Vater schon so lange nicht mehr gesehen zu haben. Trotzdem ertappte sie sich dabei, wie sie die junge Frau, der sie eigentlich Vater und Mutter ersetzen musste, in letzter Zeit mehr und mehr mied. Sie war am Ende ihrer Kräfte und wollte sich nicht noch ständig daran erinnern, dass sie Erik ins Unglück gestürzt hatte. Hildegard richtete sich entschlossen auf. So kam sie nicht weiter. Sie musste etwas tun, um ihrer aller Lage zu verbessern. Ihr Opfer durfte nicht umsonst gewesen sein. »Gott hat mir das Licht nicht geschickt, damit ich mich im Dunkeln verstecke. Ich werde mich erheben und gnade denen, die sich mir in den Weg stellen.«

Hildegard sah Sophia direkt ins Gesicht und doch ging ihr Blick durch sie hindurch. Sie war nicht mehr fahrig und abgelenkt, sondern ruhig und konzentriert. Aber trotzdem war es nicht die Hildegard, die Sophia kannte.

*

Sara beobachtete, dass Hildegard ihr Pferd direkt vor dem kleinen Bauernhäuschen, aus dessen Rauchabzug dunkler Qualm drang, anhielt und abstieg. Sara ließ sich ebenfalls vom Pferd gleiten und Hildegard führte die beiden Pferde zu einem Baum, unter dem sie grasen konnten. In dem Moment trat ein kleines Mädchen aus der Hütte, Sara ein wenig scheu, aber dennoch neugierig anblickend. Als Sara lächelnd in die Hocke ging, traute es sich näher zu kommen. »Wie heißt du, meine Kleine?«, fragte Sara sie, ihr mit dem Rockzipfel die laufende Nase putzend.

»Lisa«, antwortete das Mädchen.

Sara blickte sie einen Moment lang fassungslos an, dann nahm sie sie ganz fest in den Arm. Lisa, der Name ihrer kleinen Schwester, dem lebhaften Mädchen, das Sara so oft kleine Streiche gespielt hatte. Wie oft hatte sie sie gescholten und wie Leid tat ihr jedes ihrer harten Worte, als das Schreckliche geschehen war. Was hätte sie darum gegeben, sich noch einmal um sie kümmern zu dürfen, die Widerstrebende auszuziehen und zu Bett zu bringen, was ihr damals, als sie selber müde war, meistens nur eine Last war. Aber es war zu spät, Lisa war tot.

Sara betrachtete das Mädchen genauer. Es hatte denselben wachen Blick wie Lisa, obwohl seine Augen nicht braun, sondern von einem strahlenden Blau waren. Als sie von der Hütte her Schritte hörte und aufschaute, blickte sie in ein anderes blaues Augenpaar. Ein Mann war hinausgetreten, ganz offensichtlich Lisas Vater. Sara schätzte ihn vom Alter her so wie sie, um die vierzig.

»Was wollt Ihr hier?«

Sara stand auf, als der Mann sie ansprach. Doch Hildegard, die von den Pferden zurückkam, antwortete an Saras Stelle. »Wir wollen den Zehnten, den Ihr jedes Jahr zahlt, seitdem Ihr Euch unter die Schutzherrschaft des Klosters begeben habt.«

Vier weitere Kinder traten nach und nach aus der Hütte, zwei Jungen und zwei Mädchen, allesamt älter als Lisa. Sie drängten sich scheu um den Vater, der ein überraschtes Gesicht machte. »Jetzt schon? Man sagt, dass die Abgaben an den Disibodenberg dieses Jahr erst später fällig sind, da der Abt durch Krankheit verhindert ist.«

»Das mag sein. Aber dieses Land ist eine Schenkung Eures vormaligen Schutzherrn an den Rupertsberg. Dorthin müsst ihr Euren Zehnt geben.«

»Weiß das der Abt? Was soll ich ihm sagen, wenn er auch noch an meine Tür klopft?«

»Dann sagt, dass Hildegard ihm zuvorgekommen ist.«

»Ihr seid Hildegard?«

Der Bauer verneigte sich ehrerbietig. Als er wieder aufblickte, schüttelte er bedauernd den Kopf. »Aber egal, wer von mir etwas haben will, ich muss ihn enttäuschen. Wir besitzen selber kaum genug.«

Sara sah, dass Hildegards Miene sich verdüsterte.

»Der Sommer war warm und es gab genug Regen. Ihr denkt wohl, Ihr hättet eine der Nonnen vor sich, die ihr Leben wohl behütet und fernab jeglicher Arbeit verbracht hat? Mich könnt Ihr nicht für dumm verkaufen. Zeigt mir Eure Vorräte!«

Sara war angesichts der Heftigkeit von Hildegards Vorwürfen erstaunt. Aber der Bauer machte keinerlei Anstalten sich zu verteidigen, sondern schritt zu dem kleinen, windschiefen Stall, der sich an das Haus anlehnte. Er öffnete die Tür und ließ Hildegard eintreten. Sara schlüpfte nach ihr ebenfalls in den dunklen Raum. An einer Wand waren die Geräte, die zur Feldarbeit benötigt wurden, aufgereiht, in der Ecke lagerte Stroh und an der gegenüberliegenden Wand standen ein paar Säcke Korn. Weiter gab es noch eine Kiste voller Erde, die als Miete für Rüben und

Kohl dienen mochte. Das, was der Bauer hier an Vorräten angesammelt hatte, würde die Familie kaum bis zur Jahreswende ernähren. Der Bauer wandte sich an Hildegard. »Ihr seht, dass ich Euch keineswegs die Unwahrheit gesagt habe.«

Er wandte sich ab. »Meine Frau ist im Frühjahr gestorben.«

Von der Stalltür her hörten sie ein leises Wimmern. Es kam von Lisa, die mit den anderen Kindern den Erwachsenen neugierig gefolgt war. »Mama wiederkommen!«

Der Bauer ging zu der Kleinen rüber und streichelte ihr über den Kopf. »Dein Papa ist bei dir, mein Schatz!«

Sara war gerührt. Noch nie hatte sie einen Mann bei solch einer zärtlichen Geste beobachtet. Ihr wurde ganz warm ums Herz. Der Bauer wandte sich wieder zu Hildegard. »Sie hat sich seit der Geburt von unserer Jüngsten nie mehr ganz erholt. Im letzten Winter wurde sie sehr krank und auch die ersten wärmenden Sonnenstrahlen im April konnten ihr nicht mehr helfen. Seitdem muss ich die Kinder versorgen und alle Arbeit auf Feld und Hof erledigen. Das ist der Grund, warum wir so wenig eingefahren haben.«

Hildegards Augen verengten sich, als sie ihn prüfend ansah. »Auch wir auf dem Rupertsberg haben große Schwierigkeiten zu überwinden. Aber ich werde Euch entgegenkommen. Ich will Euch das Korn lassen, wenn Ihr dafür Dienst bei uns leistet.«

»Ich soll im Kloster arbeiten?«

Hildegard nickte. »Wir brauchen dringend Hilfe bei den Bauarbeiten.«

»Aber meine Kinder! Wer soll sich um sie kümmern?«

Die Kinder scharten sich eng um ihn. Sara schnitt es ins Herz, als sie sah, wie Lisa sich an das Bein des Vaters klammerte. Hildegard blieb ungerührt. »Die Älteren erscheinen mir groß genug, die Jüngeren zu beaufsichtigen. Und so viel Arbeit fällt im Winter auf dem Hof nicht an. Ich erwarte, dass Ihr jetzt gleich mit mir kommt.«

Damit wandte sich Hildegard zum Gehen. Sara sah sie ungläubig an. »Aber du kannst doch nicht verlangen, dass die Kinder zurückbleiben! Wir schaffen es doch auch alleine, aber sie …«

»Ich verlange viel, das stimmt. Aber es ist nicht mehr, als ich selber auch jederzeit zu tun bereit wäre.«

»Du bist eine außergewöhnliche Frau, voller Kraft und Mut. Aber du kannst nicht jeden an dir messen.«

Hildegard überlegte einen Moment. »Ich habe es mir nicht ausgesucht.« Sie hielt inne. »Aber ich muss den Auftrag, den Gott mir gegeben hat, erfüllen.«

»Ich stehe zu Euren Diensten.« Der Bauer trat einen Schritt vor. »Ich will meine Pflicht tun.«

Er kniete sich zu seinen Kindern und sah die Älteren an. »Ihr beiden Großen wisst, was zu tun ist.«

Er wandte sich an die mittleren. »Und ihr folgt Josef und Helene. Und du …«, flüsterte er Lisa zu, während er ihr Gesicht streichelte, »… du bist schön artig, bis der Papa wiederkommt.«

»Nein!!!«

Die Kleine weinte. »Nicht gehen!«

Sara konnte es nicht mehr mit ansehen. Sie machte ein paar Schritte vor. »Ich bleibe!«

Hildegard und der Bauer sahen sie erstaunt an. »Auch ich will meine Pflicht tun.«

Sie sah Hildegard an. »Ich bin dir keine Hilfe beim Schuldeintreiben, dazu habe ich zu viel Mitleid. Ich kann die Augen nicht vor dem Elend verschließen.« Sie schaute zu dem Bauern. »Aber eine Familie versorgen, das habe ich von klein auf gelernt.«

Der Mann blickte immer noch verwundert auf sie, konnte nicht glauben, was er hörte. Sara ging energisch zu den Kindern. »Josef und Helene, ihr werdet mir alles zeigen. Und Lisa natürlich auch.«

Sie zwinkerte der Kleinen zu, die sofort ihre Hand ergriff. Sara wandte sich an die beiden anderen. »Und wie heißt ihr?«

»Hektor und Anna.«

Sara wollte mit der Kinderschar schon in Richtung Hütte gehen, als sich ihr plötzlich der Bauer in den Weg stellte. Sie blickte zu ihm auf und sah, dass seine blauen Augen anfingen zu strahlen. Er reichte ihr die Hand. »Ich bin Andreas.«

Sie ergriff sie. »Sara.«

»Sara, ich danke Euch.«

Dann wandte sich der Bauer ab und ging hinüber zu Hildegard. Sara vermied es Hildegard anzusehen, denn sie wusste nicht recht, ob die Äbtissin ihren eigenmächtigen Entschluss gutheißen würde.

»Du gehörst zum Kloster und kannst es nur mit meiner Erlaubnis verlassen, Sara.«

Hildegard hatte anscheinend nicht vor, sie einfach ziehen zu lassen. Sara nahm all ihren Mut zusammen. »Ich gehöre zum Kloster und ich gehöre auch wieder nicht dorthin.«

Hildegard sah sie mit hochgezogenen Brauen an. »Du wirst uns deine rätselhaften Worte sicher gleich erklären.«

Sara holte Luft, sprach dann sehr schnell. »Du hattest Abt Kuno damals gebeten, mich als Novizin aufzunehmen. Er hatte es verweigert. Aber auch jetzt, wo du dein eigenes Kloster hast, bin ich Laienschwester geblieben.«

Hildegard blieb für einen Moment stumm. Saras Vorwurf hatte sie offensichtlich getroffen. Der tat ihre Äußerung schon wieder Leid. »Ich will nicht undankbar erscheinen, denn du hast viel für mich getan, als ich in großer Not war.«

Hildegard schüttelte den Kopf. »Nein, du hast Recht, Sara. Du hättest längst den Schleier nehmen sollen. So komm jetzt mit mir zum Kloster, und ich werde dich zur Nonne weihen lassen.«

Sara war einen Moment ganz ruhig. »Ich weiß dein Angebot zu schätzen. Aber vielleicht war es Gottes Absicht, mich noch nicht so fest an das Kloster zu binden, weil hier meine Aufgabe ist.«

»Ist das dein letztes Wort?«

Sara nickte. Es fiel ihr nicht leicht, aber es musste sein. »Ja.«

Hildegard drehte sich wortlos um und ging zu ihrem Pferd, während der Bauer seins holte. Als sie beide losritten und Andreas Sara, die mit den Kindern auf dem Hof stand, zuwinkte, warf Hildegard keinen Blick zurück.

Hildegard war nun schon viele Tage unterwegs. Da die Höfe, die ihr gestiftet worden waren, teilweise näher am Disibodenberg als am Rupertsberg lagen, musste sie lange Strecken zurücklegen, um von den Bauern die Abgaben einzutreiben. Bei den meisten hatte sie Glück und kam Kuno zuvor. Hildegard schritt mit ihrem Zehntstab, wie ihn sonst nur die Zehntknechte benutzten, über die Felder und Höfe. Sie hatte die Bauern geheißen, die Getreidegarben in Reihen, Flachs und Hanf in Büscheln, Heu und Rüben schließlich in Haufen anzuordnen. Mit dem Stab stieß sie nun jeden zehnten davon um und wies die Bauern an, diesen sofort aufzuladen und zum Rupertsberg zu bringen. War die Ernte nicht reichhaltig genug, was wegen des guten Sommers nur selten vorkam, nahm sie stattdessen einen Tierzehnt, sodass auch allerlei Geflügel auf die Reise zum Kloster geschickt wurde. Hildegard konnte zufrieden sein.

Aber sie war in Gedanken die ganze Zeit bei Sara. Die Frau hatte wohl zu lange darauf warten müssen, die Gelübde abzulegen. Erst hatte es Kuno nicht erlaubt, dann hatte Hildegard die adligen Familien, die überlegten ihre Töchter in ihre Obhut zu geben, nicht verschrecken wollen. Hildegard wusste, dass sie es nicht gerne sahen, wenn sie mittellose Frauen mit ihren Töchtern gleichstellte. Kein Wunder, dass Sara gekränkt war. Aber das war nicht alles.

Die Äbtissin hatte die Blicke gesehen, die Sara und dieser große, ruhige Mann sich zugeworfen hatten. Hildegard spürte ganz deutlich ein Gefühl, das sie sich kaum eingestehen mochte. Es war die Eifersucht und ihr Begleiter, der Neid. Hildegard hatte es plötzlich eilig, zurück zum Rupertsberg zu kommen. Sie freute sich geradezu darauf, es mit Helenger aufzunehmen, denn dass er ihr erneut Schwierigkeiten bereiten würde, war klar. Hildegard hatte ihm den Grund ihrer Reise verschwiegen, doch spätestens jetzt, als die Bauern die Abgaben zum Rupertsberg brachten, musste auch er es wissen.

Als Hildegard sich dem Rupertsberg näherte, erfüllte der Anblick der Kirche ihr Herz mit Stolz. Was machte es schon, dass rundherum noch Ödnis herrschte? Sie würden alle Schwierigkeiten überwinden. Es würde vorangehen. Hildegard nahm eine Gestalt wahr, die ihr zuwinkte. Im Näherkommen erkannte sie Sophia, die sehr aufgeregt zu sein schien. Das letzte Stück lief sie ihr entgegen. »Er ist weg!«, rief sie außer Atem.

»Wer ist weg?«

Hildegard ließ sich vom Pferd gleiten. Sophia holte Luft. »Helenger. Bruder Helenger ist zurück zum Disibodenberg.«

Hildegard spürte Erleichterung. Sie hatte nicht gewagt, es zu hoffen. Sie war sich zwar sicher, dass er letztendlich gar nicht anders konnte als aufzugeben, aber dass es so schnell gehen würde, das überraschte selbst sie. Sophia riss sie aus ihren Gedanken. »Und er hat alle Abgaben, die die Bauern gebracht haben, mitgenommen.«

Hildegard sah sie ungläubig an. Sophia fuhr schnell fort. »Getreide, Flachs, sogar das Geflügel hat er aufladen lassen und ist mit den voll gepackten Wagen aufgebrochen.«

»Warum?«

Hildegards Stimme war ausdruckslos. Sophia litt mit ihr. »Er war furchtbar wütend, als er merkte, was Ihr vorhattet und …«

»Er interessiert mich nicht.«

Hildegard machte eine wegwerfende Handbewegung. »Warum habt ihr nichts unternommen?«

Sophia wand sich unter Hildegards bohrendem Blick. »Aber was? Wir konnten doch nicht …«

»Doch ihr konntet. Warum habt ihr ihm euch nicht in den Weg gestellt, ihn daran gehindert …«

Hildegard brach ab, als sie Sophias verängstigte Miene sah. Es war ohnehin zu spät. Hildegard fühlte sich plötzlich so kraftlos, als wenn Helenger zusätzlich zu ihren Vorräten auch all ihren Mut mit sich genommen hätte. Hildegard ließ sich auf einen Stein sinken und stützte den Kopf in die Hände. Sie zuckte zurück, als Sophia sie leicht mit der Hand berührte. »Lass mich!«

Sie gab ihr mit einer Bewegung zu verstehen, dass sie alleine sein wollte. Keiner sollte sehen, wie sehr sie dieser Rückschlag erschütterte.

*

Helenger hatte ein kleines Festmahl bereiten lassen. Es gab Gans, weil sie ihm ein gutes Symbol für die nun anbrechenden fetten Zeiten zu sein schien. Sicher, der Disibodenberg hatte auch schon unter Kuno eine beachtliche Entwicklung gemacht. Aber unter ihm würde er erst zur wahren Blüte gelangen. Helengers Ziel war es immer schon gewesen, alles, was er in die Hand nahm, zu vervollkommnen, das Höchste herauszuholen. So war es auch sein Plan für den elterlichen Hof gewesen. Es hätte ihn wenig gestört, dass eigentlich der ältere Bruder dort das Sagen hatte und das war auch der Grund, warum seine Mutter ihn dort nicht dulden wollte. Sie hatte den Älteren immer bevorzugt und befürchtete, dass Helenger, der ihm an Geist und Gewandtheit weit überlegen war, ihn hinausdrängen würde. Deshalb hatte sie sich frühzeitig nach einer anderen Wirkungsstätte für den Zweitgeborenen umgesehen. Im Nachhinein war ihr Helenger, obwohl er sich zeit seines Lebens zurückgesetzt gefühlt hatte, sogar dankbar dafür. Die Kirche bot ihm weit mehr Möglichkeiten, als es das elterliche Anwesen konnte. Denn Helenger hatte nicht vor, auf dem Disibodenberg zu sterben, wie es nun sehr bald Kuno tun würde. Nein, Helenger war noch zu ganz anderen Ämtern und Würden bestimmt.

Ein Würgen riss ihn aus seinen Gedanken. Kuno, der ihm gegenübersaß, spuckte Essensreste und Blut neben sich auf den Boden. Er hielt sich mit schmerzverzerrtem Gesicht den Leib. »Es ist zu fett! Ich kann so etwas nicht mehr essen.«

Helenger wünschte, der Abt würde sich zusammenreißen und ihm nicht das Festmahl verderben, aber er zwang sich zur Höflichkeit. »Ich lasse Euch gerne etwas anderes kommen. Vielleicht eine leichte Suppe.«

Doch Kunos Gesicht verzog sich von neuem und er war nahe daran wieder zu speien. »Ich kann an nichts denken, was mit Essen auch nur zu tun hat. Schon seit Tagen behalte ich nichts bei mir. Ich bin froh, dass Ihr meine Geschäfte übernehmt. Aber ich habe auch ein schlechtes Gewissen, weil ich Euch, noch so jung, schon alle Verantwortung aufbürde.«

Helenger versuchte ein bescheidenes Lächeln. »Es macht mir nichts, solange ich Euch nur helfen kann. Passt auf, zum Frühjahr seid Ihr wieder in der Lage alles selbst zu tun.«

»Im Frühjahr werde ich den Würmern ein Festmahl bereiten«, erwiderte Kuno düster. »Bis dahin bin ich längst unter der Erde.«

Helenger mochte Kunos klare Sicht der Dinge. »Wenn es wirklich so unabänderlich scheint, dann will ich alles so weiterführen, als weiltet Ihr immer noch unter uns.«

Kuno schüttelte den Kopf. »Jeder muss es auf seine Weise tun. Ihr macht es bisher schon sehr gut.«

Helenger senkte scheinbar demütig den Kopf. Kuno fuhr fort. »Wie habt Ihr es nur geschafft, dass Hildegard Euch tatsächlich die Abgaben überlassen hat?«

»Sie hatte ein Einsehen darin, dass sie Euch unterstellt ist.«

Kuno lächelte, wohl wissend, dass es nicht ganz so einfach gewesen sein konnte. »Dank Eurer Erinnerung.« Kuno erhob sich mühsam. »Verzeiht, aber ich muss mich hinlegen.«

Helenger stand auf und verbeugte sich, froh, endlich in Ruhe zu Ende essen zu können.

*

»So tut doch etwas! Seht Ihr nicht, wie ich leide!«

Volmar wrang die in Meisterwurzsud getränkten Umschläge fest aus, bevor er sie auf Kunos entblößten Bauch legte. »Wie konntet Ihr Euch nur so vergessen und eine fette Mahlzeit essen!«

Volmar sah Kuno, der auf seiner Bettstatt lag, ungehalten an. Gleich darauf tat ihm sein schroffer Ton auch schon Leid. »Entschuldigt, ich habe mich vergessen. Aber ich bin ratlos.«

Volmar wusste nicht mehr weiter. Die Bauchmassage hatte er abbrechen müssen, da Kuno sich bei jeder Berührung vor Schmerzen wand. Die Umschläge waren das Letzte, was ihm noch einfiel. »Ihr braucht jemanden, der mehr von der Medizin versteht als ich.«

Volmar blickte Kuno direkt in die Augen. Kuno hielt seinem Blick nur kurz stand. »Sie wird nicht kommen.«

»Hildegards Mitleid mit der Kreatur ist unendlich.«

»Sodass sie selbst dem hilft, der sie um ihre Wintervorräte gebracht hat?« Kuno lachte spöttisch auf. »Dann wäre sie eine lebende Heilige.«

Volmar insistierte. »Sie ist die Einzige, die Euer Leiden mildern kann. Genau, wie Ihr der Einzige seid, der ihr helfen kann.«

Kuno hielt seinen schmerzenden Leib. »Wir müssen streng durchgreifen, gerade jetzt, wo alles noch im Werden ist. Wie Eltern, die ihren Kindern früh den rechten Weg weisen müssen.«

»Aber dann muss man sie auch ziehen lassen.«

Kuno sah Volmar erstaunt an. »Hildegard gehört zu uns. Ihr Kloster ist Teil des Disibodenbergs.«

»Deshalb steht ihr auch ein Teil der Abgaben zu. Stattdessen esst Ihr die Gans alleine.«

Kuno stöhnte auf, kalter Schweiß bildete sich auf seiner Stirn. »Vielleicht habt Ihr Recht. Auch mir ist nicht wohl bei dem Gedanken, wenn die Nonnen hungern und krank werden.«

Kuno war selber erstaunt, dass er plötzlich mit anderen fühlen konnte. Wahrscheinlich war es das eigene Leiden, das ihn dazu befähigte. Er wusste nicht so recht, ob er sich über diese neue Gabe freuen sollte, so fremd war sie seiner nüchternen Kaufmannsseele. Er richtete sich so weit wie möglich auf. »Ich werde den Nonnen ihren Teil geben.«

Er lächelte, aber in dem Moment fiel ein Schatten auf sein Gesicht. Es war Helenger, der wie aus dem Boden gewachsen in der Tür stand. Er wandte sich an Volmar. »Das reicht.«

Den drohenden Unterton milderte er durch ein Lächeln ab, aber Volmar verstand auch so, dass er keinerlei Widerspruch duldete, als er fortfuhr: »Ich bleibe jetzt beim Abt.«

»Lasst mich nur rasch den Umschlag noch einmal wechseln.«

Er wollte schon nach dem Tuch greifen, als Helenger ihn zurückwies. »Ihr könnt gehen.«

Volmar blieb nichts anderes übrig, als Helenger zu gehorchen. Er hoffte nur, dass Kuno sich nicht würde umstimmen lassen.

Helenger legte den Lappen viel zu nass auf Kunos Leib, was den eine unangenehme Kälte empfinden ließ. Helenger ignorierte jedoch sein Zittern.

»Was hat Volmar Euch von den Nonnen erzählt?«

Helenger sah Kuno forschend an.

»Nichts, was ich nicht schon wusste. Sie werden hungern und den Winter nur sehr geschwächt überstehen. Wir müssen ihnen helfen.«

»Das haben wir bereits getan.«

Kuno sah Helenger erstaunt an. »Indem wir ihnen alle ihre Vorräte nahmen?«

Helenger lächelte milde. »Indem wir sie vor Sünde bewahrten. Hildegard darf sich nicht gegen ihren Abt auflehnen.«

»Hildegard ist eine eigenwillige Person. Aber trotzdem hat sie viele Unterstützer. Denkt nur an Bernhard, der, weil er selber ein Seher ist, Hildegards Schau erkannt hat.«

Jetzt lachte Helenger laut. »Er hätte gut daran getan, seine seherischen Fähigkeiten lieber für sich selbst einzusetzen. Nach dem vollkommenen Misslingen seines Kreuzzuges droht ihm nun auch noch der Ruin, denn viele Adlige verlangen ihre Schenkungen, mit denen sie ihn unterstützt haben, wieder zurück.«

Helenger bemerkte gar nicht, dass seine offensichtliche Schadenfreude Kuno verstörte. Für Helenger war es einfach unverständlich, wie Bernhard solch einen Fehler begehen konnte. Einerlei, ob er sich mit schlechten Ratgebern umgeben hatte oder selber die Lage falsch eingeschätzt hatte, es war unverzeihlich. »Auf jeden Fall ist Bernhard der Letzte, nach dem wir uns in Sachen Hildegard richten sollten.«

»Trotzdem, ich möchte die Äbtissin sehen.«

Kuno schlug mit der Hand auf die Bettdecke. Helenger stöhnte innerlich auf. Jetzt wurde der Mann auch noch kurz vor seinem Tode zum Kind. »Wenn wir jetzt nachgeben, wird Hildegard unseren Anweisungen nie mehr gehorchen.«

»Aber vielleicht kann sie mir helfen mein Leiden zu lindern.«

Helenger besann sich und senkte demütig sein Haupt. »Ihr seid der Abt, Kuno, und ich tue, was Ihr anordnet.«

Kuno war erleichtert. »Dann holt Ihr Hildegard?«

Helenger nickte. »Ich werde einen der Mönche zum Rupertsberg schicken. Schon bald wird sie Euch helfen.«

»Und dann werde ich mich erkenntlich zeigen.«

Kuno sank, versöhnt mit der Welt, in sein Kissen zurück. Helenger küsste Kunos kalte Hand.

»Bitte, beeilt Euch«, bat Kuno ihn. Helenger nickte und eilte hinaus.

Als er aus dem dunklen Zimmer nach draußen trat, fiel er sofort wieder in einen gemächlichen, eher kontemplativen Schritt.

Er hatte mitnichten vor, einen der Mönche zu Hildegard zu schicken.

*

Hildegard kniete auf dem gefrorenen Boden und versuchte noch ein paar Aronstabwurzeln auszugraben. Den ganzen umliegenden Wald hatten sie schon nach essbaren Wurzeln, Beeren und Kräutern abgesucht. Die Nonnen nahmen nur das Nötigste zu sich, um ihre ohnehin kargen Vorräte nicht vorzeitig zu schmälern. Trotzdem würde es nicht reichen.

Hildegard suchte die Lösung im Gebet. Doch alles, was sie sah, waren die ihr anvertrauten Nonnen, hungernd und krank. Dieses Bild nahm ihr die letzte Kraft. Sie sank zu Boden und fühlte sich zu kraftlos, um je wieder aufzustehen. Sie spürte die Kälte in sich hochsteigen, aber es war ihr egal. Doch da hörte sie Stimmen, die rasch näher kamen. Jemand rief ihren Namen und dann hatte man sie auch schon entdeckt. Sie merkte, wie man sie hochhob. Es waren Sophia und der Bauer Andreas sowie ein anderer, noch junger Mann.

»Hildegard, du wirst dir den Tod holen!«

Sophia schlang ihre Arme um die Ältere, um sie zu wärmen.

»Und wenn schon.«

»Aber Hildegard, du darfst nicht aufgeben, noch nicht. Schau, wir haben Hilfe bekommen.«

Der kräftige Mann trat hervor. Er blickte Hildegard freimütig an. Sein Gesicht war lebhaft, von hellen Locken umrahmt. »Ich möchte Euch unterstützen.«

Hildegard sah ihn forschend an. »Aber es gibt nichts zu verdienen und die Arbeit ist schwer.«

»Das macht nichts. Ich will der Sache Gottes dienen.«

Er blickte so fröhlich drein, dass Hildegard von seiner Lebenslust angesteckt wurde. »Wenn es so ist, dann pack mit an. Sophia weiß, was zu tun ist. Sie wird dich einweisen.«

Der Mann sah Sophia erwartungsvoll an. Hildegard war sich

nicht sicher, ob es nur Vorfreude auf die Arbeit war, oder ob Sophias Anblick seine Augen leuchten ließ. Aber darum wollte sie sich später kümmern. Jetzt hatte auch sie zu tun. Sie war Äbtissin und sie musste auch dementsprechend auftreten. Sie war Kuno ebenbürtig und sie würde zu ihm gehen, um sich zurückzuholen, was ihr zustand.

Als Hildegard vor seinem Lager stand, wurde sie von Mitleid erfüllt. Wie konnte sie diesem leidenden, schwachen Mann ihre Forderungen vortragen? Sie hatte Kuno kaum wieder erkannt. Er war abgemagert und kaum noch fähig die Augen zu öffnen. Der Abt versuchte zu sprechen, aber sein Mund war trocken. Hildegard sah sich um, fand keinen Lappen und riss stattdessen ein Stück ihres Ärmels ab, um es in die Waschschüssel zu tauchen. Sie fuhr Kuno damit sacht über die Lippen. Dann beugte sie sich dicht zu ihm herab, um seine Worte verstehen zu können.

»Warum kommt Ihr so spät?«

»Ich wusste nicht, wie es um Euch steht.«

»Hat der Bote nicht gesagt, dass es eilt?«

Hildegard wusste nicht, wovon der Abt sprach. Vielleicht hatten Fieberphantasien von seinem Geist Besitz ergriffen. Aber als sie seine Stirn fühlte, konnte sie keinerlei Hitze feststellen. Die Körpertemperatur war eher zu sehr abgesunken. »Von welchem Boten sprecht Ihr?«

»Helenger hat doch einen Mönch zu Euch gesandt, schon vor etlichen Tagen.« Er holte mühsam Luft. »Ich brauche Hilfe. Und … ich wollte mich mit Euch aussöhnen, solange es noch geht.«

Hildegard war ratlos. Es war nie ein Bote angekommen. Doch plötzlich kam ihr eine Ahnung, aber Kuno fuhr auch schon fort. »Ich kann Euch verstehen. An Eurer Stelle wäre ich auch nicht sofort herbeigeeilt. Nicht, nachdem ich Euch der Abgaben beraubt habe.«

Kunos Atem ging heftiger und Hildegard legte ihm die Hand auf die Schulter. »Egal, was geschehen ist, jetzt bin ich da. Ruht Euch aus, Abt Kuno. Wir können später sprechen.«

Der Abt schüttelte heftig den Kopf. »Mir bleibt nicht mehr viel Zeit. Es war nicht rechtens, dass Helenger alle Vorräte genommen hat. Er ist sonst nicht so, Ihr werdet es sehen, wenn er erst mein Nachfolger ist. Der Gedanke, dass das Kloster nicht verwaist sein wird, ist mein einziger Trost bei all meiner Pein.«

Er blickte Hildegard ins Gesicht. »Ich habe es lange Jahre versäumt einen Nachfolger heranzuziehen. Nicht aus Nachlässigkeit, nein, schlimmer, aus Angst, er könnte besser sein als ich und meine Stellung gefährden.«

Er griff nach Hildegards Hand. »Aber Gott wird mir vergeben, oder? Deshalb schickte er Helenger.«

»Bestimmt, ehrwürdiger Abt. Ihr habt immer nur das Beste für das Kloster gewollt, das ist es, was zählt.«

Kuno lächelte. Offensichtlich war ihm eine schwere Bürde von der Seele genommen worden. Hildegard war klar, dass sie Kuno unmöglich sagen konnte, wie Helenger ihn verraten hatte. Sie fragte sich aber, warum Kuno gerade solch einem Menschen sein Vertrauen schenkte, während er Hildegard immer nur Steine in den Weg gelegt hatte. Hildegard schob diese bitteren Gedanken beiseite. Der Abt hatte sie noch einmal sehen wollen, um seinen Fehler gutzumachen. Jetzt war es an ihr, sein Leiden so gering wie möglich zu halten. »Ich werde verschiedene Kräuter mischen, um eine Salbe zu bereiten. Außerdem werde ich Euch Tee geben …«

Hildegard wollte sich erheben, doch Kuno fasste ihre Hand fester. Er versuchte sich hochzuziehen. Sein Gesicht verzerrte sich, bevor er wieder nach hinten sank. Und dann war es vorbei. Kuno lag mit entspannten, aber leblosen Zügen auf der Bettstatt. Hildegard faltete seine Hände zum Gebet. Dann strich sie ihm über die Augen, um seine Lider zu schließen. Die Äbtissin kniete neben dem Leichnam nieder und betete für Kuno.

Hildegard gab Volmar den groben Vorratssack. Der Mönch hängte ihn an den Sattel des Pferdes und schickte sich an aufzusteigen. Auch Hildegard ging zu ihrem Pferd. In dem Moment kam Helenger aus dem Skriptorium gelaufen. »Wartet!«

Aufgeregt kam er näher. Er sprach Hildegard an. »Wenn Ihr uns verlassen wollt, so bin ich der Letzte, der Euch aufhält. Aber Volmar geht nicht mit zurück zu Euch.«

Hildegard blieb trotz Helengers heftigem Angriff ruhig. »Wir reiten nicht zum Rupertsberg. Unser Weg führt nach Mainz.«

»Zum Erzbischof?«

»Wir halten es für nötig, Ruthard darüber in Kenntnis zu setzen, dass er einen Nachfolger für Abt Kuno, Gott hab ihn selig, bestimmen muss.«

»Den Weg könnt Ihr Euch sparen. Ich werde das Kloster in Kunos Sinne leiten.«

Aber Hildegard schüttelte den Kopf. »Das glaube ich nicht.«

Volmar verfolgte gebannt die Auseinandersetzung.

»Der Abt hat mich bereits seit einigen Jahren alles gelehrt, was ich wissen muss. Ich bin ihm sehr dankbar.«

»Und warum habt Ihr mich dann nicht geholt, wie Ihr es dem Abt versprochen habt?«

Helenger war für einen Moment sprachlos, sein Gesicht wurde aschfahl. Hildegard setzte nach. »Ihr habt ihm meine Hilfe verweigert, als er sie am nötigsten brauchte.«

»Überschätzt Ihr Euch jetzt nicht etwas? Ihr seid zwar berühmt für Eure Erfolge in der Heilkunst, aber ich bezweifle, dass Ihr bei dem Abt noch etwas hättet ausrichten können.«

»Er wäre gestorben, aber nicht unter solchen Qualen. Zwei Wochen hat er auf mich gewartet. Es muss ihm wie eine Ewigkeit vorgekommen sein. Gebt endlich zu, welche Schuld Ihr auf Euch geladen habt.«

Hildegard machte ein Pause, bevor sie fortfuhr. »Alle sollen es erfahren. Ich kann es nicht zulassen, dass ein Mann wie Ihr Kunos Nachfolger wird.«

Helenger sah sie fassungslos an. »Keiner wird Euch glauben. Wer sagt, dass es nicht Eure Erfindung ist?«

Volmar nahm allen Mut zusammen. »Hildegard ist eine anerkannte Seherin, an deren Ehrlichkeit niemand zweifeln kann.«

Helenger wandte sich ärgerlich an den Mönch. »Es war wirklich falsch, ausgerechnet Euch jahrelang bei Hildegard zu lassen. Ihr seid nicht mehr als ihr verlängerter Arm. Es wird nicht einfach, Euch wieder zu einem vollwertigen Mitglied dieses Klosters zu machen.«

Hildegard blieb ruhig, als sie ihm an Volmars Stelle antwortete.

»Dann spart Euch doch die Mühe.«

Helenger sah Hildegard fragend an, als sie auch schon fortfuhr. »Ich werde Volmar wieder mit zum Rupertsberg nehmen.«

»Das werdet Ihr nicht.«

»Oh doch. Genauso wie die Abgaben, die uns zustehen. Im Gegenzug werde ich über das, was Ihr Kuno angetan habt, schweigen.«

»Das … das ist Erpressung! Spricht so eine Frau Gottes?«

»So spricht eine Äbtissin, die Gottes Auftrag erfüllen muss.«

Helenger funkelte sie in ohnmächtiger Wut an, doch schließlich rang er sich zu einem Nicken durch. »Ihr könnt Volmar und die Vorräte mitnehmen.«

Er fasste sich wieder. »Als Abt, dem auch Euer Kloster unterstellt ist, gehört es zu meinen Pflichten, auch für Euch zu sorgen.«

Hildegard ersparte sich eine Antwort. Sie wusste, sie hatte gesiegt.

Doch auch als Volmar und sie, begleitet von zwei Wagen voll mit Getreide, Gemüse und Federvieh, den Disibodenberg schon längst hinter sich gelassen hatten, konnte sie ihren Triumph nicht richtig auskosten. Eigentlich hätte sie es wirklich nicht zulassen dürfen, dass ein Mann wie Helenger Kunos Nachfolger wurde.

Andererseits hatte der Abt ihn selbst ausgesucht. Vielleicht gab es verborgene Qualitäten in ihm, von denen Hildegard nichts wusste. Aber wenn sie ehrlich war, schied diese Möglichkeit aus. Sie musste sich noch nicht einmal anmaßen eine besondere Menschenkenntnis zu besitzen. Sie verstand sein Wesen in dem Moment vollkommen, als sie sich auf eine Ebene mit ihm herabließ. Niemals hatte sie vorgehabt, mit Volmar zu Ruthard zu reiten. Das gehörte nur zu ihrem Plan, dessen Durchführung gelungen war. Doch um welchen Preis? Sie hatte sich verändert, das spürte sie. Verzweifelt hielt sie den Blick auf den vor ihr reitenden Volmar gerichtet. Er erinnerte sie an die vielen Jahre, in denen sie immer den richtigen Weg gegangen war.

Kapitel 27

ildegard trommelte ungeduldig mit den Fingern auf den Tisch, während Magda die Pergamentblätter Seite für Seite durchblätterte, als sähe sie sie gerade zum ersten Mal. Dabei hatte sie ihr den Entwurf bereits vor einer Woche gegeben und wollte jetzt endlich ihre Meinung hören. »Und? Wie findest du es?«

Magda sah hastig auf, ihre Wangen wurden rot. »Ich weiß gar nicht, wie ich mich für die Ehre bedanken soll, es als Erste lesen zu dürfen …«

Hildegard winkte ungeduldig ab. »So sprich endlich. Ich brauche das Urteil eines Außenstehenden.«

Sie hatte ihr neues Werk direkt begonnen, als Adelheid und die anderen Nonnen vor dem harten Leben auf dem Rupertsberg geflohen waren. Hildegard wollte den Verbliebenen zeigen, dass es Wert hatte, durchzuhalten. Das Buch der Tugenden und Laster, *Liber vitae meritorum*, sollte zeigen, dass Anstrengung und Mühe sich lohnten. Doch sie hatte Angst, mit ihren Ratschlägen eher abzuschrecken als den rechten Weg zu weisen. War es richtig, den Zweifelnden direkt Gottes Zorn zu prophezeien oder legte bei zu drastischen Strafandrohungen nicht jeder das Buch direkt wieder aus der Hand? »Ich bin mir unsicher, weil dieser Text etwas völlig anderes als *Scivias* ist.«

Magda nickte lebhaft. »Er ist wirklich anders.«

Hildegard atmete auf. Endlich hatte sie ihre Scheu verloren.

»Deshalb war ich am Anfang wohl auch etwas irritiert.«

Hildegard sah Magda bewegungslos an. Sie hatte es gewusst, das Manuskript war misslungen. »Es gefällt dir nicht.«

»Nein, nein. Ich finde es ausgezeichnet und für jeden Leser eine Bereicherung. Ich musste mich nur erst daran gewöhnen.«

»Was genau findest du nicht gut?«

Hildegards Stimme war hart. Natürlich wollte sie eine ehrliche Meinung, aber es war trotzdem nicht einfach, Kritik zu hören.

»Es ist sogar außergewöhnlich gut. Aber es steht mir überhaupt nicht zu, eine Meinung zu äußern.«

Magda sah Hildegard verschreckt an, die dadurch nur noch reizbarer wurde.

»Es ist sogar deine Pflicht, der Äbtissin bei der Korrektur ihrer Texte zu helfen. Jetzt sprich endlich! Ist es unklar formuliert? Schweife ich zu sehr ab? Oder fallen die Erklärungen vielleicht eher zu knapp aus?«

Magdas Augen begannen verdächtig zu glänzen. Aber Hildegard ließ nicht nach. »Oder hast du gar meine Worte nur oberflächlich und flüchtig gelesen, bist mit deinen Gedanken zu Einfacherem abgeschweift?«

Als Magda die Tränen über die Wangen liefen, wusste Hildegard, dass sie zu weit gegangen war. Ihr Ärger schlug in Mitleid um. Magda hatte einfach viel zu viel Ehrfurcht und Respekt vor Hildegard, als dass sie es wagen würde, auch nur ein negatives Wort über irgendetwas, was mit Hildegard zu tun hatte, zu verlieren, und schon gar nicht über ihr Werk. Hildegard strich ihr tröstend über das Haar.

Sie gestand es sich nicht gerne ein, aber Richardis fehlte ihr mehr als sie gedacht hatte. Wie oft hatte sie mit ihr über den Inhalt, Absätze, ja, einzelne Wörter gestritten. Je härter die Auseinandersetzung, desto besser war das Geschriebene geworden. Auf Volmar konnte sie in dieser Beziehung auch nicht hoffen. Zwar korrigierte er ihr Werk regelmäßig, was das korrekte Schreiben des Lateinischen betraf, aber inhaltlich änderte er nie auch nur die geringste Kleinigkeit.

Ratlos saß sie noch lange da, nachdem Magda schon längst

wieder gegangen war. Auch Sara konnte ihr nicht mehr helfen, denn sie war, wie Hildegard es vorausgesehen hatte, auf dem Hof geblieben und hatte den Bauern Andreas geheiratet. Sophia war noch sehr jung, außerdem von diesem neuen Arbeiter, Hans, abgelenkt. Aber das theologische Wissen der beiden hätte ohnehin nicht ausgereicht, um Hildegard wirklich helfen zu können.

Wie hatte sie Richardis bloß gehen lassen können, ohne alles zu versuchen sie zu halten? Da kam Hildegard ein Gedanke. Vielleicht war es noch gar nicht zu spät. Sie konnte auch jetzt noch etwas unternehmen. Hildegard würde alle Hebel in Bewegung setzen, um Richardis zurückzuholen. Als Erstes würde sie an deren Mutter schreiben. Die Markgräfin von Stade hatte immer großen Einfluss auf ihre Tochter gehabt.

Wenn Richardis sich jedoch auch von ihr nicht überzeugen lassen würde, dann musste es Druck von offizieller Seite geben. Der Erzbischof würde ein Machtwort sprechen.

Die Antworten auf ihre Briefe waren mehr als enttäuschend. Die Markgräfin schrieb kurz und reserviert, dass der Wechsel ins Kloster Bassum Richardis' freie Entscheidung gewesen war und dass ihre dortige Aufgabe als Äbtissin ihr zum Stolz gereiche. Hildegard war tief getroffen. Richardis' Mutter war der Ruhm ihrer Tochter offensichtlich wichtiger als ihre tatsächliche Bestimmung.

Und auch der Erzbischof gab Hildegard nicht Recht. Er berief sich darauf, dass das Wahlverfahren in Richardis' Fall zwar ungewöhnlich, aber nicht ausdrücklich verboten sei. Hildegard ahnte, dass Ruthard einen Weg gefunden hatte, sich nicht mit dem Erzbistum Bremen anzulegen, dem das Kloster Bassum unterstand.

Hildegard wusste nur noch einen, der etwas an der Situation ändern konnte. Sie schrieb an den Papst und teilte ihm mit, dass die Niederschrift ihrer Schau gefährdet war. Sie rechnete sich aus, dass das auch nicht in seinem Sinne sein konnte und gab den Brief voller Hoffnung Hans, der ihn überbringen sollte.

Die Frau, die zum Tor hereingehumpelt kam, sah, wenn auch nur verschwommen, einen Reiter auf sich zukommen. Sie beeilte sich, den Weg frei zu machen, denn sie konnte nicht damit rechnen, dass einer auf ein altes, hässliches Weib wie sie Rücksicht nehmen würde. Doch der Reiter hielt noch vor dem Tor an und machte kehrt, als er einen Ruf vernahm.

»Warte, Hans!«

Er wandte sich an eine junge Frau. »Was ist, Sophia?«

»Ich wollte dir nur Lebewohl sagen.«

Hans lachte. »Aber ich bin doch schon bald wieder da.«

Die Alte näherte sich dem Pärchen, nahm ihr Bündel von der Schulter und sagte ihren Spruch auf. »Kräuterlein, Pülverchen, Salben, kuriert euch gesund und gebt mir 'nen Halben.«

Aber das junge Ding scheuchte sie mit einer Handbewegung zur Seite. »Wir brauchen nichts.«

Offensichtlich wollte sie mit ihrem Liebsten allein sein. Doch die Krämerin stellte sich der Frau mit einer für ihr Alter verblüffenden Schnelligkeit in den Weg. Die verzog angewidert das Gesicht. Die Alte war es gewohnt, dass die Leute sich an ihrem strengen Geruch störten oder sich von der tiefen Narbe auf ihrem linken Augenlid abgestoßen fühlten. »Schaut Euch doch erst an, was ich zu bieten habe«, versuchte sie die Aufmerksamkeit auf ihre Waren zu lenken.

Aber die junge Frau wollte sie immer noch loswerden. »Wir haben selber alles.«

Plötzlich kam eine ältere Nonne hinzu. »Sophia, lass Hans endlich in Ruhe! Er muss los.«

Der Mann antwortete anstelle der Frau. »Seid unbesorgt, ehrwürdige Äbtissin. Der Papst wird diesen Brief bald in den Händen halten.«

Jetzt hatte auch die junge Frau ihre Sprache wieder gefunden.

»Entschuldige Hildegard, ich wollte Hans nicht aufhalten. Ich weiß, wie wichtig der Brief für dich ist und ich bin fest überzeugt, dass der Papst gar nicht anders kann, als Richardis aus Bassum abzuberufen. Bald wird sie wieder hier sein.«

Die Alte, die gerade ihr Bündel wieder schnüren wollte, um zu gehen, hielt inne. Sie witterte plötzlich doch noch ein Geschäft. »Wenn ich Euch einen guten Rat geben darf, für den Ihr Euch natürlich gerne erkenntlich zeigen könnt … vergeudet keine Mühe mit diesem Brief.«

Die Äbtissin blickte in das von unzähligen Falten und Runzeln durchzogene Gesicht. Endlich ließ sie sich herab, Notiz von ihr zu nehmen. »Was wisst Ihr von diesem Brief?«

»Nichts, außer dass er so unnötig ist wie ein Kropf.«

Sie stand plötzlich im Mittelpunkt des Interesses, wollte aber doch sichergehen, dass sie von derselben Sache redeten. »Diese Richardis, von der Ihr sprecht, ist das die Äbtissin im Kloster Bassum?«

»Sie ist es«, bestätigte die Äbtissin gespannt.

»Die wird keine großen Reisen mehr machen, weder hierhin noch sonst wohin. Höchstens noch zu ihrem Herrn.«

»Wie meint Ihr das? So sprecht!«

Der Nonne war ihre Ungeduld deutlich anzumerken.

»Ich ziehe schon seit Jahren von Ort zu Ort um zu heilen, müsst Ihr wissen …«

»Gut, gut, aber was hat das mit Richardis zu tun? So kommt doch zur Sache!«

Der Ton der Äbtissin war streng, was der Alten gar nicht gefiel.

»Ich bin bereits dabei!«, antwortete sie harsch, um dann wieder im Singsang einer Geschichtenerzählerin fortzufahren. »Genauso wie hierhin bin ich mit meinem Bündel auch zum Kloster Bassum gezogen, und genauso wie hier, hat man mich auch dort anfangs mit Nichtachtung gestraft.«

Keiner wagte es mehr, sie noch einmal zu unterbrechen,

obwohl die allgemeine Ungeduld und Spannung fast greifbar war.

»Aber dann wusste man sich doch nicht mehr ohne mich zu helfen. Die Nonnen führten mich zu ihr.«

»Ihr wart bei Richardis?«

»Hört Ihr nun zu, oder nicht?«

Die Alte schüttelte missbilligend den Kopf. »Ich war bei ihr, oder sagen wir mal, bei dem, was die Krankheit von ihr übrig gelassen hat.«

Sie seufzte. »Ich hätte einen kleinen Verdienst gut gebrauchen können, aber der Frau ist nicht mehr zu helfen. Sogar ihre Worte sind irr.«

»Was hat sie denn gesagt?«

Die Äbtissin konnte vor lauter Sorge kaum noch an sich halten.

»Sie hat irgendwas gefaselt, wie das vom Fieber Verwirrte tun, obschon sie keinerlei Anzeichen des inneren Feuers zeigte.«

Die Alte versuchte sich zu erinnern. »Nur eine könne ihr helfen, aber die sei weit weg. Das Band sei für immer zerrissen, oder so was.«

Sie blickte verwundert auf die beiden Frauen, die plötzlich ganz still geworden waren. Der Älteren von beiden rannen Tränen die Wangen herab. Das Kräuterweib fluchte leise vor sich hin. Hätte sie doch irgendwas anderes erzählt! Für so eine schlechte Nachricht würde man sie bestimmt nicht entlohnen!

Die Äbtissin wischte sich die Tränen von den Wangen und sprach unter Schluchzen. »Hans, Ihr braucht nicht mehr zum Papst zu reiten.«

Sie drehte sich zu der jungen Frau. »Ich muss selber los. Ich werde alles bereitmachen und gleich morgen zum Kloster Bassum aufbrechen. Richardis braucht mich.«

Sie wollte schon in Richtung des Wohnhauses davoneilen, als sie noch einmal innehielt. »Sophia, gib der Frau zu essen und Unterkunft. Wir können Gott danken, dass er sie uns gesandt hat.«

Die Alte war verwirrt. Sie als eine von Gott Gesandte? Das war wirklich mal was ganz Neues in ihrem Leben. Schmunzelnd ging sie mit dieser Sophia ins Wohnhaus, wo man ihr eine Bettstatt zuwies und sie dann alleine ließ.

Sie streckte sich wohlig auf dem Strohsack aus. Die Nächte waren selten geworden, in denen sie so bequem schlafen konnte. Seit diese Rike nicht mehr bei ihr war, ging es bergab. Nicht, dass sie ihr hinterhertrauerte. Jedes Mal dieses Getue, nur weil sie sich ab und an einen Wein gönnte. Das Einzige, was sie vermisste, war das Wissen der alten Hexe, an das sie sich nur noch bruchstückhaft erinnerte.

Johannas Blick fiel auf das an der Wand hängende Kruzifix. Sie schloss schnell die Augen. So eine fromme Umgebung war sie nicht gewohnt und hoffte, dass sie nicht von Albträumen geplagt würde. Jetzt hätte sie gerne einen kleinen Schluck zur Beruhigung genommen. Doch auch so fiel die Todbringerin bald in einen festen Schlaf.

Hildegard hingegen konnte kein Auge zutun. Sie hatte das Schlafgemach verlassen, um die anderen nicht zu stören und ging nun im Speisesaal auf und ab. Ihre geliebte Richardis war todkrank und was hatte sie getan? Böse Briefe geschrieben, um sie zur Rückkehr zu zwingen. Noch nicht einmal an Richardis selber hatte sie sich gewandt, sondern über andere ihren Willen zu brechen versucht. Hildegard war klar, dass Richardis von den Briefen erfahren haben musste. Was war bloß aus ihr geworden? Sie hatte Schulden eingetrieben, Helenger erpresst und nun die liebste Freundin mit ihrem Hass verfolgt. Vielleicht war die Aufgabe ein Kloster zu gründen am Ende doch zu groß für sie.

Hildegard versuchte sich zu beruhigen. Noch war es nicht zu spät. Sie würde zu Richardis reisen und sie pflegen, so gut sie konnte. Und sie würde sie nicht mehr unter Druck setzen mit ihr zu kommen. Hildegard musste es akzeptieren, wenn die Freundin fern von ihr ihren Platz gefunden hatte.

Hildegards Blick fiel auf das Schreibpult, das sie so lange, bis das Skriptorium im Frühjahr fertig war, hier im Speisesaal aufgestellt hatte. Doch ihr Manuskript hatte sie nach dem unfruchtbaren Gespräch mit Magda nicht mehr angerührt, und wieder wurde ihr bewusst, wie sehr sie Richardis brauchte. Sie zweifelte plötzlich, dass sie Richardis wirklich ihren freien Willen lassen konnte, wenn sie vor ihr stände. Sie konnte sich fast schon dabei zusehen, wie sie Richardis überredete, anflehte und bekniete, zu ihr zurückzukommen. Hildegard würde wider die Vernunft handeln. Sie starrte verzweifelt in die Dunkelheit, als sie plötzlich so etwas wie eine Gestalt vor sich sah, dunkel, zusammengekrümmt und verrunzelt. Sie schien zu schweben, getrieben vom Luftzug, unfähig, stillzustehen. ›Ich bin die Selbstsucht. Folge mir und auch du wirst eine Getriebene‹, hörte Hildegard.

Hildegard schloss die Augen, und als sie sie wieder öffnete, war da eine andere Gestalt, viel schöner anzusehen, hell, kräftig und mit beiden Beinen auf dem Boden verankert. ›Ich bin die Liebe. Unerschütterlich und immerwährend, wenn du nur willst.‹

Dann war auch dieses Bild verschwunden und Hildegard liefen Tränen über die Wangen. Es waren Tränen der Freude und Erleichterung, denn sie erkannte nun die Wurzel ihrer Qual. Sie hatte eigennützig gehandelt und musste loslassen, um wieder festen Halt zu bekommen.

Hildegard war sich nun sicher, dass sie die Kraft haben würde, Richardis um ihrer selbst willen zu lieben. Sie beschloss, sich schon für die Abreise fertig zu machen, denn an Schlaf war in dieser Nacht ohnehin nicht zu denken. Kaum hatte sie sich vollständig angekleidet, hörte sie Hufgetrappel von draußen. Schnell eilte sie hinaus, um zu sehen, wer so früh, der Morgen war noch nicht angebrochen, kam.

Auch Volmar erwartete schon den Reiter. Sophia und Magda kamen noch schlaftrunken hinzu. Hildegard sah einen Boten vom Pferd gleiten, eine Pergamentrolle aus einem Beutel ziehend.

»Ich habe eine Nachricht des Erzbischofs von Bremen für die Äbtissin Hildegard«, brachte der Bote, noch etwas außer Atem, hervor. Hildegard wusste, dass sie jetzt eigentlich vortreten musste, um dem Mann das Schreiben abzunehmen, aber die Beine wollten ihr nicht gehorchen. Der Erzbischof von Bremen war Hartwig, Richardis' Bruder. Welche Nachricht konnte er ihr senden? Wenn Richardis zurückkommen wollte, würde sie es ihr wohl selber mitteilen. Sie zwang sich, den Brief in Empfang zu nehmen. Hildegard brach das Siegel und entrollte das Blatt langsam, darauf gefasst, dass Richardis sich endgültig gegen sie entschieden hatte. Stattdessen las sie von ›Tränen, die sie über das Verlassen deines Klosters vergossen hat‹, und davon, dass Hartwig sie bat, ›jeglichen Groll gegenüber Richardis zu vergessen‹.

Hildegard staunte. Solche versöhnlichen Worte hatte sie nicht erwartet. Hartwig fuhr sogar fort, dass ›der Gram nicht auf sie, sondern auf mich zurückzuführen sei‹.

Hildegard wurde es ganz warm ums Herz. Sollte am Ende doch noch alles gut werden? Mit geröteten Wangen las sie weiter. Doch dann wich alle Farbe aus ihrem Gesicht. ›...so bin ich mir sicher, dass ihre Gedanken auch während ihrer letzten Atemzüge Euch und Eurem Kloster gegolten haben.‹

Hildegard hätte den Brief am liebsten wieder zusammengerollt. Sie musste sich zwingen ihn zu Ende zu lesen. »Richardis entschlief nach schwerer Krankheit in den Morgenstunden des letzten Tages im Oktober im Jahre des Herrn 1152.«

Hildegard hatte den letzten Satz laut gelesen. Sie hörte, wie Magda aufschluchzte, sah, wie Sophia ihre Arme tröstend um Richardis' Schwester legte und Volmar ein Gebet begann. Alles um sie herum war Trauer. Hildegard ließ den Brief sinken und ging zurück ins Haus. Sie musste jetzt allein sein.

Hildegard kniete sich nicht zum Gebet nieder, wie es üblich gewesen wäre. Sie wunderte sich selber, aber ihr Weg führte sie zum Schreibpult. Sie setzte sich vor ihr Manuskript und überflog die Zeilen. Ihr war jetzt ganz deutlich, dass sie das Geschriebene verwerfen musste. Als sie es weggelegt hatte und vor der leeren Tischplatte saß, sah sie in dem fahlen Licht der Dämmerung plötzlich die verschiedensten Erscheinungen vor sich, ähnlich den Bildern der Eigensucht und der Liebe. Die Völlerei stand ihr vor Augen, und ihr Gegenstück, die Mäßigung. Die Missgunst sprach zu ihr, genauso wie die Großmut. Und plötzlich wusste Hildegard, was zu tun war. Sie würde all die Wesen in ihrem Buch der Tugenden und Laster beschreiben, ein jedes würde auftreten und zu den Lesern sprechen, sodass sich jeder ein Bild machen konnte. Hildegard begann zu schreiben. Sie ritzte ihre Worte nicht erst mühsam in die Wachstafeln ein, nein, sie ließ den Federkiel direkt über das Pergament gleiten, so sicher war sie sich, dass ihr Buch jetzt gut werden würde.

Nachdem sie Seite um Seite gefüllt hatte, hielt sie inne und war selber verwundert über die tiefe Zufriedenheit, die sie verspürte. Hildegard musste sogar lächeln. Sie fühlte ganz deutlich, dass nicht sie allein es war, die all diese Worte niedergeschrieben hatte. Richardis hatte ihr in ihrer Not geholfen. Die Freundin hatte sie zu dem Dialog der Tugenden und Laster inspiriert. Anstatt Trauer trug Hildegard nur Liebe in ihrem Herzen. Richardis hatte ihr vergeben und war zu ihr zurückgekehrt.

Auch die Todbringerin machte sich Gedanken, als sie von Richardis' Tod hörte. Ihr ging es weniger um die Äbtissin, die sicher ein sündenfreies Leben geführt hatte und der damit ein bequemer Platz im Himmelreich sicher war. Sie begann sich zu sorgen, was angesichts ihres eigenen fortschreitenden Alters aus ihr werden sollte. Sie war sich nicht sicher, ob der Herr ihre Taten immer gutgeheißen hatte. Sicher hatte er genauso eine verzerrte Sicht auf die Dinge wie ihre lieben Mitmenschen. Dass sie zum

Beispiel die Welt schon vor Jahrzehnten von ihrem Ehemann befreit hatte, der ohnehin nur eine unnütze Last war, mochte nicht jeder auf den ersten Blick gleich als gute Tat erkennen. Vielleicht wäre es nicht schlecht, das endgültig richtig zu stellen. Sie beeilte sich, die zügig voranschreitende Nonne einzuholen. »Hildegard! Hildegard, so wartet!«

Hildegard drehte sich um und wartete, bis die Alte sie humpelnd eingeholt hatte. »Wollt Ihr mich zur Baustelle begleiten? Ich möchte die Höhe des Skriptoriums festlegen.«

Johanna schüttelte den Kopf. »Nein, nein, da wäre ich Euch wohl keine große Hilfe. Mit Zahlen kenne ich mich nicht aus. Ich habe eine Bitte.«

»So sprecht. Ich will sie Euch gerne erfüllen, wenn es in meiner Macht steht.«

»Dann nehmt mir die Beichte ab.«

Hildegard schüttelte bedauernd den Kopf. »Das darf ich als Frau nicht. Dafür ist Bruder Volmar zuständig.«

Die Todbringerin sah sie verständnislos an. »Aber Ihr seid eine berühmte Seherin und er nur ein Mönch unter vielen.«

Hildegard lächelte. »Volmar ist ein ganz besonders guter Seelsorger. Ihr könnt ihm alles anvertrauen.«

Johanna war nicht überzeugt. »Er sah mir etwas furchtsam aus, ich will ihn nicht verschrecken. Hört mich doch wenigstens an. Nicht im Beichtstuhl, einfach hier, auf freiem Felde.«

Hildegard überlegte, dann nickte sie. »Na schön, wenn Euch so viel daran liegt, so will ich es tun, allein schon aus Dank, dass Ihr mir Nachricht von Richardis brachtet.«

Na also, Johanna hatte sich gleich gedacht, dass diese Frau sich nicht allzu viel um die Vorschriften scheren würde. Sie empfand fast eine gewisse Seelenverwandschaft und so begann sie freimütig alles zu erzählen, nachdem sie sich einen Platz auf einem Baumstamm gesucht hatten. Sie sah, dass Hildegard zu zittern begann, doch sie wusste nicht, ob es der kalte Wind oder ihre Schilderungen waren, die sie frösteln ließen.

Schließlich war Johanna bei Rike angelangt. Je länger sie erzählte, umso weniger hörte es sich allerdings nach einer Beichte an. Ganz im Gegenteil, war sie in der Rückschau mehr denn je davon überzeugt, geradezu Gutes getan zu haben, als sie die Alte aufnahm und sie bei ihr arbeiten ließ. Doch Hildegard unterbrach ihren Redeschwall.

»Diese Frau, die sich so gut auskannte mit den Kräutern, die Eure Warze heilte, die so viele Eurer Patienten behandelte, wie hieß sie?«

Johanna war erstaunt über Hildegards Interesse an der alten Hexe. Sie hatte eigentlich gedacht, dass sie im Mittelpunkt stünde. »Rike hieß sie. Eine vertrocknete Alte, der sicher ab und zu ein Schluck aus der Flasche nicht geschadet hätte.«

Verwundert blickte Johanna in Hildegards Gesicht. Sie sah etwas Feuchtes, Glänzendes in ihren Augen, fast, als wenn sie gleich weinen würde. Aber sie musste sich verguckt haben. Es gab keinen Grund, dass jemand wegen dieser Alten Tränen vergoss, schon gar nicht eine bedeutende Äbtissin wie Hildegard.

Doch kaum hatte sie das gedacht, erinnerte sie sich. Hatte nicht auch Rike von einer Hildegard gesprochen? Verdammt, sie konnte sich nur noch schlecht erinnern. Immer mehr aus ihrer Vergangenheit lag in einem dichten Nebel. ›Ach was‹, beendete sie ihr Nachgrübeln, eine Verbindung zwischen zwei so unterschiedlichen Frauen war unmöglich.

Hildegard fasste sie am Arm. »Sprecht, wann habt Ihr Rike das letzte Mal gesehen?«

»Sie hat mich verlassen, um irgendeiner Verrückten zu helfen. Aber ich habe mich gerächt.«

Die Alte kicherte in sich hinein. Angenehmes blieb ihr erstaunlich gut in Erinnerung. »Ich habe ihr diesen Anno und seinen schon halb toten Vater auf den Hals gehetzt.«

»Du hast schwere Schuld auf dich geladen«, unterbrach Hildegard Johannas vergnügliche Schilderung. »Aber Gott vergibt dir, wie er allen Sündigern vergibt. Und jetzt bete!«

Die Todbringerin merkte, dass Hildegard plötzlich laut auf-schluchzte und zu weinen begann, aber es war ihr einerlei. Für sie war die Sache erledigt. Hauptsache, der Zweck ihrer Beichte war erfüllt. Doch schon stand sie vor dem nächsten Problem. Wie sollte sie beten? Sie hatte längst die wenigen Gebete, die sie als Kind auswendig lernen musste, vergessen und entschloss sich, irgendetwas vor sich hinzumurmeln. Die Äbtissin schien sowieso ganz mit ihrem Kummer beschäftigt und würde sicher nichts merken.

Später am Vormittag schritt die Todbringerin beschwingt aus. So gut hatte sie sich schon lange nicht mehr gefühlt. Sie hatte ihr Bündel geschultert und wanderte, von der Last ihrer Sünden be-freit, in die Welt hinaus. Sie war guter Dinge und zuversichtlich, eine neue Einnahmequelle zu finden. Und wenn nicht, müsste Gott ihr doch jetzt beistehen. Sie hatte mit der Beichte das Ihrige getan, jetzt war es an ihm, sein neues Schäfchen zu beschützen. Johanna drehte sich um und sah zufrieden, dass sie schon ein gutes Stück vorangekommen war. Wenn sie erst über den Berg war, müsste sie die nächste Ortschaft schon sehen können. Sie fasste ihr Bündel fester und schritt schwungvoll aus. Ihr neues Gottvertrauen ließ sie dabei etwas unvorsichtig sein und so ver-fehlte sie den Weg und trat stattdessen auf das Geröll am Rand. Sie strauchelte, suchte Halt, konnte aber den Sturz nicht mehr aufhalten. Im Fallen schlug sie sich den Kopf an einem dicken Felsbrocken auf. ›Diese elende Pfaffenhure, von wegen Beichte abgenommen! Verflucht hat mich dieses gerissene Luder!‹

Das waren die letzten Gedanken der Todbringerin, bevor das Leben aus ihr wich.

Kapitel 28

ans eilte die Wendeltreppe hoch. Wie sehr er die sorgfältig in Stein gehauenen Stufen hasste, an denen rein handwerklich nichts auszusetzen war. Aber Hans hatte mit angesehen, wie sein Vater nachträglich die Drehrichtung der Stufen ändern ließ. Er gab monatelange Arbeiten in Auftrag. Jetzt waren die Stufen so angeordnet, dass ein Angreifer beim Hochstürmen nur linker Hand Platz für sein Schwert hatte und so den Hieb des oben wartenden Verteidigers nur erschwert parieren konnte, wie sein Vater ihm immer wieder voller Stolz erläuterte. Für Hans war das allerdings nur ein weiteres Zeichen seines wahnhaften Denkens, in dem es vor Feinden und Bösewichtern nur so wimmelte.

Je älter sein Vater wurde, desto mehr verstärkte sich dieses Verhalten. Anstatt eines Vorkosters beschäftigte er drei, und Frauen rührte er aus Angst vor Krankheiten überhaupt gar nicht mehr an. Da er nie eine formelle Ehe eingegangen war, hatte er im hohen Alter festgestellt, dass ihm ein legitimer Erbe fehlte. Er besann sich schließlich auf die vielen Wechselbälger, die er im Laufe der Jahre gezeugt hatte, und seine Wahl fiel auf Hans. Er war das Ergebnis einer Bettgeschichte zwischen seinem Vater und der jüngsten Tochter des Schusters und in deren züchtigem Haushalt aufgewachsen. Mit zwölf Jahren zog er in die große, prächtige Burg seines Vaters. Denn sein Vater war kein anderer als Anno von Hoheneck, der Besitzer ausgedehnter Ländereien und großer Reichtümer. Doch Hans wäre lieber bei seiner Mutter geblieben.

Er hatte den Saal mit dem langen Tisch erreicht, der Platz für eine ganze Anzahl von Rittern bot, an dem Anno allerdings immer allein zu speisen pflegte. Hans ging an der Feuerstelle vorbei auf die eher unscheinbare Truhe zu, deren Schloss er mit dem vorher aus dem Versteck in einem losen Wandstein geholten Schlüssel öffnete. Als er den Deckel anhob, sah er Gold und Edelsteine aufblitzen. Erst griff er zögernd nach ein paar Münzen, dann ließ er Ketten, Ringe und Armreife durch seine Hände gleiten. Alles Diebesgut, das war ihm klar, angehäuft von Anno, Gunter und deren Vorfahren.

Doch er würde mit der Tradition brechen und die Reichtümer stattdessen Hildegard geben.

Die Idee war ihm gekommen, als er die Bänke in der Kirche fein abhobelte. Er hörte, wie Hildegard, die nach dem gerade beendeten Gottesdienst die Kerzen löschte, Volmar ihren sehnlichsten Wunsch offenbarte. »Warum haben meine Nonnen all die Mühsal auf sich genommen? Um Gott von der kleinen Seitenkapelle aus zu preisen?«

Sie streckte die Arme in die Höhe und drehte sich um sich selbst, wie um den Raum des dreischiffigen Baus ganz zu umfangen. »Warum können nicht auch sie genau wie die Mönche vom Chor aus seine Herrlichkeit bejubeln?«

»Hildegard«, erwiderte Volmar erschrocken, »Ihr wollt die Nonnen auf die Plätze der Männer setzen?«

»Sie haben es verdient«, war Hildegards schlichte Antwort.

Dann verlor sich ihr Blick wieder in der Höhe des Raumes. »Es gibt so viel zu feiern nach all der Qual. Ich sehe sie vor mir als gottgeweihte Jungfrauen, mit kostbaren Gewändern, Goldschmuck und losem Haar.«

»Ich hätte keine ruhige Minute, wüsste ich, dass Euer Traum Wirklichkeit würde. Solch ein Tun würde erneut viel Unmut auf sich ziehen.«

»Ihr habt Recht«, seufzte Hildegard. Dann lachte sie. »Nur gut, dass ich ohnehin nichts besitze, um etwas zu tun.«

Hans hatte genug gehört, um zu wissen, was er tun musste.

Anno hatte seinen Mägden, sobald sie den Tisch abgeräumt hatten, erlaubt sich zurückzuziehen. Er wog den großen Schlüssel in der Hand, den er aus dem Versteck geholt hatte und ging zu der Truhe hinüber. Ungestört wollte er einem der wenigen Vergnügen, die ihm noch geblieben waren, frönen. Heute Abend würde er seine Schätze vor sich ausbreiten und sich an dem Gefunkel des Geschmeides erfreuen.

Es war einsam in der Burg geworden, seitdem Hans nicht mehr da war. Wäre er wenigstens in den Kampf gezogen, so hätte Annos Stolz auf ihn das Alleinsein wettmachen können. Doch ausgerechnet sein Sohn hatte nichts Besseres zu tun, als im Kloster dieser Hildegard zu arbeiten.

Dabei hatte er ihm alles gegeben, was ein junger Mann sich nur wünschen konnte. Anno erwartete noch nicht einmal Dank für den Reichtum und den großen Namen, doch etwas Schlimmeres, als ausgerechnet zu Hildegard zu gehen, hätte Hans ihm nicht antun können.

Anno drehte den Schlüssel herum und öffnete den schweren Deckel. Ein Lächeln erschien auf seinem Gesicht, als er das Glitzern des Goldes und der Steine wahrnahm. Doch es erstarb schnell wieder, als er bemerkte, dass ein beträchtlicher Teil fehlte. Anno wühlte das Unterste zuoberst, doch es gab keinen Zweifel, die besten Stücke waren nicht mehr da.

Wutentbrannt ließ er den Deckel auf die Truhe knallen. Nur einer außer ihm wusste, wo der Schlüssel zu finden war. Sein eigener Sohn hatte ihn bestohlen. Das war zu viel. Anno hatte sich lange genug von Hans zum Narren machen lassen.

Hans hatte lange warten müssen, bis die letzten Nonnen zu Bett gegangen waren und nur noch Hildegard im Speisesaal an ihrem Schreibpult saß. Er ging zu ihr. Hildegard sah von ihrem Manuskript auf, als sie ihn bemerkte. Ihr freundliches Lächeln wich einem erstaunten Ausdruck, als sie die goldene, schimmernde Krone in seinen Händen sah. Er hielt sie ihr hin. »Das ist für Euch.«

»Für mich?«

»Ihr könnt Ringe daraus schmelzen lassen und kostbare Stoffe erwerben, um Euch angemessen für den Gottesdienst zu schmücken ...«

Hildegard schüttelte fassungslos den Kopf. »Wie kommst du darauf, dass ich mich schmücken will? So etwas darf sogar ich nicht denken.«

»Und trotzdem habt Ihr darüber gesprochen.«

Hildegard sah ihn betroffen an. »Zu Volmar, das stimmt.«

»Und ich habe es mit angehört, verzeiht. Aber Ihr habt die Messe so schillernd ausgemalt, dass sie einfach Wirklichkeit werden muss.«

»Es darf aber nicht sein. Es ist mir als Frau nicht erlaubt, einen Gottesdienst abzuhalten. Schon gar nicht einen, in dem die Nonnen die ganze Kirche durch ihre Schönheit erstrahlen lassen.«

Hildegard blickte einen Moment vor sich hin, und es war, als ob sie plötzlich anstatt des dunklen, engen Raumes die hohe, lichtdurchflutete Kirche vor sich sähe. Hans schöpfte Hoffnung. »Aber Ihr habt gesagt, Ihr würdet es tun, wenn Ihr Gold und Gewänder hättet.«

Hildegard sah ihn nachdenklich an. »Es wäre die angemessene Belohnung für alle, die so lange durchgehalten haben. Es wäre die angemessene Art, Gott zu preisen. Und doch würde man mich eine Abtrünnige nennen.«

»Seit wann ist es Euch wichtig, was andere sagen?«

Hans lächelte Hildegard an. Er hatte das Gefühl, schon fast gewonnen zu haben. Doch dann kam, was kommen musste. Die Frage, die er die ganze Zeit gefürchtet hatte.

»Woher hast du all diese Schätze?«

Hildegards Augen ruhten auf ihm und er wusste, dass er nicht länger verheimlichen konnte, wer sein Vater war. Er fürchtete, dass Hildegard ihn dann nicht mehr im Kloster haben wollte. Es schnitt ihm ins Herz, wenn er daran dachte, dass er dann auch Sophia verlieren würde.

*

Auch wenn Anno nicht besonders fromm war, so hatte er mit Abt Kuno doch wenigstens eine gewisse Seelenverwandtschaft gefühlt, was Hildegard anging. Immer wieder war es durch die Klostermauern nach außen gedrungen, welche Kämpfe zwischen den beiden ausgefochten wurden. Dieser junge Helenger, der Anno nun milde lächelnd gegenübersaß, erschien ihm kein geeigneter Nachfolger zu sein. »Ich bin hier, um Euch darauf aufmerksam zu machen, was auf dem Rupertsberg vor sich geht.«

Er hielt kurz inne, bevor er fortfuhr.

»Hildegard scheint in ihrem Kloster etwas vorzubereiten.«

»Es ist nicht ihr Kloster. Der Rupertsberg untersteht einzig und allein mir.«

Das waren klare Worte. Anno war angenehm überrascht. Endlich war auch dieses mildtätige Lächeln verschwunden. Vielleicht war seine Entscheidung, erst zum Disibodenberg zu kommen, doch nicht falsch.

Sein erster Impuls war gewesen, sofort Hildegard aufzusuchen, um die Kostbarkeiten zurückzufordern. Doch als er daran dachte, wie bedrohlich und verrückt sich dieses Weib bei der letzten Begegnung, die zum Glück schon lange Jahre zurücklag, gebärdet hatte, schien ihm das wenig erquicklich. Es erschien ihm ratsam, andere für ihn die Drecksarbeit erledigen zu lassen. Sollte doch dieser junge Mann direkt einmal Gelegenheit erhalten, seine Autorität unter Beweis zu stellen. »Hildegard hat Gold aus meiner Burg entwenden lassen.«

Helenger war einen Moment sprachlos. »Hildegard hat was?«

»Mir fehlen Schätze von erheblichem Ausmaß. Ich weiß aus sicherer Quelle, dass das Gold auf dem Rupertsberg ist.«

Anno verschwieg lieber, dass er es so genau wusste, weil der Dieb sein eigener Sohn war. Diese Blöße wollte er sich vor Helenger nicht geben. Es würde schon der Zeitpunkt kommen, an dem er Hans zur Rechenschaft ziehen würde. Er sah Helenger ungeduldig an, der sich von der Nachricht anscheinend immer noch nicht erholt hatte. Doch dann erschien wieder dieses Lächeln auf seinen Lippen. »Ich danke Euch dafür, dass Ihr mich von diesen unerhörten Vorgängen in Kenntnis gesetzt habt. Verlasst Euch darauf, dass ich die richtigen Schritte einleiten werde.«

Anno glaubte ihm aufs Wort.

*

Die Kirche erstrahlte in einem überwältigenden Glanz, als alle Kerzen angezündet waren. Hildegard hatte in all den Monaten, nachdem sie sich entschlossen hatte, einen ganz besonderen Gottesdienst zu feiern, keinen Moment vergessen, dass viele Leute, und unter ihnen einflussreiche, das nicht gutheißen würden.

Trotzdem hatte sie die Kostbarkeiten, die Hans ihr gebracht hatte, zum Goldschmied nach Mainz bringen lassen, der Ringe und Kopfschmuck für die Nonnen daraus gefertigt hatte. Einen Teil der Goldmünzen hatte sie gegen kostbare, weiße Stoffe eingetauscht und die Nonnen hatten daraus lange, fließende Gewänder genäht.

Hildegard schaute noch einmal kurz auf die Pergamentbögen mit den Neumen, obwohl sie jeden Ton ihres Singspieles längst auswendig kannte. Der Kampf der Seele, die sich zwischen den Gotteskräften und dem Teufel entscheiden muss, beruhte auf der letzten Vision aus *Scivias*.

Der Glockenklang riss sie aus ihren Gedanken. Eine der jungen Nonnen, Beatrix, rief die Gläubigen zur Messe, die eine ganz besondere war, weil die Kirche heute geweiht werden sollte.

Und alle kamen. Sara, Andreas und die Kinder, mit ihren besten Kleidern herausgeputzt, setzten sich in die Bänke, auf denen auch immer mehr Dorfbewohner Platz fanden. Hans suchte sich einen Platz neben einigen jungen Handwerkern, die beim

Bau der Kirche mitgearbeitet hatten. Sophia und einige andere Laienschwestern nahmen auf der gegenüberliegenden Seite Platz.

Als alle saßen und genug gemutmaßt hatten, ob der prächtige Bau von außen oder von innen schöner sei und zu keinem Ergebnis kommen konnten, ließ Hildegard die Nonnen einziehen. Ein Raunen ging durch die kleine Gemeinschaft, als die Frauen nach vorne schritten. Sie trugen keine Schleier, sondern hatten ihr Haar gelöst und besonders sorgfältig gekämmt. Die dunkle Ordenstracht war durch helle, fein gewirkte Gewänder ersetzt, die bis zum Boden reichten. Das Erstaunlichste aber war der Schmuck, die Ringe und Armbänder, vor allem aber die goldenen Kronen, an der Stirn mit einem Lamm und an den Seiten von Kreuzen besetzt. Etwas schüchtern schritten die Schwestern nach vorn, aber an ihren Gesichtern konnte Hildegard auch die Freude ablesen, sich einmal in ihrem Leben so schön machen zu dürfen. Das Glück der jungen Frauen erfüllte sie vollkommen.

Das Singspiel war ein voller Erfolg. Ehrfürchtig lauschten die Kirchgänger den Nonnen, die in die Rollen der siebzehn Tugenden schlüpften. Der Teufel, des Gesangs nicht mächtig, verhöhnte sie mit seiner kreischenden Stimme: »Ihr aber wisst ja nicht einmal, wer ihr seid.«

Die Virtutes mit ihrer Königin Humilitas, der Demut, stellten sich jeweils in einem Solo vor, worauf der beeindruckende Chor folgte. Als die Seele sich unter dem jubilierenden Gesang für die Tugenden entschied, musste der Teufel sich geschlagen geben.

Als nach dem Ende des Stückes ein Moment ehrfürchtiger Stille eintrat, stimmte Hildegard, ganz ohne es geplant zu haben, eine Dankeshymne an Maria an. »Wie groß ist das Wunder! In die Demutsgestalt einer Frau trat der König ein.«

Der Klang ihrer Stimme stieg leicht und dennoch volltönend, bis zu dem höchsten Punkt im Kirchendach empor. Alle lauschten gebannt.

»Oh welche Glückseligkeit birgt diese Gestalt!«

Wann hatte je eine Frau allein in der Kirche singen dürfen? Keiner wusste es.

Sonst wurde von der Kanzel herab immer nur über Frauen gesprochen, und oft genug verachtend. Jeder hatte die Geschichte im Ohr, die gerne zu Ostern erzählt wurde, nach der Christus extra eine Frau ausgewählt hatte, seine Auferstehung zu verkünden, weil sie es aufgrund ihrer geschwätzigen Natur besonders gut machen würde.

Doch hier war alles ganz anders. Die Leute waren so gebannt von Hildegards Gesang, dass keiner merkte, wie die Tür aufging. Erst als laute, harte Worte die Harmonie störten, fuhren die Köpfe herum. »Was fällt Euch ein, hier so ein Spektakel zu veranstalten?«

Es war kein anderer als der Erzbischof persönlich. Seine donnernde Stimme schien so gar nicht zu dem dünnen, gebrechlichen Mann zu passen. Doch Hildegard, die mitten im Lied ihren Gesang abgebrochen hatte, kannte ihn gut genug, um zu wissen, dass der milde Anschein, den das Alter ihm verlieh, täuschte. Ruthard war mit den Jahren keineswegs weicher oder nachgiebiger geworden.

Es stand viel auf dem Spiel. Hildegard gab ohne lange nachzudenken die einzig richtige Antwort. »Wir haben versucht, Euch einen würdigen Rahmen zu bereiten, wenn Ihr die Kirche weiht.«

Ruthard sah sie einen Moment mit seinen kalten, harten Augen an. Jeder konnte die beinahe unerträgliche Spannung spüren. Doch dann gab Ruthard seinem Gefolge mit einem Kopfnicken zu verstehen ihre Plätze einzunehmen.

Hildegard atmete auf. Sie hatte richtig vermutet, dass Ruthard lieber mitspielte, als öffentlich zuzugeben, dass sie ihn in vollkommener Unwissenheit über die geplante Kirchenweihe gelassen hatte.

Der Erzbischof machte seine Sache so gut, dass die meisten nichts von dem Disput merkten, als er mit salbungsvollen Worten die Kirche Maria, den Aposteln Philippus und Jakobus, dem heiligen Martin und dem heiligen Rupert weihte. Nur Hildegard wusste, was nach dem Gottesdienst auf sie zukommen würde.

Die Nonnen hatten sich ängstlich im Wohnhaus um Hildegard geschart, wobei nicht klar war, ob sie sie beschützen wollten, oder doch eher selber Schutz suchten. Der Erzbischof ließ seiner Wut freien Lauf. »Wie habt Ihr Euch die Weihung vorgestellt? Was wäre passiert, wenn ich nicht rechtzeitig davon erfahren hätte?«

Hildegard zögerte mit der Antwort, als Ruthard sie auch schon an ihrer Stelle gab. »Ich bin mir fast sicher, dass Ihr auch nicht davor zurückgeschreckt hättet, die Kirche selber zu weihen.«

Hildegard sah sein fast schon hasserfülltes Gesicht, bevor ihr Blick auf Helenger fiel, der mit einigen anderen aus Ruthards Gefolge eintrat. Sein Gesicht strahlte diesmal auch ohne das obligatorische Lächeln Zufriedenheit aus. Hildegard straffte ihre Schultern und sprach dann mit lauter Stimme. »Natürlich hätte ich es selber getan. Ich bin die Äbtissin dieses Klosters.«

»Und doch nicht besser als eine gemeine Diebin.«

Es war Helenger, der Hildegard derart beschuldigte, nicht Ruthard, der sich nach Hildegards unverblümter Offenheit erst wieder sammeln musste.

Unruhe machte sich breit, als Helenger auch schon weiter sprach. »Ihr habt Diebesgut benutzt, um den teuren Stoff zu bezahlen.«

Er wandte sich an die Nonnen. »Und Ihr habt Diebesgut auf dem Kopfe getragen, denn auch Eure Kronen sind geraubt.«

Die Nonnen sahen Hildegard teils verängstigt, teils fragend an. Jetzt hatte auch Ruthard sich wieder gefasst und lächelte sogar. »Ich glaube, man verlangt eine Erklärung von Euch.«

Aller Augen waren auf Hildegard gerichtet, und so sah nur die Äbtissin selber, dass Hans aufstehen und zum Sprechen ansetzen wollte. Aber Hildegard kam ihm zuvor. »Das Gold ist nicht geraubt.«

Ruthard tat verblüfft. »Ach? Das sieht Anno von Hoheneck aber ganz anders. Denn er ist der rechtmäßige Besitzer.«

Ein Raunen ging durch den Raum. Den Namen Anno von Hoheneck fürchteten alle, denn sie wussten, wie sehr er Hildegard hasste. Aber die blieb ruhig. »Nein, das Gold gehört ihm nicht. Es gehört seinem Sohn, der es uns geschenkt hat.«

Hildegard vermied es zu offenbaren, wer Annos Sohn war, dass er sich hier mitten unter ihnen befand. Als Hans ihr gestanden hatte, woher der Schmuck und die Münzen stammten, hatte sie deutlich gemerkt, wie sehr er sich seiner Abstammung schämte. Sie wollte, dass er sich eines Tages selber dazu bekannte, aber dann unter günstigeren Umständen.

»Annos Sohn?«

Helenger war ratlos. Er traute Hildegard zwar eine Menge zu, aber nicht, dass sie so dreist log. Aber wieso hatte Hoheneck ihm nicht gesagt, dass sein eigener Sohn ihn bestohlen hatte? Trotzdem, Hildegard durfte nicht ungeschoren davonkommen. »Und wenn Euch Anno selber all seinen Reichtum geschenkt hätte, so ändert das noch nichts daran, dass Ihr auf lästerliche Weise Gottesdienst gefeiert habt«, soufflierte Helenger Ruthard, der das sofort aufnahm.

»Und dafür gibt es nur eine Strafe. Über das Kloster auf dem Rupertsberg wird auf unbestimmte Zeit das Interdikt verhängt.«

Hildegard hielt sich nur noch so lange aufrecht, bis Ruthard und Helenger samt Gefolge den Raum verlassen hatten. Sie sollten nicht sehen, wie sie inmitten der Nonnen zusammenbrach.

*

Hildegard saß in der dämmrigen Kirche. Weder konnte Licht durch die verschlossenen Türen dringen, noch wurde sie von

Kerzenglanz erhellt. Nichts erinnerte mehr an den ebenso herrlichen wie unheilvollen Tag der Kirchenweihung. Sie hatten seitdem keinen öffentlichen Gottesdienst mehr abhalten und kein Abendmahl mehr empfangen dürfen. Selbst der Gesang war ihnen verboten, stattdessen mussten sie sich mit dem gedämpften Murmeln der Stundengebete zufrieden geben. Selbst die Kirchenglocken durften nicht mehr läuten. Ruthard hatte mit dem Interdikt eine wahrhaft drakonische Strafe über die Nonnen verhängt.

Hildegard hatte an den Papst geschrieben. Nach kurzem Zaudern, wie sie es formulieren sollte, entschied sich Hildegard für Offenheit. »Ehe Ihr den Mund derer verschließt, die das Gotteslob singen, müsst Ihr darauf bedacht sein, Euch einzig vom Eifer der Gerechtigkeit Gottes, nicht aber von Entrüstung oder Rachsucht lenken zu lassen.«

Sie hatte bis jetzt noch keine Antwort bekommen und langsam reute es sie, so deutliche Worte geschrieben zu haben. Nachdem sie das Stundengebet beendet hatte, trat sie langsam aus der Kirche. Sie musste zu den Handwerkern gehen, die sie seit dem Frühjahr wieder angestellt hatte, und mit ihnen das Verlegen der Wasserleitungen besprechen. Sie wollte fließendes Wasser in all ihren Werkstätten haben, um besser arbeiten zu können. So etwas gab es nicht oft, noch nicht einmal in Wohnhäusern, weshalb die Arbeiter darin nicht viel Erfahrung besaßen. Vor nicht allzu langer Zeit hätte sie selbst genaue Pläne erstellt, jetzt aber ertappte sie sich bei dem Gedanken, ob sie wirklich fließendes Wasser brauchte. Wofür die ganze Mühe, wenn ihrem Kloster durch das Interdikt das Wichtigste, das Feiern der Gottesdienste, geraubt war?

Doch kaum hatte sie die mächtigen Kirchentüren hinter sich geschlossen, kam Sophia auf sie zu gerannt. »Ein Brief! Wir haben einen Brief vom Papst bekommen!«

Hildegard nahm ihn mit zitternden Fingern entgegen. Sophia versuchte ihre Aufregung zu überspielen, indem sie lächelte.

»Nur, damit du es weißt. Hier denkt keine ans Aufgeben, ganz gleich, was da geschrieben steht.«

Hildegard lächelte, als würden Sophias Worte ihr tatsächlich Mut machen. Aber in Wahrheit wusste sie es besser. Wenn die Kirche sie ausschloss, wäre es, als ob ihrem Garten das Wasser versagt würde. Und sie selbst würde es am härtesten treffen. Der Rupertsberg war ihre Vision, für die sie sogar ihre Liebe geopfert hatte. Sophia hingegen gehörte zu Hans, auch wenn sie es sich noch nicht eingestand. »Danke, Kind.«

Hildegard öffnete den Brief. Zu ihrer Überraschung war er jedoch keineswegs von Papst Eugen, sondern ein anderer hatte unterzeichnet, Papst Anastasius. Verwirrt las sie, dass Papst Eugen seit kurzem sein Amt nicht mehr innehatte und Anastasius als dessen Nachfolger antworte. Doch dann kamen nur noch unverbindliche Worte, freundlich gehaltene, jedoch nichts sagende Sätze, beinahe beliebig aneinander gereiht. Verzweifelt ließ sie den Brief sinken. Was sollte so ein Mann an der Spitze der Kirche? Nie würde er sich gegen Männer wie Ruthard durchsetzen können. Hildegard fühlte Empörung in sich hochsteigen. Doch je mehr sie sich ärgerte, umso klarer wurde es ihr: Die Zeit der stillen Niedergedrücktheit war vorbei. Jetzt würde sie kämpfen.

*

Auch fernab vom Rupertsberg, in Clairvaux, rief die Papstwahl Ärger hervor. Bernhard ging aufgeregt auf und ab, die Mitteilung in den Händen. Er konnte es nicht fassen, ausgerechnet Anastasius! Dieser entscheidungsschwache Mann würde die Macht der Kirche noch weniger wieder herstellen können als Eugen. Und dieser hatte schon viele Anhänger an Arnold von Brescia verloren, dessen Lehre von Demut und Bescheidenheit die Leute dem Machthunger und der Dekadenz des Papstes vorzogen.

Er selber hatte noch versucht, Eugen zur Umkehr zu bewegen

und ihm sein ›De consideratione‹ geschickt, in dem er ihn auf-
forderte, anstatt nach der Weltherrschaft zu streben, lieber ein
guter Kirchenvater zu sein. Dieser Brief hatte für viel Aufsehen
gesorgt und letztendlich Eugens Ablösung bewirkt.

Natürlich wäre nur einer der geeignete Nachfolger gewesen:
Bernhard selber. Es ging auch ihm letztendlich um Macht, aber
er würde es geschickter anstellen. Doch anstatt seiner wählten
sie diesen altersschwachen Mann.

Aber auch Bernhard fühlte plötzlich seine Kräfte schwinden.
Er fand sich auf dem Boden der kleinen Kapelle wieder, in die er
sich zurückgezogen hatte. Für einen Moment war ihm die Luft
weggeblieben und er spürte ein heftiges Stechen in der Herzge-
gend. Bernhard fasste sich an die Brust, wo das Stechen einer
Beklemmung gewichen war, die ihn wie ein eiserner Ring umschloss. Keuchend kam er wieder zu Atem. Er suchte mit den
Augen die lebensgroße Marienstatue, aber er konnte sie nicht
finden. Natürlich, sie musste direkt hinter ihm stehen, deshalb
blieb sie ihm verborgen.

Maria hatte seine Ambitionen immer gebilligt, auch wenn sie
beide wussten, dass Kaiser Konstantin Rom niemals dem Papst
geschenkt hatte. Seit einigen Jahrhunderten hielt sich diese Lüge,
aus der die Kirche ihre Macht ableitete. Bernhard ließ sich, unfähig sich weiter aufrecht zu halten, gegen etwas Festes sinken.
Maria! Wieder war sie ihm ein Halt. Er durfte sie nicht enttäuschen, nicht aufgeben, ehe er sein Ziel erreichte.

»Ruhig, ganz ruhig«, hörte er eine Stimme hinter sich.

Er wollte sich zu seiner Geliebten umdrehen, als wieder dieser
stechende Schmerz durch seine Brust fuhr. Dann flimmerte es
vor seinen Augen. Als Letztes fühlte er nur noch, wie Marias
Arme ihn umschlangen. Dann wurde alles schwarz.

Der Mönch, der hinter Bernhard kniete, hielt den Toten in
den Armen. Er hatte sich gerade noch zwischen ihn und die Marienstatue drängen können um ihn aufzufangen, als Bernhard
sein Gleichgewicht verlor. Trauer stieg in dem jungen Mann auf.

Ihm blieb nur ein Trost. Auch er wollte einmal so sterben: Als Mann, der alles erreicht hatte, was er wollte.

*

Hildegard sah die mächtige Kaiserpfalz zu Ingelheim vor sich. Erbaut von keinem Geringeren als Karl dem Großen, war sie Barbarossas Lieblingssitz. Er hatte es weit gebracht. Die Teilnahme an dem erfolglosen Kreuzzug mit desaströsem Ende hatte ihm nicht schaden können. Barbarossa war trotzdem zum König gekrönt worden. Sei es durch eigenes Taktieren oder durch Konrads Unterstützung, er hatte es geschafft, dass man ihm den Vorzug vor Konrads Sohn gab.

Hildegard seufzte. So einen Mann hätte die Kirche gebraucht. Barbarossa war ihre letzte Hoffnung.

Hildegard wurde zu der großen, eichenen Tür geführt, die zahlreiche Schnitzereien zierten. Nachdem sie ihr Kommen in einem Brief angekündigt hatte, war sie freundlich empfangen worden. Die Magd öffnete einen der großen Türflügel und ließ sie dann allein.

Hildegard machte vorsichtig einen Schritt nach vorne, um besser in den großen Saal sehen zu können, an dessen Stirnseite ein Feuer im Kamin brannte. Nahe den Fenstern stand ein langer Tisch mit vielen Stühlen, die Wände waren mit Teppichen geschmückt. Doch Hildegard hatte nur Augen für die Gestalt, die mit dem Rücken zu ihr vor dem Kamin stand, von den Flammen warm und hell angeleuchtet. Der Mann war von mittlerer Größe und seine Haare schimmerten dunkel. Hildegard war erstaunt, da der König seinen Beinamen wegen seines roten Haupthaares erhalten hatte und von großer, kräftiger Statur sein sollte.

Hildegard trat näher und da er sie anscheinend nicht bemerkte, beschloss sie ihn anzusprechen. »Ich freue mich sehr, dass Ihr meiner Bitte entsprochen habt, mich zu empfangen.«

»Ich konnte dir noch nie etwas abschlagen.«

Der Mann drehte sich um und Hildegard sah zu ihrer Überraschung plötzlich Erik vor sich stehen. Wieso hatte sie ihn nicht eher erkannt? Dabei hatte sie ihn so oft in ihren Träumen gesehen. Die Jahre, aber auch Bitterkeit und Enttäuschung, hatten Spuren in seinem Gesicht hinterlassen. Sie ging auf Erik zu, wollte ihm über Stirn und Wangen streichen um wieder gutzumachen, was sie ihm angetan hatte. Aber auf halbem Wege blieb sie stehen. Am liebsten hätte sie sich in seine Arme gestürzt, aber sie hielt sich zurück. Erik sah sie traurig an. »Du zögerst? Hast du Angst dir etwas zu vergeben? Ist es so schlimm, einmal die Beherrschung zu verlieren?«

Hildegard schüttelte bestürzt den Kopf. »Nein, nein, Erik. Ich wollte dir nur nicht erneut wehtun, dich nicht verletzen.«

»Oh, seit wann so rücksichtsvoll?«

Erik sah Hildegard an und konnte seinen Schmerz nicht länger verbergen. Er trat dicht zu ihr. »Ich habe mich so nach dir gesehnt, dass ich nicht anders konnte, als dich wiederzusehen. Auch wenn ich mich schon wieder zum Narren mache.«

Seine Worte taten Hildegard in der Seele weh. »Du machst dich nicht zum Narren. Ich … ich sehne mich doch auch nach dir. Jeden Tag, jede Minute, auch wenn ich es mir nicht eingestehen will.«

»Ach? Und wieso hast du dich nicht einmal nach mir erkundigt? Du wusstest noch nicht einmal, ob ich lebe oder tot bin.«

Hildegard öffnete den Mund, aber sie konnte nichts erwidern. Er hatte Recht, sie hatte keine Nachforschungen angestellt. Aber nicht aus Gleichgültigkeit, sondern aus Angst, dass er nicht aus der vernichtenden Schlacht bei Dorylaeum zurückgekehrt sein könnte. Sie hätte es nie verwunden, wenn er dort gefallen wäre, wohin sie ihn getrieben hatte. So viel Schuld konnte ein Mensch allein nicht tragen. »Ich habe es nicht gewagt.«

»Ach? Aber den König aufzusuchen, das traust du dich. Und

warum? Wegen so einer wichtigen Sache wie deinem Kloster, habe ich Recht?«

Hildegard konnte nur bestätigend nicken.

»Immer wieder dasselbe. Und im Grunde geht es doch nur um dich.«

»Wie kannst du das sagen?«

Hildegards Augen blitzten ihn an. »Weißt du nicht, dass auch ich gelitten habe? Spürst du es nicht? Ich dachte, unsere Herzen sind sich so nah.«

Hildegard wandte sich unter Tränen ab, aber in dem Moment drehte Erik sie zu sich und zog sie an sich. Hildegard barg ihren Kopf an seiner Brust und schmiegte sich an ihn. Sie rührte sich nicht. Alles was sie dachte, war, dass dieser Moment nie vergehen sollte.

Doch Erik löste sich schließlich aus der Umarmung. Er strich ihr über den Kopf und sah sie zärtlich an. »Ich weiß, dass auch du gelitten hast. Aber manchmal will ich es nicht wahrhaben. Wenn der Zorn überhand nimmt.«

Hildegard sah ihn unter Tränen an. Sie wollte nicht die Ursache für seinen Zorn sein, sie wollte ihn glücklich machen. Sie nahm sein Gesicht in beide Hände und zog es zu sich herunter, aber Erik schüttelte den Kopf. »Nein, Hildegard, mach es nicht noch schwerer. Die Zeit hat zwar meine Wunden nicht geheilt, aber ich habe etwas verstanden. Du wirst mir nie gehören.«

Hildegard wusste, dass er Recht hatte. Trotzdem war es schwer.

Erik sah sie bewegt an. »Es bedeutet mir viel, dir noch einmal begegnet zu sein.«

Er lächelte. »Aber jetzt sprich, wie geht es Sophia?«

Hildegard lächelte ebenfalls. »Deine Tochter ist eine prächtige Frau. Warmherzig und voller Liebe.«

Sie seufzte. »Allerdings nicht nur zu Gott. Ich fürchte, ich muss bald auf sie verzichten, denn ein junger Mann ist in ihr Leben getreten.«

»Du wirst schon darauf achten, dass es der Richtige ist. Du bist sicher wie eine Mutter zu ihr.«

Hildegard zog es vor, darauf nichts zu erwidern. Hans war ein guter Bursche, aber auch der Sohn des Mörders von Eriks Vater. Sie wusste nicht, wie Erik das aufnehmen würde. Sie wusste so vieles nicht von ihm, noch nicht einmal, was er jetzt eigentlich machte. »Was hast du getan, seit du von dem Kreuzzug heimgekehrt bist?«

»Ich bin bei Barbarossa geblieben und kämpfe für ihn, wann immer es nötig ist. Er ist ein großer Mann, von dem die Welt noch viel hören wird.«

»Genau deshalb bin ich hier. Ich weiß keinen anderen, der sich für mich verwenden könnte.«

Erik nickte. »Friedrich könnte das, ohne Zweifel. Aber viele wollen seine Hilfe.«

Es tat Hildegard weh, dass Erik sie als eine unter vielen ansah. Erik lächelte, als er erneut Tränen in ihren Augen schimmern sah. »Nicht doch, Hildegard, für mich bist du einzigartig. Und wenn du willst, werde ich auch Barbarossa davon überzeugen, dass du etwas Besonderes bist.«

Das war Hildegard unangenehm. »Danke, Erik, aber das muss ich auch alleine schaffen. Du sollst dich nicht noch für mein Kloster einsetzen müssen, durch das du so großes Leid erfahren hast.«

»Deinetwegen würde ich noch manch andere Dummheit begehen.« Erik lachte. »Vielleicht sollte ich mir ein Beispiel an meinem Herrn nehmen. Barbarossa tut nur etwas für andere, wenn auch er einen Nutzen davon hat.«

»Ich werde für ihn beten.«

Erik schüttelte den Kopf. »Das wird ihm nicht reichen. Barbarossa mag es etwas handfester.«

»Aber was kann ich tun?«

»Deine Gaben für ihn einsetzen.«

Hildegard verstand nicht, was Erik meinte. Er wurde genauer.

»Du bist nicht irgendeine Äbtissin, sondern Hildegard, die vom Papst anerkannte Seherin. Du könntest deine Sehergabe für ihn nutzen.«

»Aber wie?«

»Barbarossa ist König, aber er hat nicht vor, sich auf seinem Thron auszuruhen. Es würde ihm gefallen, zu hören, dass das Schicksal ihm günstig gesonnen ist.«

Hildegard schwieg. Jetzt hatte sie verstanden, was Erik von ihr wollte. Sie sollte Barbarossa eine große Zukunft voraussagen. »Das kann ich nicht.«

Erik zuckte mit den Schultern. »Überleg es dir.«

Damit ging Erik aus dem Saal, in dem Hildegard sich plötzlich sehr allein und verloren vorkam. Sie fröstelte. Das Feuer war fast heruntergebrannt.

Barbarossa empfing Hildegard in einem der kleineren Gemächer. Er streckte die Arme aus, damit die Magd ihm sein Überkleid anziehen konnte. Dann streckte er ungeduldig den Kopf nach vorne, um seinen golden durchwirkten Schal umgelegt zu bekommen. Dieses Herausputzen war ihm verhasst und seiner Meinung nach nur etwas für Frauenzimmer. Friedrich schnaubte ungeduldig, als die Dienstmagd sich auch noch mit einem Gürtel an ihm zu schaffen machte. Aber er ließ sie gewähren. Er wusste, wie leicht sich andere durch Äußerlichkeiten beeindrucken ließen. Wenn sie von einem edlen Gewand auf ein edles Gemüt schlossen, so sollte es ihm recht sein. Und gerade jetzt, wenn er auf Albrecht den Bären traf, war es wichtig, ihn zu beeindrucken. Schließlich wollte er ihn dazu bringen, seine Streitigkeiten mit Heinrich dem Löwen zu beenden.

Eigentlich hätte er sich Letzteren vor die Brust nehmen müssen, denn der war der Streithahn. Ein typischer Welfe, stolz und unbeugsam wie seine Mutter. Aber er mochte die Welfen aus tiefstem Herzen, genau, wie er seine Mutter verehrt hatte. Sie war eine außergewöhnliche Frau gewesen. Plötzlich erinnerte er sich wieder an die Nonne, die man zu ihm geführt hatte und die jetzt bescheiden und etwas verlegen vor dem Fenster stand. Auch sie sollte eine außergewöhnliche Frau sein, jedenfalls wenn er Erik glauben durfte. Aber rein äußerlich war sie das komplette Gegenteil von Judith, die überall die Blicke auf sich gezogen hatte. Diese Hildegard war eine unscheinbare, alte Frau, aber immerhin eine Äbtissin, die sogar ein eigenes Kloster gegründet hatte. Barbarossa zollte allen großen Leistungen Respekt. »Entschuldigt, dass ich Euch so ungebührlich empfange. Aber ich habe gleich eine wichtige Besprechung.«

»Ich weiß, wie knapp bemessen Eure Zeit ist und danke Euch, dass Ihr mich anhört.«

Barbarossa wandte sich an die Dienstmagd. »Schluss jetzt mit dem Rumgefummel.«

Er gab ihr mit einem Wink zu verstehen, dass sie sich zurückziehen solle. Dann blickte er Hildegard erneut an. »So sprecht.«

»Es geht um mein Kloster auf dem Rupertsberg, über das das Interdikt verhängt wurde. Es ist noch so viel zu tun, doch alles bleibt liegen. Jede Freude am Schaffen ist uns verloren gegangen. Wenn das Interdikt noch lange besteht, geht der Rupertsberg verloren.«

»Ihr sprecht von Kirchenangelegenheiten, für die ich sicher der falsche Mann bin«

»Aber seht Ihr Euch nicht als einen Herrscher von Gottes Gnaden?«

»Natürlich, das bin ich. Aber mit seinen Vetretern auf Erden ist die Zusammenarbeit nicht immer ganz einfach. Gerade hatte ich mich mit Papst Eugen über ein gemeinsames Vorgehen gegen die Byzantiner und die Normannen geeinigt, da wird er seines Amtes enthoben. Jetzt gehen die ganzen mühsamen Verhandlungen von vorne los.«

Hildegard lächelte. »Und da wollt Ihr dem neuen Papst nicht gleich in sein Handwerk pfuschen.«

»Ihr versteht etwas von Politik.«

»Auf jeden Fall weiß ich, dass Ihr mit Anastasius keine Probleme haben werdet. Ihr seid ein starker Herrscher.«

Hildegard sah ihn fest an. »Wenn auch noch nicht auf dem Gipfel Eurer Macht.«

Barbarossa horchte auf. »Woher wollt Ihr das wissen?«

»Ich bin dumm und unerfahren in diesen Angelegenheiten. Alles, was ich weiß, gibt mir der Herr selber ein. Nur durch ihn kann ich diese Dinge klar sehen.«

»Was genau seht Ihr?«

»Einen Mann, der sich nicht mit der Königskrone zufrieden gibt.«

Hildegard lächelte ihn an und Barbarossa lächelte zurück. Die Frau gefiel ihm. Sie war keineswegs unwissend, sondern schlau, und selbst wenn sie ihre Sehergabe ein wenig zu freizügig benutzte, spürte er, dass sie ihn wirklich mochte. Er brauchte Leute, die ihn unterstützten, deshalb war auch er bereit zu helfen. »Ich will es versuchen. Ich rede mit diesem Anastasius. Ich muss sowieso viel mit ihm besprechen, da kommt es darauf auch nicht mehr an.«

Er seufzte bei dem Gedanken an die langwierigen Beratungen. Geduld gehörte eindeutig nicht zu Friedrichs Stärken.

Hildegard wollte sich schon dankend zurückziehen, als er sie aufhielt. »Wartet!«

Er klatschte in die Hände, und die Dienstmagd erschien wie aus dem Boden gewachsen im Raum.

»Bringt mir Pergament, Tinte und Feder.«

Er wandte sich an Hildegard. »Ich will Euch nicht mit leeren Händen gehen lassen. Ich gebe Euch eine Urkunde mit, die den Rupertsberg unter meinen persönlichen Schutz stellt.«

Hildegard konnte es kaum fassen. »Habt Dank, großen Dank. Jetzt fasse ich wieder Hoffnung, dass sich auf dem Rupertsberg bald wieder alles zum Guten wendet.«

Barbarossa nickte. Wenn seine Gäste doch immer so einfach

zufrieden zu stellen wären. Bei Albrecht dem Bären würde er sicher all seine Autorität in die Waagschale werfen müssen, um ihn zu bändigen. Barbarossa verließ, in Gedanken schon ganz bei seinem nächsten Treffen, den Raum.

Kapitel 29

olmar ritt bedrückt vom Kloster Eibingen, oder besser, von dem, was davon noch übrig war, zurück. Er hatte nicht mehr helfen können, obwohl Hildegard ihn direkt losgeschickt hatte, als sie vom Rupertsberg aus die Rauchschwaden vom anderen Ufer der Nahe aufsteigen sah. Das Kloster war bereits niedergebrannt, als er mit ein paar Knechten eintraf. Die wenigen Mönche, die in dem noch nicht zu seiner vollen Blüte gelangten Augustinerkloster verweilten, hatten sich zum Glück retten können. Aber ihre Heimat war verloren.

Volmar sah noch einmal zurück auf die verkohlten Reste der Anlage und plötzlich kam es ihm vor, als wäre es der Rupertsberg, der da in Schutt und Asche vor ihm lag. Volmar wandte sich ab.

Auf dem Rupertsberg hatten sie sich in den letzten fünf Jahren, nachdem das Interdikt aufgehoben worden war und sie die Schutzurkunde bekommen hatten, in Sicherheit gewähnt. Doch damit war es jetzt vorbei, denn es waren keine anderen als Barbarossas Truppen selbst, die Eibingen zerstört hatten. Sie gingen ohne Rücksicht gegen jeden vor, der sich nicht auf ihre Seite stellte. Und Hildegard hatte in dem immer härter werdenden Streit um die Macht deutlich für den Papst Stellung bezogen. Volmar wusste, dass auch das Schicksal des Klosters Eibingen nichts an ihrer Haltung ändern würde, was ihn nur noch furchtsamer in die Zukunft blicken ließ.

Anno betrachtete die in Stein gehauenen Fratzen und Klauen der eigentümlichen Wesen, die geradewegs aus der Hölle entsprungen zu sein schienen. Zusammen mit dem erhabenen Gesang reichte dieser seltene Kirchenbesuch aus, um sich wieder als kleiner Junge zu fühlen. Auch in der burgeigenen Kapelle, die er früher mit seiner Mutter zur Messe aufsuchen musste, waren die Wände mit Abbildungen geschmückt, die anschaulich darstellten, was Sünde war. Anno fürchtete sich, wenn er an die Qualen dachte, die sein Vater in der Hölle würde erleiden müssen.

Ärgerlich versuchte er, die Erinnerungen abzuschütteln, um sich an den Grund zu erinnern, warum er hier war. Seine Blicke glitten durch die Kirchenbänke, auf denen eng aneinander gedrängt die Leute des Dorfes saßen. Da endlich erblickte er ihn. Hans saß weit vorne. Aufrecht und stattlich hob er sich von den gemeinen Leuten ab. Er konnte seine Herkunft eben nicht verleugnen. Annos Gesicht leuchtete vor Stolz.

Er vermisste ihn. Anno wusste gar nicht, wie er das, was er für Hans empfand, nennen sollte. Unter Liebe hatte er früher immer seine flüchtigen amourösen Abenteuer verstanden, jedenfalls die, die eine Erinnerung wert waren.

Auf jeden Fall wollte er seinen Jungen zurückholen, egal, was der ihm angetan hatte. Das war ihm durch einen Traum klar geworden, der ihn Nacht für Nacht heimsuchte. Er konnte die Gestalt nie deutlich sehen, immer stand sie mit dem Rücken zu ihm. Und auch dann, wenn sie sich im letzten Moment doch noch umdrehte, konnte er nur ein Messer und viel Blut erkennen. Trotzdem war er sich sicher, es war der Tod, der ihn gemahnte, dass ihm nicht mehr viel Zeit blieb, seine Angelegenheiten zu regeln.

Hildegards Stimme riss ihn plötzlich aus seinen Gedanken, als sie der Gemeinde zu predigen begann.

»Stellt euch vor, dass ihr nach einem langen Ritt müde und erschöpft am Ziel angekommen seid. Würdet ihr euch nicht auch freuen, wenn euch jemand dabei behilflich wäre abzusteigen? Wenn euch jemand den Steigbügel hielte?«

Sie bekam zustimmendes Gemurmel zur Antwort.

»Was würdet ihr aber sagen, wenn dieser scheinbar Hilfsbereite euch den linken anstatt den rechten Steigbügel hielte?«

Es wurden empörte Rufe laut. Hildegard sah zufrieden in die Menge, bevor sie fortfuhr. »Jeder durchschaut das sofort als Geste der Missachtung. Schlimm genug, wenn das einem von uns widerfährt, wie viel schlimmer ist es erst, wenn unser Papst so gedemütigt wird, und zwar von keinem anderen als Barbarossa selbst.«

Ein Raunen ging durch die Menge. Hildegard straffte sich. »Der Kaiser hat es nicht bei solchen Gesten belassen. Wie wir alle wissen, waren es seine Truppen, die das Kloster Eibingen zerstört haben. Wir müssen ihm Einhalt gebieten. Gott zeigte mir Barbarossa als blinden Herrscher, der vergessen hat, wie er das Zepter zum Regieren in der Hand halten muss.«

Hildegard sah über die Leute hinweg. »Noch ist es nicht zu spät. Kehr um und achte darauf, dass die Gnade Gottes nicht in dir erlischt, Friedrich!«

Damit ging Hildegard zur Seite und der Chor hob erneut zu singen an. Anno saß mit offenem Munde da. So aufmerksam hatte er noch nie eine Predigt verfolgt. Diese Frau wagte es tatsächlich den Kaiser zu beleidigen. Jeder wusste, dass es zwischen Barbarossa und dem neuen Papst Hadrian, der Anastasius nach nur einem Jahr ablöste, zu Spannungen kam. Kein Wunder, ließ Hadrian, im Gegensatz zu dem bereits altersschwachen Anastasius, doch keinen Zweifel daran, dass er der eigentliche Herrscher sei.

Anno hatte sich bis jetzt aus den Streitigkeiten herausgehalten. Doch Hildegards Predigt schien ihm eine geeignete Gelegenheit, nun doch Flagge zu zeigen. Barbarossa würde sehr interessiert sein zu hören, was diese Frau über ihn sagte. Und da der Kaiser trotz ständiger Wanderschaft nicht überall in seinem großen Reich sein konnte, sah Anno es als seine Pflicht, es ihm mitzuteilen. Anno warf einen letzten, zufriedenen Blick auf seinen Sohn, bevor er die Kirche genauso unerkannt, wie er gekommen war, wieder verließ. Spätestens wenn Barbarossa Hildegards Kloster dem Erdboden gleichgemacht hätte, würde Hans zu ihm zurückkehren.

Sophia walkte die Tücher in dem großen Bottich gründlich durch und zog dann Bahn für Bahn heraus, wrang sie aus und besah sich das Ergebnis. Sie war zufrieden, der Stoff war zu einem strahlenden Weiß gebleicht. Es machte ihr Freude, das Leinen, das andere Nonnen später zu feinen Gewändern für den Gottesdienst schneidern würden, zu bearbeiten.

Sie lud den nassen Stoff in einen Korb, um ihn nach draußen zu den Wäscheleinen zu bringen. Doch plötzlich versperrte ihr jemand den Weg. Sie zuckte zusammen, doch dann erkannte sie Hans. »Musst du mich so erschrecken?«

»Hast du etwa ein schlechtes Gewissen?«

Hans lächelte, aber Sophia war noch immer ärgerlich. »Wie sollte ich? Mir fehlt die Zeit zum Sündigen. Und jetzt lass mich durch.«

Sophia wollte sich an ihm vorbeidrängen, aber Hans blieb stehen. »Dir fehlt die Zeit für mich.«

Sophia merkte, dass er ernst geworden war. »Aber Hans, siehst du nicht, was zu tun ist?«

Hans nickte. »Solange du hier bist, wirst du immer zu beschäftigt sein.«

»Zu beschäftigt für was?«

Sophias Stimme klang gereizt.

»Um dich um deine Kinder zu kümmern, die ihre Arme nach dir ausstrecken und deinen Mann zu begrüßen, der müde vom Feld kommt.«

»Ach, fang doch nicht wieder davon an. Ich habe dir nie etwas versprochen.«

»Aber du willst es doch auch.«

Hans griff nach ihrer Hand, was Sophia geschehen ließ. Sie erwiderte für einen Moment seinen sehnsüchtigen Blick. Dann zog sie ihre Hand wieder weg. »Ich kann Hildegard unmöglich im Stich lassen.«

»Sie kommt auch ohne dich zurecht.«

»Ich kann sie nicht einfach verlassen. Nicht nach so vielen Jahren.«

Hans schüttelte den Kopf. »Warum fragst du sie nicht einfach? Ich glaube, Hildegard ist gar nicht so ein unerbittliches Ungeheuer, wie ihr immer alle denkt.«

»Vielen Dank, Hans.«

Hildegards Stimme ließ die beiden herumfahren. Da stand sie und lächelte amüsiert. Hans versuchte schnell, seine Worte wieder gutzumachen. »Entschuldigt, ehrwürdige Äbtissin, es war nicht so gemeint, wirklich …«

»Schon gut, Hans. Ich bin kein sanftes Lamm. Das ist nicht meine Bestimmung.«

Sie sah Sophia nachdenklich an, die beschämt die Augen zu Boden gesenkt hatte. »Auch du musst deinen Platz finden, Sophia. Du bist jetzt schon so lange bei uns, ohne deine Gelübde abgelegt zu haben.«

Sophia sah Hildegard halb freudig, halb bang an. »Heißt das, dass die Zeit nun gekommen ist?«

Aber Hildegard zuckte mit den Schultern. »Das kann ich dir nicht sagen.«

Sophia sah sie verwirrt an, als Hildegard fortfuhr. »Die Antwort musst du selber finden. Und wenn ich dir einen Rat geben darf, so höre auf dein Herz. So habe ich es immer gemacht.«

Damit wandte sich Hildegard ab und ließ Sophia zurück, die Hans schüchtern anlächelte.

Hildegard entfernte sich schnellen Schrittes von den Werkstätten. Es war weniger, weil sie es wirklich eilig hatte, sondern mehr um ihr Gewissen zu beruhigen. Sie hatte Sophia nicht die Wahrheit gesagt. Meistens hatte sie wirklich auf ihr Herz gehört. Doch einmal, ein einziges Mal hatte sie sich für die Vernunft entschieden. Auch wenn weder Erik noch sie daran zerbrochen waren, so zweifelte sie immer noch, ob sie damals wirklich richtig gehandelt hatte. Hildegard ärgerte sich über sich selbst. Würde sie bis ans Ende ihres Lebens darüber nachgrübeln?

Mit schnellen Schritten erklomm sie eine kleine Anhöhe und blickte auf den Weinberg, den Klostergarten, die Ställe und Scheunen, das Kloster selber und zuletzt auf das prächtige Gotteshaus. Sie wurde ruhiger und war sich in dem Augenblick tatsächlich sicher, die richtige Entscheidung getroffen zu haben.

*

Hildegard setzte sich zu ungewohnt später Stunde an ihr Schreibpult im Skriptorium, das für sie neben der Kirche das schönste Gebäude der Klosteranlage war. Normalerweise zog sie es vor, wegen der besseren Lichtverhältnisse mit den anderen am hellen Tage zu schreiben, zu kopieren und schmückende Illuminationen zu zeichnen. Aber für das, was sie vorhatte, war es besser, dass sich niemand mehr hier aufhielt. Denn noch sollte keiner wissen, was sie tat. Und auch, wenn ihr Werk vollendet war, würde sie nur einige wenige einweihen: Volmar und vielleicht noch ein, zwei Schwestern, für den Fall, dass ihr selber etwas zustieße. Die Zeiten waren unruhig und der Streit zwischen den Mächtigen nahm erschreckende Formen an, wie ihr das Schicksal des Klosters Eibingen gezeigt hatte.

Zu Volmars Leidwesen hatte Hildegard trotzdem nicht aufgehört, öffentlich Stellung für den Papst zu beziehen. Aber da sie sich durchaus der Gefahr bewusst war, sorgte sie vor.

Sie hatte sich ein System von Zeichen ausgedacht, die das Alphabet ersetzten. In diese Geheimschrift übertrug sie nun all das, was sie zu der Auseinandersetzung zwischen Kirche und Kaiser aufgeschrieben hatte. Wenn man ihr Kloster, ihr Werk, ihre Schriften vernichten würde, so würde die Geheimschrift vielleicht verschont, weil keiner die Brisanz ihres Inhalts erkannte. Hildegard musste sich sehr konzentrieren um keinen Fehler zu machen, denn sie hatte vorsichtshalber keine Entschlüsselung niedergeschrieben und konnte sich daher nur auf ihr Gedächtnis stützen. Aber es ging von Nacht zu Nacht besser. Bald konnte sie ihre Texte zügig in die Geheimschrift übertragen.

Doch plötzlich unterbrach sie ihre Arbeit. Hatte sie ein Geräusch gehört? Schnell bedeckte sie die Blätter mit den Manuskripten, sodass es aussah, als säße sie an ihren üblichen Aufzeichnungen. Und tatsächlich öffnete sich die Tür. In dem spärlich erleuchteten Raum konnte Hildegard zunächst nur die Umrisse der Gestalt erkennen. Aber diesmal wusste sie sofort, um wen es sich handelte. »Erik!«

Erstaunt sah Hildegard auf den eintretenden Mann. »Erik, du kommst zu mir?«

Hildegard fuhr von ihrem Hocker hoch und lief ihm entgegen. Sie sah in seine dunklen Augen. Eriks Gesicht war immer schon schmal gewesen, aber jetzt schien es eingefallen. Er hatte Ringe unter den Augen. Hildegard überlegte, ob es die Spuren des Alters oder einer Krankheit waren, die sich so deutlich eingegraben hatten. Besorgt strich sie ihm mit der Hand über die schwarzen Locken, die von Silberfäden durchwirkt waren. Dann wurde ihr klar, dass auch sie die sechzig erreicht hatte. »Erik, ich freue mich dich zu sehen. Aber du siehst müde aus.«

»Ich bin müde.«

Erik lächelte. »Früher machte mir ein schneller Ritt über unwegsames Gelände nicht das Geringste aus. Heute spüre ich danach jeden Knochen in mir.«

»Und trotzdem hast du dich auf den Weg gemacht, um zu mir zu kommen.«

Hildegard nahm sein Gesicht in ihre Hände. Erik lächelte. »Ich freue mich auch dich zu sehen. Aber ich komme nicht nur deshalb.«

Er machte eine Pause. »Barbarossa hat mich geschickt.«

Hildegard trat einen Schritt zurück. »Barbarossa? Du bist immer noch in seinen Diensten?«

Erik nickte. »Er ist ein gerechter Herrscher.«

»Ist es gerecht Klöster niederzubrennen?«

»Sie haben sich gegen ihn gestellt.«

»Sollen sie etwa seine Handlanger spielen? Es reicht, wenn du dich dazu hergibst.«

Hildegard wandte sich ab. Sie erkannte sich selber nicht mehr, doch es war die grenzenlose Enttäuschung, die ihr die Worte eingab.

»Aber Hildegard, wie kannst du das sagen?!«

»Weil es so ist. Warst du vielleicht sogar in Eibingen dabei? Sag es mir lieber nicht, ich will es gar nicht wissen!«

»Hildegard, jetzt mache es mir doch nicht so schwer. Natürlich bin ich hier, um dich auszuhorchen, um zu erfahren, wie du zu Barbarossa stehst. Aber genauso sehr wollte ich dich einfach wiedersehen.«

Hildegard blickte ihn schnell an. Log er, um sie sanft zu stimmen? Aber kaum hatten sich ihre Augen getroffen, da wusste sie, dass er sie nie würde anlügen können. Dazu liebte er sie zu sehr. Es war nicht nur die Müdigkeit, die sein Gesicht gezeichnet hatte. Es war der Zwiespalt, in dem er zwischen Barbarossa und ihr hin- und hergerissen war. »Verzeih, Erik. Auch ich bin froh, dich zu sehen. Ich freue mich mehr, als ich es dürfte. Darum erledige deinen Auftrag, sodass wir noch ein paar Momente für uns haben.«

Sie zog ihn zu einer grob behauenen Holzbank, auf der sie nebeneinander Platz nahmen. Hildegard spürte ihn dicht neben sich und vergaß bei der leichten Berührung ihrer Körper fast, warum er gekommen war.

»Man hat Barbarossa zugetragen, dass du ihn in deiner Predigt beschuldigst, ein schlechter Herrscher zu sein.«

Hildegard konzentrierte sich auf die Sache. »Nein, er ist ein guter Herrscher. Aber gerade darum ist es so schade, dass er in der wichtigsten Sache blind zu sein scheint. Er muss den Papst anerkennen, sonst hat er auch Gott gegen sich.«

»Aber der Papst maßt sich zu viel an, wenn Friedrich ihn nicht im Zaum hält.«

»Das wird der Herr zu verhindern wissen.«

Erik lächelte. »Darauf mag eine gottesfürchtige Frau wie du vertrauen. Barbarossa ist es gewohnt, sich nur auf sich selbst zu verlassen. Er will, dass du ihn unterstützt.«

Hildegard wurde misstrauisch. »Wobei? Was hat er vor?«

»Er will den Papst ehren.«

Erik machte eine Pause, bevor er anfügte: »Aber nicht diesen Papst.«

Hildegard rang nach Luft. »Er will einen eigenen Papst aufstellen? Dann ist es schon schlimmer um ihn bestellt als ich dachte.«

»Du solltest dankbar sein, oder hast du vergessen, dass nur mit seiner Hilfe das Interdikt aufgehoben wurde?«

»Nein, ich habe es nicht vergessen.«

Hildegard überlegte. »Vielleicht kann ich mit ihm sprechen, ihn überzeugen, dass er das Falsche tut.«

Erik schüttelte den Kopf. »Er wird nicht auf dich hören.«

Er dachte nach. »Hildegard, ich will verhindern, dass du Schwierigkeiten bekommst. Hör auf, gegen ihn zu predigen.« Er sah Hildegard an. »Andernfalls ist es das Ende für dein Kloster. Das kannst du doch nicht wollen.«

Hildegard reagierte immer noch nicht, aber Erik gab nicht auf. »Sieh mal, das heißt doch nicht, dass du für ihn sprechen musst. Versuche dich doch einfach herauszuhalten, jedenfalls bis die Zeiten sich etwas beruhigt haben.«

Hildegard überlegte. Sich heraushalten, das hatte sie noch nie gekonnt. Aber ihr fiel etwas anderes ein. Es war ein Gedanke, bei dem ihr nicht ganz wohl war. Andererseits hatte sie keine Wahl. »Nehmen wir an, ich würde mich anders besinnen. Wie willst du dem Kaiser beweisen, dass ich auch tue, was er verlangt?«

»Ein Zeichen von dir würde reichen. Er schätzt dich immer noch sehr, weil du seine Kaiserkrönung vorausgesagt hast.«

Hildegard zögerte. Dann ging sie zum Schreibpult, nahm entschlossen den Stapel an Manuskripten und hielt ihn Erik hin. »Nimm das. Darin steht alles, was ich über Barbarossa gesagt habe. Du kannst es verbrennen, denn ich brauche es nicht mehr.«

Erik nahm die Schriften erleichtert entgegen. »Ich bin froh über deine Entscheidung. Sehr froh.«

Er sah Hildegard tief in die Augen, bevor er abrupt aufstand. »Ich muss fort. Barbarossa wartet ungeduldig auf meine Rückkehr. Er hat es zur Zeit nicht leicht.«

Erik stand einen Moment unentschlossen vor Hildegard und wusste nicht recht, wie er sich verabschieden sollte. Schließlich reichte er ihr die Hand, die sie ergriff. Dann drehte er sich wortlos um und verließ schnell den Raum.

Hildegard verstand genau, dass er es nicht wagte sie zu umarmen, nachdem er in dieser unangenehmen Mission zu ihr kommen musste. Es hatte ihm große Qualen bereitet, Barbarossas Auftrag auszuführen. Ein Zeichen mehr dafür, wie sehr er sie liebte. Das machte Hildegards Lüge umso schlimmer.

Sie hatte keinen Moment ernsthaft überlegt, von ihrem Widerstand gegen Barbarossa abzurücken, solange er sich gegen den Papst stellte. Aber sie würde es in Zukunft geschickter anstellen, sodass sie nicht so leicht angreifbar war. Hildegard wollte keine Zeit verlieren und setzte sich sofort wieder an ihr Pult. Sie breitete die Seiten mit der Geheimschrift aus und machte sich daran, die noch fehlenden Texte ihrer Manuskripte aus ihrer Erinnerung aufzuschreiben.

Erik hatte sein Pferd bereits ein ganzes Stück vom Kloster weggelenkt. Es war ein treues Tier, das seinen Anweisungen genau folgte. Anders hätten sie in der Dunkelheit auch nicht vorwärts kommen können. Dennoch hielt Erik mitten auf dem an sich gut passierbaren Weg an. Er wurde Hildegards Bild nicht los, wie sie ihm zum Abschied die Hand reichte. Sie waren beide nicht mehr jung, auch wenn er in Hildegard immer noch das Mädchen erkennen konnte, in das er sich einst verliebte. Er spürte, dass seine Zeit auf der Welt nicht ewig währte. Vor dem Sterben hatte er keine Angst, nur dass er Hildegard dann nicht mehr sehen konnte, bereitete ihm unendlichen Kummer. Was, wenn dies ihr letztes Zusammentreffen war? Er würde es immer bereuen, sie nicht umarmt zu haben. Ein Handschlag konnte unmöglich seine Gefühle für sie ausdrücken. Nein, so konnte er Hildegard nicht verlassen. Erik zog die Zügel herum und ritt zurück, sein Pferd zu einer schnelleren Gangart antreibend, als es die Vernunft bei der Dunkelheit gebot.

Hildegard sah erschrocken auf, als die Tür erneut aufging. Sie traute ihren Augen kaum, als es wieder Erik war, der auf sie zustürmte.

»Liebste, ich konnte dich nicht so verlassen!«

Damit war er schon bei ihr und zog sie hoch, umarmte und küsste sie. Als Hildegard sich von der Überraschung erholt hatte, gab sie sich ganz dem Kuss hin. Sie spürte seine weichen Lippen, und erst als Erik sie nach einer kleinen Ewigkeit wieder losließ, öffnete sie ihre Augen. Erik hatte sich gebückt, um ein paar Blätter hochzuheben, die bei seiner stürmischen Umarmung vom Schreibpult gefallen waren. Er wollte sie Hildegard gerade lächelnd überreichen, als sein Blick auf die fremdartigen Zeichen fiel. »Was … was ist das?«

Hildegard sah ihn erschrocken an. Kein Wort wollte ihr über die Lippen kommen.

Erik betrachtete die Zeichen näher. »Das sieht aus wie eine Geheimschrift.«

Hildegard schaffte es endlich etwas zu sagen. »Du hast Recht. Sie stammt aus einem anderen Kloster. Ich habe den Auftrag sie zu entschlüsseln.«

Hildegard atmete schwer, als sie auf Eriks Reaktion wartete. Er schien beruhigt, und wollte die Seiten schon zurücklegen, als er dabei mit dem Daumen etwas von der Tinte verwischte. Erstaunt sah er Hildegard an. »Das stimmt nicht. Die Zeichen sind gerade erst geschrieben worden.«

Erik sah sie fest an. »Du hast sie niedergeschrieben.«

Hildegard senkte ihren Blick. Sie verabscheute sich für ihre Lüge, doch brachte sie es nicht über sich, ihm die Wahrheit zu sagen. Aber er erriet es auch so. »Wozu brauchst du eine Geheimschrift, wenn nicht um ungenehme Schriften zu verbergen?«

Er sah sie mit grenzenloser Enttäuschung an. »Deshalb hast du mir so freimütig deine Manuskripte überlassen. Weil du sie alle fein säuberlich übertragen hast.«

Hildegard brachte immer noch kein Wort hervor.

»Wie konntest du mich so anlügen? Ich hätte versucht Barbarossa zu beruhigen, während du in aller Ruhe weiterpredigst.«

Hildegards Stimme klang sehr leise, als sie zu einer Erwiderung ansetzte. »Ich tue nur, was ich tun muss.«

Erik warf ihr die beschriebenen Seiten vor die Füße. »Du tust immer nur, was du tun musst, ohne Rücksicht auf andere. Wie kann man nur so stur sein, so selbstgerecht, so …«

Hildegard nahm seinen Arm. »Ich bin nicht selbstgerecht. Es ist Gottes Wort, das aus mir spricht.«

»Ja, ja, Gott ist mit dir und alle anderen sind im Unrecht. So lebt es sich sehr einfach, oder? Ich falle doch immer wieder auf dich herein.«

Hildegard schnitten seine Worte ins Herz. Sie griff nach seinem Arm, aber er schüttelte ihre Hand ab und wandte sich zur Tür. Hildegard sah ihm fassungslos nach. »Wo willst du hin?«

»Fort, nur fort von dir.«

Hildegard brach in Tränen aus. »Du kannst mich doch nicht verlassen. Nicht so!«

Erik drehte sich in der Tür noch einmal um. »Es kann gut sein, dass ich wiederkomme. Doch dann gnade dir Gott. Denn ich werde nicht allein kommen.«

Hildegard sank verzweifelt zusammmen, als Erik in der Dunkelheit verschwand.

*

Erik hatte Wort gehalten. Er kam wieder, in Begleitung seiner Truppe. Hildegard stand mit den Nonnen und einigen Getreuen auf einer Anhöhe und betrachtete die näher kommenden Reiter. Es mochten zweihundert an der Zahl sein, die langsam, aber stetig vorrückten. Die Sonne ließ ihre Rüstungen funkeln und brach sich an den metallenen Speerspitzen. Hildegard konnte ihren Blick nicht losreißen, doch Sara und Sophia bedrängten sie. Letztere nahm ihren Arm. »Komm, lass uns im Kloster Schutz suchen. Sie sind bald da.«

Auch Sara bat Hildegard eindringlich: »Es wird höchste Zeit.«

Hildegard schüttelte den Kopf. »Sara, ich verstehe, wenn du dich verstecken willst. Du hast Familie. Ich werde nicht weichen. Nicht vor ihm.«

Sophia sah traurig auf das Heer. »Wie kann er so weit gehen, das Kloster zu vernichten, das meine Heimat ist? Das Kloster, dem die Frau vorsteht, die wie eine Mutter zu mir ist?«

Hildegards Gesicht wurde hart. »Es ist, wie es ist. Und wer sich im Kloster verschanzen will, soll es tun. Aber glaubt nur nicht, dass auch nur einer der Männer sich von einer verschlossenen Türe aufhalten lässt.«

»Dann laufen wir eben fort, über die Felder, in den Wald«, kamen die Vorschläge der anderen Schwestern.

Hildegards Blick wurde mitleidig. »Ihr werdet nicht weit kommen. Die Reiter sind schneller.«

Sophia wollte sich nicht damit abfinden. »Aber was sollen wir denn dann tun? Warten wie die Schafe auf der Schlachtbank?«

Hildegard schüttelte den Kopf. »Nein, warten, dass Gott uns einen Weg aufzeigt. Nur mit Gottvertrauen können wir die Lage meistern.«

Einige der Nonnen fielen daraufhin auf die Knie und begannen zu beten. Ihre Worte klangen laut zum Himmel, als wenn sie dadurch ihre eigenen Zweifel klein halten könnten.

Hildegard wandte sich wieder zu den Reitern und stellte jetzt etwas Eigenartiges fest. »Seht mal, die Truppe ist geteilt. Es sind zwei Gruppen mit verschiedenen Anführern.«

Hildegard kniff die Augen zusammen. Erik hatte sie längst erkannt, aber wer war der große, blonde Mann mit der aufrechten Haltung? Bald konnte sie das Gesicht erkennen, das älter war, als es die Erscheinung zuerst vermuten ließ. Und dann hatte Hildegard Gewissheit. »Es ist Anno, Anno von Hoheneck, der uns vernichten will.«

Ein Raunen ging durch die Menge der Frauen, die sich jetzt dicht um Hildegard gedrängt hatten. Jede hier wusste, was dieser Mann versucht hatte, Hildegard anzutun, und keine zweifelte daran, dass er nicht eher ruhen würde, bis er sie endgültig besiegt hatte.

Doch Hildegard fürchtete sich nicht vor Anno. Es war der Gedanke, dass Erik es wagte, mit ihm gemeinsame Sache gegen sie zu machen, der sie empörte. Und wenn er noch so viel Hass in sich fühlte, so weit hätte er nicht gehen dürfen. Hildegard wandte sich entschieden zu den Frauen. »Ihr hattet Recht. Wir werden nicht wie die Opferlämmer sterben. Sie werden sich schon anstrengen müssen.«

Hildegard scheuchte die Frauen in Richtung Kloster, während sie sich noch einmal umdrehte, um die sich nähernden Angreifer zu betrachten. Doch da nahm sie jemand vorsichtig am Arm. Es war Hans, der sich bis jetzt im Hintergrund gehalten hatte. »Auch Ihr müsst Euch eilen, ehrwürdige Äbtissin. Sie sind gleich hier.«

Er sah sie mit seinen sanften Augen an und sie las darin die unausgesprochene Frage. Hans wollte wissen, ob er noch erwünscht sei, jetzt, wo sein Vater sich offen gegen das Kloster erhoben hatte. Hildegard sah ihn fest an. »Danke, Hans. Du bist immer da, wenn man dich braucht. Und jetzt brauchen wir dich ganz besonders.«

Hans lächelte befreit. Dann eilten sie gemeinsam zum Kloster, um sich in Sicherheit zu bringen.

Hildegard ließ Andreas durch den Hinterausgang hinaus, bevor sie die Tür verbarrikadierte. Überall in der Klosteranlage wurden Ausgänge, Türen und Tore so weit gesichert, wie es in der Macht der Nonnen stand. Doch Hildegard wusste, dass es nicht ausreichte. Viele der Männer vor dem Kloster hatten im letzten Kreuzzug gekämpft. Für sie würde es ein Leichtes sein, das schutzlose Kloster einzunehmen. Hildegard brauchte Hilfe, weshalb sie Andreas zum Erzbischof geschickt hatte, ein Schritt, der ihr nicht leicht fiel. Aber sie durfte jetzt keine Rücksicht auf ihre Gefühle nehmen.

Eine Stimme schreckte sie aus ihren Gedanken. Es war mehr ein Schreien als ein Rufen und es fuhr Hildegard bis ins Mark. Anno musste dicht vor dem Haupttor stehen.

»Hildegard, ergebt euch! Kommt heraus und stellt Euch der gerechten Strafe.«

Hildegard riss sich zusammen und ging zum Wohntrakt, dessen Fenster zur Eingangsseite hinausgingen. Der Weg kostete sie große Anstrengung, da ihre Knie zitterten und ihre Beine sie nicht tragen wollten. Endlich erreichte sie die Öffnung und zwang sich, hinauszusehen.

Nicht weit von ihr saß Anno auf seinem Pferd, seine Mannen hinter sich. Sie empfand plötzlich seltsamerweise so etwas wie Mitleid mit diesem sein Leben lang irregeleiteten Mann. »Ich stelle mich nur einem Herrn«, sprach sie mit ruhiger Stimme.

Anno lachte auf. »Nichts gelernt in all den Jahren. Dann muss ich Euch wohl eine Lektion erteilen. Der Kaiser ist Euer Herr.«

Hildegard nickte. »Der Kaiser ist mein Herr, der Papst mein Gebieter. Auf viele Stimmen muss ich hören, doch nur so lange, bis die eine erschallt.«

»Dann horcht mal genau, was sie Euch sagt. Vielleicht, dass Eure Chancen nicht gut stehen. Euren Boten haben wir abgefangen, also rechnet nicht mit Unterstützung aus Mainz.«

Hildegard hörte hinter sich einen Aufschrei. Es war Sara, die bei der Nachricht von Andreas' Ergreifen fast ohnmächtig wurde. Hildegard hoffte jedenfalls, dass es sich nur um eine Gefangennahme handelte. »Was ... was habt Ihr mit dem Boten gemacht?«

Anno lächelte böse, als er die Sorge in Hildegards Stimme heraushörte. »Nichts. Noch nichts. Es liegt ganz an Euch, was mit ihm und all den anderen im Kloster passiert. Gebt Euren Widerstand auf.«

Hildegards Antwort war Schweigen. Anno wurde ärgerlich. »Ihr seid stur.«

Doch das war es nicht. Sicher würde es Hildegard nicht leicht fallen, das Kloster aufzugeben. Doch sie zweifelte vielmehr, dass Anno die Wahrheit sprach und die Menschen verschonen würde. Sie hatte keinen Grund ihm zu glauben. Andererseits war ihr klar, dass sie sowieso kaum Widerstand leisten konnten. Hildegard wusste nicht, was sie tun sollte. Für Anno war ihr Schweigen die Antwort. »Nun gut, Ihr wollt es nicht anders. Wir werden das Kloster stürmen.«

Anno blickte suchend über die Klosteranlage und rief dann laut: »Hans! Wo bist du? Komm zu mir, mein Sohn!«

Hildegard hörte unter den im Hof versammelten Nonnen Ausrufe des Erstaunens. Sie drehte sich vom Fenster weg, als Sophia auch schon auf sie zukam. »Was soll das? Wieso behauptet er, dass Hans sein Sohn ist?«

Sophia sah Hildegard verwirrt an. Die nahm sie bei den Schultern. »Weil es so ist.«

»Nein!«

»Es ist die Wahrheit.«

Sophia konnte es kaum glauben. »Hans ist Annos Sohn und ich habe es die ganze Zeit nicht gewusst?«

Sie hatte Tränen in den Augen, Tränen der Wut, der Trauer, der Verzweiflung. Hildegard sah, dass Hans auf der Schwelle stand. Jetzt bemerkte auch Sophia ihn. »Geh! Ich will dich nie mehr wiedersehen!«

Hans streckte seine Arme nach ihr aus, wagte aber nicht näher zu kommen. »Ich hätte es dir schon lange sagen sollen. Aber ich hatte Angst, dass du mich ablehnst. Ich schäme mich doch selbst für ihn.«

»Ach? Wahrscheinlich hast du mit deinem feinen Herrn Vater mehr gemein als du denkst. Geh zu ihm. Er hat dich gerufen.«

Hans schüttelte den Kopf. »Nein, ich gehe nicht.«

Er sah zu Hildegard. »Bitte, schickt mich nicht weg!«

Hildegard nickte ihm beruhigend zu. »Natürlich kannst du bleiben. Aber lass mich mit Sophia sprechen.«

Hans ging, wenn auch widerstrebend.

Sophia sah Hildegard ungehalten an. »Was gibt es noch zu reden? Er hat mich belogen. Auch du hast es gewusst und mir nichts gesagt. Wie kannst du mit einem wie ihm gemeinsame Sache machen?«

Hildegard sah sie ruhig an. »Er ist nicht wie Anno. Und er hat wirklich aus Angst gelogen.«

»Du willst ihn nur entschuldigen.«

»Er liebt dich. Ist das nicht Entschuldigung genug?«

Sophia schüttelte heftig den Kopf. »Ich glaube nicht, dass er mich wirklich liebt. Dann wäre er aufrichtig gewesen.«

»Die Liebe schützt uns nicht davor, Fehler zu machen. Glaube mir, ich weiß es.«

Sophia sah erstaunt auf.

»Auch ich habe einen Mann geliebt, sehr sogar. Wir waren wie füreinander bestimmt.«

»Davon hast du nie etwas gesagt!«

Hildegard schüttelte den Kopf. »Weil ich im entscheidenden Moment versagt habe. Ich habe ihn geopfert. Ich habe unsere Liebe geopfert.«

Sophia sah sie verwirrt an. »Aber ... aber vielleicht ist es noch nicht zu spät. Vielleicht kannst du alles wieder gutmachen.«

Hildegard schüttelte den Kopf. »Ich bin zu weit gegangen. Er fühlt sich benutzt und gedemütigt. Seine Liebe ist in Hass umgeschlagen.«

Hildegard sah Sophia beschwörend an. »Geh du zu Hans, bevor es zu spät ist.«

Sophia zögerte. »Findest du es denn nicht schlimm, wenn ich und er, ich meine der Sohn dieses Anno ...«

Hildegard schüttelte energisch den Kopf. »Er kann nichts für seinen Vater. Er selbst ist es, der zählt. Und ich könnte mir keinen Besseren für dich vorstellen.«

Hildegard lächelte Sophia an, die zaghaft zurücklächelte. »Du hast Recht. Ich liebe ihn und ich habe mich lange genug dagegen gewehrt.«

Sophia wandte sich zur Tür um Hans zu suchen, doch dann drehte sie sich noch einmal um. »Sag Hildegard, wer ist der Mann, den du so sehr liebtest?«

Hildegard hatte sich bereits wieder zu der Fensteröffnung gewandt und beobachtete die sich formierenden Truppen. »Es ist dein Vater, Sophia. Ich liebe ihn noch immer.«

Hildegard sah Sophia jetzt direkt ins Gesicht. »Auch ich habe versucht mich dagegen zu wehren, aber konnte ihn nie vergessen. Richtig für ihn entschieden habe ich mich allerdings auch nicht. Jetzt weißt du, warum er sogar das Kloster vernichten will, in dem seine Tochter lebt. Und warum er sich mit seinem Feind Anno verbündet hat. Alles nur um mich zu treffen.«

Sophia sah erschrocken, dass Hildegard zu weinen begann. Sie ging zu ihr und legte den Arm um sie. »Aber wenn er so etwas macht, dann kannst du ihm nicht egal sein. Das heißt, dass er dich noch immer liebt.«

Hildegard lachte bitter auf. »So sehr, dass er mich lieber vernichtet, als mich der Kirche zu überlassen.«

Sophia überlegte einen Moment, bevor sie weitersprach.

»Auch ich dachte bis eben noch, dass ich Hans hasse. Bis ... bis du mir die Augen geöffnet hast.«

Hildegard schwieg. Sie war froh, als Sophia den Raum verließ. Sie musste sich sammeln. Es galt das Schlimmste abzuwenden. Sie würde sich sofort opfern, wenn es einen Sinn hatte. Erik würde sie damit Genugtuung verschaffen. Aber Anno würde es nicht im Geringsten davon abhalten, das Kloster zu plündern. Sicher, er hasste sie und würde sie mit Freuden umbringen. Aber darüber hinaus gab es für ihn auch noch andere lohnende Ziele. Hildegard schreckte aus ihren Gedanken auf, als sie laute Stimmen von draußen hörte. Sie eilte aus dem Raum, vorbei an den aufgeregten Nonnen, auf das offene Tor zu. Und dann sah sie es. Sophia war hinausgelaufen und ging jetzt ein wenig unsicher, aber zielstrebig auf die Truppen zu.

Sophia war fast bei den vor Waffen strotzenden, zum Kampf bereiten Rittern angekommen. Anno lächelte breit. »Endlich eine Vernünftige. Du gibst zum rechten Zeitpunkt auf.«

Sophia hob den Kopf und versuchte trotz ihrer Angst deutlich zu sprechen. »Ich gebe nicht auf. Nie werde ich mich einem Teufel wie Euch beugen. Lieber lasse ich mich vom Donner erschlagen.«

Anno blickte ungläubig auf die kleine, schmale Frau, dann lenkte er sein Pferd näher an sie heran. »So spricht keiner ungestraft zu mir.«

»Aus dem Weg!«

Anno fuhr herum, als er die befehlende Stimme hinter sich hörte. Erik ritt mit seinem Pferd direkt auf ihn zu. Annos Pferd scheute und er konnte sich gerade noch im Sattel halten. »Was fällt Euch ein?«, blaffte er Erik an.

Doch Erik beachtete ihn gar nicht mehr. Er hatte vor Sophia angehalten. »Sophia, mein Kind!«

Er stieg ab und ging auf sie zu. Dann lagen sich beide in den Armen.

»Vater! Wie sehr habe ich dich vermisst!«

Er betrachtete sie. »Mein Gott, du bist eine richtige Frau geworden!« Dann nahm er sie am Arm. »Komm, Sophia, ich bringe dich in Sicherheit.«

Aber Sophia schüttelte den Kopf. »Ich kann Hildegard nicht im Stich lassen.«

»Sprich nicht von ihr.« Eriks Gesicht verdunkelte sich. »Du kennst sie nicht so, wie ich sie kenne.«

Sophia nahm sein Gesicht in ihre Hände. »Sie liebt dich.«

Erik lachte auf. »Sie liebt nur sich selbst, ihre Kirche und ihren Gott.«

Sophia sah ihn erschrocken an. »Vater, wie sprichst du!«

Erik sah sie an. »Es ist viel geschehen.«

»Aber du bist immer noch mein Vater. Ein guter Mensch, keiner, der aus Hass tötet.«

Erik nahm etwas Abstand von Sophia. »Ich bin hier, um einen Auftrag des Kaisers zu erfüllen. Es geht nicht um mich.«

»Du täuschst dich selbst darin!«

Aber Erik wollte Sophia einfach zur Seite schieben. »Aus dem Weg! Keiner wird mich aufhalten, auch du nicht.«

Aber bevor er es sich versah, hatte Sophia ihm den Dolch aus dem Gürtel gezogen und hielt ihn kampfbereit vor sich. »Dann musst du mich töten!«

Erik starrte ungläubig auf seine Tochter. Sie war zu allem entschlossen.

Hildegard hielt völlig außer Atem an, als sie nahe genug bei Erik und Sophia war, um zu sehen, was vor sich ging. »Erik!«

Ihre Stimme ließ seinen Kopf zu ihr herumfahren. Sie ging direkt auf ihn zu. »Erik! Höre mich an!«

Sophia blickte verblüfft auf die Freundin. »Hildegard! Was machst du hier? Geh! Keiner kann ihn mehr umstimmen.«

Aber Hildegard ließ sich nicht aufhalten. Sie schob Sophia sanft zur Seite und stand nun nahe vor Erik.

»Barbarossa hat mein Kloster unter seinen Schutz gestellt.«

Hildegard zog die Urkunde unter ihrem Gewand hervor, doch Erik beachtete das Dokument nicht. »Und jetzt hat er Befehl gegeben es zu zerstören.«

»Erik, lass doch all die anderen nicht dafür büßen, was ich dir angetan habe.«

»Ich tue nur meine Pflicht, so wie du immer die deine getan hast.«

Hildegard versuchte sich nicht anmerken zu lassen, wie sehr er sie traf.

»Ich kann es dir nicht verübeln, dass du so sprichst. Aber ich werde auch nicht zulassen, dass du dein eigenes Kind tötest. Das bin ich nicht wert.«

Hildegard senkte ihren Blick, doch es war zu spät. Erik hatte ihre Tränen gesehen. »Du weinst um dein Kloster?«

Hildegard schüttelte den Kopf.

»Worum dann?«

Aber sie blieb stumm.

»So antworte mir!«

»Du glaubst mir doch ohnehin nicht.«

Erik wandte sich zu seinen Reitern und hob den Arm. Alle warteten auf sein Zeichen zum Angriff, als Hildegard den Kopf hob und Erik ansah. »Ich weine um dich, ich weine um uns.«

Erik war keinerlei Regung anzumerken. Es herrschte eine gespannte Stille, die plötzlich von Eriks Befehl zerrissen wurde. »Wir ziehen ab!«

Er ließ seinen Arm sinken. Rufe des Erstaunens wurden laut. Vom Kloster hörte man Jubel, als die ersten Männer ihre Pferde wendeten.

Hildegard blickte Erik überrascht an. »Erik! Du greifst nicht an? Das ist wunderbar.«

Erik zuckte mit den Schultern. »Wahrscheinlich bin ich einfach zu feige.«

»Nein, Erik. Du tust es aus Liebe.«

Auf Hildegards Gesicht erschien ein Lächeln. »Du liebst mich immer noch, jetzt weiß ich es. Deine Tochter hatte Recht.«

»Was spielt das noch für eine Rolle?«

»Es bedeutet mir alles. Du glaubst gar nicht, wie schrecklich der Gedanke war, dass du mich hasst.«

»Aber Hildegard!«

Seine Stimme wurde weich, als er fortfuhr. »Ich dich hassen?« Erik nahm ihr Gesicht in seine Hände. »Wie konnte es nur so weit mit uns kommen?«

Hildegard sah, dass er nur mühsam die Tränen zurückhalten konnte. »Erik, vielleicht ist es noch nicht zu spät. Wir beginnen nochmal neu.«

Erik sah sie verwundert an. »Wie ... wie meinst du das?«

»Das Kloster ist fast fertig, eine ansehnliche Schar von jungen Nonnen erhält es aufrecht. Sicher ist eine darunter, die eine gute Äbtissin sein kann.«

Erik schüttelte ungläubig den Kopf. »Du würdest mit mir gehen? Jetzt, nach all den Jahren?«

»Ich würde mir nichts sehnlicher wünschen.« Sie sah ihn etwas verlegen an. »Wenn du mich noch willst.«

Anstatt einer Antwort nahm Erik sie in die Arme und küsste sie. Hildegard streichelte seinen Nacken und beide vergaßen für einen Moment den Rest der Welt. Erst ein markerschütternder Schrei brachte sie wieder zurück in die Wirklichkeit. »Nein!!!«

Es war Sophia, die sah, wie sich Anno mit gezogenem Messer von hinten an Hildegard heranschlich und zustechen wollte. Doch in dem Moment drängte sich Hans zwischen den Umstehenden nach vorn und stürzte sich mit einem Sprung auf seinen Vater. Anno kam zu Fall und rang mit Hans, der versuchte ihm das Messer aus der Hand zu winden. Doch Anno erwies sich trotz seines Alters als überraschend stark. Es gelang ihm schließlich, die Oberhand zu gewinnen. Er kniete auf Hans' Brust und hob die Waffe.

Doch da war auch schon Erik bei ihm und riss Anno mit einem Ruck hoch. »Wenn du kämpfen willst, dann mit mir! Wir haben mehr als eine Rechnung offen!«

Erik ließ sich von einem seiner Reiter ein Messer geben und stand nun abwartend vor Anno, der sich sammelte. Die beiden Kontrahenten musterten sich. Erik hätte Anno am liebsten angespuckt. »Du und dein Vater, mit euch hat alles angefangen.«

Erik konnte seine Erregung nicht verbergen. »Ihr habt meinen Vater getötet und Unglück über uns alle gebracht. Aber damit ist jetzt Schluss. Von der Hand eines Hohenecks soll niemand mehr zu Tode kommen.«

»Nun gut …«

Anno gab vor, die Waffe sinken zu lassen, um sie dann unvermittelt hochzureißen und anzugreifen. »Du wirst der Letzte sein!«

Aber Erik parierte das Täuschungsmanöver, sprang zur Seite und versetzte Anno einen Stich in den Arm. Anno schrie auf und blickte fassungslos auf die klaffende Wunde. Er konnte seinen Blick kaum noch von dem Blut lösen, das daraus hervorquoll. Er versuchte, es mit einem Fetzen Stoff, den er mit den Zähnen von seinem Ärmel riss und darauf presste, aufzuhalten, aber es lief weiter, bis sein Wams rot getränkt war. Anno blickte mit Panik in den Augen auf Erik. »Du bist es! Du bist der, der mich jede Nacht im Traum verfolgt! Du bist der Tod!«

Wie rasend stürzte sich Anno jetzt mit seinem Messer auf Erik, ohne Rücksicht darauf, dass auch der seine Waffe noch gezückt hielt. Sie traf ihn mitten in den Bauch. Anno brach langsam zusammen, versuchte sich an Eriks Beinen festzuhalten, bis er endgültig den Halt verlor. Kaum lag er ausgestreckt am Boden, war er auch schon tot.

Hildegard rannte zu Erik und nahm ihn in den Arm. Plötzlich spürte sie die Wärme. Auch aus Eriks Bauch quoll das Blut. Anno hatte ihn getroffen. Erik konnte sich nur noch mit Mühe auf den Beinen halten. Hildegard stützte ihn und half ihm, sich auf den Boden zu legen. Sie riss sich eilig ihren Schleier vom

Haar und faltete ihn zusammen, um seinen Kopf, der in ihrem Schoß ruhte, noch weicher zu betten. Vorsichtig strich sie über die Wunde und versuchte ihr Erschrecken zu verbergen. Sie, die so vielen geholfen hatte, wusste, dass nichts mehr zu tun blieb. Sie versuchte nicht zu weinen, als Erik sie anblickte und mühsam ein paar Worte formte. »Wo ist Sophia?«

Sophia löste sich von Hans, der seinen Arm um sie gelegt hatte und trat zu ihrem Vater. Erik sah ihr ins Gesicht. »Leb wohl, meine Kleine.«

Dann wandte er sich an Hans. »Pass gut auf meine Tochter auf. Sie ist ein kostbarer Schatz.«

Hans nickte. »Ich verspreche es.«

Erik wandte sich wieder Hildegard zu. Die legte ihm den Finger auf den Mund. »Scht! Das Reden strengt dich zu sehr an!«

Aber Erik lächelte. »Nein, jetzt ist alles ganz leicht. Jetzt, wo ich weiß, dass wir endlich vereint sind!«

Er zog Hildegards Kopf zu sich herunter und ihre Lippen trafen sich. Hildegard küsste ihn, während ihr die Tränen die Wangen hinunterliefen. Erik wischte sie zärtlich fort. »Nicht weinen! Wir können glücklich sein.«

Hildegard versuchte zu lächeln. Sie merkte, dass Erik das Atmen schwer fiel. Sie strich über seine Brust, um es ihm zu erleichtern. Doch er rang immer mehr um Luft. Hildegard hielt ihn ganz fest und spürte, wie er sich quälte.

Dann war es vorbei. Erik lag leblos in Hildegards Schoß. Voller Trauer beugte sie sich über ihn, als wolle sie ihm ihre Wärme und ihr Leben geben.

Es dauerte lange, bis Hildegard wieder aufsah. Die Truppen waren abgezogen. Dicht um sie herum standen die Menschen, die ihr etwas bedeuteten. Sophia, die von Hans getröstet wurde, Sara und Andreas, Magda und alle ihre Nonnen und natürlich Volmar, der sie voller Mitgefühl anblickte. Alle waren bei ihr. Bei ihr und Erik. Sie beide würden von nun an für immer zueinander gehören.

Hildegard fühlte, dass seine Liebe ihr auch im Tod Kraft gab. Mochte kommen, was wollte, sie würde sich dem Leben stellen. Vielleicht noch ein Kloster gründen, vielleicht in die Welt ziehen um zu predigen. Es gab noch so viel zu tun.

Und da hörte sie es. Erst war es nur Magdas leise und etwas zitternde Stimme, die das Lied anstimmte. »Wie groß ist das Wunder! In die Demutsgestalt einer Frau trat der König ein.«

Immer mehr erhoben ihre Stimme, bis alle um Hildegard herum ihren Dank jubelnd heraussangen. »Oh welche Glückseligkeit birgt diese Gestalt!«

Und dann fiel auch Hildegard ein und ihr wurde leicht ums Herz. Plötzlich war alles ganz einfach.

Hildegard von Bingen:
der historische Hintergrund

Vieles ist uns aus dem Leben der großen Äbtissin Hildegard von Bingen überliefert.

Hildegard von Bingen wurde 1098 als zehntes Kind in eine adlige Familie geboren, die bei Bermersheim lebte.

Historisch belegt ist, dass sie bereits als Kind mit einer feierlichen Begräbniszeremonie in einer Klause auf dem Kloster Disibodenberg eingemauert wurde.

Ihre Lehrerin dort war die aus einem befreundeten Grafengeschlecht stammende Jutta von Sponheim. Verbürgt ist, dass diese sich selbst kasteite, während Hildegard solche Geißelungen später verurteilte.

Hildegard hatte bereits von Kind an Visionen, die zu offenbaren sie sich aber immer scheute. Oft wurde sie von schweren Krankheiten heimgesucht, bis sie sich endlich durchringen konnte, ihre Schau kundzutun und schließlich aufzuschreiben. Der Papst erkannte Hildegard als Seherin an. Es gibt drei große Visionswerke von Hildegard, aber auch viele weitere Schriften.

Hildegard war eine große Komponistin, wenn nicht sogar die erste Frau, die eigene Lieder schuf. Zu ihrem umfangreichen musikalischen Werk gehört auch ein Singspiel, das sie in ihrer Kirche zur Aufführung brachte.

Nach Jahren als Inklusin ließ Hildegard ihre Klause wieder öffnen, in der sie normalerweise bis zu ihrem Tod gelebt hätte. Sie gründete zwei Klöster, erst den Rupertsberg, dann das Kloster Eibingen. Sie predigte öffentlich.

Immer wieder kam es zu Auseinandersetzungen mit dem Abt

des Disibodenbergs, Kuno, sowie seinem Nachfolger Helenger, in denen es auch ganz konkret um Materielles ging.

Hildegard zur Seite stand der Mönch Volmar, Sekretär und Seelsorger zugleich.

Sehr gelitten hat Hildegard, als Richardis, eine ihrer Schülerinnen und ihre engste Vertraute, sie verließ, um selbst Äbtissin zu werden.

Es ist überliefert, dass sie außergewöhnliche Gottesdienste feierte, in denen die Nonnen in kostbaren Gewändern und mit gelösten Haaren beteten.

Sie überwand die schwerste Kirchenstrafe der damaligen Zeit, das über ihr Kloster verhängte Interdikt.

Sie pflegte Kontakte zu den Großen ihrer Zeit, so zu Bernhard von Clairvaux und Kaiser Friedrich I. Barbarossa, der ihr tatsächlich eine Schutzurkunde für ihr Kloster ausstellte.

Auch ihre Geheimschrift, die Lingua Ignota, die bis heute nicht entschlüsselt ist, hat es wirklich gegeben.

Hildegard von Bingen starb im Jahre 1179.

Neben den Eckdaten stammen auch viele Details aus historischen Quellen, so z. B. die Geschichte, in der Barbarossa den Papst brüskiert, indem er ihm den linken anstatt den rechten Steigbügel hinhielt.

Insgesamt gibt es noch so manches aus der Überlieferung, das hier nicht erwähnt ist, was aber dennoch dazu beigetragen hat, das Bild dieser schillernden Zeit und vor allem das Leben der außergewöhnlichen Klostergründerin Hildegard von Bingen auferstehen zu lassen.

Sabine Weigand
Die Markgräfin
Roman. 480 Seiten. Gebunden
ISBN 3-8105-2365-8

Die Plassenburg in Franken im 16. Jahrhundert: Schon mit zehn
Jahren wird die Markgräfin Barbara verheiratet. Rasch verwit-
wet und mit reichem Erbe, wird sie zum Unterpfand weiterer
Heiratspläne ihrer ehrgeizigen Brüder. Als sie endlich ihr eigenes Leben führen will, sperren die Brüder sie ein. Ihre Spur ver-
liert sich 1542. Bis in unseren Tagen ein geheimnisvoller Fund
die Geschichte der Markgräfin Barbara von Ansbach enthüllt.

Ein mitreißendes Historienepos, aber auch die Geschichte von
Macht und Verrat, von einer mutigen Frau und von einer großen
Liebe, die nicht sein durfte.

»Eine Geschichte von Machtgier, Intrigen, Liebe und Verrat –
die Geschichte einer Frau, die tatsächlich gelebt hat: fesselnd bis
zur letzten Seite.«
Gong

»Spannend-emotionaler historischer Roman und gewitzter
Wissenschafts-Krimi zugleich.«
AP

Krüger Verlag

R. M. Bordihn
Der Falke von Palermo
Roman
Aus dem Englischen von Maria Czedik-Eysenberg
Band 15538

Als Junge lebte er auf den Straßen von Palermo, umgeben von Intrigen, Verrat und Not. Dann wurde er Kaiser des Heiligen Römischen Reiches deutscher Nation: Friedrich II. von Hohenstaufen war das Wunder seiner Zeit. Spannend und farbig erzählt der Roman von seinem Kampf gegen den Papst, von seiner schicksalhaften Liebe zu Bianca von Sizilien und vom mittelalterlichen Deutschland.

Fischer Taschenbuch Verlag

Paul Löwinger
Das Siegel der Liebe
Roman
Band 16159

Calais, 1520: ungeduldig wartet Henri d'Ardans, Berater des
französischen Königs, auf seine Frau Christiane. Sie soll gehei-
me Pläne Leonardo da Vincis überbringen. Doch die Doku-
mente werden geraubt, Christiane wird brutal erstochen. Henri
schwört Rache und macht sich auf die Suche nach den Mördern.
Ihre Spur führt an den Hof Heinrichs VIII. und durch ganz Eu-
ropa. Erst die Liebe der jungen Jeanne zeigt Henri einen neuen
Weg. Ein dramatisches, lebensvolles Renaissance-Epos.

»Spannende Geschichte«
ORF

Fischer Taschenbuch Verlag

Indu Sundaresan
Pfauenprinzessin
Roman
Aus dem Amerikanischen von Marion Balkenhol
Band 15955

Sie ist nur die Tochter eines verarmten Adligen. Doch sie wird den Pfauenthron besteigen, als Mogulkaiserin von Indien. Als Mehrunnisa 1588 in Agra dem Kronprinzen Jahangir begegnet, weiß sie, dass er ihr Schicksal ist. Der Preis für diesen Traum ist hoch, denn Jahangirs Vater, der Mogulkaiser, verbietet die Verbindung. Aber weder sie noch der Prinz können ihre Liebe aufgeben. Das Schicksal des riesigen Reiches, der Thron Indiens gerät in den Sog ihrer Leidenschaft. Die Geschichte kennt Mehrunnisa als die berühmteste Herrscherin Indiens. Dies ist ihr Leben.

»Lassen Sie sich verzaubern von exotischen Palästen, juwelengeschmückten Frauen und Geheimnissen hinter Haremsmauern.«
Märkischer Sonntag

Fischer Taschenbuch Verlag